普通高等教育经济管理类"十四五"规划教材

人力资源管理

RENLI ZIYUAN GUANLI （慕课版）

主　编　郭云贵
副主编　周志强　潘　攀

华中科技大学出版社
http://www.hustp.com
中国·武汉

内 容 简 介

本教材共分为十章,内容依次为:人力资源管理导论、人力资源管理的演进与趋势、组织设计与职位分析、人力资源规划与招募、人力资源甄选与配置、绩效管理、薪酬管理、培训与开发、员工关系管理、跨文化人力资源管理。本教材力求将思政内容融入人力资源管理专业知识,并通过大量的实践案例来突出人力资源管理知识的应用性。本教材既可作为高等院校人力资源管理专业课程教材,也可作为组织人力资源管理培训用书。

图书在版编目(CIP)数据

人力资源管理:慕课版/郭云贵主编.—武汉:华中科技大学出版社,2021.6
ISBN 978-7-5680-7298-4

Ⅰ.①人… Ⅱ.①郭… Ⅲ.①人力资源管理-教材 Ⅳ.①F243

中国版本图书馆 CIP 数据核字(2021)第 119362 号

人力资源管理(慕课版)   郭云贵 主编
Renli Ziyuan Guanli(Muke Ban)

策划编辑:聂亚文
责任编辑:张会军
封面设计:孢 子
责任校对:李 琴
责任监印:朱 玢

出版发行:华中科技大学出版社(中国·武汉)   电话:(027)81321913
         武汉市东湖新技术开发区华工科技园   邮编:430223
录   排:武汉市洪山区佳年华文印部
印   刷:武汉科源印刷设计有限公司
开   本:787mm×1092mm 1/16
印   张:20.5
字   数:523 千字
版   次:2021 年 6 月第 1 版第 1 次印刷
定   价:48.00 元

本书若有印装质量问题,请向出版社营销中心调换
全国免费服务热线:400-6679-118 竭诚为您服务
版权所有 侵权必究

习近平总书记指出:"要用好课堂教学这个主渠道,……其他各门课都要守好一段渠、种好责任田,使各类课程与思想政治理论课同向同行,形成协同效应。"因此,如何打破长期以来思想政治教育与专业教育相互隔绝的"孤岛效应",将立德树人贯彻到高校课堂教学全过程、全方位、全员之中,推动思政课程与课程思政协同前行、相得益彰,构筑育人大格局,是新时代中国高校面临的重要任务之一。"人力资源管理"是一门以组织中的"人"为研究对象的课程,涉及对"人"选、育、用、留的标准问题。在该课程中融入思政元素,有利于提高组织中人力资源管理的政治标准。然而,目前现有的"人力资源管理"教材对课程思政的重视不够,很少融入思政内容。因此,本书通过将思政内容融入"人力资源管理"专业知识,以推动"人力资源管理"课程的思政教育,为巩固和发展中国特色社会主义制度贡献微薄力量。

本书的主要特色有两个:一是引用大量的组织人力资源管理实践案例来阐述人力资源管理理论的应用性;二是将习近平人才思想、人力资源政策法规、员工甄选过程中候选人诚信度的考察、中美两国"新冠疫情"治理模式背后的政治文化因素等课程思政内容融入人力资源管理专业知识当中。本书每章都设有学习目标、引导案例、阅读与思考、本章小结、关键概念、复习思考题、案例分析题等。本书力求在方便读者学习理论知识的同时,对组织人力资源管理的实践有感性、客观的认识和了解,从而提高学习兴趣与学习效果,达到学用结合、知行合一的目的。

本书主要包括人力资源管理的基础知识与理论,人力资源管理的演进历程与发展趋势,人力资源管理各个核心职能模块的基础知识与理论,以及跨文化情境下人力资源管理的相关内容。具体来说,本书共分为十章,内容依次为:人力资源管理导论、人力资源管理的演进与趋势、组织设计与职位分析、人力资源规划与招募、人力资源甄选与配置、绩效管理、薪酬管理、培训与开发、员工关系管理、跨文化人力资源管理。其中,第一章、第五章、第六章、第七章、第九章、第十章由郭云贵编写,第二章、第八章由周志强、郭云贵编写,第三章、第四章由潘攀、郭云贵编写。

本书为湖南科技大学 2021 年度立项规划教材,是湖南科技大学线上一流课程"人力资源管理"配套教材(该课程已在"智慧树"平台上线运行,网址为 https://coursehome.zhihuishu.com/courseHome/1000001354/58364/14#onlinonlineC),是 2020 年湖南省一流本科专业建设点"人力资源管理"的重要建设成果。

本书借鉴、引用了国内外许多学者的研究成果,在此表示衷心感谢。华中科技大学出版社的相关编辑为本书的编写做了大量基础性工作,并提出了许多宝贵意见和建议,在此表示衷心感谢。

由于理论与经验的局限,本书难免出现错漏之处,敬请各位专家和读者不吝赐教,以使本书在修订时更加完善。反馈邮箱:gyg1225@163.com。

编 者
2021 年 6 月

目录
Contents

第一章　人力资源管理导论 /1
- 引导案例：四川学霸张非的游戏人生 /1
- 第一节　人力资源的内涵、特征与作用 /2
- 第二节　人力资源管理的概念、职能与职责分担 /6
- 第三节　人力资源管理中的人性假设 /11
- 第四节　战略性人力资源管理与企业核心竞争优势 /17

第二章　人力资源管理的演进与趋势 /27
- 引导案例：共享经济下的人力资源管理新思维 /27
- 第一节　人力资源管理的演进历程 /28
- 第二节　人力资源管理的发展趋势 /35

第三章　组织设计与职位分析 /61
- 引导案例：国家卫健委部门"增减"与时俱进 /61
- 第一节　组织设计 /62
- 第二节　职位分析与职位设计 /75

第四章　人力资源规划与招募 /95
- 引导案例：车企的人才储备战 /95
- 第一节　人力资源规划 /97
- 第二节　招募 /110

第五章　人力资源甄选与配置 /130
- 引导案例：华为严苛筛选"天才少年" /130
- 第一节　人力资源甄选 /131
- 第二节　人力资源配置 /148

第六章　绩效管理　/ 167

引导案例：环卫作业考核试行"以克论净"　/ 167
第一节　绩效管理概述　/ 169
第二节　绩效管理循环　/ 172
第三节　常见的绩效管理方法　/ 185

第七章　薪酬管理　/ 202

引导案例：格力再涨薪后，董明珠首提新愿景　/ 202
第一节　薪酬管理概述　/ 203
第二节　薪酬管理的重要决策　/ 207
第三节　绩效薪酬　/ 216
第四节　福利管理　/ 222

第八章　培训与开发　/ 237

引导案例：京东的员工培训　/ 237
第一节　员工培训　/ 238
第二节　员工开发　/ 250

第九章　员工关系管理　/ 263

引导案例：任正非致歉离职员工　/ 263
第一节　员工关系管理概述　/ 264
第二节　员工关系的建立与维护　/ 274
第三节　员工关系的终止与离职管理　/ 280
第四节　员工安全与健康管理　/ 287

第十章　跨文化人力资源管理　/ 297

引导案例：中国银行的外派人员管理　/ 297
第一节　跨文化人力资源管理概述　/ 298
第二节　外派人员的人力资源管理　/ 306
第三节　跨国并购中的文化整合　/ 314

第一章 人力资源管理导论

> **学习目标**
>
> 通过本章学习,熟悉人力资源的内涵及特征、人力资源管理的内涵及作用、人力资源管理的主要职能等知识点,掌握人力资源管理中的人性假设以及战略性人力资源管理与企业核心竞争优势等理论知识。

 / **引导案例:四川学霸张非的游戏人生** /

一、拒上复旦,志在清北

张非,四川省广安市岳池县人,14 岁初中毕业时,考上了四川省的一所邮电学校,因为在学校调皮,读了两年就退学了。他回到岳池中学复读,平时表现异常突出,考试成绩均在年级前十名。2002 年,张非第一次参加高考,总分 613 分,虽然成绩与清华、北大有一些距离,但是远远甩开一本线。此时,除了清华、北大,其他好学校都任由他选,最终他收到了复旦大学的录取通知书。张非考上复旦大学的消息传开后,亲朋好友都替他高兴。但是,燕雀安知鸿鹄之志哉?张非的理想高校是清华、北大。于是,斟酌之后,他拒绝去复旦大学上学,决定复读一年。

二、考上北大,游戏人生

张非之前就是学霸,复读一年对他来说,没有太大压力和挑战,加上努力和自律,他有底气面对新一年的高考。果不其然,2003 年,张非第二次参加高考,总分 606 分,这次的分数已经超过了北京大学的标准线,于是,他进入了北京大学信息科学技术学院开始大学之旅。进入大学之后,本应好好珍惜一年时光换来的学习机会,张非却沉溺于游戏,一次次翘课、逃课,视学习为无物。最终,在张非考试挂了七科后,学校决定开除这位学习态度极差的学生。张非却认为"此处不留爷,自有留爷处",他决定再次复读。

三、考上清华,本性难移

2004 年,张非来到南充十一中复读。虽然已经上了一段时间的大学,但是张非对高中知识仍然记忆犹新,再次复读的这一年,他感觉很轻松。果然不出意料!2005 年,张非以 703 分的高分成为南充市理科状元,并被清华大学数理基础科学专业录取。进入清华大学后,本该吸取"北大游戏教训"的他,却"好了伤疤,忘了痛",沉浸于自信当中而再次沉迷游戏。2006 年,他再度因为未修满学分而被退学。

四、再上清华，勉强毕业

考上了清华、北大，却两次被劝退，此时不知张非有何感想？如果换作他人，有了第一次被劝退的经历，再次考上大学时，一定会好好珍惜并努力学习。可是，张非并不是这样，而是自恃聪明，没有把学习当一回事。不过，张非注定不普通，他从清华退学回来后再次参加高考。2007年，他改名为张空谷，第四次参加高考，总分677分，荣登南充市理科第二名，再次考入清华大学，攻读环境工程专业。再次进入清华大学，熟悉的清华园让张非十分感慨，一是证明自己非凡间俗人，二是不敢像之前那么放纵。不过，学习之余，他依然忍不住玩两把游戏，最终勉强通过学业测试，拿到了本科毕业证。毕业之前，张非曾参加研究生入学考试，虽然他的笔试成绩遥遥领先，但遗憾的是没有一个导师愿意录用他。

五、渐扔游戏，泯然众人矣

毕业后，张非找了一份工作。但是，他依然沉迷游戏，在工作日也会玩游戏到凌晨，第二天恍恍惚惚地去上班，所以经常被领导批评。再加上张非并不适应职场复杂的人际关系，一下子感到很失落和迷茫。这与以前高考时的那种胜利感形成了很大的落差，于是他干脆辞职回家。回家之后，张非除了吃饭睡觉，就是玩游戏，就这样过了很长一段时间。父母不忍心看他这么颓废下去，多次苦口婆心地劝说，并为他举家搬迁到了成都，要给他戒掉网瘾。2015年，张非渐渐扔掉游戏，不断努力学习，考进了一家事业单位，开始好好工作了。以张非的聪明才智，如果能够摆正心态，摆正价值观，相信他的未来依然可期。

（资料来源：本书根据网络资料整理。）[1]

思考题：

(1) 学霸张非毕业后为何泯然众人矣？试结合人力资源的特征进行分析。

(2) 从张非的案例中，我们可以得到哪些启示？

第一节 人力资源的内涵、特征与作用

在知识经济时代，人力资源是企业中最为重要的资源。中化集团董事长宁高宁曾指出："在真正的管理学中，人就是全部。"[2] 而人力资源管理，无疑就是对组织中的人力资源进行管理。因此，要学习人力资源管理，首先必须弄清楚人力资源的内涵与特征。

一、人力资源的内涵

人力资源是指一个国家或者组织能够开发和利用的，用来提供产品和服务、创造价值或实现既定目标的所有以人为载体的脑力和体力的总和。它是与物力资源相对应的一个概念。我们要准确把握这一概念的内涵，应注意以下四点。

第一，人力资源既可以指具体的人或人群，即具有特定的知识、经验、技能、体能等的劳动者的集合，也可以是一种相对笼统的泛指，是指一个国家或组织中的人所具有的创造价值的总

---

[1] 本书所引用的案例有改动。
[2] 宁高宁. 在真正的管理学中，人就是全部[J]. 经理人，2020(10):8-11.

体能力,即一种以人为载体的能力。

第二,从宏观层面来看,人力资源是指一个国家或组织所拥有的所有能够参与经济活动、创造价值的人口或能力的总和,这种人力资源既有数量方面的含义,又有质量方面的含义。从微观层面来看,人力资源是指一个组织的全体成员所拥有的有助于实现组织战略、达成组织目标的潜在体力和脑力的总和。

第三,一个国家或组织的人力资源不仅包括现实的人力资源,还包括潜在的或未来的人力资源。事实上,从增长和发展的角度来看,对于一个国家的经济增长和社会发展,对于一个组织的战略或使命来说,未来人力资源的培养和开发可能更为重要。

第四,人力资源的重点在于质量而不是数量。也就是说,一个国家或者组织聚集的总体知识、技能、能力和经验是人力资源中最为重要的因素。只有不断提升人力资源质量,才能确保人力资源对一个经济或者组织做出更大的贡献。正因为如此,培训与开发成为人力资源管理中一种非常重要的功能。

二、人力资源的特征

人力资源以人为载体,这决定了它具有以下六大特征。

第一,能动性。这是人力资源区别于其他资源的最根本的特征。人力资源不同于其他资源的处于被动使用的地位,它是唯一能起到创造作用的因素。作为具有主观能动性的人,能够有意识、有目的、有计划地进行活动,认识和改造外部物质世界。这主要表现在三个方面:一是自我提升,即人可以通过努力学习、主动思考、锻炼身体等积极行为,使自己的素质得到提升;二是职业选择,即人可以通过主动地选择职业,从而更好地发挥自己的能力,施展自己的才华;三是积极性的发挥,即人对自己的价值创造过程具有控制性,有的人会积极地工作,有的人则不会。而积极性的发挥,对于能否挖掘人力资源的潜力,具有决定性的影响。因此,在人力资源管理中,如何通过有效的激励措施让员工积极主动地开展工作,成为管理者需要思考的重要问题。

第二,再生性。资源可分为可再生性资源和不可再生性资源两大类。人力资源是一种可再生性资源,不会像煤炭、石油、天然气等不可再生性资源那样因为使用而减少。从个体来说,人的劳动能力在劳动过程中消耗之后,通过适当的休息和补充营养物质,劳动能力又会恢复,甚至因为使用而得到提高;从总体来看,随着人类的不断繁衍,拥有劳动能力的人会不断地再出生。因此,人力资源是一种取之不尽、用之不竭的资源。需要注意的是,人力资源的再生性,除了遵循一般的生物学规律之外,它还受人类意识的支配和人类活动的影响。

第三,开发性。人力资源不仅具有再生性的特点,它还是可开发的,即知识、技能和经验等人力资源的核心要素是可以不断积累和更新的。根据人力资源的可开发性,组织应通过持续性的人力资本投资以不断提升人力资源内在的人力资本价值,增强人力资源的创造力。同时,人人都有发展的潜力和欲望,如能通过外在引导激发人的这种潜力和欲望,其所能焕发出来的自我开发效能将是不可估量的。因此,组织也要注重通过合适的引导方式,实现人力资源的自我开发。

第四,差异性。人力资源的差异性表现为性别、年龄、文化程度、专业、技能、价值观、兴趣、性格、智力、资历等的不同。这种差异性为人力资源的管理、优劣区分、针对性的开发奠定了基础,也为不同开发对策的提出提供了依据。研究差异性,找出规律性,是人力资源开发工作的重要任务。

第五，时效性。一般资源（如矿产资源）往往可以长期储存，不采不用，品质不会降低。人力资源则不然，其形成、开发、使用都具有时间方面的限制。若对已经形成的人力资源储而不用，它就会荒废、退化。一般而言，作为人力资源的载体，人能从事劳动的自然时间一般限于生命周期的中间一段。而且，在能够从事劳动的不同时期（青年、壮年、老年），人的劳动能力也有所不同。也就是说，每个人都具有其才能发挥的最佳年龄段，人力资源与生命周期通常呈倒"U"形关系。比如，1979年我国知名学者冯之浚、赵红州统计古今中外1249名杰出科学家和1928名发明家的重大成果时发现，杰出科学家和发明家做出重大贡献的最佳年龄区为25~45岁（科研创造峰值年龄为37岁左右），人才科研创造峰值年龄以3.5岁/百年的速度缓慢后移。① 因此，人力资源的开发和利用必须及时，把握住关键期，以取得最大效益。

第六，社会性。人力资源与人的自然生理特征相联系，这是它的生物性。但由于作为人力资源载体的人必然处于特定的社会和时代之中，故它又具有社会性特征。在不同的时代或不同的社会，由于发展程度的差异，人力资源的素质是不一样的。人力资源的社会性特征具体表现为两个方面：从宏观上看，人力资源的形成要依赖社会，其配置要通过社会，其使用更是处于社会经济的分工体系之中；而从微观上看，由于人类劳动都是群体性劳动，所以不同的人都分别属于社会之中不同的组织或群体。因此，人力资源是一种具有社会性特征的资源，人力资源管理要注重人与人、人与群体、人与社会的关系及利益的协调与整合。

三、人力资源的作用

在知识经济时代，人力资源的作用越来越大。具体地说，人力资源的主要作用包括以下三点。

其一，人力资源是财富形成的关键要素。说到财富，有人可能会认为一个国家是否富裕主要取决于其自然资源的多少。其实，一国的财富并不取决于其自然资源，而是取决于其是否创建了促进财富创造的制度机制及其相匹配的自由金融创新体系。这种制度财富是无形的，它比有形的"地大物博"更重要、更"值钱"。而创建这种制度的，无疑是人。因此，人力资源才是财富形成的关键要素。作为能够推动和促进各种资源实现优化配置的特殊资源，人力资源不仅能将自然资源转变为各种形式的社会财富，还能通过适当的制度安排创造财富。

其二，人力资源是推动经济发展的主要力量。社会生产的基本过程是人类运用劳动工具作用于劳动对象从而改造自然的过程，人和劳动工具是对劳动对象起推动作用的主体，而劳动工具又是人类造就和改造的物力要素。因此，人力资源是社会经济运行的基本前提。离开了人力资源，一切社会经济活动将无从开展。同时，人力资源具有能动性，居于国民经济运行的主体地位，是推动经济发展的主要力量。实践证明，经济增长的主要潜力在于人力资源。一方面，增加人力投入，特别是高质量人力资源开发性投入，能比增加物力投入取得更大收益；另一方面，在提高产出率方面，人力因素的作用同样大于物力因素。对人力进行投资、开发，可提高劳动者的知识和技能，增强其运用物质资源的能力。因此，人力资源的有效开发和管理是生产发展和经济增长的最重要因素，一个国家的人力资源质量状况将直接决定其经济发展的基本状况。随着科学技术的不断发展，知识技能的不断提高，人力资源对价值创造的贡献越来越大，对社会经济发展的作用越来越大。

其三，人力资源是企业的首要资源。知识经济时代的主要特征就是市场竞争的焦点已经从资金和产品的竞争转移到人力资源的竞争上。对现代企业来说，核心竞争力是生存、发展的

---

① 门伟莉，张志强.科研创造峰值年龄变化规律研究综述[J].科学学研究，2013，31(11)：1623-1629.

基础,是可持续发展的源泉。企业的核心竞争力从实质上体现为能够使企业保持竞争优势,实现可持续发展的核心能力。而企业能否实现可持续发展的所有因素都是与企业人力资源息息相关的。良好的人力资源状况在构成企业竞争力的各项因素中具有特殊的重要地位,配备优质的人力资源有利于提高企业核心竞争能力。因此,人力资源是保证企业最终目标得以实现的最重要也是最有价值的资源,是知识经济时代的第一资源,是企业生存和发展的首要资源。

阅读与思考 1-1：习近平人才思想的新内涵

习近平总书记从我们正在进行具有许多新的特点的伟大斗争出发,深刻阐述的系统人才思想,具有十分鲜明的时代特征和崭新内涵。

有理想。没有理想的人不可能成为人才,没有理想的人也不可能发挥好人才的本领。"理想指引人生方向,信念决定事业成败",习近平总书记对"好干部"提出的第一要求就是要有坚定的理想信念,"理想信念坚定,是好干部第一位的标准,是不是好干部首先看这一条"。

要爱国。爱国,既是宪法对每个公民的要求,也是对各类人才的必然要求。作为人才就更应该有强烈的爱国心、报国志、强国情。总书记指出,社会主义核心价值观在个人层面的第一个价值准则就是爱国,爱国从古至今是中国社会始终强调的个人品格,也是中华民族标志性的集体精神;"科学无国界,科学家有祖国","具有强烈的爱国情怀,是对我国科技人员第一位的要求"。

重科技。"科技兴则民族兴,科技强则国家强",我国要建设世界科技强国,关键是要建设一支规模宏大、结构合理、素质优良的创新科技人才队伍,"要大力培育支撑中国制造、中国创造的高技能人才队伍",要"最大限度地调动科技人才创新积极性,尊重科技人才创新自主权",特别是强调要让领衔科技专家"有职有权",有"更大的技术路线决策权、更大的经费支配权、更大的资源调动权"。

能创新。一切科技创新活动都是人做出来的,人才是创新的主体。总书记指出,"创新的事业呼唤创新的人才","我国要在科技创新方面走在世界前列,必须在创新实践中发现人才、在创新活动中培育人才、在创新事业中凝聚人才,必须大力培养造就规模宏大、结构合理、素质优良的创新型科技人才"。

敢担当。习近平总书记十分强调担当意识、担当精神,多次指出,"有多大担当才能干多大事业,尽多大责任才能有多大成就"。我国正处在经济社会的转型期,一方面有太多的宏大事业给当代人提供了广阔的人生出彩舞台,另一方面人们还不习惯在转型期发挥自己的才干。因此,我们进行"四个全面"战略布局,太需要各方面人才发挥出敢想、敢做、敢当的担当精神,完成这一转型更需要人才勇做时代的"劲草""真金"。

要共享。让所有人成才、成功,为所有人提供机会和舞台是习近平总书记共享思想的具体体现。习近平总书记强调,要"营造人人皆可成才、人人尽展其才的良好环境,努力培养数以亿计的高素质劳动者和技术技能人才","要统筹抓好高技能人才、科技教育人才、社会工作人才、农村实用人才、宣传文化人才等各类人才队伍建设";指出"要广泛汇集民智,最大激发民力,形成人人参与、人人尽力、人人有成就感的生动局面"。

(资料来源:王玉君.为伟大复兴造就宏大人才队伍——学习习近平总书记治国理政人才思想[N].学习时报,2016-06-23.)

> **思考题**
>
> 结合上述材料,谈谈当代大学生如何才能成为新时代中国社会主义现代化建设所需要的人才。

第二节 人力资源管理的概念、职能与职责分担

人力资源管理(Human Resource,HR)是20世纪中叶逐渐出现并普及的一个概念。人力资源管理与生产运营管理、市场营销、财务管理等同为企业管理中不可或缺的基本管理职能之一。随着知识经济的到来,人们越来越意识到人在组织发展中的重要作用,人力资源管理也越来越受到组织管理者的重视。

一、人力资源管理的概念

彼得·德鲁克于1954年提出"人力资源"这一概念之后,人力资源管理的概念随之产生。虽然不同学者从不同角度给出了人力资源管理的多种定义,但归纳起来,这些定义大致可以分为两大视角。一是从人力资源管理的主要内容或过程来阐述,如加里·德斯勒等认为,人力资源管理是指获取人员、培训员工、评价绩效和给付报酬的过程,同时也关注劳资关系、工作安全与卫生以及公平事务。① 二是从人力资源管理的目的、作用与影响来阐述,如雷蒙德·A.诺伊等认为,人力资源管理是指对员工的行为、态度以及绩效产生影响的各种政策、管理实践以及制度的总称。② 在综合考量的基础上,本书采用国内学者彭剑锋的定义,即"人力资源管理是根据组织和个人发展的需要,对组织中的人力资源这一特殊的战略性资源进行有效开发,合理利用与科学管理的机制、制度、流程、技术和方法的总和"。③

二、人力资源管理的基本职能

(一)人力资源管理的基本功能

人力资源管理的基本功能主要体现在对人力资源的吸引、开发、激励和保留这四个方面,即通常所说的员工的"选、育、用、留"。

1. 吸引

吸引就是从劳动力市场(包括其他组织)中吸引合适的人才加盟本组织。所谓合适的人才,一是要符合岗位要求,二是要适应组织文化,三是要契合个人发展。符合岗位要求是最基本的指标,不达标者一般不用考虑。在符合岗位要求的前提下,人才还要适应组织文化,否则

---

① 加里·德斯勒,曾湘泉.人力资源管理[M].10版.中国版.北京:中国人民大学出版社,2007:5.
② 雷蒙德·A.诺伊,约翰·R.霍伦贝克,巴里·格哈特,等.人力资源管理:赢得竞争优势[M].5版.刘昕,译.北京:中国人民大学出版社,2005:4.
③ 彭剑锋.战略人力资源管理:理论、实践与前沿[M].北京:中国人民大学出版社,2014:8.

也要忍痛割爱。最后,组织还要满足人才个人的发展需求。否则,人才进入组织后发现努力工作却仍然达不到自己的发展目标,就会产生失落感,最终也会离职。

2. 开发

人力资源开发是人力资源管理的重要功能,主要包括知识开发、技能开发、态度开发、行为开发四个方面。其中,知识开发主要在于不断更新员工的知识结构和知识领域;技能开发主要在于使员工掌握可用于实际操作的新技术、新工艺、新方法、新设备;态度开发主要在于培养员工正确的工作态度,使其能自觉将个人工作目标与组织目标结合起来;行为开发主要在于使员工的工作行为符合组织行为准则的要求,并形成良好的组织文化。

3. 激励

激励就是激发员工的工作积极性和创造性,以促使其达成优良的工作绩效,进而为组织战略的达成和目标的实现作出贡献。激励的方式除了传统的物质激励,还包括尊重、赞赏与认可员工等精神激励。此外,每个人都有长处和短板,管理者要用人所长、容人所短,从而最大限度地发挥每个员工的作用。

4. 保留

稳定的员工队伍对组织的发展起着至关重要的作用。因此,员工保留也是人力资源管理的重要功能。当然,组织要做到零流失率,几乎是不可能的,10%以下的流失率是可以接受的。杰克·韦尔奇的"活力曲线"甚至提出组织应设定10%的淘汰比例。但是,流失率如果高于10%,在很大程度上就会影响组织的正常发展。因此,组织要通过待遇留人、事业留人、感情留人等多种方式保持员工队伍的稳定性。

(二)人力资源管理的职能工作

一般认为,人力资源管理包括六大基本职能,即人力资源规划、招聘与配置、培训与开发、绩效管理、薪酬管理和员工关系管理。

1. 人力资源规划

人力资源规划职能主要解决的是组织在不同时段需要多少人,需要什么样的人以及组织能够获得的人力资源供给能否满足需求等问题,即人力资源规划主要涉及人力资源的数量规划、质量规划以及供给与需求的匹配性规划三个方面的内容。

2. 招聘与配置

招聘与配置职能要解决如何去获得组织所需要的人,以及如何将这些人放到合适的岗位上等问题。对组织来说,如果无法获得所需要的人,组织发展将无从谈起。例如,万科集团赋予了人力资源部门一票否决权。具体来说,万科集团开设新项目时,全公司包括董事长在内,只有人力资源总监有一票否决权。万科集团认为,要先有人,才有项目,如果人力资源没有匹配好,人力资源部门就有权否决这个项目,这就是所谓的人力资源部门一票否决制。

3. 培训与开发

培训与开发职能需要解决的是如何让员工始终具备完成岗位工作任务所需的知识、技能和能力这一问题。培训与开发是很多中小企业比较容易忽视的,优秀企业一般都比较重视,比如海尔就规定,中高层管理人员必须定期到海尔大学授课或接受海尔大学培训部的安排,不授课的不仅要被索赔,而且不能参与职务升迁。

4. 绩效管理

绩效管理职能需要解决的是如何评定员工绩效以及如何不断改进员工绩效等问题。良好的绩效管理需要建立起分层、分类的员工管理体系,然后根据企业的发展目标、组织文化建立起相应的考核制度,并监督和实施组织的考核制度,最后将考核结果用于改进员工和组织的绩效。

5. 薪酬管理

薪酬管理职能需要解决的是根据哪些因素来确定员工的薪酬水平,以及以何种形式支付员工薪酬等问题。在具体内容方面,薪酬管理包括薪酬调查,确定薪酬水平和薪酬结构,结合组织的发展定位、人才供求、组织文化等制定组织的薪酬制度。同时,薪酬中的福利也日益受到员工的重视,福利管理包括了解国家和地区的相关法律,调查员工的福利需求,制定组织的福利计划等。

6. 员工关系管理

员工关系管理的职能是如何妥善处理组织与员工的关系以确保组织发展目标。员工关系管理具体包括劳动关系管理、员工纪律管理、员工人际关系管理、沟通管理等内容。做好员工关系管理,需要在组织内部通过建立申诉渠道,保障员工的基本权益;通过合理化建议方案,鼓励员工参与管理;加强对员工工作满意度、忠诚度、信任度等的调查;建立内部沟通系统和信息交流平台。

三、人力资源管理的职责分担

在现代组织管理中,人力资源管理不仅是人力资源管理部门的事情,同时也是各级管理者的职责,并且也是员工自身的重要职责。在实践中,对人力资源管理各类参与者的职责进行明确界定,并对他们的职能进行合理定位,可以有效促进企业内部人力资源管理职责的分担,进而让人力资源管理真正起到企业战略伙伴和人力资源产品开发与提供的作用。

在组织中,人力资源管理的责任主体主要包括高层管理者、直线管理人员、人力资源部门和员工。企业各层各类人员对人力资源管理责任的分析如表1-1所示。

表1-1 企业各层各类人员对人力资源管理责任的分析

高层管理者	• 主持或参与确立人力资源管理的理念并达成共识 • 主持或参与确立人力资源管理发展战略与目标 • 主持或参与确立人力资源管理的政策与制度体系 • 主持或参与组织整体绩效目标与标准的确定 • 主持或参与绩效述职与绩效面谈、承担本部门或本系统的绩效责任 • 主持或参与组建各级领导管理团队和核心团队(人才的选拔、配置、使用、开发与激励) • 对所属员工的成长和发展承担责任(培训、开发、约束、激励),发现并推荐优秀人才 • 承担人力资源管理的组织保障责任 • 承担高层管理者自我超越、自我发展的责任
直线管理人员	• 参与人力资源管理理念与政策的确定 • 贯彻执行人力资源的理念与战略措施 • 依据部门业务发展提出部门用人计划

续表

直线管理人员	• 参与部门职位筹划与职位分析 • 制定本部门（团队）绩效目标与绩效计划，并对绩效的最终结果承担责任，主持本部门绩效考核面谈 • 辅导员工制定行动计划，对员工的绩效进行评估 • 与员工进行有效的沟通，对员工的行为进行指导、约束与激励 • 配合组织人力资源的各项举措，提出本系统、本部门的解决方案 • 参与员工招募与人才选拔 • 营造良好的组织文化氛围 • 发现并推荐优秀人才
人力资源部门	• 为组织战略及人力资源管理战略方案的制定提供支持 • 系统规划与构建人力资源战略管理体系并推进实施 • 为直线管理部门的人力资源管理活动提供咨询、答疑等支持 • 督促人力资源管理政策的具体执行与落地 • 与业务部门共同对组织的绩效目标负责；使HR管理流程、活动与业务流程相适应、相匹配；为业务部门提供合适有效的人力资源解决方案 • 提供战略化、系统化、专业化的人力资源管理产品和服务 • 研发设计基于组织与员工需求的创新性人力资源管理产品与服务 • 主动参与变革；引导变革中员工的理念和行为；营造变革的文化氛围；提供变革中人力资源问题的系统解决方案 • 做好员工关系管理工作，为员工提供心理咨询 • 推进员工职业发展中心建设 • 推进人力资源管理共享服务平台建设 • 推进组织内部的知识共享，创建学习型组织 • 建设企业文化，促进组织内的沟通交流，营造和谐氛围
员工	• 为人力资源管理提供合理的参考建议 • 保持自我开发与管理，积极做好组织内的职业生涯规划 • 保持参与团队协同活动 • 提升个人绩效，支持组织战略目标的实现 • 根据组织与职位需求，为组织推荐合适的人才 • 理解、接受并积极参与组织变革 • 为组织建设和谐人际关系贡献力量 • 积极参与组织内部的知识共享活动

 阅读与思考1-2：习近平人才思想的重要特征

一、重视人才成长的规律性

习近平同志非常重视人才成长、培育、发展的规律性，多次讲到要深入研究这个问题，以利于大量育成人才，为实现伟大的中国梦贡献力量。

2014年5月22日，习近平同志出席在上海召开的外国专家座谈会时指出："要遵循国际人才流动规律,更好发挥企业、高校、科研机构等用人单位的主体作用,使外国人才的专长和中国发展的需要紧密契合,为外国专家施展才能、实现事业梦想提供更加广阔的舞台。"

2014年6月10日,在两院院士大会上,习近平同志说:"要按照人才成长规律改进人才培养机制,'顺木之天,以致其性',避免急功近利、拔苗助长。"

习近平同志多次强调遵循人才成长规律,说明在他看来,做到这一条,即按照人才成长规律办事,对于做好人才工作极其重要。

在我国历代领导人中,使用"人才规律"这个概念,习近平是第一人。众所周知,规律所反映的是事物之间的本质联系。无论做什么事情,只有认识规律、运用规律、遵循规律,才容易把事情做好。我们只有逐步认识并掌握了人才成长的规律,才能逐步达到"人成其才,才尽其用"的理想境界。

二、强调人才工作的系统性

人才作为社会存在的个体,从成才到展才,再到尽才,是一个长达几十年的漫长过程。各区域、各组织要想把人才工作做好,必须进行长远规划、系统设计,一步一步加以落实。习近平同志从担任河北正定县县委书记开始,就对当地的人才工作进行过系统思考。

1990年习近平同志写有一篇《从政杂谈》,在这篇文章里,他专辟一节讲到他在正定工作期间是怎样念"人才经"的。他说,"人才经"可以用知、举、用、待、育五个字来概括:"知"就是识别人才,这个问题包括什么是人才和如何识别人才两个方面;"举"就是荐纳人才,强调尚贤事能,唯才是举,任人唯贤;"用"就是量才授任,用人如用器,用其长,而不强其短;"待"就是尊重人才,尊重人才要尊重他们的个性、创造性,不要压抑和埋没他们的才能;"育"就是培养人才,一要精心扶植,二要严格要求,三要大胆使用。当时,福建在念"山海经",青海在念"草木经",能够在这么早的时候,就提出正定要念"人才经",而且念得如此系统、完整,反映了习近平同志对人才问题的前瞻性与敏感性。

在后来担当更高层次的领导之后,习近平同志对人才问题的系统思考就更多了。例如,2003年12月29日,他在浙江全省人才工作会议上说:"各级党委、政府必须以科学的人才观指导工作、检验人才工作,不断提高爱才、识才、用才、聚才的水平,大力营造有利于人才脱颖而出的创业氛围。"在这里,他是将爱才、识才、用才、聚才几个环节连续排列的,说明这几个概念之间具有逻辑上的连续性、实施上的系统性,体现出其思维的系统性、辩证性。

三、立足人才发展的时代性

任何时代都有其自身的人才问题,而这些问题的解决,也都离不开时代所提供的客观条件。中国当前的人才问题是什么呢?归根到底是要倾听中国当代的时代声音。只有立足于时代,才能抓住问题,分析成因,寻找对策,科学解决。习近平同志在分析、论述当代中国所面临的人才问题时,始终站在时代的高度,发人深省地表述见解。

2013年7月7日,习近平同志到中国科学院考察。他对那里的领导同志和众多科学家说:"科学技术是世界性的、时代性的,发展科学技术必须具有全球视野、把握时代脉搏。当今世界,一些重要的科学问题和关键核心技术已经呈现出革命性突破的先兆。我们必须树立雄心、奋起直追,推动我国科技事业加快发展。"

互联网与大数据是当今世界最为热门的话题。2014年2月27日,习近平同志主持召开中央网络安全和信息化领导小组第一次会议,他在讲话中高瞻远瞩地指出:"建设网络强国,要把人才资源汇聚起来,建设一支政治强、业务精、作风好的强大队伍。'千军易得,一将难求',

要培养造就世界水平的科学家、网络科技领军人才、卓越工程师、高水平创新团队。"

四、坚持人才管理的开放性

习近平同志认为:"人类的历史就是在开放中发展的。任何一个民族的发展,都不能只靠本民族的力量。只有处于开放交流之中,经常与外界保持经济文化的吐纳关系,才能得到发展,这是历史的规律。"

关于人才管理,世界上有两条基本思路,一条是封闭的思路,一条是开放的思路。中国的改革开放已经向世人证明,只有坚持开放,才能不断提升国民素质、人才素质,跟上整个世界的前进步伐。

在人才工作方面,习近平同志思维的开放性有多方面的表现。首先,中国对于世界各国应保持开放性。习近平同志说:"中华民族历来具有尚贤爱才的优良传统。现在,我们比历史上任何时期都更需要广开进贤之路、广纳天下英才。要实行更加开放的人才政策,不唯地域引进人才,不求所有开发人才,不拘一格用好人才,在大力培养国内创新人才的同时,更加积极主动地引进国外人才,特别是高层次人才,热忱欢迎外国专家和优秀人才以各种方式参与中国现代化建设。"

习近平同志所主张的开放,不是单向度的而是双向度的。他说:"双向开放即对内对外同时开放。一方面,积极参与本地区和沿海经济发达地区的市场竞争,加强外引内联,大力引进信息、资金和人才,进行优势互补;另一方面,积极参与国家市场的竞争与交换,努力发展外向型经济,促进本地区经济的全面发展。"有了这两个向度,开放的力度与水平才能进一步加大,获得更好的效益。

(资料来源:王通讯. 创新发展 择天下英才而用之——论习近平总书记人才思想的重要特征[N]. 光明日报,2014-11-01.)

> **思考题**
>
> 阅读上述材料,试分析如何运用习近平人才思想做好组织人力资源管理工作。

第三节　人力资源管理中的人性假设

一、人性假设的重要性

任何一个组织都是由人构成的,人是构成组织的核心要素,也是影响组织绩效的决定性因素。在组织中,人对组织绩效的影响主要是通过实施特定的行为来实现的。而人的行为依存于人的选择、动机、价值观、态度、效用评价、行为准则、理想等因素。因此,在组织管理中,要了解组织中人的行为,就必须对组织活动中人的选择、动机、价值观等因素进行深入细致的研究。人性假设则正是与此相关的一种重要思想,不同的人性假设将带来不同的管理决策和行为。正如孔茨等在其所著的《管理学》一书中所言:"在管理者的心目中,总有一个个体的模式和基于人的假定的组织行为模式。这些假定和它们的有关理论影响着管理者的行为","一个管理者的人性假设如何,将会影响着激励和领导方法"。①

在组织中,人力资源管理者的核心工作就是制定开发、利用、管理人的相关制度和政策。因此,人力资源管理者更需要对人性的特点进行探索与研究,进而理解人性的特点。只有对人性假设具有充分正确的认识,深刻理解人性的特点,人力资源管理者才知道如何通过制度设计来正确地引导人性,进而帮助管理者更好地选取合适的管理行为以提高组织绩效。

二、人性假设的主要理论

(一)中国古代"性善论"和"性恶论"

在人性假设方面,我国自古就有孟子的"人性本善论"和荀子的"人性本恶论"两种不同观点,这两种观点都侧重于从伦理学、社会学的角度来探讨人的本性问题。

战国时期,儒家代表人物孟子充分表达了其"人性本善"的观点。比如,据《孟子·滕文公上》记载:"孟子道性善,言必称尧舜。"《孟子·告子上》曰:"人性之善也,犹水之就下也。人无有不善,水无有不下。"再比如,在《孟子·尽心上》中,孟子曰:"乃若其情,则可以为善矣,乃所谓善也。若夫为不善,非才之罪也。恻隐之心,人皆有之;羞恶之心,人皆有之;恭敬之心,人皆有之;是非之心,人皆有之。恻隐之心,仁也;羞恶之心,义也;恭敬之心,礼也;是非之心,智也。仁义礼智,非由外铄我也,我固有之也,弗思耳矣。"《孟子·公孙丑上》中写道:"无恻隐之心,非人也;无羞恶之心,非人也;无辞让之心,非人也;无是非之心,非人也。恻隐之心,仁之端也;羞恶之心,义之端也;辞让之心,礼之端也;是非之心,智之端也。人之有是四端也,犹其有四体也。"可以说,孟子是中国思想史上第一个系统提出性善论的思想家,对中国文化和中国人的文化性格影响深远。孟子"性善论"的基本思想,可以概括为以下几点:第一,人是可以为善的,至于有人为不善之事,不是他的心本来就坏,而是心坏掉了。因为在孟子看来,人人天生都有一颗善心,不做善事是因为没有好好体察自己的善心,所以说心的本质不坏,而是在欲望或外界环境的影响下坏掉了。第二,人人心中都有恻隐之心、羞恶之心、辞让之心和是非之心等四种"善端",善端是为善的能力或潜质。这种潜质决定了我们可以向善的方向发展。这四种心对应着仁、义、礼、智四种道德规范。从这个意义上来说,我们人人都可以做到仁义礼智,所以孟子一直鼓励我们"人皆可以为尧舜"。第三,"善端"不是别人给的,而是人出生的时候就有的,是人的本性和天赋,别人是夺不走的,而自己却可能丢掉。因为这"四端"就藏在人的心里,所以,人往往习以为常,没有好好去思索、去探求。第四,人与人之间之所以会有善与不善的差别,原因是有的人并没有把自己内心深处的"善端"发挥出来,白白浪费了我们的天赋。第五,事物都有自己的法则,而人的法则就是追求美好的品德。

战国末期,儒家另一代表人物荀子提出了与孟子不一样的观点,他认为"人性本恶"。比如,《荀子·荣辱》曰:"凡人有所一同:饥而欲食,寒而欲暖,劳而欲息,好利而恶害,是人之所生而有也,是无待而然者也,是禹、桀之所同也。""材性知能,君子小人一也;好荣恶辱,好利恶害,是君子小人之所同也。……人之生固小人,无师无法则唯利之见耳。……尧禹者,非生而具者也,夫起于变故,成乎修为,待尽而后备者也。"再比如,《荀子·富国》中写道:"纵欲而不穷""欲恶同物,欲多而物寡,寡则必争""能不能兼技,人不能兼官""离居不相待则穷,群居而无分则

---

① 哈罗德·孔茨,西西尔·奥唐奈.管理学[M].上海:上海人民出版社,1990:577,596.

争;穷者患也,争者祸也。"荀子的"性恶论"的思想在先秦百家关于人性的论断中独树一帜,对后世人性学说产生了重大影响。荀子对人的总体观点是"人之性恶,其善者伪"(《荀子·性恶》)。也就是说,人虽然在社会中生活并以"礼义"为原则,但最初显示出来的却是无限的欲望与争斗,因而是"恶"的。后来,人进入社会,过起群居生活之后,其中的精英人物(君子、圣贤)才逐渐认识和揭示了"礼义"这一人生之道,从而"化性起伪",道德教化和法律规制,使人类懂道义、讲礼节,因而也成为天下(世界上)最强大和最高贵的物种。[①]

（二）现代人性假设理论

1. X-Y 理论与超 Y 理论

在现代,美国行为学家道格拉斯·麦格雷戈于 1957 年提出了具有重要影响的 X 理论和 Y 理论。X 理论与荀子的"性恶论"具有一定的相似性,其主要观点是:① 多数人生性懒惰,他们尽可能地逃避工作;他们缺乏进取心和责任心,不愿对人和事负责,没有什么雄心壮志,宁可期望别人来领导和指挥;他们不关心组织的要求与目标,只关心他们个人,这些容易导致其个人目标与组织目标相矛盾,因此,为了达到组织目标必须依靠外力对员工进行严格管制;他们的行动易受他人影响,缺乏理智的头脑;他们工作是为了钱,为了满足物质和安全需要,他们将选择在经济上获利最大的事去做。② 只有少数人是自律、有雄心壮志、能够克制自己的,他们能进行自我激励和自我约束,这些人应当负起管理的责任。在 X 理论的指导下,必然会形成严格控制的约束监督机制,以权力或控制体系来保障组织的正常运行,以金钱作为激励员工努力工作的主要手段,而牵引机制和激励机制相对来说会不受重视甚至不被采纳。著名的泰勒制就是 X 理论的具体体现,泰勒以"时间-动作"分析为出发点,只考虑提高劳动生产率,无视工人的情感,主张管理者与生产工人严格分开,反对工人参与管理。

Y 理论与孟子的"性善论"具有一定的相似性,其主要观点是:一般人并非天生厌恶工作,大多数人视工作如休息、娱乐一般自然,外来的控制和惩罚的威胁并不是促使人为实现组织目标而努力的唯一方法;人对于目标的承诺与达到目标后获得的报酬是直接相关的,二者存在一种函数关系;大多数人为了达成自己承诺的目标,会进行"自我管理"和"自我控制";只要情况适当,大多数人不但会学会承担责任,且能学会争取责任,以满足自己高层次的需求;大多数人具有想象力和创造力,能够解决在组织中所遇到的各种问题。以 Y 理论为指导,管理者的重要任务是创造一个良好的工作环境,使员工的才能得到发挥,潜力得到激发,使员工在完成组织目标的同时也达成个人目标;对员工的激励主要是给予来自工作本身的内在激励,让员工承担具有挑战性的工作任务,满足其自我实现的需要,整个企业的人力资源管理体系应当以激励员工为重点,而不是对员工进行过多的控制和约束。

美国学者约翰·摩尔斯和杰伊·洛尔施经过实验证明麦格雷戈的观点是不正确的,他们于 1970 年在《哈佛商业评论》杂志上发表《超 Y 理论》一文,提出了著名的超 Y 理论。该理论的主要观点如下:① 人们带着各种不同的需要和动机来到组织,但是最主要的动机是实现其胜任感;② 每个人胜任感的取得可以通过不同的方式实现,因此每个人适用的管理方法也有所不同,组织形式和管理方法需要与工作性质及人们的需要相适应,有的人适用 X 理论,有的

[①] 严存生.《荀子》"性恶论"评析及其对社会治理的启示——兼与休谟的"性恶论"比较[J]. 山东大学学报(哲学社会科学版),2019(5):16-31.

人适用Y理论;③组织结构的设计、管理层次的划分、员工培训、工作任务的分配、工资报酬及其控制水平都要与工作性质、工作目标及员工的素质等因素结合起来进行综合性的考虑;④ 胜任感在达到目标后,会继续起到激励作用,一旦目标达到之后,另一个更新更高的目标会树立起来,并且使得员工为之努力。根据超Y理论的内容,管理者要依据不同的情况采取不同的管理方式和方法,需要特别注意工作、组织与员工的恰当匹配。除此之外,我们还需要认识到,个人胜任感的满足是没有止境的,作为一种激励因素,它促使人们去完成一个又一个更高的目标,比工资和津贴更为可靠。

2. 人性假设正态分布模型

除了"性善论"和"性恶论",还有一种观点认为大多数人是中性的,既非绝对善,亦非绝对恶。这就不得不提及国内学者何凡兴提出的"人性假设正态分布模型"。根据该模型,一方面,就总体来说,企业中"合法利己、无私奉献和损人利己"的员工呈正态分布,即企业中大多数员工都是合法利己的,只有少数人能够无私奉献,对于这样的员工企业应该树立为典型,进行广泛宣传,同时,损人利己的人也是少数,对于这样的员工企业应该进行处罚或是淘汰;另一方面,就个体来说,大多数人在大多数情况下的工作动机是合法利己,只有在特定情况下才会无私奉献或者损人利己,这也是企业能够获得可持续发展的根本动力。[1]"人性假设正态分布模型"告诉我们,任何矛盾都有主要方面和次要方面之分,我们看问题要分清主流和支流。将该模型应用于人力资源管理,需要通过制度设计,让员工能够体面、有尊严、心安理得甚至有成就感和自豪感地获得自己的利益。也就是说,做好人力资源管理工作,需要实现员工的合法利己,从而激发员工的内在潜力和奋斗激情。

3. 四种人性假设理论

美国行为科学家埃德加·沙因于1965年在其著作《组织心理学》一书中将此前学者们对人性假设的研究成果归纳为"经济人假设""社会人假设"和"自我实现人假设",并且在此基础上提出了自己关于人性假设的新观点——"复杂人假设"。这四种人性假设是对人性假设做出的最全面的概括和归纳,在学界被人们广泛接受。

(1) 经济人假设。

经济人假设相当于麦格雷戈提出的X理论。经济人假设的主要观点包括:人们是为了获得经济性的利益而工作,只要能获得最大的经济利益,人们愿意从事任何工作;这种经济诱因是由组织控制的,人们总是被动地在组织的操纵、驱使和激励下工作;人们总是力图以最小的投入获得最满意的报酬;人的情感是非理性的,组织需要对员工的情感进行控制,以免员工在对经济利益进行追求时受到干扰。

(2) 社会人假设。

社会人假设的主要观点包括:人类行为的主要动机是社会需要,人们需要与同事建立起良好的人际关系,通过人际关系的形成获得基本的认同感;工业革命时代延续下来的机械化使工作变得单调而没有意义,因此必须从工作的社会关系中找回工作的意义;与正式组织相比,非正式组织往往能对员工产生更大的影响力,因为非正式组织满足了人们的社交需要;管理者对员工的归属需要、被人接受、需要的满足程度决定了员工对管理的反应程度。

---

[1] 何凡兴.在什么情况下需要"无私奉献"[J].企业管理,2001(3):60-61.

(3) 自我实现人假设。

自我实现人假设相当于麦格雷戈提出的Y理论。根据马斯洛的人类需求五层次理论,人的需求从低层次到高层次依次为生理需求、安全需求、社会需求、尊重需求和自我实现需求。自我实现人假设认为：人的需求是多种多样的,而且是具有低层次和高层次之分的,在基本的需求得到满足之后,会转向寻求更高层次需求的满足,最终目的就是满足自我实现的需求,寻找工作的意义；人们总是在工作中追求成熟,希望在工作上有所成就,他们努力提高自身的能力和技术,提高灵活度以适应环境；员工能够进行自我激励和自我控制,外部的激励和控制可能对员工构成威胁,带来不良的影响；员工的个人目标与组织目标并不是矛盾的,个人目标的实现有助于组织绩效的提高,在合适的条件下,员工会自愿调整个人的目标以配合组织目标。

(4) 复杂人假设。

复杂人假设相当于约翰·摩尔斯和杰伊·洛尔施提出的超Y理论。沙因认为：人们的需要与潜在欲望是多种多样的,且这些需要的模式也是随着年龄与发展阶段的变迁,随着所扮演的角色的变化,随着所处境遇及人际关系的演变而不断变化的。他指出,人们的需要是复杂的,会随着环境的变化而发生变化。因此,他提出了复杂人假设。

复杂人假设的主要观点包括：人们的需求是多种的,工作动机是非常复杂的,这些动机会随着人们所处的发展阶段和所面临的境遇的不同而发生变化,它们处在各种具有不同重要性的需要层次上,因而构成了不同的动机阶层,这些动机阶层因人而异,即使是对于同一个人,也会因时间、情景和地点的不同而不一样；需要与动机相互作用形成了复杂的动机模式、价值观和目标,人们需要决定自己在什么层次上理解人的激励；员工在组织的工作中形成新的需要和动机,因此,员工原始的动机模式与其在组织中的经历交互作用,产生了其在组织中所表现出来的动机模式；人们在不同的组织或者同组织的不同部门中可能会表现出不同的需要,例如有的员工在正式组织中获得物质需要的满足,在非正式组织中获得人际关系的满足,也可能在正式组织中被冷落,在非正式组织中获得社交和自我实现需要的满足；员工是否能够全身心地投入工作,为组织创造出很高的生产效率,不仅取决于组织的激励,还取决于组织的状况与个人的动机结构之间的相互关系,工作的性质、员工本人的工作能力和技术水平、员工的工作经验、动机的强弱、与同事之间的关系和环境氛围等因素都可能对个人的工作态度产生影响；员工根据自己的动机、能力以及工作性质,对一定的管理方式和管理策略产生不同的反应。复杂人假设充分考虑了人性、工作性质和组织情景等因素,提出了管理权变的思想,认为不存在适用于任何时代和任何人的通用的管理方式和管理策略,必须根据不同员工的不同需要和不同情况,采取相应的管理方式或者进行合适的调整。

4. 马克思的人性假设理论

马克思对人的行为动机、行为特征和行为规律进行了深刻研究,在此基础上对资产阶级哲学家的"人性自私论"和经济学家的"经济人假设"进行了无情批判,进而提出了他的人性假设理论。马克思对人的基本假设总的来看是分层次的,是抽象和具体的统一,其人性假设有如下逻辑层次关系。[1]

第一,哲学层面上人是社会关系的总和。马克思认为,人的本质只能存在于人的社会存在及其关系中,没有人的社会存在就没有人的本质。只有从人的社会存在和活动的大量现象中,

---

[1] 武建奇.论马克思关于人性假设的三个维度[J].经济学家,2008(3):5-13.

才能概括出人的本质规定来。在《关于费尔巴哈的提纲》一文中,马克思明确指出了人的本质:"费尔巴哈把宗教的本质归结于人的本质。但是,人的本质并不是单个人所固有的抽象物,实际上,它是一切社会关系的总和。""费尔巴哈没有看到,'宗教感情'本身是社会的产物,而他所分析的抽象的个人,实际上是属于一定的社会形式的。"应该指出,这里,马克思对人的本质所做的"一切社会关系的总和"的规定,仅仅是从哲学层面上对人性的最一般、最抽象的考虑,远远不能作为对经济学基本假设前提中"经济人"的直接替代,但"社会关系总和"这一人的一般本质的提出,为我们提示了马克思经济学中人性假设的思路——人的"社会关系总和"的本质需要一步步具体化。

第二,经济层面上人是经济范畴的人格化。马克思的《哲学的贫困》明确指出:"经济范畴只不过是生产的社会关系的理论表现,极其抽象。"在《资本论》第2卷"交换过程"一章中,马克思直接用"经济关系"替换了"经济范畴",他说:"在研究进程中我们会看到,人们扮演的经济角色不过是经济关系的人格化,人们是作为这种关系的承担者而彼此对立着的。"显然,这里马克思的"经济范畴"指的是真实的经济关系或生产关系的理论抽象形式。因此,马克思是把人看作二重的:作为生物意义上的人,是有血有肉有生物需求的物质实体;作为社会关系总和意义上的人,在经济过程中则是社会经济关系或生产关系的承担者。总之,人的一般本质在社会经济过程中具体化后,人只是"经济范畴的人格化"。就是说,作为经济学上的人,肉体只是他的身,经济关系才是他的魂。他不是孤立的猎人和渔夫,也不是孤岛上的鲁滨孙,而是处在社会经济关系网中的人——经济关系这种客观的但看不见、摸不着的东西,要附着在有着具体的生命形式的人身上;经济关系发展的客观要求要由它的有生命的承担体即人的活动来体现,而人的行为动机和行为方式处处受到他所处其中的社会客观经济关系的决定和制约。

第三,资本主义经济层面上人是阶级人。生产关系在阶级社会中主要地表现为阶级关系,或者说,阶级关系是阶级社会中生产关系的本质特征。正如恩格斯所说:"经济学所研究的不是物,而是人和人之间的关系,归根到底是阶级和阶级之间的关系;可是这些关系总是同物结合着,并且作为物出现。"因此,在资本主义经济中的"经济范畴人格化"就必然表现为一个新的人性假设的范畴——阶级人。所谓阶级人,就是说在阶级对抗社会中单个的个人是以他所在的那个阶级整体中一员的身份存在的,他的身份是由阶级共同体成员的关系来定义的,离开这个团体也就不存在这种身份。作为阶级关系的物质承担者和阶级范畴的人格化,资本主义社会中的工人个人只是整个工人阶级系统中的一个要素,而要素的性质和功能是由阶级系统结构"整体地决定"的,所以,他并不仅仅代表他个人本人,他是阶级的化身,有着阶级的灵魂。马克思经济学中的阶级人是具体和抽象的统一。这种抽象不像人性自私论那样把人的本性抽象到与动物相同的过度抽象层次,他研究的"是处在现实的、可以通过经验观察到的、在一定条件下进行的发展过程中的人。"这种具体也不是没有经过抽象的现实中的单个的个人,马克思把单个人的欲望、动机看作是多种多样的,要在这纷繁复杂的人类行为中寻找起支配作用的内在的本质的规律,必须运用一定的"抽象力"。

从哲学意义上人的"一般本质"(社会关系的总和)演绎出经济过程中的"特殊人性"(即经济范畴的人格化,而这又是所有社会经济过程中的"一般人性"),再演绎出资本主义社会经济过程中的"个别人性"(阶级人),这是符合马克思的人性分析方法的。在《资本论》中,马克思写道:"假如我们想知道什么东西对狗有用,我们就必须探究狗的本性。这种本性本身是不能从'效用原则'中虚构出来的。如果我们想把这一原则运用到人身上来,想根据效用原则来评价人的一切行为、运动和关系等,就首先要研究人的一般本性,然后要研究在每个时代历史地发生了变化的人的本性。""社会关系的总和"就是人的一般本性即本质,"阶级人"就是随着"时代历史地变化了的人的本性"。

第四节 战略性人力资源管理与企业核心竞争优势

一、战略性人力资源管理概述

(一)战略性人力资源管理的概念

20世纪80年代以前,日本企业实际上扮演着战略人力资源管理先驱实践者的角色。日本人力资源管理实践的精髓在于其人本主义理念,在这一理念指导下,日本企业将其管理重心集中在对"人的管理"之上,实行了一系列充分体现其人本主义思想的人力资源管理制度,如终身雇佣制、年功序列制、教育培训制以及保障制等。这些制度的战略基础是:能力、品质、技能、教育程度、完成任务的适应性和岗位工作绩效等。但在20世纪80年代以后,日本人力资源管理的弊端也日益地暴露出来。约翰·沃洛诺夫在《日本管理的危机》,帕茨·史密斯在《日本:一种新的解释》,菲利普·安德森在《黑纱的里面:除去日本人商业行为的迷雾》等著作中,深刻地分析了日本模式的弊端。他们指出,在日本企业中,人力资源管理在很大程度上陷入一般事务性职能,对人力资源的战略性、战略人力资源的工作绩效激励,核心雇员的配置等方面缺乏充分的界定、使用和激励,这使得日本企业"核心人力资源"的"战略性"受到极大削弱和限制。

20世纪80年代中后期,美国学者开始关注人力资源管理对企业战略的支持作用,并提出战略性人力资源管理这一概念。随着研究与讨论的日趋深入,战略性人力资源管理被欧、美、日企业的管理实践证明为是获得长期可持续竞争优势的战略途径。在概念界定方面,怀特和麦克马汉从功能角度将战略性人力资源管理界定为"企业实现目标所进行和所采取的一系列有计划、具有战略性意义的人力资源部署和管理行为。"[1]尽管这一定义得到学术界的普遍认同,但它只强调企业而忽视了员工。因此,本书采用彭剑锋教授的定义,即"战略性人力资源管理是根据组织战略发展和个人职业发展的需要,将人力资源视为组织核心能力的源泉,通过具有战略意义的人力资源管理相关活动形成组织竞争优势并支撑企业战略目标实现的过程。"[2]这一概念所强调的核心理念就是,人力资源管理必须能够帮助组织实现战略并赢得竞争优势,实行战略性人力资源管理的目的就是依靠人来实现战略目标、依靠核心人力资源赢得竞争优势。

在实践中,企业实施战略性人力资源管理,需要注意两点。第一,人力资源管理战略与组

---

[1] Wright P M, McMahan G C. Theoretical Perspectives for Strategic Human Resource Management[J]. Journal of Management,1992,18(2):295-320.

[2] 彭剑锋.战略人力资源管理:理论、实践与前沿[M].北京:中国人民大学出版社,2014:10.

织战略相一致。如果人力资源管理战略与组织战略脱节,必然会导致组织的人岗不匹配,业务发展需求与人才能力不协调,最终导致组织战略失败。因此,如何使得人力资源管理活动与组织其他经营活动有效融合,从而更加富有战略性,是当前人力资源管理需要解决的现实问题。比如:在美国,大约有1/4的大型企业将没有任何人力资源管理工作经验的管理者任命为负责人力资源事务的高管,其目的就是保证人力资源管理战略与组织战略协同;第二,人力资源管理战略与员工个人的职业发展需要相契合。忽略员工个人的职业发展,会导致员工士气低落,缺乏工作激情,只有充分考虑员工个人的职业发展,满足其真实想法和内在需要,才能有效激发员工的内在潜力,提高工作效率,员工才会愿意付出真心,为实现组织战略目标不懈努力和持续奋斗。

(二)战略性人力资源管理体系构建的基础平台

战略性人力资源管理体系的构建需要组织为人力资源管理提供一个必要的平台。这个平台包括人力资源基础建设、人力资源专业化建设、人力资源专业队伍和人力资源组织环境四个方面。它们共同为构建战略性人力资源管理体系提供相应的组织保证和专业保障。

首先,人力资源基础建设是战略性人力资源管理体系正常运行的基本保障。战略性人力资源管理是一个庞大的系统,要保证这个系统能够得到正常运行就要求建立一个与之相适应的基础管理体系,包括通过建立人力资源管理信息系统为各项人力资源管理活动的高效开展提供客观的信息,开展日常的事务性工作保证人力资源管理体系的有效运行。

其次,人力资源专业化建设是构建战略性人力资源管理体系的专业保障。战略性人力资源管理有着明显的专业特征,通过专业化建设可以为有效实施人力资源管理职能奠定专业基础。人力资源专业化建设的具体内容包括:开展系统的岗位分析以明确每个岗位的工作职责、工作职权、工作条件和任职资格;根据公司业务和职位特征设置相应的定员标准;实施系统的岗位评价,为制定薪酬序列提供依据;根据公司战略需要和岗位类别开发出相应的能力素质模型。

再次,人力资源专业队伍是构建战略性人力资源管理体系的重要保障。战略性人力资源管理要求对人力资源部门进行合理的定位,明确界定人力资源部门的职责和职权,相应地对人力资源专业人员的能力和素质也有着严格的要求。同时,战略性人力资源管理还对直线经理参与和配合人力资源管理也作出明确的要求,以从各个方面保证人力资源专业队伍能够成为构建战略性人力资源管理的人力基础。

最后,合理的组织环境是构建战略性人力资源管理体系的重要外部条件。它要求从公司战略出发,设计出一套适合公司战略需要的组织结构,细化每个职位的设置,并根据公司外部环境进行优化,从而为公司构建战略性人力资源体系提供相应的组织环境。

二、战略性人力资源管理的工具与流程

(一)战略性人力资源管理的工具

1. 战略地图

战略地图实际上是对组织战略的实现过程进行分解的一种图形工具。它通过图形形象地展示为了实现组织战略目标必须完成的各种关键活动,以及各种活动之间的联系。这种简单明了的逻辑关系,使得员工一目了然,更加清楚地知道自己应该怎么做才能够帮助企业实现战

略目标。比如,美孚石油制定的公司战略是将公司资本运用回报率(ROCE)提高至12%,为此制定了如下战略地图(见图1-1)。

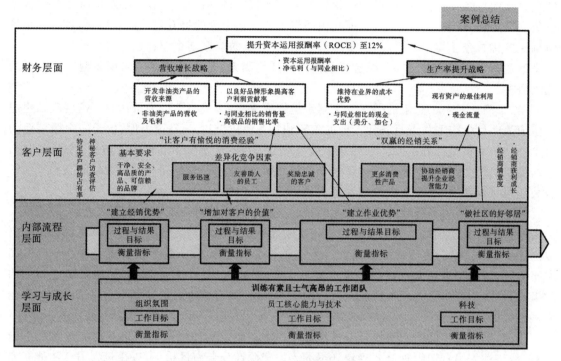

图1-1 美孚石油公司的战略地图

2. 人力资源管理计分卡

战略地图勾画出了企业发展"蓝图",但各种活动需要进一步量化处理,管理才能够更加具有针对性和可操作性,进行量化处理时往往会用到人力资源管理计分卡。人力资源管理计分卡实际上是针对为实现组织战略目标所需完成的一系列人力资源管理活动链而设计的各种财务类和非财务类目标或衡量指标。人资源管理计分卡的设计,往往需要对三个因素及其之间的关系进行量化处理:一是各种人力资源管理活动,比如培训的数量。二是人力资源管理活动所产生的员工行为,比如客户服务表现。三是员工的行为所产生的公司战略后果及绩效,比如客户满意度。

3. 数字仪表盘

数字仪表盘是指能够在计算机桌面上显示的各类图表。它以桌面图形、表格以及计算机图片的形式向领导者和管理者形象地展示在组织战略地图上的各项活动的进展情况,具体表现为人力资源管理计分卡中确定的各项指标的进展情况。数字仪表盘是一种重要的管理工具,有助于管理者判断当前的工作活动方向是否正确以及总体进度是否合理。

(二)战略性人力资源管理的主要流程

战略性人力资源管理要求在制定人力资源管理政策和措施时,管理者的出发点必须是帮助组织获得实现战略所需要的那些员工技能和行为。遵循这一要求,战略性人力资源管理的主要流程如下。

第一,制定组织战略。组织要实施战略性人力资源管理,首先需要制定清晰明确的组织战略目标。例如,20世纪90年代以来,利用国际服装产业结构调整的机遇,通过承接世界发达国家的产能,我国逐步成为全球最大的纺织服装生产国。然而,近年来,伴随着产业结构调整、转型升级的加快,作为传统的以劳动密集型为主要特征的纺织服装业正在逐步向资本和技术密集型产业转变。在此背景下,当前我国纺织服装业集中度的提升趋势越发明显,订单和市场份额正向优秀企业集中。因此,为了赢得未来的市场,纺织服装企业在创新方面的投入对公司未来的竞争力变得非常重要。综合考量内外部环境因素,A公司制定了向创新型组织转变的战略目标。

第二,确认对员工队伍的需求。在制定组织战略之后,战略性人力资源管理需要确认组织为达成战略目标需要员工具备什么样的素质和行为。以上述A公司为例,由于纺织服装业的资本和技术密集型部分主要体现在机械设备研发、工艺设计与管理经验等方面,A公司要向创新型组织转变,就需要拥有一支高水平的员工队伍,特别是需要拥有一定数量的高水平纺织服装业机械设备研发、工艺设计和管理人才。

第三,制定人力资源战略及其相应政策和措施。在确认对员工队伍的需求之后,战略性人力资源管理需要明确哪些人力资源政策与实践能够获得组织需要的员工胜任素质和行为。仍以上述A公司为例,由于纺织服装业人才市场的竞争较为激烈,A公司要想获取行业内的高水平人才,就需要将自身打造成一个更有吸引力的雇主。具体来说,A公司需要制定相应的政策和措施,为高水平人才提供相对优越的工作环境、具有竞争力的薪酬福利以及合理的职业发展空间等。

第四,确定详尽的人力资源计分卡衡量指标。在制定人力资源战略及其相应政策和措施之后,战略性人力资源管理需要确定详尽的人力资源计分卡衡量指标,以衡量人力资源战略和政策措施在执行方面的工作成效,看其是否产生了组织需要的那些员工胜任素质和行为。仍以上述A公司为例,要看其人力资源战略和政策措施是否帮助公司获取和保留了行业内高水平人才,具体的衡量指标包括每年新招聘的高水平人才数量、高水平人才的离职率、工作满意度等。

三、战略性人力资源管理对组织核心竞争力的支撑作用

(一)特征

所谓组织核心竞争力是指组织自主拥有、能够为客户提供独特价值、竞争对手在短时间内无法模仿的各种知识、技能、技术、管理等要素的组合。组织核心竞争力具有以下四大特征。

第一,价值性。该特征强调的是,某要素要成为组织的核心竞争力,其收益与成本之比必须大于1。在实践中,某些要素尽管能够带来收益,但如果成本太高,那就没有意义,不能成为组织核心竞争力的来源。

第二,独特性。一个组织拥有的核心竞争力应该是独一无二的,其他组织不具备或至少暂时不具备,这是组织成功的关键因素。例如,华为独一无二的5G技术,华为人高度自律,时刻保持狼性精神,坚持不懈地努力奋斗,是华为不断创新与发展的强大动能。

第三,难模仿性。核心竞争力是组织长期积累形成的,其他组织难以模仿,至少短期内难以模仿。例如,腾讯的微信相比米聊推出更晚,却能够取得更大的成功,是因为微信通过QQ直接打通了用户壁垒,这些用户是腾讯公司长期积累和用心维护的结果,具有很强的用户黏性,是其他公司难以模仿的。

第四，组织化。任何一项要素要成为组织核心竞争力，除了具备前三个特征之外，还必须融入组织，通过与其他要素的相互整合，形成组织化的系统能力，这样才能够更好地发挥作用。

（二）支撑作用

在知识经济时代，组织之间的竞争越来越激烈，主要表现为组织核心竞争力的竞争。因此只有不断提升组织的核心竞争力，才能保证组织的竞争优势。而一种资源要成为核心竞争力之源，必须能为组织增加价值，进而要求其本身也必须有价值。战略性人力资源管理的价值体现在战略性人力资源活动能降低组织成本和增加组织效益等方面，例如通过技术革新减少工时、提高成品率从而增加组织价值。随着社会物质资源越来越匮乏，以及物质资源带来的竞争优势易于丧失，战略性人力资源管理在组织核心竞争力的重要性日益明显。战略性人力资源管理对组织核心竞争力的支撑作用主要体现在人力资源所具备的四个基本特征上。

1. 价值有效性

人力资源对现代组织而言具有价值有效性，这具体体现在三个方面。

第一，核心人力资源是组织价值创造的主导要素。以企业为例，其核心人力资源主要是指企业家和企业中的知识工作者。人类社会步入新经济时代，知识经济已成为一种新的经济形态，知识创新型企业的竞争环境和运用模式与以前的企业相比发生了根本性的变化，企业价值创造的主导已经从传统的体力劳动逐步转向知识的创造、传播、分享、应用与增值。企业家和知识工作者作为企业中知识管理的主要载体，日益成为现代企业价值创造的主导要素，从而使人力资源逐步成为企业的核心能力要素。

第二，人力资源能够为组织持续地赢得客户、赢得市场。在当今竞争日益激烈的市场环境中，组织的生存和发展主要取决于两方面的因素。一是组织生存与发展的理念基础，即组织的使命、追求和核心价值观，能激活组织内在的生命力和潜能，并且成为组织的战略组织与人力资源管理体系设计的哲学基础。二是组织生存与发展的客观基础，即组织的市场与客户。只有赢得了客户满意，提高了市场地位，组织才能持续不断地从市场中获取利润、获取价值，使组织有足够的实力去实现自身的使命与追求。

第三，人力资源价值有效性的其他表现。人力资源在组织的战略与组织变革、质量管理、商机开拓、生产率提高、成本节约等诸多方面具有至关重要的作用。

2. 稀缺性与独特性

一方面，人力资源具有稀缺性。资源的稀缺性主要是指由于资源分布的不均衡导致资源的相对有限性。人力资源的稀缺性分为两种：一种是显性稀缺，即一定时期内劳动力市场上具有某一特征的人力资源供给数量绝对不足；另一种是隐性稀缺，即由于人力资源某种特性往往是非均衡分布状态而导致组织人力资源的结构性失衡。

另一方面，人力资源具有独特性。人力资源的稀缺性是人力资源具有独特性的主要前提。除此之外，人力资源对于某一组织的独特性还具体表现为：人力资源无法从市场随意获取，不能购买和转让，难以模仿、复制、替代，必须为组织量身定做，接受实际工作经验的培训，与竞争对手具有差异性等。

3. 难以模仿性

人力资源成为组织核心竞争力的第三个特征在于员工认同组织独特的文化，其独特的价值观、核心专长与技能同组织经营管理模式相匹配、相融合，具有高度的系统性与一体化特征，使得竞争对手难以准确地加以识别,更难以进行简单的模仿。比如,美国杜邦公司的竞争对手难以引进杜邦公司卓有成效的安全教育体系,是因为在这个以火药起家的公司里,安全意识早已通过组织的文化教育与制度体系深深地铭刻在每一位员工的心里。

4. 组织化

资源的组织化是指一种资源与整个组织系统相融合而成为整个组织的有机组成部分。人力资源在现代组织中已成为一种高度组织化的资源,因为它已经完全与整个组织的战略、经营模式、组织结构与业务流程、管理方式等方方面面相融合,不再是一种游离于组织系统之外的资源。正如华为公司所主张的:认真负责和管理有效的员工是华为最大的财富。华为所强调的"管理有效"指的正是人力资源的组织化特征。

综上所述,人力资源所具备的价值有效性、稀缺性与独特性、难以模仿性、组织化这四个基本特征使得战略性人力资源管理对组织核心竞争力具有重要支撑作用,战略性人力资源管理的水平则对组织核心竞争力的高低起着直接的决定性作用。

阅读与思考 1-3:以创新打造企业核心竞争力

据全球市场调研机构 IHS 数据显示,2018 年上半年,京东方科技集团股份有限公司(以下简称京东方)的液晶电视面板出货量达到 2551 万台,排名全球第一。至此,在智能手机、平板电脑、笔记本电脑、显示器、电视等五大领域,京东方的液晶显示屏市场占有率均居全球第一,实现了由追赶到领先。

从一家不知名的电子元器件企业到全球领先的半导体显示企业,京东方走过了 25 年历程。京东方董事长王东升说:"京东方之所以能在激烈的国际竞争中从小变大,跃居全球同行业第一,根本法宝就是对技术的尊重和对创新的坚持。"

抓住核心技术,创造"全球第一"

20 世纪 90 年代中期,京东方主要生产与彩色显像管(CRT)配套的精密零件与材料,尽管当时企业蒸蒸日上,但时刻关注全球行业走向的王东升已经意识到潜在的危机:彩色显像管迟早要被新一代半导体显示技术淘汰,必须及早布局新的替代技术。

当时被业内看好的替代技术方向有三种:等离子显示(PDP)、场致发光显示(FED)和液晶显示(TFT-LCD)。经过反复深入的考察研究,京东方选择了液晶显示。王东升认识到:技术创新是企业生存发展的根基,有核心技术不一定能赢,但没有核心技术一定会输。京东方从踏入显示领域的那一天起,就咬定技术不放松,确定了不同发展阶段的创新战略。

跟跑阶段(2003—2007 年)实施"扎根"战略,通过海外收购进入液晶显示领域,在北京投资建设了中国内地第一条 5 代 TFT-LCD 生产线,瞄准成为世界标杆的目标奋力追赶。

并跑阶段(2008—2012 年)实施"钢剑"战略,立足自主创新,陆续自主设计、建设了成都 4.5 代线、合肥 6 代线、北京 8.5 代线、合肥 8.5 代线等新生产线,带领中国成为全球显示产业重要一级,实现了与领先企业并跑。

2013 年起,在产业规模、技术实力、市场份额、盈利能力等方面均已达到世界领先水平的京东方,开始实施"铁剑"战略,向着行业领导者快速迈进。同时,京东方提出"颠覆性创新",在某些关键技术上实现全球领跑。

统计数据显示,2015年至今,京东方连续14个季度新增专利申请量全球业内第一,2017年京东方新增专利申请量8678件;美国商业专利数据库IFI Claims TOP50榜中,京东方连续两年增速第一,2017年排名第二十一位;首发新产品覆盖率达到40%,高居业内榜首。

同时,京东方建设了中国内地第一条柔性AMOLED 6代线和全球首条最高世代线10.5代线等生产线,独有的ADSDS显示技术已成为全球显示领域三大技术标准之一;同时,首次推出超大尺寸98英寸/110英寸8K超高清显示产品和多款可弯曲、可折叠、可卷曲的柔性AMOLED显示产品,引领创新潮流。

短短十余年,在全球显示领域,京东方实现了从跟跑、并跑到领跑的跨越。

由显示屏制造商向物联网公司转型

2013年,在京东方的显示屏做得顺风顺水时,王东升做出了一个大胆决定:推动公司由显示屏制造商转向"为信息交互和人类健康提供智慧端口产品和专业服务的物联网公司"。

王东升认为,以人工智能与生命科技为主要特征的第四次工业革命正悄然来临,只有瞄准前沿技术的发展方向,把京东方此前积累的显示技术、传感技术等与物联网技术、人工智能技术、生命健康技术等进行跨界融合、集成创新,才能抓住新一轮工业革命的机遇,实现跨越发展。基于此,京东方制定了"DSH"战略。其中,D是显示和传感器件,S是智慧系统,H是智慧健康。

经过几年的持续创新,京东方的战略转型初见成效。在物联网智慧系统的数字艺术领域,京东方与艺术家、美术馆等合作,把显示技术和物联网技术相结合,推出数字艺术物联网产品——BOE画屏,让艺术爱好者在家里就可以欣赏到世界艺术名作;在智慧健康领域,打造移动健康管理平台,通过智能终端检测数据,可将相关数据直接连接到用户的手机上,智能医学助理可以预测健康风险、出具治疗建议方案,为用户提供个性化诊疗和健康管理方案。

"自2003年至今,我们每年的研发投入占营业收入的比例一直保持在7%左右,最多的时候达到10%。即便是在企业经营亏损的艰难时刻,京东方的研发投入比例都没有低于7%。"王东升说,"因为我们知道,只有坚持研发投入、争当世界第一,企业才能活下去,否则就会被淘汰。"

商业模式创新和管理创新同时推进

在持续推动技术创新的同时,京东方同步实施商业模式创新和管理创新。在王东升看来,技术创新是核心、模式创新是关键、管理创新是保障,三者缺一不可,必须同频共振、一体推进。

京东方高级副总裁张宇介绍,随着"DSH"战略的实施,企业提供的不光是硬件产品,而是与物联网技术相结合的解决方案。"我们改变过去'一卖了之'的商业模式,与互联网、制造、金融、医疗、艺术、销售等行业客户紧密联合,形成了'你中有我、我中有你、共荣共生'的伙伴式商业模式,既满足了客户的需求,又提高了创新效率。"

"人才是第一资源,管理创新的真谛就是把优秀人才吸引来、利用好,形成源源不断的人才接力,把创业创新的文化基因一代代传承下去。"据王东升介绍,在个人职业成长方面,京东方制定了"五阶段接力"计划:明确岗位、获取信任、建立战功、成就他人、受人尊敬。在团队建设方面,部门负责人需"过三关":冲在一线带领团队创业成功,过创业关;培养各方面人才、授权定责,过授权关;在适当的时候把领导权交给继任者,过交班关。

在京东方,原来是"50后"带着"60后""70后"干,现在是"60后""70后"带着"80后""90

后"干。从开发、销售、生产到战略企划、财务、人事管理,京东方管理层的平均年龄比同行企业年轻10岁左右,形成了自我修复、自我造血、自我纠错、自我发展的人才队伍梯队,为企业永葆青春奠定了基础。

(资料来源:赵永新.以创新打造企业核心竞争力[N].人民日报,2018-10-19.)

思考题

人力资源在京东方打造核心竞争力的过程中起了什么作用?请结合材料进行分析。

本章小结

人力资源是指一个国家、经济或者组织能够开发和利用的,用来提供产品和服务、创造价值或实现既定目标的所有以人为载体的脑力和体力的总和。它具有能动性、再生性、开发性、差异性、时效性和社会性。在知识经济时代,人力资源的作用越来越大。它是财富形成的关键要素,是推动经济发展的主要力量,是企业的首要资源。

人力资源管理是根据组织和个人发展的需要,对组织中的人力资源这一特殊的战略性资源进行有效开发、合理利用与科学管理的机制、制度、流程、技术和方法的总和。人力资源管理的基本功能主要体现在对人力资源的吸引、开发、激励和保留这四个方面,即通常所说的员工的"选、育、用、留"。一般认为,人力资源管理包括人力资源规划、招聘与配置、培训与开发、绩效管理、薪酬管理和员工关系管理这六大基本职能。在组织中,人力资源管理的责任主体主要包括高层管理者、直线管理人员、人力资源部门和每一位员工。

人力资源管理者需要跟人打交道,就必须理解人性的特点。在人性假设方面,我国自古就有孟子的"人性本善论"和荀子的"人性本恶论"两种不同观点。在现代,美国行为学家道格拉斯·麦克雷戈于1957年提出了具有重要影响的X理论和Y理论;埃德加·沙因于1965年将此前学者们对人性假设的研究成果归纳为"经济人假设""社会人假设"和"自我实现人假设",并且在此基础上提出了"复杂人假设";约翰·摩尔斯和杰伊·洛尔施于1970年提出了超Y理论;中国学者何凡兴则在2001年提出了"人性假设的正态分布模型"。马克思的人性假设有三个维度:哲学层面上人是社会关系的总和,经济层面上人是经济范畴的人格化,资本主义经济层面上人是阶级人。

战略性人力资源管理是根据组织战略发展和个人职业发展的需要,将人力资源视为组织核心能力的源泉,通过具有战略意义的人力资源管理相关活动形成组织竞争优势并支撑企业战略目标实现的过程。战略性人力资源管理的工具主要有战略地图、人力资源管理计分卡和数字仪表盘。人力资源所具备的价值有效性、稀缺性与独特性、难以模仿性、组织化这四个基本特征使得战略性人力资源管理对组织核心竞争力具有重要支撑作用。

关键概念

1. 人力资源
2. 人力资源管理

3. X理论
4. Y理论
5. 超Y理论
6. 人性假设正态分布模型
7. 战略性人力资源管理
8. 组织核心竞争力

复习思考题

1. 人力资源具有哪些特征？
2. 你赞同哪一种人性假设观点？为什么？
3. 战略性人力资源管理为什么能够成为组织核心竞争力的来源？

案例分析

35岁成职场荣枯线：你是人力资源，还是人力成本？

春节过后，招聘就业市场暖流涌动。记者线下、线上探访各类招聘活动，发现不少企业招聘都要求"年龄限35岁以下"，有的甚至提出"员工90后化"。

一、"35岁+"，找工作、换工作、稳工作都亮"红灯"

"裸辞"的37岁IT员工王海文，在春节过完之后，信心满满走上了"再就业"之路："之前的单位工作环境不太适合我，早就想换工作。十多年的工作经验，找个工作应该不难吧？"

让王海文没有料到的是，看了很多就业网站、跑了多个面试，原本认为自己最有优势的工作经验，却因为年龄"超标"，成了就业途中的"拦路虎"。

"很多单位直接写明'限35岁以下'，面试原本还聊得挺好，一问我年龄就'秒拒'。"王海文有点想不通，自己十多年的技术经验，在35岁的生理年龄面前，竟然一文不值。

"35岁职场荣枯线"现象，几乎在各个就业场景下都存在。公务员考试，大多要求35岁以下；在企业招聘中，无论是国有还是民营，除了特殊职位另作要求，大多数招聘也都限定了35岁以下；一些互联网公司近几年在优化人力资源结构时，也将35岁确定为一个分界线，甚至部分公司明确要求"员工90后化"……

记者在采访中了解到，"35岁职场荣枯线"已经成为职场人士望而生畏的一道"坎"。"跳过几次槽，但随着年龄逼近35岁，现在的公司尽管也有各种不如意，但已经不敢再跳了，再难再累也只能忍气吞声。"在金融行业工作的李敬告诉记者。

在一些企业，"35岁+"员工还可能面临受排挤、边缘化。"公司有个怪象，35岁后离职的员工一个接一个。直到我自己到了这个年纪，才明白为什么。"一位白领告诉记者："35岁的员工，大多有老有小，生活琐事多，身体机能下滑。但公司给你的任务有增无减，来自领导的直接压力日益倍增。高强度的工作压力下，公司不裁你，你也只能选择主动走人。这样，公司还省了一笔违约补偿金……"

"职场上我见过不少'35岁+'的员工一言不合就跳槽的，但大部分的境况越跳越不如前，普遍都会遇到收入下滑甚至断档的问题。"一位外企员工说，"35岁之前就要考虑跳槽到那些工作环境合适的单位，不然就来不及了。"

"35岁以上的不要，那35岁以上的都不用工作了？"一位在网络发文抱怨工作难找的网民,得到了这样的答复:35岁之后,人脉多的卖保险,人脉少的开滴滴,没人脉的送外卖……

二、"小于35岁"是"人力资源","大于35岁"变"人力成本"

"年轻人有干劲、有精力,对薪资要求低,对上升空间期待值高,生活和家庭的牵绊少,创新创业意识更高,对工作的适应力、可塑性更强,自然更受到企业的青睐。"一位互联网企业的人力资源主管告诉记者,"企业老板看重员工的年龄结构,认为其是公司成长性、创新性、活力值的体现,并把这个纳入对人力资源的考核目标,对于有选择余地的公司来说,'小于35岁'的吸引力不言而喻。"

一位企业的人力资源负责人表示,公司招聘明文规定,分支机构中层管理人员年龄不得超过35岁,总部中层管理人员年龄不得超过40岁。如果的确需要招聘超龄人员,不仅需要层层特批,甚至还要扣减招聘所在分支机构的年度预算。

"对于很多单位来说,如果你没有无可替代的竞争力,年满35岁即被视为已经触碰了'年龄红线'。在很多公司人力资源负责人看来,年满35岁的人就是'生活琐事多''工作精力有限''身体健康有风险'的代名词,从而不得不面临'招聘不考虑,提拔靠边站'的尴尬之境。"国家人力资源管理师朱丽亚说。

"'35岁+'面临的就业难题也和目前经济结构、转型发展水平直接相关。当前相当部分企业的发展运营模式雷同,业内竞争激烈,而对高经验值、高技术性、低工作强度的劳动力需求偏低,在人口红利尚能满足的情况下,企业自然愿意偏向用工作时长更长、薪资期待更低的低龄员工来替代高龄员工,'青春红利'在就业上的优势已成为不争的事实。"湖南大学工商管理学院教授朱国玮说。

国务院发展研究中心1月发布的一份报告显示,2020年2—9月,在智联平台投递简历的35~49岁中高龄(35岁以上)求职者同比增长13.5%,增速约为35岁以下求职者(7.3%)的两倍。问卷调查显示,在35岁以上的求职者中,有近一半因收入下降而从中高收入群体降至低收入群体。

多位受访者都表达了这一"无奈":"人不会永远年轻,但永远有人年轻。当你25岁和35岁的人做同样的事时,你是'人力资源';当你35岁和25岁的人做同样的事时,你是'人力成本'。"

(资料来源:谢樱,苏晓洲. 35岁成职场荣枯线:你是人力资源,还是人力成本?[N].新华每日电讯,2021-02-23.)

思考题:

(1)请结合本章知识对"35岁职场荣枯线"现象进行分析。

(2)如何破解"35岁职场荣枯线"现象?

第二章 人力资源管理的演进与趋势

学习目标

通过本章学习,了解人力资源管理的演进历程,熟悉人力资源管理所面临的挑战,掌握人力资源管理职能重心调整、人力资源管理者角色和职责变化、人力资源管理职能优化、人力资源管理流程再造与结构重组以及人力资源管理者胜任素质等人力资源管理发展趋势相关理论知识。

 / 引导案例:共享经济下的人力资源管理新思维 /

共享经济,又被称为分享经济,最早可以追溯到马丁·L.威茨曼(Martin Lawrence Weitzman)的共享经济理论。所谓共享经济,一般是指组织与组织、人与人之间基于交换、共用等手段实现对某类资源的共同分享,从而达到资源优化配置的经济活动总和。2013年,《经济学人》杂志的封面文章《崛起中的共享经济》为我们描绘了未来共享社会的发展图景。现阶段,共享经济已不仅仅是一种利润分配制度,而是演变为一种新业态、新理念乃至新革命。

一、共享经济下人力资源管理面临新变化

组织经营模式正日益变革。现阶段,企业间竞争更多体现在个性化、多元化、定制化产品和服务的竞争。围绕提升资源配置效率,需要我们重新审视社会资源再组合、再分配等现实问题。当前,移动互联网下的经营模式日益受到企业界的关注和重视,专业化、分工化、互惠化成为共享经济背景下企业生存和发展的不二法则。

组织运行方式正日益多元化。当前,共享经济的浪潮使企业外部边界和内部边界逐步淡化甚至消失,并且催生了许多新型组织形式。比如,海尔集团所倡导的"企业无边界"正是基于互联网视角的共享经济思维模式。以市场为导向,建立更加灵活的组织架构,准确把握客户需求,是企业在日益激烈的市场竞争中立于不败之地的关键。

组织顾客理念正日益丰富化。管理学大师彼得·德鲁克曾说过,顾客是企业存在的依据,企业的生存依赖于它们的服务和产品能否长期得到顾客的充分认同。共享经济背景下,企业客户不仅仅包括外部合作者和市场消费者,还包括企业内部员工的客户群体。尤其是改革开放以后出生的新生代员工不断涌现,对企业人力资源管理提出了新的要求。为此,我们需要进一步更新顾客理念,全面了解企业客户尤其是内部客户群体的心理需求和社会需求,注重人力资源伙伴角色的拓展和延伸。

二、共享经济下人力资源管理要有新思维

加快"传统层级型"向"平台共治型"的组织运行模式转型。当前,企业的组织结构正在从高度集权的金字塔组织向扁平化、虚拟化、动态化方向发展。面对共享经济时代,我们需要深刻认识到网络软硬件工具对传统治理方式的新要求,以"去中心、去结构、去层级"为主要抓手,提升和重构组织内部运营模式、组织形态、业务流程、管理机制和工作方式,为组织成员间低成本、零距离、无障碍交流提供新的平台,进一步优化组织运行生态。

加快"纯粹雇佣型"向"合作共生型"的劳动契约模式转型。正如《联盟》一书所强调的:"理想的雇佣关系框架应鼓励员工发展个人人脉、勇于开拓实干,管理者真正所要关注的就是为雇佣双方打造利益与命运的共同体,来让新型的合作关系得以延续。"共享经济时代,我们需要打破原有劳动雇佣的固有框架,强化组织与员工间的互动、互利和互惠,提高员工在组织中的知情权和话语权,构建更具协作性、持久性、稳定性的合作关系,全面释放组织成员的创新创造活力。

加快"成本控制型"向"投资共赢型"的人力资本模式转型。2016年11月7日,中办、国办印发《关于实行以增加知识价值为导向分配政策的若干意见》,明确提出把人作为政策激励的出发点和落脚点,强化产权等长期激励。共享经济时代,我们需要摒弃以往的管控理念,将人才资源的优先投资和优先发展放在重要位置,以提升人的价值创造能力为根本,通过人力资本合伙人、员工持股、利润分享等制度供给和制度创新,进一步提升企业对人才的吸引力、保留力、发展力。

加快"保守封闭型"向"开放共创型"的企业文化模式转型。管理学大师彼得·德鲁克曾经指出,企业管理与文化密切相关,管理是一种社会职能,既要承担社会责任,又必须根植于文化之中。共享经济时代,我们需要从企业长远发展的角度,以建立更加"开放、合作、信任、包容、共享"的组织文化为目标,有效整合组织愿景、价值观和员工个人需求,最大限度凝聚组织共识和群体智慧,激发组织成员的积极性、主动性和创造性,促进企业人才价值链的延伸和拓展。

(资料来源:赵曙明.共享经济下的人力资源管理新思维[N].新华日报,2018-1-17.)

思考题:
(1) 共享经济给企业人力资源管理带来了什么样的影响?
(2) 企业人力资源部门应如何应对共享经济所带来的影响?

第一节 人力资源管理的演进历程

关于人力资源管理如何演进这一问题,国内外学者从不同的视角进行了不同的研究,并根据研究结果将人力资源管理发展历程划分为不同的阶段,其中较为典型的有六阶段论、五阶段论及四阶段论。

一、西方学者的观点

(一)弗伦奇提出的六阶段论

美国华盛顿大学的弗伦奇(W. L. French)等认为,早在20世纪初,现代人力资源管理的内容即已形成,以后的发展主要是观点和技术方面的发展。弗伦奇将人力资源管理的发展划分为以下六个阶段。

第一阶段:科学管理运动时期。20世纪初,以泰勒和吉尔布雷斯夫妇为代表,开创了科学管理理论学派,并推动了科学管理实践在美国的大规模推广和开展。泰勒针对之前企业管理实践的弊端提出了科学管理理论,主要内容如下。

(1) 科学管理的中心问题是提高效率。

(2) 组织需要设立一个定额部门,制定出科学的劳动定额,具体方法是:①选择合适且技术熟练的工人;②研究他们在工作中所使用的工具、基本操作以及动作的精确顺序;③用秒表精确记录他们完成每个动作所需要的时间,在预留出休息时间和延误时间的基础上,得到完成每一步工作最快的方法;④消除所有的错误动作、无效动作以及缓慢动作,将所有最快最好的动作组合在一起,成为一个动作序列。

(3) 为了提高劳动生产率,必须为工作挑选"第一流的工人",并制定培训工人的科学方法。

(4) 推行标准化作业,帮助工人掌握标准化的操作方法,使用标准化的工具、机器和材料,并使作业环境标准化,用以代替传统的经验。

(5) 根据定额的完成情况,实行具有激励性的计件工资报酬制度(差别计件工资制),使工人的工资与他们的劳动效率挂钩,若工人能够按时保质地完成工作定额,则可以得到高的工资率,若无法达到,则只能获得低工资率。

(6) 工人和雇主双方都必须认识到提高效率对双方都有利,劳资双方都要完成思想上的转变,都要来一次"精神革命",相互协作,为提高劳动生产率而共同努力。

(7) 建立专门的计划层,把计划职能同执行职能分开,实际上也就是把管理职能与执行职能分开,变原来的经验工作法为科学工作法。

(8) 实行"职能工长制",即将管理的工作予以细分,使所有的管理者只承担一种管理职能,并明确每个管理者的具体职责,这样有利于发挥每个管理者的专长,进而提高工作效率。

(9) 在组织机构的管理控制上实行例外原则。所谓例外原则指的是组织的高层管理者把重要事项(例外事项)的决策权和控制权掌握在自己手中,而把一般日常事务的决策权交给下属管理人员。

泰勒及其后继者吉尔布雷斯夫妇的科学管理理论对美国工业管理产生了巨大影响。从泰勒的科学管理理论中,我们可以看到人力资源管理理论和方法的雏形。泰勒的科学管理是人本管理的一个里程碑,其中隐伏了大量朴素的人本主义管理思想,体现了物质激励与精神激励的结合、制度管理与文化管理的统一、硬环境与软环境的融合,从而为现代企业人力资源管理的发展奠定了坚实基础。

第二阶段:工业福利运动时期。工业福利运动几乎与科学管理运动同时展开。1897年,美国收银机公司首次设立了一个名为"福利工作"的部门。此后,"福利部""福利秘书""社会秘书"等名称相继出现。设立这些部门或职位的主要目的是改善工人的境遇——听取并处理工人的意见,提供娱乐和教育活动,安排工人的工作调动,管理膳食,关注未婚女工的道德品行等。总之,这是从关心人的福利主张出发建立起一套有关企业员工管理的思想体系。这种福利主义的人事管理观点也成为现代企业人事管理理论的来源之一。

第三阶段:早期的工业心理学发展时期。以"工业心理学之父"雨果·芒斯特伯格(Hugo Munsterberg)等人为代表的心理学家的研究结果推动了人事管理工作的科学化进程。雨果·芒斯特伯格于1913年撰写的《心理学与工业效率》一书标志着工业心理学的诞生。工业心理学对人事管理中的人员选拔与测评、人与工作关系的处理等事项产生了极大影响,进而促使人事管理从规范化步入科学化的轨道。

第四阶段：人际关系运动时期。20世纪30年代，著名的霍桑实验的研究结果使科学管理时代步入人际关系时代。霍桑实验证明，员工的生产率不仅受到工作设计和报酬的影响，而且更多地受到社会和心理因素的影响，即员工的情绪和态度受到工作环境的极大影响，而这种情绪和态度也会对生产率产生强烈的影响。因此，基于行为科学理论改变员工的情绪和态度将对生产率产生巨大的影响。这在管理实践领域中引发了人际关系运动，推动了整个管理学界的革命。具体的管理实践变革包括：组织内设立培训主管，强调对员工的关心和支持，加强管理者和员工之间的沟通等，这些都作为新的人事管理方法被企业所采用。至此，人力资源管理开始从以工作为中心转变为以人为中心，人和组织被视为和谐统一的社会系统。

第五阶段：劳工运动时期。早在19世纪中期，美国的工会便开始涌现，并于1869年形成全国网络，1886年成立美国劳工联合会。但是，美国早期的工会运动大多以失败告终。20世纪经济危机的爆发造成了严重的社会危机，如何给工人阶级以保障，稳定社会秩序，成为当时美国总统罗斯福亟待解决的问题。为缓解紧张的劳资关系，稳定日渐动荡的社会秩序，美国政府想到了工会组织。1932年，罗斯福总统通过法案，废除了工人不许加入工会的"黄色（劳工）合同"。此后的短短三年时间，美国工会人数增加了三倍，而工会运动的成效也逐步凸显出来，工人工资得以大幅提高，福利逐步改善，集体谈判制度逐步建立。20世纪六七十年代，美国联邦政府和州政府又陆续颁布了一系列关于劳动和工人权利的法案，这使得对工人利益与工人权利的重视成为组织内部人力资源管理的重要任务。直至今日，处理劳动关系仍是人力资源管理的重要职能。

第六阶段：行为科学与组织理论发展时期。20世纪80年代，组织管理的特点发生变化。在日趋激烈的竞争环境中，企业越来越强调对外部环境的反应能力和根据外部环境进行变革的组织弹性，并以此为基础增强企业的竞争力。因此，这个阶段人力资源管理的特点是：将组织看作一个系统，而人是这个系统的组成部分，组织又是整个社会系统的一个子系统。这样就形成了现代组织理论和行为科学的管理思路——人力资源管理要符合组织的要求，符合提升企业竞争力的要求。这就进一步要求将单个的人视为组织中的人，把个人放在组织中进行管理，而强调文化和团队的作用也成为人力资源管理的新特征。

（二）罗兰和费里斯提出的五阶段论

以罗兰（K. M. Rowland）和费里斯（G. R. Ferris）为代表的学者从管理发展的历史角度将人力资源管理的发展历程划分为五个阶段。

第一阶段：工业革命时代。

第二阶段：科学管理时代。

第三阶段：工业心理时代。

第四阶段：人际关系时代。

第五阶段：工作生活质量时代。

五阶段论的前四阶段的划分与六阶段论的划分基本一致，不同的是第五阶段，把工作生活质量单独提出来。我们可以从两个方面来理解工作生活质量，一方面是将其看作组织的客观条件和活动，如内部晋升政策、民主管理、员工参与、安全工作条件等，另一方面是将其看作员工在组织中生活的感受和认识，主要是员工的需要是否得到了满足。在大多数情况下，这两个方面是相互影响的。工作生活质量的核心是参与，具体方法有很多，而且在不断推陈出新，如员工参与管理者协作项目、员工问题解决群体、利益分享、利润分享、斯坎龙计划、员工股份所有制或员工持股方案等。因此,20世纪80年代以后,参与管理、民主管理、全面质量管理、学习型组织、企业文化和授权管理等成为管理的时髦课题。

(三) 卡西乔提出的四阶段论

科罗多拉(丹佛)大学的韦恩·F.卡西乔(Wayne F. Cascio)提出了人力资源管理发展的四阶段论。

第一阶段:档案保管阶段。20世纪60年代,企业内部设立独立的或非独立的人事部门来负责新员工的录用、岗前培训、个人资料的管理等工作。但在这个阶段,人力资源尚未被作为一种资源来看待,人力资源管理也缺乏对工作性质和目标的明确认识,企业内部往往没有清晰的人事管理条例和制度。因此,该阶段被称为档案管理阶段。

第二阶段:政府职责阶段。在20世纪70年代前后,由于政府对企业内部管理的介入和反歧视法等法律的制定,企业人力资源管理开始受到政府和法律的巨大影响,企业人事管理工作不得不强调规范化、系统化和科学化。此时,人力资源管理的重要职能就是帮助企业应对政府的要求,避免法律上的问题,工作内容逐渐形成了包括招聘、录用、维持、开发、评价和调整的工作链,但企业的高层管理者仍将人力资源管理视为应对政府和法律不得已而为之的工作。因此,该阶段被称为政府职责阶段。

第三阶段:组织职责阶段。20世纪70年代末80年代初,心理学、社会学和行为科学日益渗透到企业管理领域,加上经济增长、劳资关系日益紧张、政府官员对企业进行不公正干预、劳动力多元化等多重因素的影响,企业的高层管理者不得不在内部寻求出路,最终发现人力资源管理是重要突破口,自此不再将人事管理视为"政府职责",而将其真正视为"组织职责"。为此,企业开始吸收人事经理进入企业高层管理团队,共同参与企业的经营决策,并将人力资源视为最重要的战略资源和企业成败兴衰的关键。20世纪80年代初期,美国和欧洲纷纷出现了人力资源开发和管理组织,人事部门也更名为人力资源管理部,企业从强调对物的管理转向强调对人的管理。

第四阶段:战略伙伴阶段。20世纪90年代,企业高层管理者将人力资源战略视为公司重要的竞争战略,或者从战略的角度考虑人力资源管理问题,将人力资源管理与公司的总体经营战略联系在一起。在此阶段,人们已经达成共识:在全球范围的市场竞争中,无论是大公司还是小公司,人力资源均是获得和维持竞争优势的核心资源。

二、中国学者的观点

(一) 彭剑锋的四阶段论

中国人民大学彭剑锋教授和周禹博士在对国内外的人力资源管理发展史进行研究的基础上,将人力资源管理的发展划分为人事行政管理、人力资源专业职能管理、战略人力资源管理、人力资源价值增值管理四个阶段。①

第一阶段:人事行政管理阶段。20世纪40—70年代,以人事行政事务为主要内容,主要关注"事"。在人事管理阶段,人力资源管理政策和实践均被视为价值消耗活动。

---

① 彭剑锋.战略人力资源管理:理论、实践与前沿[M].北京:中国人民大学出版社,2014:44-45.

第二阶段:人力资源专业职能管理阶段。20世纪70—80年代,人力资源管理真正成为一个专业职能,以人力资本理论、行为科学等原理为基础,以技术性和模块化的发展与应用为主要特征,开始发挥它的专业作用。这一时期,企业既关注事(工作分析),也关注人,以及人与组织之间的有效配置,但逐步开始将以"事"为中心转向以"人"为中心。

第三阶段:战略人力资源管理阶段。20世纪80年代以后,新经济真正开始进入发展时期。在这个时期,人力资源管理以企业战略与竞争优势原理为基础,以人力资源管理如何系统支持企业的战略成功和竞争优势为核心命题。这一时期的人力资源管理不仅关注人与事的有效配置,还要完成企业整个战略计划的配置,不确定性是企业在该时期的一个主要特征。战略人力资源管理阶段又可以具体划分为三个子阶段:人与工作匹配阶段(20世纪80年代初),系统匹配阶段(20世纪80—90年代中期),竞争潜力阶段(20世纪90年代中期以后)。相应地,人力资源管理理念经历了由人力资源成本消耗到人力资源服从战略需求,再到人力资源成为核心竞争优势的转变过程,战略人力资源管理的重心也经历了由行政性管理(以工作为中心)到战略实施(系统、行为/角色),再到战略制定(能力、知识与文化)的转变过程。

第四阶段:人力资源价值增值管理阶段。21世纪以来,随着外部环境的变化,组织发展进入一个质变与转型的时代,人力资源管理也升级到价值增值管理阶段。在这一阶段,人力资源管理更加关注人的价值和管理效率的提升。具体而言,该阶段有五大特点:一是知识化。人力资源管理注重将员工的个人智慧转化为组织的知识资源,从强调员工管理的"留人""留心"转向智慧资源管理阶段的"留智",即强调解决组织知识的获取、应用与创新问题。二是归核化。通过人力资源专业服务与运营管理的合理外包,凸显人力资源管理中组织人才能力发展和组织能力发展这两大核心。三是价值化。人力资源管理强调组织中的每个人都成为价值创造者,通过价值评价和价值分配激发员工潜能和创造力,提升人力资源价值创造能力。四是流程化。通过以客户为核心构建人力资源价值创造流,人力资源管理从权利驱动转向客户价值驱动。五是平台化。基于互联网与信息化,人力资源管理实现集中化、整合化、平台化与智能化伙伴式管理。

(二) 刘昕的六阶段论

中国人民大学刘昕教授指出,人力资源管理这一学科的起源和发展,与西方企业管理实践的发展演变是相随相伴的,同时也与整个管理学的奠基和发展过程密不可分。根据研究结果,刘昕教授将西方的人力资源管理发展历史划分为以下六个阶段。①

第一阶段:人事管理萌芽阶段。18世纪后半叶,随着工业革命的兴起,工作性质和雇佣关系都发生了根本性变化,人事管理开始萌芽。但在当时,人事管理主要负责福利方面的工作,如改善工人的境遇,听取并处理工人的不满,提供娱乐和教育活动,安排工人的工作调动,管理膳食,照顾未婚女工的道德品行等。而吸引农业劳动力到工厂工作,并将工业生产所需的基本技能传授给他们等这些构成现代人事管理主要内容的招聘、培训等工作则都是由企业经营者完成的。尽管早期的人事管理与现代意义上的人事管理在工作内容上大相径庭,但是这种关心工人福利的主张却是现代人事管理思想的来源之一。

第二阶段:科学管理阶段。始于19世纪的科学管理运动是现代人事管理发展的另一条线

---

① 刘昕.人力资源管理[M].3版.北京:中国人民大学出版社,2018:10-14.

索。1878—1890年，泰勒在位于费城的伯利恒钢铁公司担任工程师，通过对工作进行动作研究和时间研究，他制定了公平日工作标准，并且进一步强调要挑选一流的工人，对工人进行培训，倡导劳资合作等，他还发明了著名的"差别计件工资制"。泰勒的科学管理原理以提高生产率为出发点，解决问题的办法基本上涉及现代人力资源管理的职位分析、绩效管理、招募甄选、培训开发、薪酬管理、组织文化、组织结构以及领导力和管理技能的方方面面，对于现代人事管理理论与实践的发展有着非常积极的影响。

第三阶段：人际关系运动阶段。以雨果·芒斯特伯格为代表的工业心理学的出现对人事管理的发展起到了积极的作用。芒斯特伯格在其1913年完成的《心理学与工作效率》一书中，提出了与泰勒的观点密切相关的三方面研究：一是研究工作对人的要求，以判明哪些人具备完成某项特定工作的心理特质；二是研究在何种心理条件下才能从每个人那里获得最大产量；三是研究从企业利益出发对人的需要施加影响的必要性。在试验的基础上，芒斯特伯格对人员甄选测试方法、培训、激励以及减少疲劳的心理方法等都提出了明确的建议。

在工业心理学发展的同时，人际关系学说也悄然兴起。人际关系学说和人际关系运动是对人力资源管理的发展做出贡献的另外一支力量。它起源于1924—1933年间，哈佛大学的两位研究人员——埃尔顿·梅奥和弗雷兹·罗尔西斯伯格在芝加哥郊外进行的霍桑实验。霍桑实验表明，社会互动以及工作群体对工人的产出以及满意度有着非常重要的影响。通过霍桑实验，人们认识到，人是企业最为重要的资产，关心员工的福利能够提高他们的劳动效率。

这一时期，工会主义也开始崛起，集体谈判成为劳资关系中最重要的一个方面，工会越来越多地进入原本属于资方特权的工资、工时、就业条件等领域，这导致劳资关系成为美国企业人事管理职能的一个重要方面。

第四阶段：传统人事管理成熟阶段。在人事管理职能出现后的相当长一段时期内，人事管理者的工作就是在管理层和操作层（工人）之间架起一座桥梁，以帮助管理层促使工人更高效地完成工作任务。遗憾的是，由于人事部门一直没有意识到自己对企业发展的重要性，没能良好地发挥人事管理的职能，这使得人事管理工作在企业中一直处于一种尴尬的境地。

20世纪60年代以后，"人力资源管理"这一概念被提出并逐渐流行起来，这主要是因为以下三个因素。一是经济学中人力资本理论的正式提出。人是比物资更有潜力的"活的资源"，人力资本是比物力资本更富有生产率的资本。二是组织人道主义的观点深入人心。第二次世界大战以后兴起的行为科学理论得到不断发展，行为科学学者从人、组织、工作、技术等多个方面对组织中人的行为进行了系统的研究，不仅吸收了早期人际关系学说中的一些有用的研究成果，而且借鉴了当时的组织理论、组织心理学、社会心理学等领域的最新理论，从而对人力资源管理的理论与实践产生了极大的影响。三是人力资源会计作为一门学科出现。这门学科为衡量人力资本的利用效率提供了可靠的技术依据，使企业更加明确地认识到人力资源管理对于企业所可能产生的收益。

第五阶段：人力资源管理阶段。20世纪80年代中后期，人力资源管理的概念开始受到企业的普遍重视。这一时期，人力资源管理的内容已经全面覆盖了人力资源战略与规划、职位分析、员工招募与甄选、绩效评估与管理、培训与开发、薪酬福利与激励计划、员工关系与劳资关系等各项职能。人力资源管理这一概念对人事管理概念的取代，并不仅仅是名称上的改变和内容上的进一步丰富，更是管理观念上的根本性变革。

第六阶段：战略性人力资源管理阶段。20世纪90年代以后，随着人力资源管理与组织战略融合为一体,人力资源管理在明确组织中存在的人力资源问题以及寻找解决方案方面扮演着越来越重要的角色,战略性人力资源管理的概念越来越深入人心。战略性人力资源管理是指为了提高企业绩效水平,培育富有创造性和灵活性的组织文化,而将企业的人力资源管理活动同战略目标和目的联系在一起,系统地对人力资源各种部署和活动进行计划和管理的模式。这种观点的实质是,应当在将员工看成一种价值极高的资产的基础上,制定和执行一套完整的计划,从而借助一系列有助于组织总体经营战略实现的、具有内部一致性的整体人力资源管理实践,来管理这些人力资产,以达到维持竞争优势的目的。战略性人力资源管理通常需要满足两个方面的基本要求,一是能够推动组织总体经营战略的实现,二是包括一整套相互补充并具有内部一致性的人力资源管理实践。

阅读与思考 2-1:建立创新型人力资源管理模式

当前,我国经济已由高速增长阶段转向高质量发展阶段,正处在转变发展方式、优化经济结构、转换增长动力的攻关期。习近平同志指出,我们比历史上任何时期都更接近实现中华民族伟大复兴的宏伟目标,我们也比历史上任何时期都更加渴求人才。新时代,我们要真正实现聚天下英才而用之,必须创新人力资源管理模式,夯实创新发展的人才基础。这是时代变革、社会转型、创新发展的必然要求。

当今世界,人力资源管理已从传统的事务性人事管理转向战略性人力资源管理。近年来,随着移动互联网、大数据、云计算、物联网、人工智能等新技术的发展和应用,我国的新经济也呈现蓬勃发展态势。许多企业以信息化、智能化、服务化为方向,积极探索人力资源管理新理念、新方法、新工具,全面推进人力资源管理模式的变革与创新,以充分激发各类人才的积极性、主动性、创造性,激发企业创新活力,发挥企业创新潜力。可以说,我国许多企业已形成了既具有中国本土特色、又符合国际发展趋势的创新型人力资源管理模式。这种人力资源管理模式致力于培养和服务创新型人才,对于实施创新驱动发展战略具有重要意义。创新型人力资源管理模式具体体现为服务型、共享型、智能型人力资源管理模式。

服务型人力资源管理模式助力科技型企业腾飞。随着数字经济深入发展,员工与企业的关系发生颠覆性重构,促使科技型企业推进人力资源管理模式的变革与创新。一些科技型企业建立了以人力资源共享服务中心、人力资源业务合作伙伴和人力资源专家中心为三大支柱的人力资源管理模式。人力资源共享服务中心负责整合并集中处理事务性和基础性工作,提供标准化服务;人力资源业务合作伙伴负责与业务部门密切合作,了解实际业务需求并提供解决方案;人力资源专家中心负责建立制度与标准,提供专业咨询和解决方案。三者分工协作,确保人力资源管理工作有序有效开展。以三大支柱为基础的服务型人力资源管理模式,重塑了人力资源管理职能,实现了人力资源管理价值从专业导向到业务导向、从事务型到战略型的转变。

共享型人力资源管理模式支撑平台型企业发展。共享经济具有专业化、个性化、差异化、定制化、柔性化、去中心化等特征,给社会生产、消费、交换带来深刻影响。在此基础上建立的企业与传统企业相比,运营更灵活、结构更扁平。具体来看,企业管理对象从传统的员工转变为服务提供者,管理关系从传统的"员工—企业"的雇佣关系转变为"平台+个人"的半契约关系,管理基础从传统的基于岗位转变为基于任务,管理方式从传统的职位分析、招聘、培训、绩效评价、薪酬激励等转变为整合大数据、人工智能、互联网等现代技术的科技式管控,其实质是从全职就业模式的人力资源管理转型为基于兼职、跨界、共享就业模式的人力资源管理。

智能型人力资源管理模式推动制造型企业蜕变。在产业转型升级和智能制造的引导下,智能化、数字化、平台化、柔性化生产方式不断发展。一些制造型企业开始蜕变,着力打造线上线下联动、内部外部协同的创新创业生态系统,实现研发、设计、生产、营销、金融等资源的开放与共享。这些制造型企业的人力资源管理也从传统以内部控制式、手工操作式等为特征的管理模式转变为以平台共享式、智能式等为特征的管理模式,人力资源的主体性、能动性得到进一步发挥,对制造型企业的转型蜕变起到了支撑和推动作用。

(资料来源:赵曙明.建立创新型人力资源管理模式[N].人民日报,2018-12-10.)

(1) 为什么需要建立创新型人力资源管理模式?
(2) 三种具体的创新型人力资源管理模式有何异同?

第二节 人力资源管理的发展趋势

一、人力资源管理面临的挑战

中国人民大学彭剑锋教授指出,未来企业的经营与组织变化面临着六大趋势,即战略生态化、组织平台化、人才合伙化、领导赋能化、运营数字化、要素社会化,这给企业人力资源管理带来了新的挑战。[1][2]

(一)生态战略思维与人才跨界融合发展的挑战

5G技术发展以后,互联网将真正进入物联网时代,即产业互联网时代。在产业互联网时代,未来的社会是一个深度关联、跨界融合、开放协同、利他共生,看上去很乱、无序,但内在有序的一个生态体系。任何一个企业都必须有生态共生的战略思维,必须思考在整个社会化网络协同体系之中,企业怎么来定位,怎么找到自己的存在价值。企业的战略选择就是在整个社会产业网络体系之中和协同体系之中,找到自己准确的定位,找到自己存在的价值,这就是未来企业的战略选择。

未来企业主要有三类:第一类就是所谓的生态圈的构建者,像阿里、华为、腾讯、小米等;第二类是生态圈的参与者,或者叫被生态者,如小米平台上的生态企业,温氏产业中的农场主;第

---

[1] 参见彭剑锋《经营新六化与人力管理新挑战、新思维》.
[2] 彭剑锋,陈春花,周其仁,等.激荡2019:从思想的云到实践的雨[M].上海:复旦大学出版社,2019:28-35.

三类是超生态者，某些垂直或细分领域里面的一些隐形冠军，凭借它在垂直领域或细分领域中拥有的核心技术与核心能力，可以跟各种生态圈企业去做合作、去做链接，这种企业称为超生态。未来的企业都要有生态战略思维，才能在新产业生态中找到自身存在的价值。

这种生态战略思维，对人力资源管理提出了全新的要求。

首先，人才必须跨界融合、开放无界。譬如，一个传统的零售企业，选人就是选店长、选服务员。从传统零售商转化成一个新零售商之后，就成为一个技术创新者、产业生态的管理者、平台服务者，这时候人才必须要有跨界组合，人才的知识结构、能力结构必须要跨界。

其次，经营管理人才，过去主要是开店的店长，现在人才就必须既要懂技术，又要懂产业，还要懂管理，必须是复合型的领军人才。作为平台要提供服务，就必须有一类人专注于某个产品，专注于某个创新，必须是工匠人才。要构建一个产业生态链就必须要有人才生态链的战略思维，必须要打造人才生态。

再次，对生态者现在要进行人力资源的赋能，怎么选择合作伙伴？怎么对合作伙伴进行培训？怎么让合作伙伴认同你的价值观？怎么让合作伙伴愿意接受你这套体系？人力资源开发就延伸到了生态的参与者。

最后，生态战略下的企业家与经营管理团队，必须有新领导力。不是过去的二元对立的思维，而是要有生态共生的思维，这时候对企业的领导力，可以叫灰度领导力。要有跨界领导力，要有开放包容的心态，要有生态共生的战略思维，还要有自我批判的品格，善于学习、快速学习的能力。

（二）平台化＋分布式组织模式下的人力资源管理挑战

与生态化战略思维相适应，未来企业的主流经营模式与组织管理模式，应该是平台化＋分布式模式，平台化既是一种经营模式，也是一种组织管理模式。像阿里的淘宝、滴滴打车、小米的生态，就是一种平台化经营模式。像华为、美的、海尔、韩都衣舍，就是平台化的组织运营与平台化的赋能模式，也称为平台化赋能与运营模式。

未来的企业一个是平台化经营模式，一个是平台化组织管理模式。从平台化组织管理模式来讲，华为已成为具有全球竞争力的世界级企业，华为赢在两个方面：一是高强度的技术创新投入，从1998年开始至今，每年研发投入占年整体营收的10%~15%。二是组织与人，华为有着强大的组织平台化资源配置能力、赋能能力与持续奋斗的人才激活机制。许多企业都十分赞赏任正非的"让听得见炮声的人去做决策"这句话，但忽视了学习华为为一线提供炮火的平台化管理与赋能能力。华为本质上是一个强矩阵组织模式，所谓强矩阵就是平台化＋项目式＋分布式。华为最厉害的就是它的总部的十大管理平台，以及中台的三大服务体系，为一线打仗提供空中支持，提供好的枪支弹药，提供好的粮草。

如何提高集团总部的平台化赋能能力、资源配置能力，是中国企业在组织变革过程中必须要关注的。企业没有平台、没有炮火支持系统，一线呼唤炮火，呼来的全是哑弹。如果没有平台赋能能力，只有管控能力，下属企业或事业部赚钱的时候，会离总部远远的。赔钱的时候，就找集团，找总部，所以总部就变成了债务责任单位或监控机构。如果有统一的采购体系、统一的金融体系、统一的电商系统、统一的产品研发体系，所有的事业部、项目组，都必须在平台上运行，下属企业离不开组织，组织能力被放大了，任何一个自主经营体在这个平台上能力就能放大。离开这个平台能力就减弱，这时候集团的管控能力就不是靠控制，而是靠赋能来提高与下属公司之间的黏性和凝聚能力。因此学华为要学的是集团平台管理能力，而不是盲目放权、盲目授权。企业战略的升级,如果没有组织的升级,战略升级就是一句空话。

一些企业主营业务增长乏力,企业管理者发现新的发展机遇与新的业务增长点,但新事业与新业务就是发育不出来,企业管理者为此很苦恼。这个问题的本质在于两点:首先,企业的组织还是金字塔式结构,不是网状结构,企业管理者还是大权独揽,企业自然培养不出企业家型人才出来,或者就算有这种人才冒头也早被企业管理者摁死了。企业家型领军人才缺失,新事业、新业务自然难以发育出来。其次,新事业、新业务得不到平台支持与赋能,孤军作战自然难以成气候。所以,平台与企业家人才,是新事业、新业务发育成长的根基。华为手机为什么能如此成功?第一,培养和造就了余承东这样的企业家。第二,华为强大的平台支持,比竞争对手具有更强的技术创新能力和供应链管理能力。当然,组织的平台化是分布式,也对企业的人才发展提出了全新挑战。譬如,KPI(关键业绩指标)可能失效,真正到了分布式经营,三支柱根本不灵。因为三支柱还是按照直线职能制这套体系下来的,没有真正基于平台化+自主经营体进行调整。

人才发展现在需要差异化,那么怎么选拔自主经营体的经营人才呢?人才选拔扁平化后,人才一步就到了精英层,没有了"之"字形的过渡,传统的任职资格体系将面临挑战。

传统的人力资源管理是以岗位为核心,现在是以人为核心,以工作任务为核心。很多新兴企业,不是 KPI,而是 OKR。OKR 不是以岗位为核心,而是以人为核心,以项目运作为核心,以平台化+项目运作制为核心,所以就能够集聚一批具有创新精神、具有企业家精神的人。同时,获得平台支持,获得流量支持,能够快速做到足够的规模,所以有平台赋能能力。这时候的人力资源管理,绝对不是以岗位为核心,一定是基于客户需求为核心,以工作任务为核心的人力资源管理。

(三)人才合伙机制下的人力资源管理挑战

人才合伙机制已经成为一种主流的人力资源激励机制。人力资本跟货币资本的关系,不再是资本雇佣劳动,剥削与被剥削关系,而是平等合作的伙伴关系。想要弄清楚人才合伙机制,就必须清楚人力资源管理现在要解决的核心命题。

知识型员工有三大价值诉求,一是光拿工资不行,要分享利润;二是光被管理不行,要参与企业的经营决策;三是要有成就感。企业必须要建立一套体系,让这些知识精英相互之间竞争。这就要依靠机制与制度的设计,去满足他们以上三个方面的需求,让知识分子在市场中、相互竞争中去激发潜能,创造卓越价值,工资奖金不是企业管理者给你发的,而是自己创造、自己挣的,自己发的。

为此,针对事业合伙机制提出 32 字方针:志同道合、利他取势、共担共创、增量分享、相互赋能、自动协同、价值核算、动态进退。

过去企业管理者是绿皮火车头,靠企业管理者一己之力拉车,现在就是要通过合伙机制,让每个车厢都有发动机,都有自驱动系统。企业的合伙人要么是名义股东,有股份的。要么是基于公司治理要求,有持股平台。一种是普通合伙人,叫 GP,企业创始人或者控股人,一种是有限合伙人 LP,投资人。还有一种是 OP。传统企业永辉超市,近几年发展速度非常快,2018 年其资产已经有 600 多个亿,靠的就是事业合伙人制度,也就是 OP 合伙人制度,即增量分享制度。不承担企业风险,但要担当经营责任,根据价值进行多次利益分配,灵活退出,制定晋级制度,通常与法律风险无关,注重团队与个人的价值贡献,注重自身价值、人脉与资源。现在的事业合伙人主要是 OP,不承担企业经营风险,但是要承担经营责任,要实现增量分享(不去分企业的存量,分的是企业发展的增量),所有的员工在这个过程中,都是基于价值创造来分级进行利润分享,调动所有人的积极性。

绝味这几年之所以超过周黑鸭,最重要的就是轻资产,轻资产整合了成千上万个夫妻店,每个加盟商进来以后,由加盟商自治管理委员会定标准,加强品牌维护,解决利益分配问题。另外一个很重要的是,绝味没有把钱投在直接建终端店上,而是把十个亿砸在信息化,砸在中央厨房,砸在产品创新上。从整个产业价值链掌控核心产品,保证产品的竞争能力,同时通过信息化,聚合所有合伙人的店,虽然绝味不控股,但是加盟商必须按绝味的标准进行管理。

周黑鸭都是直营店,建五千家店的投资量很大,要选拔五千个店主,要再管理五千个店主,得五百个中层管理者。这种平台化管理下,事业合伙机制会面临不少新问题。

人才合伙机制使人的身份发生了转变,打工者变身为店主,加班不再有加班费。因为资产归于每个店主后,工作时间可自由安排,这时候传统的劳动关系是不适应现在新的合伙机制的,包括合伙人绩效目标的确定。合伙人机制下的人才怎么成长,合伙人机制的文化管理,怎么来实现绩效统一,怎样包容有不同的文化价值诉求,这些都是人才合伙机制面临的挑战。

(四)领导赋能化下的人力资源管理挑战

传统的企业是金字塔科层制管控模式,组织的运行是以最高领导为单一路径,各级领导的基本职能就是指挥、命令、监督、控制,领导的权威来自单一权威中心的职位程序所赋予的职权,所以职位越高,权利和资源越集中,管理者就是绿皮火车头。现在是分布式、多中心制管理模式,企业是多中心,多动力的动车与高铁,每节车厢都是管理者,都是自主经营体,都自带动力驱动,组织运行一切以客户为中心,管理者的核心职能是洞察趋势,指明组织前进的方向,创新机制,激活组织的动力,管理者不再是高高在上的威权领导,而是复合型领导。这个时候,对管理者来讲,不再是高高在上地坐在办公室,而是要深入一线洞察市场与客户,授权一线决策,整个企业以管理者为中心调动资源,为一线赋能转向平台化、多中心、多层次,依据一线需求进行资源调配赋能,这种运行模式跟传统的领导方式完全不同,此时领导一定是使命、愿景、驱动。领导一定不是靠职位,如果领导者没有能力,没有个人影响力,在企业中将没有位置。

(五)运营数字化下的人力资源管理挑战

未来的组织要真正实现平台化管理,前提条件是运营的数字化。运营数字化的前提,就是人才业务活动的数字化,数字化现在已经成为企业的核心战略。数字化转型实现运营数字化,从经营市场到经营数据是中国企业未来战略的必然选择。

数据资产未来会成为企业最大的资产。一个企业的核心能力就是是否能掌控海量的数据,再依据海量的数据,为消费者提供解决问题的方案。企业以数字化运营为核心,这里包括数字化的战略思维与商业模式,数字化的领导力,数字化的组织与人力资源,数字化的运营平台,数字化的客户链接,数字化的人才管理等。对于人力资源管理来说,企业的数字化生存能力与人才管理的数字化、业务活动与消费行为的数字化表达如何呈现,基于大数据如何进行人事决策,人才的数字化工作与场景体验、人才发展产品与服务客户化、工作场景体验与互联网多技术综合应用,都对人力资源管理提出了新的要求。

(六)要素社会化下的人力资源管理挑战

未来在产业互联网时代,产业与生产要素日趋社会化。所谓要素社会化,就是企业生产要素社会化,以及产业要素社会化。因为在产业互联网时代,一切皆可连接,一切皆可交互,一切产业资源与生产要素都可以社会化、全球化整合,都可以为我所用。产业的技术创新要素、人才要素、品牌要素、资本要素,将日益社会化。未来不求人才所有,但求人才所用;不求资本所有,但求资本所用;不求资源所有,但求资源所用。要从过去的所有权思维,转变到使用权思维。

企业构建的是平台和生态,让所有的要素资源在平台上展示、发挥作用。一方面要开放合作,将内在的产业要素转化为社会化的共享与基础体系,像阿里、京东这种生态企业,未来为社会所提供的可能是基础平台。这样,企业才会有生命力,否则一定会遇到成长的瓶颈。企业内部要素的社会化是一个发展趋势。另一方面,要将社会化要素内部化使用,开放、合作集聚社会资源。就像苹果公司一样,0到1的创新都是社会的,都不是苹果公司自己的。1到10,10到100才是放到苹果公司的平台上去发展的。因为0到1的创新一定是靠天才,企业不可能养那么多天才。0到1的创新就得社会化创新,要跟社会化资源进行链接,懂得去选择。把好的0到1的创新,放在平台上实现1到10,10到100,这样企业的创新成本最低,创新最具有活力。

人力资源管理发展到今天,需要有企业家思维,需要有新的战略思维。人事总监需要像企业家一样去洞察客户需求,洞悉人性,洞见未来,要适应未来的战略生态化、组织平台化、人才合伙化、领导赋能化、运营数字化、要素社会化,去进行系统的创新和变革,这样人力资源管理才能真正上升到战略层面。

 阅读与思考 2-2:做好人力资源管理的时代思考

一、人力资源管理也要把好政治方向

很多人看到这个小标题的第一反应或许就是:人力资源管理还要讲政治?是的!我可以毫不含糊地告诉你,并且还得十分明确地坚持人力资源管理的政治性。这里所讲的政治性,不涉及人力资源管理知识、规律和工具本身,主要源自人力资源管理对象的工作态度、价值导向和理想追求,以及这些对象所在组织的业务目标、社会责任、人文关怀和政治指向。

理解并践行人力资源管理的政治性主要包含三方面内容。一是对人力资源管理对象的引导;二是对所在组织的战略目标、业务性质和企业文化等的适应;三是对所在国政治制度、法律、政策等的遵循。这些工作不仅体现在人力资源管理制度的设计中,也体现在人力资源管理制度的实施中。唯有把握人力资源管理的正确政治方向,才能在实现人力资源价值的同时,有效实现组织的目标。

二、数字化只是人力资源管理的工具

当下面对5G、大数据、云计算、互联网等新技术,在许多企业中出现了一些诸如焦虑、不适应,乃至恐惧的心态。有的企业因为无法学习、适应、掌握诸如互联网、大数据等新技术带来的新思维,出现了发展停滞,甚至转型失败。这不能不引起我们的关注。在和很多创业者或企业家交流的过程中,我一直都想弄明白,面对来势迅猛的5G、大数据、云计算、移动互联网等新技术,并通过应用这些新技术而出现的新业态、新商业模式,以及改造传统企业,姑且称之为数字化转型吧,到底会给企业管理,特别是人力资源管理带来哪些影响?这些影响的逻辑及其路径是什么？企业到底应该如何应对？

通过多年的观察思考，我有三点思考：一是数字化转型并没有改变"认识人"依然是互联网时代"管理人"的基础，焦虑不该是我们的应取之态。二是"人"这个主体才是我们开展人力资源管理的主要矛盾、内因载体，而数字化转型不过是实施人力资源管理的次要矛盾、外因载体，是我们开展人力资源管理的工具和手段。三是数字化转型只会让我们从"新"的角度，更加"准"地认识人，提出更加"实"的管理制度，实施更加"精"的人力资源管理技术和手段。当然，实践中由于5G、互联网、大数据等技术的广泛使用，实现数字化转型，使组织架构无形化、分散化和人的人性化、个性化凸显成为现实，并催生了一系列新的商业模式，势必会对人力资源管理造成一定影响。但要知道，这些影响都是工具性的、外在的，并没有从根本上改变人力资源管理的本质。那些成功实现人力资源管理数字化转型的企业或组织，为我们提供了数字化仅是人力资源管理工具的良好佐证。

三、学会随情景而变的管理艺术

再好的人力资源管理制度和技术设计，要取得良好的实施效果，都存在两方面的局限性。一是任何人力资源管理制度和技术在任何组织中都具有一般性和稳定性，难以满足组织中各种各样的人力资源的独特性和变化性；二是任何人力资源管理制度和技术都要靠各具特质的管理者来执行。当然，执行人力资源管理主要是两类主体，一是人力资源管理部门工作人员，他们执行的人才招聘、培训、薪酬激励等制度，具有较强的一般性和一致性；二是各部门的管理者，每天要面对不同的个体，具有较强的特殊性和变化性。

正是被管理者的特殊和变化，使管理者的工作变得极富挑战性。这就要求管理者在执行一般性管理制度的同时，学会因管理对象的变化而实施权变管理，真正达到"激活人"的目标。据此，有专家就提出，现代的管理者应具备引领型的领导艺术。这是相对干预型管理而言的。就是说，过去对所有的人进行管理，作为领导，只要组织赋予他一个职务以后，他就会对所有的活动做出干预。但是，今天组织的员工变了，每个人都有自己的思想、自己的追求，该怎么管理呢？管理者或许并不需要对所有的活动进行干预，只有在特定的目标确定或实现方式的把握上需要行使领导者的职务权力，其他方面就变得不那么必要或重要了。作为管理者，其主要职能是培养员工的主动性，强调一种管理的模糊性和内部的协调。在这里，管理者学会克制自己情绪、养成尊重人才的管理习惯，就变得十分重要。或许这才是针对各具特色的知识型员工的管理的关键。

（资料来源：林泽炎.做好人力资源管理的时代思考[N].中国企业报，2020-04-27.）

思考题

(1) 为什么说人力资源管理也要把好政治方向？

(2) 如何理解"数字化只是人力资源管理的工具"这一观点？

二、人力资源管理的发展趋势

（一）人力资源管理职能重心的调整

在现实中，很多企业的人力资源管理者经常抱怨自己不受重视。他们认为，尽管他们在招募、甄选、培训、绩效、薪酬等很多方面做了大量工作,受了不少累,但却没有真正受到最高领导层的重视,一些工作得不到高层的有力支持,很多业务部门也不配合,自己就像是在"顶着磨盘跳舞,费力不讨好"。为什么会出现这种情况呢?除了组织自身的问题,这种情况与人力资源管理部门及其工作人员未能围绕组织战略要求来调整工作重心,未能合理安排在各种不同工作活动中的时间和精力投入也有很大的关系。从理想的角度来说,人力资源管理职能在所有涉及人力资源管理的活动中都应该做到非常出色,但是在实践中,由于面临时间、经费以及人员等方面的资源约束,人力资源管理职能想要同时有效地承担所有工作活动是不可能的。因此,人力资源管理部门必须做出战略选择,即将现有的资源分配到哪里以及如何分配,才最有利于组织的价值增长和长远发展。

通常,我们将人力资源管理活动划分为变革性活动、传统性活动和事务性活动。变革性活动主要包括知识管理、战略调整和战略更新、文化变革、管理技能开发等战略性人力资源管理活动;传统性活动主要包括招募与甄选、培训、绩效管理、薪酬管理、员工关系等传统的人力资源管理活动;事务性活动主要包括福利管理、人事记录、员工服务等日常事务性活动。

在很多企业中,这三类活动耗费人力资源专业人员的时间比重分别为5%～15%、15%～30%和65%～75%。也就是说,很多企业的人力资源专业人员都将大部分时间花在了日常事务性活动上,在传统性人力资源管理活动上花费的时间相对来说就较少,而在变革性人力资源管理活动上所花费的时间更是少得可怜。从三类活动的战略价值来看,事务性活动只具有较低的战略价值;传统性人力资源管理活动构成了确保战略得到贯彻执行的各种人力资源管理实践和制度,但也只具有中度的战略价值;而变革性人力资源管理活动则由于帮助企业培育长期发展能力和适应性具有最高的战略价值。因此,目前很多企业的人力资源专业人员在时间的分配投入方面是有问题的。未来,人力资源专业人员应当尽量减少在事务性活动和传统性活动上的时间分配,更多地将时间分配给对企业最具战略价值的变革性活动。一般而言,人力资源专业人员在变革性活动、传统性活动和事务性活动这三种活动上的时间分配应该为25%～35%、25%～35%和15%～25%,即提高在传统性活动和变革性活动方面的时间分配比例。只有这样,人力资源管理职能的有效性才能得到大幅提升,进而为企业创造更多的附加价值。

(二) 人力资源管理者角色和职责的变化

在人力资源管理职能面临更高要求的情况下,人力资源专业人员及人力资源管理部门应如何帮助组织赢得竞争优势及实现组织的战略目标?人力资源管理者及人力资源管理部门在组织中应当扮演好哪些角色?很多学者和机构都对此进行了研究。

卡罗尔(Carrol)提出,人力资源专业人员主要应当扮演好以下三个方面的角色,即授权者、技术专家和创新者。所谓授权者,是指人力资源专业人员授权直线管理人员成为人力资源管理体系的主要实施者。所谓技术专家,是指人力资源专业人员将从事与薪酬以及管理技能开发等有关的大量人力资源管理活动。所谓创新者,是指人力资源管理者需要向组织推荐新的方法来帮助组织解决各种与人力资源管理有关的问题,比如生产率的提高以及疾病导致的员工缺勤率突然上升等。

斯托雷(Storey)在20世纪八九十年代广泛参与了在英国展开的关于人力资源管理特点的大讨论,他基于"干涉性—不干涉性"和"战略性—策略性"这两个维度提出,人力资源管理者及其部门应当扮演顾问、仆人、管制者和变革实现者四种角色。所谓顾问,是指人力资源管理者应当了解人力资源管理领域的各种最新进展,然后让直线管理人员实施各种相关的变革。

所谓仆人,是指人力资源管理者在提供服务时要以客户为导向,努力成为直线管理人员的助手和服务者。所谓管制者,是指人力资源管理者要制定和宣传规则并且负责监督其执行,这些规则既包括公司的各项人事程序,也包括与工会签订的集体合同。所谓变革实现者,是指人力资源管理者应当根据组织的经营需要,将员工关系置于一套新的基础之上。

在人力资源管理者及人力资源管理部门扮演的角色方面,密歇根大学的戴维·尤里奇教授(David·Ulrich)提出了一个如图 2-1 所示的简明分析框架。尤里奇认为,一个组织的人力资源管理者所扮演的角色和职责主要反映在两个维度上,一是人力资源管理工作的关注点是什么;二是人力资源管理的主要活动内容是什么。从关注点来说,人力资源管理既要关注长期的战略层面的问题,同时也要关注短期的日常操作层面的问题。从人力资源管理的活动内容来说,人力资源管理既要做好对过程的管理,同时也要做好对人的管理。基于这样两个维度,就产生了人力资源管理需要扮演的四个方面的角色,即战略伙伴、行政专家、员工支持者和变革推动者。

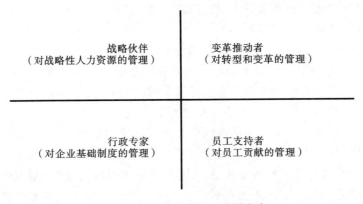

图 2-1 人力资源管理扮演的角色

1. 战略伙伴

战略伙伴是指对战略性的人力资源进行管理,也就是说,人力资源管理者需要识别能够促成组织战略实现的人力及其行为和动机。人力资源管理者通过扮演好战略伙伴角色,就能够把组织的人力资源战略和实践与组织的经营战略结合起来,从而提高组织实施战略的能力。

2. 行政专家

这一角色的主要功能是对组织的各种基础管理制度进行管理。创建一个组织的管理基础设施是人力资源管理者所扮演的一个传统角色,它要求人力资源管理者能够通过制定有效的流程来管理好组织内部的人员配置、培训、评价、报酬、晋升及其他事务。尽管人力资源管理职能朝战略方向转变的趋势在加强,但这些传统角色对于成功经营一个组织来说仍然是不可或缺的。作为组织的基础管理责任人,人力资源管理者必须能够确保这些组织流程的设计和实施的高效率。人力资源专业人员可以通过两个方面的努力来提高组织的行政管理效率。一是通过重新思考价值创造过程,调整和优化组织的人力资源管理制度、流程及管理实践,从而提高效率;二是通过雇用、培训和回报帮助组织提高生产率、降低成本的管理者以及员工来帮助组织提升总体效率。在人力资源管理流程再造的过程中,很多组织都采用了共享人力资源服务中心的新型人力资源管理部结构设计,这一点后文中会讲到。

3. 员工支持者

这一角色的主要功能是对员工的贡献进行管理,即将员工的贡献与组织的成功联系在一起。人力资源管理职能可以通过两条途径来确保员工的贡献能够转化为组织的成功:一是确保员工具有完成工作所需要的能力;二是确保员工有勤奋工作的动机以及对组织的承诺。无论员工的技能水平多高,只要他们与组织疏远,或者内心感到愤愤不平,他们就不可能会为企业的成功而尽自己的努力,并且很可能不会在组织中继续工作太长的时间。为了扮演好员工支持者的角色,人力资源管理部门及其工作者就必须主动倾听员工的想法,了解他们在日常工作中遇到的问题,他们关注哪些事情,以及他们的需要是什么,再向员工提供各种资源以对他们的需要做出反应。人力资源管理部门不仅自己要扮演好员工的倾听者和激励者的角色,还要通过培训、说服与制度引导的方式,确保员工的直接上级也同样能够了解员工的想法以及他们的意见和建议。只有这样,才能真正建立员工和组织之间的心理契约,通过积极主动地开发人力资源,把员工的贡献和组织的成功真正联系起来。

4. 变革推动者

这一角色的主要功能是对组织的转型和变革过程进行管理。转型意味着一个组织要在内部进行根本性的文化变革,人力资源专业人员既要做组织文化的守护神,也要成为文化变革的催化剂,积极促成必要的组织文化变革,从而帮助组织完成更新过程。在变革过程中,人力资源专业人员要帮助组织确认并实施变革过程,其中可能涉及的活动主要包括:找出并界定问题、建立信任关系、解决问题、制定并实施变革计划等。在当今这个急剧变化的竞争环境中,人力资源管理者必须确保组织形成持续不断地进行变革的能力,并且帮助组织确定是否有必要进行变革以及对变革的过程进行管理。变革推动者的角色往往还要求人力资源专业人员在尊重一个组织的历史文化的基础上,帮助员工顺利地接受和适应新文化的要求。研究表明,能否扮演好变革推动者的角色,可能是决定一个组织的人力资源管理职能是否能够取得成功的最为重要的因素。

此外,国际公共管理协会也提出了一个模型,来阐明人力资源管理者在公共部门中应当扮演的四大角色,即人力资源专家、变革推动者、经营伙伴与领导者。其中,人力资源专家的角色强调,人力资源专业人员应当做好传统的人力资源管理中的各项专业技术工作。变革推动者的角色强调,人力资源专业人员一方面要帮助直线管理人员应对变革,另一方面要在人力资源管理职能领域内部进行有效变革。经营伙伴的角色强调,人力资源专业人员不仅要告诉直线管理人员不能做什么,更重要的是应当向他们提供有助于解决组织绩效难题的有效建议,参与组织的战略规划,以及围绕组织的使命和战略目标来帮助组织达成结果。领导者的角色强调,人力资源专业人员一方面必须对功绩制原则以及其他道德伦理保持高度敏感性,另一方面也要平衡好员工满意度与组织目标的关系。

(三) 人力资源管理职能的优化

1. 循证人力资源管理

1) 循证人力资源管理的内涵

在当今企业界,关于人力资源管理对组织战略目标的实现和竞争优势的获得所具有的重要战略作用,已经得到越来越充分的认知。人力资源专业人员,组织内各级领导者和管理者在人力资源管理方面投入的时间、精力、金钱逐渐增多。随着人力资源管理投入的不断增加,企业也产生了一些困惑,这些人力资源管理政策、管理活动与资金投入是否产生了合理的回报、达到了预期的效果?这就要求对组织的人力资源管理活动进行科学的研究和论证,以可靠的事实和数据来验证人力资源管理的有效性,进而不断实施改进,而不能仅仅停留在一般性的人力资源管理潮流、惯例,甚至各种似是而非的"说法"基础上。这种做法称为循证人力资源管理(evidence based HR),又称为实证性人力资源管理或基于事实的人力资源管理。

循证的实质是强调做事要基于证据,而不是模糊的设想或感觉等。它起源于20世纪末兴起的循证医学,很快,越来越多的政府机构和公共部门决策者也开始意识到循证政策的重要性。英国政府发布的《实现政府现代化》白皮书中,明确将循证政策作为其行为准则。循证的理念很快渗透到管理学领域。循证管理的中心思想就是要把管理决策和管理活动建立在科学依据之上,通过收集、总结、分析和应用最合适的科学证据来进行管理,对组织结构、资源分配、运作流程、质量体系和成本运营等做出决策,不断提高管理效率。

循证人力资源管理实际上是循证管理理念在人力资源管理领域的一种运用,它是指运用数据、事实、分析方法、科学手段、有针对性的评价及准确的案例研究,为人力资源管理方面的建议、决策、实践以及结论提供支持。简言之,循证人力资源管理就是审慎地将最佳证据运用于人力资源管理实践的过程。循证人力资源管理的目的就是要确保人力资源管理部门的管理实践对于组织的收益或者其他利益相关者(员工、客户、社区、股东)产生积极的影响,并且能够证明这种影响的存在。通过收集关于人力资源管理实践与生产率、流动率、事故数量、员工态度与医疗成本之间的关系的数据,循证人力资源管理实践就有可能向组织表明,人力资源管理确实能为组织目标的实现做出贡献,它对组织的重要性实际上和财务、研发以及市场营销等其他职能是一样的,因此,组织对人力资源项目进行投资是合理的。例如,它可以回答这样一些问题:"哪一种招募渠道能够给公司带来更多有效的求职者?""在新培训计划下,员工的生产率能够提高多少?""员工队伍的多元化给组织带来的机会多还是风险多?"等。从本质上说,循证人力资源管理代表的是一种管理哲学,即用可获得的最佳证据来代替陈旧的知识、个人经验、夸大的广告宣传、呆板的教条信念以及盲目的模仿,摒弃"拍脑袋决策"的直觉式思维,使人力资源管理决策牢固建立在实实在在的证据之上,同时证明人力资源管理决策的有效性。

通过对很多组织的人力资源管理实践进行考察不难发现,有些人力资源管理决策都缺乏科学依据,往往依靠直觉和经验行事,这不仅难以保证人力资源管理决策本身的科学合理性,同时也无法证明或者验证人力资源管理活动对于组织的战略和经营目标实现所做出的实际贡献,结果就导致人力资源管理在很多组织中处于一种比较尴尬的境地。因此,学会基于事实和证据来实施各项人力资源管理活动,将会产生两个方面的积极作用,一是确保并向组织中的其他人证明人力资源管理职能,确实是在努力为组织的研发生产、技术营销等其他职能提供有力的支持,且对组织战略目标的实现做出了实实在在的贡献;二是考察人力资源管理活动,在实现某些具体目标和有效利用预算方面取得的成就,从而不断改善人力资源管理活动本身的效率和效果。

在实践中,已有一批企业开始将行政人力管理思维转化为企业的管理实践,在员工的招募、甄选,人力资源规划多元化管理,离职预测与员工保留工作场所设计等多个领域成功地运用。这种基于证据的人力资源决策和优化方法,大大提高了人力资源管理的有效性。

2) 循证人力资源管理的路径

既然循证人力资源管理如此重要,人力资源管理者在日常工作中怎样做才能有助于真正实现循证人力资源管理呢?总的来说,如果人力资源管理者在日常管理实践中注意做好以下四个方面的工作,将有助于贯彻循证人力资源管理的理念,提高人力资源管理决策的质量,增加对组织的贡献。

第一,获取和使用各种最佳研究证据。所谓最佳研究证据,是指经过同行评议或同行审查的质量最好的实证研究结果,这些结果通常是公开发表的经过科学研究得到的证据。在科学研究类杂志(主要是符合国际学术规范的标准学术期刊)上发表的文章都是按照严格的实证标准要求并且经过严格的同行专家匿名评审的,这类研究成果通常都必须达到严格的信度和效度检验要求。举例来说,想要研究绩效标准的高低对员工绩效的影响,那么在一项高质量的实证研究中,通常会使用一个控制组(或对照组),即在随机分组的情况下,要求两个组完成同样的工作任务,但是对实验组的绩效标准要求较高,然后考虑两组的实际绩效水平差异。在另外一些情况下,则需要采取时间序列型的研究设计。比如,在考察晋升决策对员工工作状态的影响时,可以在晋升之前对晋升候选人的工作积极性或绩效进行评估,再在晋升决策公布之后,隔段时间来考察这些人的工作积极性或工作绩效。

第二,了解组织实际情况,掌握各种事实、数据与评价结果等。也就是说,要系统地收集组织的实际状况、数据、指标等信息,从而确保人力资源管理决策或所采取的行动是建立在事实基础之上的。即使是在使用上面提到的最佳实证研究证据时,也必须同时考虑到组织的实际情况,从而判断哪些类型的研究结果可能是有用的。总之,必须将各种人力资源判断和决策建立在对事实尽可能全面和准确把握的基础之上。例如,如果组织希望通过离职面谈发现导致近期员工流动的主要原因,而很多离职者都提到了组织文化和领导方式的问题,那么,人力资源管理人员就应当继续挖掘,搞清楚到底是组织文化和领导方式中的哪些特征最有可能导致员工流失。只有揭示了某种情况的具体事实,才更容易找到和运用适当的证据来确认导致问题出现的主要原因,同时发现可以对问题进行干预的措施以及如何更好地实施这些干预措施。当然,关于组织实际情况的所谓事实既可能涉及一些相对软性的因素,比如组织文化,员工的教育水平、知识技能,以及管理风格等,同时也可能会涉及一些比较硬性的因素,比如部门骨干员工流动率、工作负荷与生产率等。

第三,利用人力资源专业人员的科学思考和判断。即人力资源专业人员可以借助各种有助于减少偏差,提高决策质量,能够实现长期学习的程序、实践及框架的支持,做出科学的分析和判断。有效证据的正确使用不仅有赖于与组织的实际情况相关的高质量科学研究结果,还有赖于人力资源决策过程部分。这是因为证据本身并非问题的答案,而是需要放在某个具体的情况下考虑,即要想做出明智的判断和高质量的人力资源决策,还需要对得到的相关证据和事实进行深入的思考,而不能简单地拿来就用。但问题在于,所有的人都会存在认知局限,从而在决策中不可避免地会存在各种偏差。这样就需要有一些方法和手段帮助我们做出相对科学和客观的决策。幸运的是,在这方面,一些经过论证和实际使用效果很好的决策框架或决策路径有助于提醒决策者注意到一些很可能会被忽视的特定的决策影响因素。假如一个组织正在设法改进新入职员工的工作绩效,并且知道,多项实证研究结果表明,在其他条件一定的情况下,通用智力测试中得分较高的人通常工作绩效也会较好,那么,简单地通过让所有的求职者参加通用智力测试能否确保员工入职后的绩效较好呢?显然不一定。如果这家公司已经是从最好的学校中挑选的成绩最好的毕业生,那么,这种测试实际上已经暗含在组织的现有甄选标准中。在这种情况下,人力资源管理人员就要判断,影响新入职员工绩效的是否还有其他很多因素,比如他们是否具备特定职位所要求的特定技能,或者是否存在需要解决的某种存在于工作环境之中的特定绩效问题,如上级的监督指导不够、同事不配合等。总之,在批判性思考的基础上仔细对情境因素进行分析,找到一个能够对判断所基于的各种假设进行考察的决策框架,了解事实和目标等,将有助于对问题得出更为准确的判断和解释。

第四,考虑人力资源决策对利益相关者的影响。也就是说,人力资源管理者在进行人力资源决策时,必须考虑到伦理道德层面的因素,权衡决策对利益相关者和整个社会可能产生的长期和短期影响。人力资源决策和人力资源管理实践对于一个组织的利益相关者会产生直接和间接的后果。这些后果不仅会对普通员工产生影响,对组织的高层和中层管理人员也会产生影响,同时还有可能会对组织外部的利益相关者,如供应商、股东或者公众产生影响。组织的招募和甄选政策会对不同群体的求职者产生不同的影响,一些影响是正当的,一些影响却是有问题的,如某种测试工具,导致某种类型的求职者,总体上的得分低于其他求职者群体,但是这种测试工具却与求职者被雇用之后的工作绩效并无太大关系,这种测试工具就应当舍弃。再如一个组织经过研究,可能会发现女性员工的晋升比例远远低于男性员工,而造成这种情况的原因之一在于女性员工的工作绩效评估结果通常低于从事同类工作的男性员工,组织的绩效评价体系有问题,导致了女性员工的工作绩效受到大量评价误差的影响,那么组织就应当考虑对绩效评价体系进行改进,从而确保晋升决策基于客观事实。总之,对各种利益相关者的关注是考虑基于证据的人力资源决策所具有的重要特征之一,它有助于避免人力资源决策在无意中对利益相关者造成不必要的损害。

2. 人力资源管理审计

在人力资源管理领域,以数字为基础的分析常常始于对本组织内人力资源管理活动进行人力资源管理审计。人力资源管理审计是指按照特定的标准,采用综合研究分析方法,对组织的人力资源管理系统进行全面检查、分析与评估,为改进人力资源管理功能提供解决问题的方向与思路,为组织战略目标的实现提供科学支撑。作为一种诊断工具,人力资源管理审计能够揭示组织人力资源系统的优势与劣势以及需要解决的问题,帮助组织发现所缺失或需要改进的功能,从而支持组织根据诊断结果采取行动,最终确保人力资源管理职能最大限度地为组织使命和战略目标的达成做出贡献。

人力资源管理审计通常可以划分为战略性审计、职能性审计和法律审计三大类。其中,战略性审计主要考察人力资源管理职能是否能成为企业竞争优势的来源,以及对组织总体战略目标实现的贡献程度;职能性审计意在帮助组织分析各种人力资源管理职能或者政策的执行效率和效果;而法律审计则比较特殊,它的主要作用在于考察组织的人力资源管理活动是否遵循了相关法律法规的规定。

人力资源管理中的法律审计在西方发达国家常常受到高度重视,因为如果一个组织的人力资源管理活动出现了违反法律规定的情况,可能会面临巨额的经济惩罚。而在我国,除了一些出口企业由于受到国际规则的限制而不得不对自己的人力资源管理活动的合法性和合规性进行审计和报告,绝大部分企业还没有开始对其人力资源管理系统实施法律审计,有些企业的法律意识还比较淡薄。随着我国相关劳动法律体系的健全以及执法力度的加强,企业用于人力资源管理活动或政策不合法,可能遭受的损失会越来越大。在这种情况下,企业就必须重视对本企业人力资源管理政策和实践进行法律审计,以确保其合法性。以招募和甄选过程中的法律审计为例,企业首先需要对组织的甄选政策、招募广告、职位说明书、面试技术等关键环节的内容进行详细、客观的描述,然后根据这些内容来寻找相关的法律条款(比如我国颁布的《劳动法》及其配套法律法规等),将自己的管理实践与法律规定进行对比审计分析,以确保其合法性，在必要时还需要根据法律要求和自身情况做出调整和改进。通过这样的审计过程，企业就能在很大程度上避免因违反相关法律法规而带来的直接和间接损失，这是人力资源管理职能能够为组织做出的一种非常直接的贡献。

当然，比较常见的人力资源管理审计都是考察人力资源管理对于组织的整体贡献以及各人力资源管理职能领域的工作所产生的结果，即以战略性审计和职能性审计居多。其中，战略性审计主要考察人力资源管理对组织的利润、销售额、成本、员工的离职率和缺勤率等整体性结果所产生的影响，而职能性审计主要通过收集一些关键指标来衡量组织在人员的招募、甄选与配置、培训开发、绩效管理、薪酬管理、员工关系、继任计划等领域的有效性。关于人力资源管理审计中的战略性审计和职能性审计所使用的指标，因为审计的出发点不同，各个组织的行业特点存在差异，所以审计指标的选取和指标的详细程度也会有所差异。比如，著名管理咨询公司美世公司经过长期研究和筛选，最终确定了 36 个可以对一个组织的人力资源管理有效性进行衡量的关键绩效指标。这些指标可以划分为生产率和工作效率、人员招募及培训开发、核心员工及绩效薪酬管理三大类，在每类指标中又分别包括一些如表 2-1 所示的关键绩效指标。

表 2-1 衡量人力资源管理有效性的关键绩效指标

人力资源有效性指标类别	关键绩效指标
生产率和工作效率	1. 分职位类别和绩效类别计算的员工缺勤率表 2. 意外事故成本 3. 解决争议花费的平均时间 4. 人均招募、甄选成本 5. 财务人员占全体员工的比例 6. 加班小时数 7. 人力资源管理部门占预算或销售总额百分比 8. 人力资源管理部门员工占全体员工百分比 9. 信息技术人员占全体员工百分比 10. 销售人员占全体员工百分比 11. 薪酬管理人员占全体员工百分比 12. 员工建议条数与员工总人数之比 13. 流程周期 14. 人均利润 15. 回复员工询问的时间 16. 病假比例 17. 全职员工人均年病假天数 18. 在不同类别的疾病上支出的医疗费用 19. 职位空缺填补时间
人员招募及培训开发	20. 招募、甄选过程中的人员流失成本 21. 员工就业度指数 22. 非自愿离职率 23. 分职位类别和绩效类别计算的员工离职率 24. 自愿离职率 25. 人均能力开发成本 26. 人均培训小时数 27. 小时员工培训成本 28. 分职位类别的受训人员比例

续表

人力资源有效性指标类别	关键绩效指标
核心员工及绩效薪酬管理	29. 内部招募雇用比例 30. 核心员工留任率 31. 绩效评价等级 32. 职位评价 33. 与竞争对手之间的薪酬比例 34. 绩效奖励的差异 35. 布莱克-斯科尔斯期权定价模型 36. 人均总薪酬成本

确定人力资源管理审计使用的绩效衡量指标之后，相关人员即可通过收集信息实施审计，经营指标方面的信息通常可在组织的各种文件中查到。有时人力资源管理部门为了收集某些特定类型的数据，不得不创建一些新的文件。比如在人力资源管理审计中，通常都会涉及对人力资源管理职能所要服务的相关客户（主要是组织的高层管理人员、各级业务部门负责人以及普通员工等）的满意度进行调查和评估。其中，员工态度调查或满意度调查能够提供关于一部分内部客户的满意度信息，面对组织高层直线管理人员的调查则可以更好地判断人力资源管理实践对组织成功经营所起到的作用。此外，为了从人力资源管理专业领域的最佳实践中获益，组织还可以请外部的审计团队对某些具体的人力资源管理职能进行审计。由于电子化员工数据库以及相关人力资源管理信息系统的建立，人力资源管理审计所需要的关键指标的收集、存储、整理与分析工作越来越容易，很多满意度调查也可以通过网络来完成，这些都有助于推动企业通过实施人力资源管理审计来提高人力资源管理政策的有效性。

（四）人力资源管理流程再造与结构重组

1. 人力资源管理流程再造

流程，指一组能够为客户创造价值的相互关联的活动进程，它是一个跨部门的业务行程。流程再造，通常也称为业务流程再造，是指对企业的流程尤其是关键或核心业务流程进行根本的再思考和彻底的再设计。其目的是使工作流程的效率更高，能够生产出更好的产品或提高服务质量，同时更好地满足客户需求。尽管流程再造需要运用信息技术，但信息技术的应用并不是流程再造的一个必要条件。此外，从表面上看，流程再造只是对工作的流程所做的改进，但事实上，流程再造对员工的工作方式和工作技能等都提出了全新的挑战。因此，组织的业务流程再造过程需要得到员工的配合并做出相应的调整，否则流程再造很可能会以失败而告终。

流程再造的理论与实践起源于 20 世纪 80 年代后期，当时的经营环境是以客户、竞争、快速变化等为特征的，而流程再造正是企业为最大限度地适应这一时期的外部环境变化实施的管理变革。它是在全面质量管理、精益生产、工作流管理、工作团队、标杆管理等一系列管理理论和实践的基础上产生的，是发达国家在此前已经运行了 100 多年的企业分工细化及组织科层制的一次全面反思和大幅改进。

流程再造可以用于对人力资源管理中的某些具体流程（比如招募甄选流程、薪酬调整流程、员工离职手续办理流程等）进行审查，也可以用于对某些特定的人力资源管理实践（比如绩效管理系统等）进行审查。在大量的信息系统运用于组织的人力资源管理实践的情况下，很多组织的人力资源管理流程可能都需要优化和重新设计,在对人力资源管理的相关流程进行再造时,可以由人力资源管理部门的员工首先对现有的流程进行记录、梳理和研究。然后由公司的高层管理人员、业务部门管理人员以及人力资源专业人员共同探讨,确定哪些流程有改进的必要。在进行人力资源管理流程优化的过程中,很多时候都会用到人力资源管理方面的信息技术,大量的人力资源管理软件以及共享数据库等的建立为人力资源管理的流程再造提供了前所未有的便利。流程再造与新技术的应用通常会带来书面记录工作的简化、多余工作步骤的删减、手工流程的自动化、人力资源数据共享等多方面的好处,这些都能大大提高人力资源管理工作的效率和有效性,不仅可使企业减少人力资源管理方面耗费的时间,有时还能降低成本。

2. 人力资源管理结构重组

1) 传统人力资源管理结构的弊端

传统人力资源管理结构是围绕招募与甄选、培训、绩效管理、薪酬管理、员工关系等人力资源管理的传统职能构建的,尽管分工明确、职能清楚,但却无法满足新时代背景下组织对人力资源管理的期望。具体而言,传统的人力资源管理结构面临着三大问题。

一是人力资源管理如何支撑企业战略的实施?在传统的人力资源管理结构中,人力资源管理在更大程度上陷入一般事务性职能,对人力资源的战略性、战略人力资源的工作绩效激励、核心员工的配置等方面缺乏充分的界定、使用和激励,这使得企业"核心人力资源"的战略性受到极大削弱和限制。

二是人力资源管理如何更高效地支持业务?传统的人力资源模块化运作也有支持业务的职能,但很多时候因为各个模块不同情况下能力和意识都有差别,故而在一定程度上阻碍和影响了对业务支持的效率。

三是人力资源管理如何更好地满足员工需求?由于新时代背景下人才个性化特征的凸显,员工更加倾向于合作型的企业文化,希望工作、生活能够融合,追求自我价值的实现。因此,越来越多的企业也逐渐开始重视内部人才的个性化需求,将人才当作客户,赋予他们更大的灵活性。在企业内部管理的过程中,用服务客户的理念来将员工用户化,将人力资源管理的工作产品化、场景化、服务化,这将是企业成功聚才的法宝。显然,传统的人力资源管理结构无法做到这一点。

2) 人力资源管理三支柱的优势

人力资源管理三支柱,最早脱胎于戴维·尤里奇的四角色模型(详见《人力资源转型:为组织创造价值和达成成果》),后经 IBM 改进,将人力资源分成专家中心(COE)、共享服务中心(SSC)和人力资源业务伙伴(HRBP)三个部分。人力资源共享服务中心(HRSSC)将企业各业务单元中所有与人力资源管理有关的基础性行政工作统一处理,比如将员工招聘、薪酬福利核算与发放、社会保险管理、人事档案、人事信息服务管理、劳动合同管理、新员工培训、员工投诉与建议处理、咨询服务等集中起来,建立一个服务中心来统一进行处理。人力资源业务合作伙伴(HRBP)是人力资源内部与各业务经理沟通的桥梁。HRBP 既要熟悉 HR 各个职能领域,又要了解业务需求,既能帮助业务单元更好地维护员工关系,处理各业务单元中日常出现的较简单的 HR 问题,又能协助业务经理更好的使用各种人力资源管理制度和工具管理员工。同时,HRBP 也能利用其自身的 HR 专业素养来发现业务单元日常 HRM 中存在的种种问题,从而提出并整理发现的问题交付给人力资源专家,采用专业和有效的方法更好地解决问题或设计更加合理的工作流程完善所在业务单元的运营流程。人力资源专家(COE)主要职责是为业务单元提供人力资源方面的专业咨询,包括人力资源规划、人事测评、培训需求调查及培训方案设计、绩效管理制度设计、薪酬设计和调查等专业性较强的工作,同时帮助HRBP解决在业务单元遇到的人力资源管理方面的专业性较强的难题,并从专业角度协助企业制定和完善HR方面的各项管理规定,指导HRSSC开展服务活动等,相当于人力资源共享服务中心的"大脑"和"指挥中心""智囊团"。

与传统HR相比,三支柱有三个关键差异:① 从专业导向到业务导向,传统HR不是不重视业务,而是习惯从HR自身职能出发,HR有什么能力,就给业务部门输送什么,而HRBP模式侧重需求导向,业务部门需要什么,我们穷尽能力去满足和支撑,这也叫从供给导向到需求导向。② 从事务型HR到策略型HR、HRBP模式提倡人力资源管理和服务职能有效分离,让可流程化实施的事务性服务职能交给SSC或外包,让复杂程度高的技术性职能交给COE,而HRBP只需聚焦业务部门动态的需求变化,匹配相应的解决方案。③ 从Function HR到Business HR、Function HR也即职能型HR,在企业几乎没有话语权,总被业务部门牵着鼻子走,Business HR即合作型HR,强调平等协商,推崇"服务交付"理念,在商言商。

新时代背景下,人力资源管理通过HR三支柱理念的升级,可以创造出更大的价值。

3) 中国企业选择HR三支柱的五大理由

(1) HR三支柱理念承载"大企业平台+小公司精神"的自组织发展趋势。

在移动互联网时代,技术的快速发展在给企业注入活力的同时,也给传统的组织设计带来了巨大的冲击和颠覆。传统的直线职能制逐渐被新的组织结构所取代,员工的权责利等方面也相应地发生了变化。大企业平台+小公司精神的自组织趋势越来越受到关注,实践领域的探索也层出不穷。大企业平台指的是要让企业规模无论是大是小,在自己的行业空间内利用社交化、网络化、新技术,打造出跨界的影响力,使自身具备大平台的特质。而小公司精神是在反应速度、创业精神、业务导向和管理环境这些方面,回归小公司的状态和特性。对于人力资源管理来说,一方面,人力资源管理要参与到适应时代特征的组织设计中来;另一方面,新的组织会进一步影响人力资源管理。由于组织形式的调整变化,人才管理也显现出了新的特征,组织需要根据新的结构设计和发展目标重新界定人才的战略,针对不同来源、不同类型的人才,制定相应的策略,更好地挖掘新型组织结构下人才的价值,推动人才的积极性和自驱力。在这种条件下,组织的人力资源管理将发挥更大的价值,无论是在人才的吸引长效机制、培训发展,还是其他的方面,人力资源管理的制度设计和变革管理,对于组织设计的目标实现都会起到关键性的作用。因此,敏捷的自组织发展趋势,可能会带来人力资源管理的变革性突破。

(2) HR三支柱撬动大数据人力资源管理的发展趋势。

大数据时代的到来使得人力资源管理基于数据,用数据说话成为可能。人力资本价值计量管理成为提升人力资源效能管理的有效途径。人与组织、人与人之间的互联互通积累了大量的数据,这可为人力资源管理的程序化决策和非程序化决策提供更多的科学有效的依据,可以更加定制化、个性化地服务员工,帮助管理者决策,为组织打赢人才攻防战提供动能。

(3) HR三支柱的混序管理推动质变时代的灰度领导力打造。

中国企业HR三支柱模型是一个房屋性的结构,实现客户价值这个终极使命作为房顶,体现出HR三支柱在企业创造价值过程中保驾护航的重大责任和作用。

HR三支柱作为房屋的三根平行的梁柱,体现出HR三支柱之间的平衡关系和对等的作用和价值。平台化的SDC除了梁柱外,还有一个托起另外两个HR支柱的底座,用来为COE和HRBP这两大支柱提供体系支撑和工作减负;人力资源服务的对象,即组织、员工、管理者,需要进一步地被明确认识,这些服务对象作为房屋的房梁;HR三支柱不断与服务对象达成共识,让体系结构更加稳固。从HR三支柱的模型可以看得出来,HR三支柱中COE、HRBP、SDC都有一套完整的"选、育、用、留、出"。这种矛盾冲突,不仅不是内耗,反而使得HR三支柱形成了健康大混序。健康大混序带来的作用和好处如下。

首先,三个HR支柱的专业背景是同质的,都受过科班的人力资源管理相关专业的训练,知识结构培养发展的技能是相似的。

其次,这三个HR支柱的目标是一致的,虽然各自的定位不同,HRBP是基于业务,COE是基于战略,SDC是基于平台和服务,但是他们对外都是HR,最终的目标都是为组织创造价值。

最后,混序之后形成简单易行的方案,HR在业务的价值链里,推动了组织创造价值。在新的管理环境下,这种健康大混序,正是一种灰度领导力的体现,它意味着管理者在驾驭人和组织这类复杂要素的时候,既要包容、妥协、平衡,又能够总体掌控的一种能力的素质。

(4) HR三支柱的演进让以人为本的人才客户化导向真正落地。

由于人才的个性化特征的凸显,新一代的员工更加倾向于合作型的企业文化,希望工作、生活能够融合而不是平衡,追求自我价值的实现。

(5) HR三支柱是共享经济在人力资源管理领域的实践。

HR三支柱是共享经济在人力资源管理领域的实践,推动了开放的人力资本生态共享,也必将驱动HR第三方服务机构的"大洗牌"。共享经济理念的出现,同时结合人力资源行业的用户属性、产品属性的创新实践越来越多,推动了人才资本增值产业链的生态共享。具体而言,包括人力资源从业者与多企业的共享,企业与企业间的共享,它所体现出来的这种初级的含义,是人力资源产品的跨界渗透。目前的企业管理软件、人力资源管理软件,以及CRM、云,包括数据挖掘、深度学习、迁移学习等产品和技术手段,都有可能共享融合,产生出围绕人才管理的终极含义,那就是人才资本增值产业链的繁荣。人才资本增值产业链的生态共享,一方面是指企业与人力资源从业者的开放关系,另一方面是指企业与企业之间的开放关系。当然,最常见的关系是企业与HR第三方服务机构的关系,这也会给第三方服务机构提供新的机遇。

从腾讯、华为人力资源管理体系架构上能够看出国外HR三支柱的影子,但是华为又做了很多的变化和创新。简单来说,第一,国外HR三支柱在适应中国特色企业中不可避免地将出现问题。那么,把脉升级HR三支柱是必由之路。第二,新时代变迁了理念、角色、组织与人的关系,这些是重点要关注的。第三,中国特色对产品化、用户导向、交付的诉求,这些要重点体现。第四,SDC交付平台作为COE、HRBP与用户的基础,也是HR三支柱构建过程中最容易忽视的部分,它直接决定着升级的高度和价值的长效性。

4) 中国企业建立HR三支柱体系的注意事项

第一,企业的运行必须是创新与人力资本驱动。如果整个企业不是创新与人力资本驱动,推行HR三支柱模式将困难重重。HR三支柱模式本身还是以人力资本价值创造为核心,以组织价值创造为核心的。因此,企业要实施HR三支柱必须转型升级,从过去粗放式的人力资本投入和粗放的资源投入转向创新与人力资本驱动。

第二,企业必须从机会导向转到战略导向。如果一个企业没有非常清晰的战略,没有真正把人才作为第一战略资源来看待,推行 HR 三支柱的土壤就不成熟,即便实施也难以落地生根。在很多已经实施、部分实施和将要实施 HR 三支柱的企业中,人力资源管理部门普遍追求人力资源管理领域的热点,盲目追捧 HR 三支柱变革,这是一种项目导向的投机思维。战略导向的 HR 三支柱实施是从组织的战略核心业务和核心竞争力出发,思考组织架构、组织人才与产品战略的匹配性。

第三,整个人力资源管理必须信息化。现在很多企业连基本的人力资源管理信息化平台都没有,员工的基本数据也少得可怜,更谈不上汇集员工的结果数据、行为数据、过程数据与心理数据,并全部链接到一个平台上。组织信息化是基础和前提,没有信息化的人力资源管理平台,大数据便没有了依据,成了无源之水、无本之木,HR 三支柱也不可能实现预期的价值创造。

第四,人力资源管理在整个企业中的地位必须提高。如果企业中的人力资源管理者没进入组织中的高层,如果人力资源总监不能对接公司的战略,HR 三支柱,特别是 COE 就发挥不了"大脑"的作用。因此,企业首先需要提升人力资源部的战略层次和视野,扩大人力资源管理在组织中的量级规模。其次,人力资源管理者要自我反思。目前中国企业 HR 三支柱中还没有那么多真正能跟老板对话的 COE 专家,没有那么多真正能够通过自主设计出的人力资源管理政策、机制去影响整个公司经营的高端人才。要推行人力资源管理平台化,首先需要大数据人才,而既有人力资源管理与管理咨询经验,又掌握大数据分析、数据库、系统开发等技能的交叉人才严重紧缺。目前 HRBP 在实施中的最大的问题,以华为为例,是大量 HRBP 都不是人力资源管理科班出身,专业力不足。另一个问题是如何使业务伙伴真正懂业务。以上这些无疑是对中国企业人力资源管理内功心法的全新考验。

阅读与思考 2-3:华为 HR 三支柱模式的管理实践

一、华为人力资源变革历程

华为技术有限公司是全球领先的 ICT(信息与通信)基础设施和智能终端提供商。于 1996 年成立人力资源部,人力资源部的成立标志着华为开始第一次人力资源管理变革,人力资源管理由传统的人事服务转向职能服务,人力资源管理走入规范化职能化阶段。2009 年华为对公司进行 BLM 模型优化与三支柱变革,华为的人力资源管理进入成为业务伙伴阶段。2013 年公司根据公司业务需求对人力资源管理进行三支柱模式变革,形成"以客户为中心,以结果为导向,各司其职,各具专长,协同满足业务需求"的人力资源三支柱组织模式。

二、华为 HR 三支柱模式分析

华为实施人力资源三支柱变革的主要原因有以下三点:首先,公司规模不断扩大要求华为必须进行变革。其次,知识型员工的差异性、稳定性和劳动过程衡量的复杂性对公司人力资源管理提出了新的要求。最后,人力资源管理的新趋势使华为选择三支柱模式。经过人力资源三支柱模式的变革,华为人力资源构架由人力资源委员会(HRCOE)、人力资源业务伙伴(HRBP)、人力资源共享服务中心(HRSSC)三部分构成,三支柱各部分定位清晰。其中 HR-COE 作为领导专家,负责人力资源政策、方法和流程制定、实施及专业能力提升;HRBP 作为业务伙伴,负责解决方案的整合和实施;HRSSC作为标准服务提供者,为流程执行和员工服务提供交付平台。

1. 延伸式HRCOE

HRCOE在华为人力资源组织构架中的功能定位是人力资源管理的设计者、管控者和人力资源技术专家。华为HRCOE采取延伸模式,在全球15个地级部按照各地级部的人数设置HRCOE,各地级部之间通过电话会议等方式来进行工作交接。HRCOE覆盖人力资源管理的所有职能,强调人力资源与业务部门的合作关系,并对公司人力资源的发展做出战略定位。

2. 项目HRBP

HRBP在华为人力资源组织构架中的功能定位是战略伙伴、解决方案的集成者、HR流程执行者、变革推动者和关系管理者。HRBP的运行采取既统一协同,又相对独立的模式,总部HRBP管理部统一协同管理,同时各部门HRBP又独立运作。HRBP设置遵循实体化、独立性、交叉任职、专职化和配置比7∶1五个原则。

3. 分层式HRSSC

HRSSC在华为人力资源组织构架中的功能定位是标准服务的提供者、员工服务受理中心、HR流程事务处理中心、HRSSC运营中心。华为将共享服务中心(HRSSC)服务范畴按照服务对象不同将服务分为0级~3级。0级自助服务,通过自助服务解决问题,并完成事务,通过自主服务解决66%的服务。1级服务台服务,通过电话聊天或电子邮件等方式来提供1级服务,涵盖28%的服务。2级案例管理服务,有HRBP专员或者HRCOE一般专员进行一对一的案例管理服务,约占5%的服务。最后有不到1%的服务升级到功能专家或流程专家进行服务。

三、华为HR三支柱模式实施效果

人力资源管理的三支柱模式旨在通过重塑人力资源管理职能及其责任主体,以发挥人力资源管理和人力资源管理部门的价值效能。华为经过四年的时间,通过HR三支柱模式的变革,实现了人力资源组织架构的重塑,优化了人力资源管理部门职责,建立了以客户为中心,以需求为牵引的端到端交付服务的HR三支柱模式。人力资源管理在战略上地位上升,人力资源战略成为实现公司战略的三大支撑战略之一。管理责任下移,HRBP使人力资源活动与业务紧密结合,HRSSC通过0级自助服务实现公司员工66%的问题解决,人力资源完全融合到业务之中。目前华为分布在全球的人力资源管理人员有3900个左右,每100个员工中有2.2个人力资源管理人员,各类机关功能性组织得到精简,2017年组织精简12%。自2014年起,在员工数量趋于稳定的情况下,销售收入、净利润等得到提升,2014年销售收入年均复合增长率为12%,净利润年均复合增长率为2%。与2014年相比,2017年销售收入年均复合增长率为26%,增长14个百分点;净利润年均复合增长率为18%,增长16个百分点。

四、华为HR三支柱成功变革的条件

并非所有的企业都适用HR三支柱模式变革,华为之所以成功,是具备了以下五个方面的条件:(1)人才、技术和资金充足。华为作为全球领先的ICT企业,人才、技术、资金实力雄厚,为HRCOE和HRBP的建设提供充足的人才,在建设HRSSC方面技术优势明显,为HRSSC建设提供技术保障,同时企业实力雄厚,能够为整个HR三支柱的变革提供资金保障。(2)企业业务发展的需求。当前华为作为全球5G技术的领导者,在全球拥有15个地级部、18万名员工,企业业务快速发展,组织结构庞大,需要对人力资源变革使人力资源部能够更好地对员工进行管理,为企业业务发展提供更有价值的支持。(3)人力资源管理体系完整。HR三支柱变革不是简单的组织结构的调整,是整个公司的人力资源组织架构的重塑,必须有完善的人力资源体系作为基础。华为从1996年开始不断对企业人力资源管理进行变革,高度重视人力资源在企业中的作用,有着领先的人力资源管理理念,经过两次人力资源变革,华为公司人力资源架构完整,职能体系完善,完整的人力资源管理体系为HR三支柱变革提供了坚实的基础。(4)灵活运用理论模型。华为在HR三支柱模式变革中根据企业实际情况对HRCOE、HRBP、HRSSC进行准确角色定位,根据企业实际情况对HR三支柱理论模型进行灵活运用。(5)企业文化的支持。学习、创新、获益和团结的狼性文化让华为公司在顺应时代变化、与时俱进的过程中赋予企业极强的开拓创新精神,为企业组织变革提供了良好的环境;人才资本不断增值的目标优于财务增值目标作为公司的人才管理理念,为人力资源架构的变革提供了保障。

(资料来源:倪艳,胡燕.人力资源三支柱模式在我国的应用及启示——以华为公司为例[J].现代管理科学,2020(1):90-92.)

> **思考题**
>
> (1)华为HR三支柱模式有何特点?
> (2)是否所有企业都适合引入HR三支柱模式,为什么?

(五)人力资源管理者的胜任素质

与人力资源专业人员及其所在部门所扮演的角色高度相关的一个问题就是:人力资源专业人员需要具备怎样的能力才能胜任组织对人力资源管理工作所提出的战略要求?对此,很多学者和机构都进行了研究,具体内容如下。

1. 戴维·尤里奇等人的人力资源专业人员胜任素质模型研究

在人力资源专业人员胜任素质模型研究方面,戴维·尤里奇等人领导的人力资源胜任素质研究(Human Resource Competency Study)非常有影响。尤里奇等人主持的研究开始于1987年,每五年更新一次,目前已经发布了第7轮的研究成果。这项研究的目的是发现人力资源专业人员所需具备的胜任素质,同时追踪人力资源管理领域的最新发展趋势,从而帮助人力资源管理者及其所在部门了解如何才能使自己为组织增加更多的价值。其调查对象包括人力资源专业人员与直线管理人员。前3轮调查主要是在美国收集数据,从2002年开始将数据收集范围扩大到北美、拉美、亚洲、欧洲。在1987年和1992年的调查中,研究小组一共发现了三大类胜任素质:经营知识、人力资源管理职能履行能力与变革管理能力。1997年又增加了两大类胜任素质:文化管理能力和个人可信度。在2002年的模型中包括五大类胜任素质:战略贡献能力、个人可信度、经营知识、人力资源服务能力与人力资源技术运用能力。2007年公布的胜任素质模型包括六大类胜任素质可靠的行动者、文化和变革统管者、人才管理者和组织设计者、战略构建者、运营执行者、业务支持者。这些胜任素质所要解决的分别是关系、流程和组织能力三个层面的问题。2012年的模型按照由内而外的三层同心圆划分了六种胜任素质,即个体层(可信赖的行动者),组织层(能力培育者、技术倡导者、人力资源创新者和整合者、变革催化者),外部背景层(战略定位者)。

最新的模型如图2-2所示,为2017年提出的胜任素质模型,它包括九大类人力资源专业人员胜任素质:① 战略定位者,指人力资源专业人员必须能够对企业的内外部经营环境进行评估,然后再基于这些评估结果形成能够引导组织走向成功的实用见解。② 可信赖的行动者,指人力资源专业人员要想在组织中被视为重要且有价值的合作伙伴,就必须能够得到组织内其他人的信任和尊重。③ 文化和变革倡导者,指人力资源专业人员必须以领头羊的身份推动变革和文化持续取得成功。④ 人力资本引进者,指人力资源专业人员必须为管理组织中的人提供一体化和创新性的解决方案。⑤ 薪酬福利大管家,指人力资源专业人员必须能够创建包括薪酬和福利(经济报酬)以及工作意义(非经济报酬)在内的总报酬体系。⑥ 技术和媒体整合者,指人力资源专业人员必须能够撬动技术以及各种技术工具来为自己创建高绩效组织的努力提供支持,同时还必须依靠社交媒体招募、留住、开发以及凝聚人力资本。⑦ 数据的设计和解读者,指人力资源专业人员必须能够运用各种分析来影响决策,这种分析不仅包括收集数据和绘制记分卡,还包括运用数据优化组织决策。⑧ 合规管理者,指人力资源专业人员必须能够管理好与遵守法律法规相关的各种流程,这种合规职能在不同的地区会有所差异。⑨ 矛盾疏导者,指人力资源专业人员必须越来越多地面对把具有内在对立性的各种思想和结果加以最大化整合的要求,他们必须经常性地管理在工作场景中存在的各种矛盾或紧张状况。

图 2-2　胜任素质模型(2017年提出)

2. 美国人力资源管理协会的人力资源专业人员胜任素质模型研究

2012年,美国人力资源管理协会(SHRM)开发了一套人力资源专业人员胜任素质模型,它包括九大基本能力。① 商业敏锐度,即理解并且有能力运用各种信息来对组织的战略规划做出贡献。② 沟通能力,即有能力与利益相关者有效地交换信息。③ 顾问能力,即有能力为组织的利益相关者提供指导。④ 批判性评价能力,即通过解释信息做出经营决策和提出建议的能力。⑤ 道德践行能力,即在整个组织和所有经营实践中坚持核心价值观、诚信和责任的能力。⑥ 全球与文化有效性,即理解和重视所有各方的观点和背景的能力。⑦ 领导和指引能力,即对组织内的各种活动和流程提供指导并做出贡献的能力。⑧ 关系管理能力,即通过管理人际互动为组织提供服务和支持的能力。⑨ 人力资源专家能力,即掌握有效实施人力资源管理所需的原则、实务以及职能方面的知识。

这九大基本能力又被划分为四大类,即技术能力、领导力、经营能力和人际能力。其中,人力资源专家能力属于技术能力;领导和指引能力、道德践行能力属于领导力;商业敏锐度、批判性评价能力和顾问能力属于经营能力;沟通能力、关系管理能力和全球与文化有效性属于人际能力。

3. 雷蒙德·诺伊等人的人力资源专业人员胜任素质模型研究

人力资源管理学者雷蒙德·诺伊等人也提出了包括人际关系能力、决策能力、领导能力以及技术能力四项能力在内的人力资源专业人员胜任素质模型。

(1) 人际关系能力。人际关系能力是指理解他人并与他人很好地合作的能力。尽管这种能力对于任何一种职业来说都很重要,但是对今天的人力资源管理者来说,其重要性尤为突出。人力资源管理者需要了解,在帮助组织赢得竞争优势时,组织成员到底扮演何种角色,同时还要了解组织的哪些政策、项目以及管理实践能够帮助员工扮演好这样的角色。此外,今天的人力资源专业人员必须熟练掌握沟通、谈判以及团队开发方面的技能。

(2) 决策能力。人力资源管理者必须做出各种类型的决策,这些决策会影响到员工是否胜任工作,能否得到充分的激励,还会影响到组织能否高效运营,同时遵守相关的法律法规。在那些要求人力资源管理者扮演战略支持角色的组织中,人力资源决策者还必须能够在战略问题上运用自己的决策能力。这就要求人力资源决策制定者必须拥有组织经营和业务方面的知识,同时有能力通过成本收益分析为组织提供各种可能的选择。最后,在进行人力资源决策时,人力资源专业人员还必须考虑到各种可供选择的方案所体现的社会含义和伦理道德含义。

(3) 领导能力。人力资源管理者需要在涉及组织的人力资源问题时扮演领导角色。在当前情况下,人力资源专业人员想要帮助组织管理好变革过程,就必须具有一定的领导力,这意味着需要做好以下几个方面的工作:诊断问题、实施组织变革、评价变革结果。由于变革往往会带来冲突、抵制与思想混乱,因此人力资源专业人员必须有能力对整个变革过程进行监控,提供各种工具来帮助组织克服变革所遇到的抵制,指导员工如何在新的条件下完成工作,同时激发员工的创造力。

(4) 技术能力。这里的技术能力是指人力资源管理领域中的专业化技能,即人力资源专业人员需要掌握的人员配备、人力资源开发、报酬、组织设计等方面的知识。新的甄选技术、绩效评价方法、培训项目以及激励计划等不断涌现,并且大多需要运用新的软件和计算机系统。此外,每年都会有新的法律出台,关于如何遵守这些法律的知识也是技术能力方面的要求。人力资源专业人员必须能够评估新技术的价值,根据人力资源管理的基本原则和企业价值要求,对这些新技术进行认真细致的评价,判断哪些技术对组织是有价值的。

4. 国际公共管理协会的人力资源专业人员胜任素质模型

国际公共管理协会提出的公共部门人力资源专业人员胜任素质模型一共包括22项胜任素质。这些胜任素质与公共部门人力资源管理者扮演的四种重要角色即变革推动者、经营伙伴、领导者以及人力资源专家之间的对应关系如表 2-2 所示。其中，人力资源专家角色所对应的能力只有一项，即通晓人力资源管理方面的各项法律和政策。

表 2-2　IPMA-HR 公共部门人力资源专业人员胜任素质模型

能　　力	变革推动者	经营伙伴	领导者
1. 理解公共服务环境的能力	√	√	
2. 知晓组织使命的能力		√	
3. 理解业务流程以及如何提高效率和有效性的能力	√	√	
4. 理解团队行为的能力	√	√	√
5. 设计和实施变革流程的能力	√		
6. 良好的沟通能力	√	√	√
7. 创新能力以及营造风险承担环境的能力		√	
8. 评价和平衡具有竞争性的价值观的能力	√		√
9. 运用各项组织开发原则的能力		√	
10. 理解经营系统理论的能力	√	√	
11. 将信息技术运用于人力资源管理领域的能力	√		
12. 理解客户和组织文化的能力	√	√	
13. 良好的分析能力	√	√	√
14. 通晓人力资源管理法律和政策的能力	人力资源专家		
15. 咨询和谈判能力（含争议解决能力）	√		√
16. 达成共识和建立联盟的能力	√		√
17. 建立信任关系的能力	√	√	
18. 建立人力资源与组织		√	
19. 将人力资源管理与组织使命和服务结果之间联系的能力	√		
20. 重视和促进多元化的能力			√
21. 践行并推动诚实和道德行为的能力			√
22. 营销和代表能力	√		

本章小结

关于人力资源管理如何演进这一问题，国内外学者从不同的视角进行了不同的研究，并根据研究结果将人力资源管理发展历程划分为不同的阶段，其中较为典型的有国外学者弗伦奇的六阶段论、罗兰和费里斯的五阶段论、卡西乔的四阶段论，以及国内学者彭剑锋的四阶段论和刘昕的六阶段论。

未来企业的经营与组织变化面临着六大趋势，即战略生态化、组织平台化、人才合伙化、领导赋能化、运营数字化、要素社会化,这给企业人力资源管理带来了新的挑战。

未来,人力资源管理的职能重心应往变革性活动偏移;人力资源管理需要扮演战略伙伴、行政专家、员工支持者以及变革推动者这四个方面的角色;应采用循证人力资源管理这一模式来提高人力资源管理职能的有效性,并通过人力资源审计来评估人力资源管理职能的有效性;应通过流程再造与结构重组来解决传统人力资源管理面临的问题。相应地,这对人力资源管理者的胜任素质也提出了更高的要求。

关键概念

1. 人力资源管理模式
2. 循证人力资源管理
3. 人力资源审计
4. 人力资源管理流程再造
5. HR 三支柱

复习思考题

1. 国内外学者对人力资源管理发展历程的划分有何异同?
2. 未来人力资源管理将面临哪些挑战?
3. 如何真正实现循证人力资源管理?
4. 什么是 HR 三支柱模式?什么样的企业适合采用 HR 三支柱模式?

案例分析

人力资源跨界新职业的诞生

在强调客户需求和人力资本价值的思维导向下,组织内部 HR 的价值创造依托于人才的跨界组合,新的职业也应运而生。HR 三支柱给人力资源管理带来的一个启示是,未来人力资源管理领域会产生三个重要的职业,第一是人力资源总架构师,第二是人力资源产品经理,第三是人力资源大客户经理。

一、人力资源总架构师

人力资源总架构师是对人力资源组织模式、技术、HR 能力进行整体架构,从而推动人力资源变革、升级和价值创造的高端人才。以组织模式为例,当组织准备进行 HR 三支柱变革,需要搞清这样几个大问题,人力资源管理的战略价值如何选择、业务价值如何选择、平台价值如何选择。需要有一个人、一个团队能够清晰地回答上述问题,这就是人力资源总架构师及架构团队。

组织对于人力资源总架构师的胜任素质要求也是很高的,他能将云、大数据与人工智能、移动化等技术新趋势迁移到人力资源管理,对组织的相关利益者之间的关系有清晰的认知,能够与相关利益者进行目标设定,找到现实-目标的差距,并能驾轻就熟地进行跨部门的资源整合与统筹落实。还能对 HR 能力(如交付能力、咨询能力、商业能力等)提出踏准时代节拍的新要求。总之,人力资源总架构师要以人力资源组织模式升级为基础,牵引技术和 HR 能力升级,技术与 HR 能力的升级反过来丰富和升华了组织模式的价值。

二、人力资源产品经理

90后、95后逐渐进入职场,他们崇尚自由,富有情怀,有直截了当的价值观念,也有非同凡响的创新理念,他们追求自我价值的实现,对个人的职业忠诚。"世界那么大,我想去看看"这样的裸辞现象,在企业中频繁上演。作为员工后盾的HR,想尽办法提升员工的工作体验,并催生了"员工体验官"之类的职业,如爱彼迎设立了员工体验全球负责人和员工体验部,谷歌、亚马逊等公司也开始关注员工体验。

然而员工体验官对于HR服务的"客户"界定过于泛化,普通员工是客户,高层管理者也是员工,假设你身在HR三支柱中的SDC工作,与你有项目合作的另外两个支柱COE和HRBP的同事也是客户,这些客户的需求难道没有区别吗?此外,员工体验主要以项目形式优化员工日常工作的体验,项目到期就结束,缺乏持续性。

HR三支柱的SDC实践给我们的启示是,要设立"人力资源产品经理"这个岗位。首先,岗位要求人力资源产品经理面向两类对象,一类是人力资源产品的体验者——用户,包括使用人力资源产品的员工和管理者;一类是人力资源内部客户,包括COE、HRBP、SDC等,都属于内部客户。这样划分的依据是企业中这两类人群的需求不同。人力资源产品经理要想满足用户的需求,则要提升产品意识、设计思维,想尽办法打造人力资源精品,为用户创造价值,创造惊喜。要想满足人力资源内部客户的需求,核心是要与之达成共识。其次,人力资源产品经理重视将项目式的服务产品化,项目到期就结束,而产品会按周期持续循环,迭代优化。最后,人力资源产品经理将重心从优化日常工作,转向打磨人力资源产品,为用户、客户迭代出有价值的人力资源精品产品。

三、人力资源大客户经理

人力资源客户经理是面向事业群的人力资源通才,也是我们通常说的HRBP。HRBP深入企业各个区域、各个业务领域、各个分子公司,这其中一定有一些实力强、规模大、内部地位高、管理更规范的区域、事业群或分子公司。这时需要将一些HRBP部门升级成人力资源大客户部,设立人力资源大客户经理(Strategic Business Partner,以下简称SBP)。人力资源部对SBP有更高的要求。大客户规模大、管理更规范,需要对HRBP的工作进行更细致、专业的切分,首先在大客户部设立职能组,如招聘、组织发展(OD)、员工关系等职能,这些SBP仍然是HR某职能的专才,主要职责是对接COE推动执行的战略和政策,属于人力资源大客户部中的专家。其次在大客户部设置SBP组,并对SBP的胜任素质有更高的要求,例如:① 问题发现能力。HRBP的胜任素质中,问题的分析与解决能力非常重要,而在SBP更需要有问题发现能力。SBP不能局限于跟在业务部门后面学习,而是要超前洞察业务走向。SBP从人才管理的角度,通过灵敏的直觉、发现问题前兆的洞察力,帮助组织找到人才结构、团队活力、管理效能等方面的问题,让业务长期处在可持续成长状态。② 教练式赋能能力。以往HRBP的职能是辅助业务部门进行管理和激励,而管理带有被动性,激励具有滞后性,彼得·德鲁克认为,人力资源作为一种资源,能为企业所"使用",然而作为"人",唯有这个人本身才能自我利用,发挥所长,这是人力资源与其他资源的最本质区别。对于组织中的人才,我们更应通过赋能的方式,激发人才的主动性、自驱力。大客户规模大、规模增长速度快,同时业务变化快、技术更新速度快,HRBP部门一味地通过扩大规模、不断弥补业务短板来支撑业务发展、辅助业务管理,也会出现自身的管理问题,并不是可持续的思路。而SBP通过对业务负责人的教练式赋能,可以让业务负责人掌握人力资源管理技能,提升人才管理、带队伍的能力和水平。

③ 资源整合能力。SBP 需要面对更大的管理幅度，跨部门、团队的协同，设立 SBP 可以在业务部门内部提高 HRBP 的地位和影响力，HRBP 在推动方案时，能够与跨部门、跨团队的相关利益各方更平等地衔接、配合，并推动方案落地。最后，在人力资源大客户部配置由 SDC 提供的 BP 助理，BP 助理集中处理 SBP 在大客户服务中的共性、事务性工作。让 SBP 从事务性工作中解脱出来，为业务创造更大价值。人力资源大客户部的三个角色是人力资源管理的跨界组合，形成新的 SBP 团队，并在此基础上产生价值创造的综合能力。

除了上述由 HR 三支柱架构启发的职业，人力资源管理自身职能也在不断延展拓宽，并由此催生了新职业的产生。未来人力资源管理职位还有 HR 大数据分析师与前线战略机动部队，这两个职位要协同发挥作用，HR 大数据分析师在平台提供分析与决策支持，前线战略机动部队了解一线需求、提出决策、寻求资源，二者很好地发挥了大数据加平台的作用。

腾讯集团高级管理顾问杨国安、李晓红指出，未来人力资源管理领域还会出现人才星探这类职位，通过绘制战略性人才地图，HR 要了解业务最前沿的顶尖专家、学者在全世界的分布，并为业务部门提供人才情报，甚至建议业务部门将研发中心设立在该领域、该产业人才最为集中的地区，发挥人才的集聚效应。

近段时间人工智能频繁曝出"猛料"，先是 AlphaGo 战胜围棋大师李世石，再有叫 Watson 的人工智能花十几分钟读完 2000 万页医疗文献，解决了医生都束手无策的病情。阿里巴巴集团执行副总裁曾鸣认为：未来大量基础性、可重复性的脑力劳动，甚至较为复杂的分析任务都会被人工智能取代。我们不禁遐想，未来服务广大员工的 HR 可能就是人工智能机器人了。

(资料来源：马海刚，彭剑锋，西楠. HR⁺三支柱：人力资源管理转型升级与实践创新[M]. 北京：中国人民大学出版社，2017：264-268.)

思考题：

(1) 人力资源管理领域的新职业最有可能在什么样的组织中产生？

(2) 人力资源管理专业的学生应如何适应本领域新职业的需求？

第三章 组织设计与职位分析

学习目标

通过本章学习,了解组织设计的主要内容及发展趋势,掌握职位分析的概念、作用、基本原则、步骤和常见方法,熟悉职位设计的概念、内容与主要方法等。

引导案例:国家卫健委部门"增减"与时俱进

2018年9月,国家卫生健康委员会职能配置、内设机构和人员编制规定,即"三定"方案向社会公布。在新方案中,原来负责计划生育工作的三个部门均被撤销,即计划生育基层指导司、计划生育家庭发展司、流动人口计划生育服务管理司。取而代之的是人口监测与家庭发展司。根据该部门的"三定"规定,国家卫健委还新设立了职业健康司、老龄健康司等司局。

国家卫健委撤销计划生育基层指导司、计划生育家庭发展司、流动人口计划生育服务管理司,有人解读为"计划生育政策"的退场,这可能还言之尚早,但可见计划生育色彩已大大淡化。而国家卫健委新设了职业健康司、老龄健康司,更加凸显"健康"。从这一增一减间,让人看到国家卫健委职能的转变。

随着人口红利的加速消失,我国人口增长过快的问题不再,转而进入老龄化社会。截至目前,我国老龄人口已逾2亿人。与此同时,我国经济发展迅速,广大劳动者居功至伟,但对劳动者权益的保障尚有待进一步加强,国家卫健委淡化计划生育色彩,并设立职业健康司、老龄健康司,这是审时度势后及时作出的理智调整。

全面二孩政策实施之后,国人的生育意愿并没得到太大提振,更有调查显示,全国育龄高峰期母亲的数量在未来十年会减少45%。如此看来,国内生育率还将持续走低。在这种情况下,让计划生育政策进一步淡化,就是对现实情形的正确应对。

而设立老龄健康司,建立和完善老年健康服务体系,让广大老年人享受到医养结合的养老服务,为广大老年人健康生活提供制度支持与保障,有助于老年人安享晚年,是利民惠民之举。设立职业健康司也是如此,"开展重点职业病监测、专项调查、职业健康风险评估和职业人群健康管理工作",为劳动者免除后顾之忧,保障广大劳动者的健康权益,这样才能让更多健康的劳动者积极为社会发展尽一份力。这也是建设健康中国应有之义。

从国家卫计委到国家卫健委,职能得到了转变,是对时代召唤的响应,一增一减之间,将健康摆在了更重要的位置,有利于推动实施健康中国战略。时代在发展变化,不管是法律、政策,还是职能部门等,都需要根据当前形势进行适当调整,不能因循守旧、故步自封,要能依据形势变化而变动。当然,始终不变的应该是为民情怀,一直维护的应该是国家利益、民族利益、民众利益。

国家卫健委此次增减之间,获得舆论一片点赞,正在于改变不是被动变革,而是主动求变,改变来得恰逢其时;增减之间指向的又都是社会的痛点与难点,这本身就具有正确导向作用,是解决问题、解决社会痛点的正确切口。

(资料来源:戴先任. 国家卫健委部门"增减"与时俱进[N]. 上海金融报,2018-09-14.)

思考题:
(1) 国家卫健委为什么要进行部门增减?
(2) 国家卫健委的部门增减对企业的组织设计有何启示?

第一节 组织设计

组织是指一群人为了实现某个共同目标而结合起来协同行动的集合体。在实践中,无论是管理者所制定的计划,还是做出的决策,最终都要通过组织来执行。在知识经济时代,组织设计在管理活动中的重要性愈发凸显。本节将阐述组织设计的主要内容,并分析其发展趋势。

一、组织设计的主要内容

组织设计是管理者通过对组织资源的整合和优化,确立企业某一阶段的最合理的管控模式,实现组织资源价值最大化和组织绩效最大化的过程。通俗地说,就是管理者在人员有限的状况下,通过对组织结构的设计来提高组织的执行力和战斗力。

管理者在进行组织设计时,需要对工作任务进行分解、组合以及协调,为此必须要考虑六个关键因素:工作专门化、部门化、指挥链、管理跨度、集权与分权和正规化,这就构成了组织设计的主要内容。

(一) 工作专门化

1. 工作专门化的定义

工作专门化又称劳动分工,指将工作任务细化分为若干部分,分别由不同的人专门完成的一种工作安排。其核心是:每个人专门从事工作活动的一部分,而不是全部活动。

20世纪初,亨利·福特(Henry Ford)通过建立汽车生产线而富甲天下,享誉全球。他的做法是:给公司每一位员工分配特定的、重复性的工作。例如,员工A只负责装配汽车的右前轮,员工B只负责安装右前门。福特通过把工作分化成较小的、标准化的任务,使工人能反复地进行同一种操作,他利用技能相对有限的员工,每10秒钟就能生产出一辆汽车。福特的经验表明,让员工从事专门化的工作,他们的生产效率会显著提高。

2. 工作专门化的优势

20世纪40年代后期,工业化国家大多数生产领域的工作都是通过工作专门化来完成。许多管理人员认为,这是一种最有效地利用员工技能的方式。在大多数组织中,有些工作需要技能很高的员工来完成,有些则不需要经过训练就可以做好。如果所有员工都参与制造过程的每一个步骤,那么就要求所有员工具备完成最复杂的任务所需要的技能和完成最简单的任务所需要的技能。这样,员工很难对每一个环节的工作任务都很熟悉,从而导致组织整体的工作效率不高。例如,如果让一个员工去生产一整架飞机,波音公司可能一年也造不出一架大型波音客机。如果实行工作专门化,通过重复性的工作,员工会提高劳动技能进而提高劳动效率,由此,相应地提升组织效率。

3. 工作专门化的劣势

20世纪50年代以前,管理人员把工作专门化看作提高生产率的不竭之源,或许他们是正确的,因为那时工作专门化的应用尚不够广泛,只要引入它,几乎总能提高生产率。但到了60年代以后,越来越多的证据表明,工作专门化也会带来物极必反的现象。在某些工作领域,工作专门化造成人的非经济性因素影响(表现为厌烦情绪、疲劳感、压力感、低生产率、低质量、缺勤率上升、流动率上升等)超过了其带来的经济性影响。

现在,大多数管理人员并不认为工作专门化已经过时,但也认识到在某些类型的工作中,降低工作专门化更有效果。例如,在麦当劳快餐店,管理人员运用工作专门化来提高生产和售卖汉堡包、炸鸡的效率。然而,贺曼公司和美国运通公司等则是通过丰富员工的工作内容,降低工作专门化程度获得了成功。

(二)部门化

部门是指组织中管理人员为完成规定的任务有权管辖的一个特定领域。部门化是指按照一定的逻辑安排,将组织中的若干职位组合在一起,使组织划分为若干管理部分,即部门。部门划分的目的是确定组织中各项任务的分配以及责任的归属,以求分工合理、职责分明,达到组织的目标。

1. 部门划分的标准

部门划分的标准主要有职能、产品、顾客、地区、人数、时间、过程、设备、销售渠道、工艺字母以及数字等。

2. 部门划分的原则

部门划分主要遵循分工与协作原则。具体内容如下。

(1)最少部门原则:组织结构中的部门力求量少而精简,以便有效地实现组织目标。

(2)弹性原则:部门的设置并非一成不变,应随业务的需要而增减,其增设和撤销应随业务工作而定。组织也可以设立临时部门或工作组来解决临时出现的问题。

(3)目标实现原则:部门的划分应为组织目标服务,即衡量组织的部门划分是否合理有效,要看其是否能更好地促进组织目标的实现。

(4)指标均衡原则:各部门职务的指标分派应达到平衡,避免忙闲不均,工作量分摊不均。

(5)检查职务部门与业务部门分设原则:考核和检查业务部门的人员,不应隶属于受其检查评价的部门,这样就可以避免检查人员"偏心",能够真正发挥检查职务的作用。

3. 部门化的形式

根据部门划分标准,部门化的形式主要有如下几种。

1) 职能部门化

职能部门化,指按专业化的规则,以工作或任务的性质为基础来划分部门。另外,按重要程度也可分为基本的职能部门和派生的职能部门。基本的职能部门一般有生产、工程、质量、销售、财务部门等。派生的职能部门有生产部门中的设计科、工艺科、制造车间、生产计划科、设备动力科、安全科、调度室等。

职能部门化的优点是把相似的专业和具有相同技能、知识与定位的人员组合在一起,方便协调;易于监督和指导;益于提高专门化水平;利于提高工作效率等。缺点是容易出现部门本位主义,决策缓慢,管理较弱,较难检查责任与组织绩效等。

2) 产品部门化

产品部门化,指按组织向社会提供的产品来划分部门。如家电企业可能会依据其产品类别划分出彩电部、空调部、冰箱部、洗衣机部等部门。

产品部门化的优点在于提高某些特定产品和服务的专门化程度;提高决策效率;便于本部门内更好地协作;易于保证产品的质量;更贴近顾客等。缺点是容易出现部门化倾向、行政管理人员过多、管理费用增加等问题。

3) 地区部门化

地区部门化,意味着按地理位置来划分部门。如跨国公司依照其经营地区划分的各个分公司。

地区部门化的优点是对本地区环境的变化反应迅速灵敏,利于更好地服务各地区独特的市场需求,便于区域性协调,利于管理人员的培养等。缺点是职能部门重复配置,不同地区之间彼此隔离,与总部之间的管理职责划分较困难等。

4) 流程部门化

流程部门化,即按完成任务的工作流程来划分部门。如机械制企业划分出铸工车间、锻工车间、机加工车间、装配车间等部门。

流程部门化的优点在于促进工作流程运行的高效性;便于员工充分利用专业技术和技能;简化培训。缺点是只适用某些特定类型的产品,部门之间的协作也比较困难。

5) 顾客部门化

顾客部门化,指按组织服务的对象类型来划分部门。如银行为了向不同的顾客提供服务,设立了商业信贷部、农业信贷部和普通消费者信贷部等。

顾客部门化的优点是可更加有针对性地按需生产、按需促销。缺点是只有当顾客达到一定规模时,才比较经济。

需要注意的是,上述对部门划分方式的分析,只是为了理论研究上的方便。实际上,许多组织很少根据唯一的标准来划分部门,通常同时利用两个或两个以上的部门化方式,形成合适的组织结构。如大学里设置的教务处、科研处、财务处等部门是按照职能来进行划分,而本科生部、硕士生部、博士生部等的设置又是以产品为部门划分标志。究竟采用何种部门化方式往往取决于对各种部门化方式优劣的权衡。

现代组织的部门化呈现出两种主要趋势,即顾客部门化和跨职能团队。顾客部门化被认为是能更好地预测顾客的需求并能对其需求变化做出更好反应的一种部门化方式。跨职能团队是指各专业领域的专家们组合在一起协同工作的一种方式。越来越多的组织采用跨职能团队的形式,以应对日益复杂的工作任务。例如,在福特公司的物料规划和物流部门,来自公司的财务、采购、工程、质量控制领域的员工和外部物流供应商的代表组成跨职能团队,为改进工作积极商讨。

（三）指挥链

指挥链是一种从组织最高层贯穿到最基层的不间断的职权线路，它明确指出谁要向谁报告工作。这有助于员工处理"我应该向谁汇报"，或者"如果遇到了问题我应该向谁求助"这样的问题。

在讨论指挥链之前，有必要先讨论两个辅助性概念：职权和统一指挥。职权是指在管理岗位所赋予的发布命令的权力，每位管理者为了完成自己的工作职责，都被授予一定的职权。统一指挥指组织的行政命令和组织运作指挥的集中统一。统一指挥原则有助于保持职权链条的连续性和不受损坏。它意味着，下属应该由一名主管，而且是唯一的主管直接负责。如果指挥链中的统一指挥原则遭到破坏，一个下属可能就不得不忙于应付多个主管发出的相互冲突的命令，并且为了斟酌这些命令的顺序而绞尽脑汁。

随着信息技术的发展，传统的指挥链、职权、统一指挥等的重要性已经大大降低。例如，当今的一名基层员工可以在几秒钟内得到 30 年前只有高层管理者才能得到的信息。同样，随着计算机网络化的发展，组织中任何位置的员工都能与其他人进行交流，而无须通过正式渠道。职权和指挥链的维持越来越不重要，过去只能由管理层做出的决策，现在已经授权给操作层的员工。除此之外，随着自我管理团队、交叉功能团队和新型组织结构设计思想（如包含多个上司）的盛行，统一指挥的重要性不断减弱。当然，的确还有不少组织认为通过强化指挥链可以使组织的生产率最大化，但随着时间的推移，这种组织将会越来越少。

（四）管理跨度

管理跨度又称管理幅度，指一名管理者直接领导的下属人数。它在很大程度上决定了一个组织要设置的层级和配备的管理者的人数。通常，当其他条件相同时，管理跨度越大，一位管理者直接指挥的员工越多，组织效率就越高。举例说明：假设有两个组织，都有 4100 名基层操作员工。如果一个组织的管理跨度为 4 人，另一个组织的管理跨度为 8 人，那么管理跨度更大的组织比管理跨度小的组织在管理层级上少两层，并且可以少配备 800 人左右的管理人员，如图 3-1 所示。

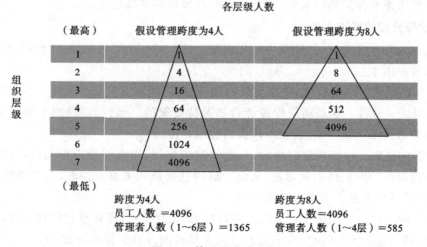

图 3-1　管理跨度对比图

如果管理者的平均年薪为 50000 美元，则管理跨度大的组织每年在管理人员薪水上就可节省4000万美元。显然,就成本来说,管理跨度大的组织效率更高。不过,如果管理跨度过大,由于主管人员没有足够的时间和精力为下属提供必要的领导和支持,员工的绩效会受到不利影响,从而降低组织运行的有效性。

至于说多大的管理幅度最为合适,并无绝对统一的标准,这取决于组织的任务、被指挥的员工的类型和质量、所采用的信息技术等多种因素。

(五) 集权与分权

集权与分权涉及一个组织的决策权主要集中在哪里的问题。所谓集权,通常指决策权集中在组织系统中的较高层次。所谓分权,则指组织将大部分决策权下放到较低的管理层次。在实际组织管理中,集权和分权是相对的,没有绝对的集权或分权。

1. 集权与分权程度的衡量

一般来说,若组织的高层管理者根本不考虑或很少考虑较低层级人员的意见,而是独自做出关系到组织利益的关键决策,那么这个组织就是集权化的。相反,如果较低层级的人员参与做出决策的过程,或他们实际上拥有一定的决策自主权,那么组织的分权化程度就比较高。

集权式组织与分权式组织在结构上有着本质的差异。要进一步衡量一个组织的集权或分权的程度,可采用以下几项标准。

(1) 决策的数量。组织中较低管理层次做出的决策数目越多,分权的程度就越高;反之,上层决策数目越多,则集权程度越高。

(2) 决策的范围。组织中较低层次决策的范围越广,涉及的职能越多,分权的程度越高。反之,上层决策的范围越广,涉及的职能越多,则集权程度越高。

(3) 决策的重要性。如果组织中较低层次做出的决策越重要,影响面越广,分权的程度越高;相反,如果下级做出的决策越次要,影响面越小,则集权程度越高。

(4) 对决策控制的程度。组织中较低层次做出的决策,上级要求审核的程度越低,分权程度越高;如果上级对下级的决策根本不要求审核,分权的程度最大;如果做出决策之后必须立即向上级报告,分权的程度就小一些;如果必须请示上级之后才能做出决策,分权的程度就更小。下级在做决策时需要请示或照会的人越少,其分权程度就越大。

2. 集权与分权的影响因素

影响集权与分权的程度,是随条件变化而变化的。对一个组织来说,其集权或分权的程度应综合考虑各种因素。

(1) 决策的代价。一般来说,决策失误的代价越高,越不适宜交给下级人员处理。

(2) 政策的一致性。如果高层管理者希望保持政策的一致性,则趋向于集权化。如果高层管理者希望政策不一致,则会放松对职权的控制程度。

(3) 组织的规模。组织规模较小时,一般倾向于集权,当组织规模扩大后,组织的层次和部门会因管理幅度的限制而不断增加,从而造成信息延误和失真。因此,为了加快决策速度、减少失误,最高管理者就要考虑适当的分权。

(4) 组织的成长。组织成立初期绝大多数都采取和维持高度集权的管理方式。随着组织逐渐成长,规模日益扩大,则由集权的管理方式逐渐转向分权的管理方式。

(5) 管理哲学。有些组织采用高度集权制,有些组织推行高度分权制,原因往往是高层管理者的个性和管理哲学不同。

(6) 管理人员的数量与素质。管理人员的不足或素质不高可能会限制组织实行分权。即使高层管理者有意分权,但没有下属可以胜任,也不能成事。相反,如果管理人员数量充足、经验丰富、训练有素、管理能力强,则可有较多的分权。

(7) 控制的可能性。分权不可失去有效的控制。高层管理者在将决策权下授时,必须同时保持对下属的工作和绩效的控制。一般来说,控制技术与手段比较完善,管理者对下属的工作和绩效控制能力强的,可较多地实行分权。

(8) 职能领域。组织的分权程度也因职能领域而异,有些职能领域需要更大的分权程度,有些则相反。

(9) 组织的动态特性。如果一个组织正处于迅速的成长过程中,并面临着复杂的扩充问题,组织的高层管理者可能不得不做出数量很多的决策,高层管理者在无法应付的情况下会被迫向下分权。在一些历史悠久、根基稳固的组织中,一般倾向于集权。

3. 集权与分权的优劣

集权与分权各有优劣,总的来讲,集权便于政令统一,标准一致,有利于贯彻组织整体目标,提高组织运作效率,但是相对缺少弹性和灵活性,不利于调动下级的积极性;分权利于调动下级积极性和主动性,但可能会导致下级各行其是,忽略组织整体利益,偏离组织目标。

4. 发展趋势

近年来,分权式决策的趋势比较突出,这与组织致力于灵活敏捷的管理思想一致。在大型公司中,较低层级的管理者更贴近生产实际,比高层管理者更了解相关问题。因此,像西尔斯和彭尼这样的大型连锁零售公司,在商品库存的选择上给了店面经理更多的决策权,从而使得这些商店能更有效地与当地商店展开竞争。

(六) 正规化

正规化指的是在组织中各项工作实行标准化的程度。一种工作的正规化程度越高,意味着从事该工作的人对于工作内容、工作时间、工作手段的自主权越低。员工被期望以完全同样的方式投入工作,从而保证稳定一致的产出结果。在高度正规化的组织中,有明确的工作说明书,有大量的组织规章制度,有对于工作流程的详尽规定。当正规化程度较低时,工作行为相对来说就不那么程序化,员工对自己工作的处理权限也比较宽。由于工作中的个人权限与组织对员工行为的规定成反比,因此,工作的标准化程度越高,员工自行决定工作方式的权力就越小。工作标准化降低了员工选择工作行为的可能性,也使员工无须考虑其他行为方案。

无论是在组织之间还是组织内部,工作的正规化程度差别很大。众所周知,某些工作的正规化程度很低,如大学用书的巡回销售商,这些出版公司的销售代表向大学教授推销公司新出的书籍,他们的工作自由权限就比较大,所使用的推销用语不要求标准划一。组织对他们的要求不过是每周交一次销售报告,并对新书出版提出一些建议。然而,同在一家出版公司的处于编辑位置的员工,他们必须在上午 8 点准时坐在办公桌前,否则会被扣掉半小时工资,而且,他们必须遵守管理层制定的一套详尽明确的规章制度。

尽管一定程度的正规化对于组织的一致性和控制是必不可少的,但是许多组织越来越少地依赖严格的规章制度和标准化来指导和规范员工的行为。

二、组织设计的发展趋势

在知识经济时代,全球化的趋势给现代组织管理提供了新的机遇与挑战。20 世纪 80 年代之后,社会的需求不断发生改变,组织结构也随之发生变化,已有的组织结构形式变得无法满足企业发展的需要。在企业不断对组织结构进行动态调整的过程中,扁平化、柔性化、无边界化、虚拟化成为组织结构演进的大趋势。

（一）扁平化

1. 扁平化的定义

扁平化管理是指通过减少管理层次、压缩职能部门和机构、裁减人员,使企业的决策层和操作层之间的中间管理层级尽可能减少,以便使企业快速地将决策权延至企业生产、营销的最前线,从而为提高企业效率而建立起来的富有弹性的新型管理模式。由于传统科层式管理在信息传达的及时性、业务创新、市场竞争的灵活性与适应性等方面均存在严重不足,为此,扁平化管理模式应运而生。因此也可以说,扁平化管理是企业为解决层级结构的组织形式在现代环境下面临的难题而实施的一种管理模式。扁平化管理可以让企业更灵活,从而变得更有效率,能够简化管理流程并根据市场变化快速做出决策。

2. 扁平化的优点

（1）减少组织层级,便于高层管理者了解各科层组织的运行情况。

（2）大幅削减管理人员,节省管理成本,有效降低协调的难度。

（3）信息传递速度加快,减少信息的过滤和失真。

（4）管理幅度加大,强调员工的自我管理,有利于调动员工的积极性,提高决策的民主化程度。

3. 扁平化的弊端

（1）管理幅度加大无形中加重了管理人员的工作负荷。

（2）虽缩短了不同层级间的沟通路径,但相同层级的沟通会产生新的困难。

（3）对管理人员的素质要求较高。

（4）以员工的自我管理、自我控制为基础,要求下属人员自立、自律,否则容易失去控制。

因此,扁平化改革需要根据组织的特点与业务整合、工作流程变革、信息技术(如网络建设、沟通工具)运用、制度建设、员工培训等实现有机结合。

 阅读与思考3-1：小米的管理模式

小米一度是中国科技圈最倡导"扁平化管理"的企业,强调组织扁平、管理极简、员工不打卡也不设 KPI。小米架构只分三层:联合创始人—部门负责人—员工。这是一个高度人治的架构方式,除了核心创始人有具体职位,其他所有人都是工程师,没有职位。在核心创始人组成的顶层,雷军自己的第一定位是首席产品经理,他有八成时间是参加各种产品会议,雷军在各类产品会议中和相关业务的一线产品经理、工程师共同决定了小米产品的各种细节。其他几位联合创始人则按照各自擅长的领域和能力,分管2~3块业务。比如林斌负责战略合作；黎万强负责小米网和市场(现归林斌负责)；洪锋负责MIUI；黄江吉(KK)负责Wi-Fi模组、云、路由器；周光平负责手机硬件、供应链(现供应链由雷军直接负责)；刘德负责工业设计、生态链;王川负责小米电视、盒子以及内容。

各个业务发展依赖带头人的个人能力。"需要那种独当一面,可以自己做一番业务的人。"一位曾在负责小米海外业务的人士认为,这种松散的管理非常类似 VC 的管理模式,它的优点是灵活,公司由无数个小游击队组成,每个游击队打得怎么样和游击队长息息相关。而传统企业比如联想,治理方式更像方阵——"所有人站成一排往前走,谁也不准往后退。"

然而,小米这种松散、以人为中心的管理方式也有弊端。第一是山头,导致部门强大,部门间协作沟通难度大;第二是一旦队长离开,他的位置不一定有人能立马顶起来。因此,2019 年 2 月,小米已经告别扁平化管理,正在推动层级化落地,内部头衔大体分为专员—经理—总监和副总裁及以上,层级共设 10 级,从 13 级到 22 级。专员级别为 13 级左右,经理为 16 级到 17 级左右,总监为 19 级到 20 级左右,副总裁为 22 级。小米董事长雷军不在该级别体系内,因而没有级别。

尽管如此,小米集团创始人、董事长及首席执行官雷军在获授 2019 年度"复旦企业管理杰出贡献奖"的颁奖典礼演讲中,仍将"简化管理"作为自己的核心管理思想。他表示,在创办公司的初期,小米提出了去管理、去 KPI、去 title。他指出,小米在很长时间里面是没有级别的,而且到 2019 年为止作为一个两万多人的企业,小米集团副总裁以上的管理者只有十三四个人。在这样的相对平等的氛围里面,使每一个业务单元都具备非常强的主动性。

不过,2018 年上市之后,小米也进入了全新的发展阶段。雷军坦承,在目前两万多人的企业里如果还坚持九年前提的这些思想,有一些适用,有一些已经不适用了,需要全面改进,所以小米目前正处在一个管理全面提升的阶段。"我们在思考的是怎么把小米作为一个创业公司所获得的管理经验跟成熟的管理经验相融合,然后进行全面的管理提升。"

(资料来源:本书根据网络资料整理。)

思考题

(1) 小米在创业初期为何要实行扁平化管理?
(2) 小米在上市之后为何要告别扁平化管理?

(二) 柔性化

1. 柔性化的定义

所谓柔性化,是指组织结构不拘泥于某种固有形式,而是根据外在环境变化和组织自身发展需要而做出灵活调整的一种状态。组织结构柔性化通常以创新能力为宗旨,主要通过设置协调岗位、临时委员会或工作团队的形式加强组织内部的横向联系,以增强组织的机动性;通过分工合作、共担风险,以及适当的权限结构调整,向基层员工授权,并满足员工的高层次需要,增强员工的主人翁责任感,使其不仅自觉提高各自的工作标准,从而把组织意志变为个人的自觉行动。

组织结构柔性化的特点就在于结构简洁,反应灵敏、迅速,灵活多变,以达到快速适应现代市场需求。

2. 增强组织结构柔性化的方式

柔性化组织结构是在企业面临的经营环境日益复杂的背景下产生的。现代企业强调随时响应客户的需求,强调创新与灵活性,采用更加柔性化的组织结构、更加灵活的管理方式。为进一步使企业更好地适应环境变化,建立竞争优势,可从以下几个方面着手进行柔性化改革。

(1) 提高管理者职责能力,对企业人力资源进行柔性化管理。

研究表明,管理者可分层来提高职责能力。高层应该更加注重创造力、系统思维判断力、思维敏捷和综合分析能力的提升,中层可以在实践能力、解决问题的学习能力和沟通能力这几方面进行重点发展,基层管理者可以重点发展反省、自我管理和信息管理这几方面的能力。不过,长期在某个管理层,难免产生官僚主义,因此,组织应该建立一种灵活的、柔性化的引进人才和推动人才成长的机制,合理地进行内部提升和外部招聘,为企业寻找到高素质的管理人才。

(2) 利用柔性化管理理念,增强组织凝聚力。

组织凝聚力是组织目标实现的重要条件。要使员工积极主动地将各自蕴藏在内的知识技能主动发挥出来,提升组织绩效,这就有赖于组织通过柔性化管理,最大限度地尊重员工的个体价值,为员工提供锻炼和展示自我的机会,从而增强员工对组织的归属感及主人翁精神,强化组织凝聚力。

(3) 减少组织纵向层级,由集权向分权过渡。

一般来说,管理层级越多,信息流通成本也会相应增加,使组织对外界信息反应迟缓。为此,削减组织层级,向员工合理授权,实现管理层级扁平化。这既有利于组织裁减冗余人员,降低组织成本,也有利于激发员工的主动性、创造性。

例如,通用公司总裁韦尔奇认为:先前通用电气主管人员只是简单地告诉员工该做什么,而员工们只是按部就班地完成主管交给的工作,但绝不多做什么。因此他提出"通力合作计划",以使员工获得更多的权力、工作自由,并运用自身的创造性来改进公司日常经营。

(4) 适时转变战略,增强组织运行的柔性化。

为了不断适应未来的多变性,组织应根据自身实际情况及外部环境变化做出相应的战略转变,如实行弹性预算、滚动计划等。

阅读与思考 3-2:巨人 IBM 的柔性组织运作机制

作为一个拥有32万人的全球性巨人企业,保持庞大组织的柔性与行动一致性的前提下,驱使整个体系倾向市场前端是其最为重要的组织特征。如果结构被认为是企业组织运行的"硬件"要素之一,那么基于"硬件"要素之上的业务管理工具(如IT系统)与公正、合理的绩效管理方式是保证组织健康运行必要的"软件"要素。在IBM的OM(商业机会管理系统)中,无数商业机会的状态被量化标识为10%、25%、50%、75%或100%……

在IBM立体矩阵结构中,每一位销售或服务人员都会有来自不同矢量方向的"老板"评估他的业绩,多维绩效管理是IBM平衡资源相互调用与部门本位矛盾的重要手段。

一、多维矩阵与三叶草

"多维矩阵"与"三叶草"被认为是理解IBM庞大组织体系的两个最为明显的特征。但是,按照一位IBM资深人士的说法,IBM组织结构其实是一张"从未真正存在过的心灵地图"。

多维矩阵系统保证了各个部门之间相对的独立和协调,每一个处于交叉点中的人都要受到产品、区域、行业及职能四个不同方向上的影响,每一个人的工作都和其他人有相互作用。各方面的信息和知识在立体矩阵的结点上进行汇总,这样就最大限度地发挥和利用了个人的价值。

"三叶草"是理解IBM组织体系的另外一种表达方式,可以从客户导向这个业务运作层面说明IBM主要部门之间的结构关系。咨询服务、行业销售和产品线三者之间重叠的部分是公用的一些"支持部门",比如市场、代理商、合作伙伴、渠道管理、呼叫中心、售后服务、财务、人力资源、IBM.COM等。

二、同一声音

"尽量细分和精通本行的同时,又能通过协调把这些资源有效整合在一起"——被认为是IBM组织架构的成功之处。在IBM人自己眼里,这实际上是一个团队协作的过程。而从外部或者从用户的角度看,IBM力图留给用户这样一种印象:一个用户只需要对一个销售就可以解决问题。这个销售可以卖给用户所需要的一切,从一台PC到一揽子解决方案,包括了软件、硬件、合作伙伴的二次开发和咨询服务等。

IBM称为"One voice",为了避免客户在得到IBM服务的时候不至于被内部的组织及多头管理弄得无所适从,一切问题都在IBM内部系统协调解决,客户需要面对的事情和关系越简单越好。而要做到这一点,灵活的结构体系是一个重要支撑点。这是一个典型的黑盒子理论,不管内部系统如何错综复杂,外部"只有一个出口"面对客户。

事实上,对于IBM架构而言,一个商业机会可以从任何角度被搜集到,例如网站、电话、销售的面访。一旦收集到商业机会,这个信息将被立即送入IBM的机会管理系统(Opportunity Management,简称OM系统)。而相关的人员可以随时对这些机会进行甄别,这就是被IBM人称为识别的阶段。

在OM系统上,一般用百分比来量化这些机会的状态。一个具有可能性的项目浮出水面,一般被标识为10%。而一旦这个项目被认为具有货真价实的商业价值,通过了证明合格阶段,标识就达到25%。这个时候有关人员就会选定一个人成为该项目的Owner,也就是项目的负责人。Owner要为该项目确定需要什么样的帮助、需要什么部门和哪个区域的人员来配合。

一旦项目组为用户提出了具体解决方案,OM系统上该项目的标识将变成50%,这标志着该项目进入提出方案阶段。到2000年8月,哈啤正式与IBM签约之后,该项目进入合约阶段,标识百分数飙升至75%。而一旦合同履行完毕,该项目就会以100%的标识圆满完成。显然,哈啤项目是一个以IGS为先导的"营销战役"。

当然,要做到很好的协调,归根结底还要有一个健全的评价系统,绩效考评与利益分配不合理,再好的组织架构也很难压制个人及部门本位主义抬头。多维绩效评价是IBM解决这一问题的具体方法,每一位员工都会由来自不同矢量方向的"老板"评估他的业绩,"一言堂的情形在IBM不会出现"。就销售而言,产品、行业和咨询服务是IBM三个层面的销售力量,因此,就会有三个层面的绩效评估结果。

(资料来源:福祥.巨人IBM的柔性组织运作机制[N].中国信息报,2002-07-15.)

> **思考题**
>
> 巨人 IBM 是如何实现柔性化运作的?

(三) 无边界化

传统观点认为,组织是有边界的。这种边界包括物理边界,如企业的土地、厂房、设备;人员边界,即组织内部的成员;业务边界,即组织所在行业、在价值链中所处的位置。然而,在全球化时代,企业需要从世界范围内调配资源,与企业相关的人员范围也从股东、管理者、员工扩大到包括顾客、供应商、竞争者、各类协会、社区、政府等在内的利益相关者,企业的业务不再封闭,与其他组织之间的联系更加紧密,企业的边界正在被打破,组织结构也呈现出无边界化的趋势。

无边界组织的基本内涵是:在构建组织结构时,不是按照某种预先设定的结构来限定组织的横向、纵向和外部边界,而是力求打破和取消组织边界,以保持组织的灵活性和有效运营。其中,横向边界是由专业分工和部门划分形成的,纵向边界是将员工划归不同组织层次的结果,外部边界则是指将组织与顾客、供应商及其他利益相关者分离开来的隔墙。通过运用跨层级团队和参与式决策等结构性手段,可以取消组织内部的纵向边界,使组织结构趋向扁平化;通过跨职能团队和工作流程而非职能部门组织相关的工作活动等方式,可以取消组织内部的横向边界;通过与供应商建立战略联盟以及体现价值链管理思想的顾客联系手段等方式,可以削弱或取消组织的外部边界。通常,企业实施无边界管理,首先是因为其战略的需要,如追求卓越的目标导向,其次是为了更好地适应外部环境,并需要有与技术相配套的组织结构及管理机制,更为重要的是企业有锐意进取的领导者,希望能克服规模与效率的矛盾,使组织更灵活。

无边界组织并不是一种真正意义上的组织结构,其实质是一种组织设计理念。事实上,任何组织都不可能完全取消组织内部的纵向指挥链和横向职能部门,也不可能完全消除组织与外部的边界,"无边界"只是为组织结构设计提供了一种思路,其操作要点是尽量淡化和模糊组织边界,而非绝对地消除组织边界。

阅读与思考 3-3:杰克·韦尔奇与美国通用电气公司

杰克·韦尔奇被誉为 20 世纪最成功的企业家和首席 CEO,1981 年入主美国通用电气公司(以下简称 GE 公司),在短短 20 年时间里,韦尔奇使这个庞大多元的商业帝国年收入从 250 亿美元发展到 1000 多亿美元,净利润从 15 亿美元上升到 93 亿美元,市值增长了 30 倍,达 4500 亿美元,排名从世界第 10 位提升到第 2 位。这位锐意改革的管理奇才开创了一种独特的管理哲学和操作系统,即"无边界管理",该系统依靠一种扁平的、无边界管理模式,一种对人的热情关注以及非正式的、平等交流的风格,帮助 GE 摆脱了成熟大企业的痼疾——金字塔式的层级体制,走上了灵活主动、不拘一格的道路。韦尔奇本人称这种无边界管理"像是科学上的重大发现一样",促使传统管理模式向无边界管理模式演变。

韦尔奇的无边界管理观念,实质上是主张用一种平面管理理论代替传统的流水线管理理论。所谓平面管理,就是要求一个业务部门或一家生产厂乃至整个公司的所有人员(管理者和被管理者),在经营过程中,都处在一种平面相交的环境中,即在他们之间没有层次、没有等级的隔阂(普通工人可以直接向厂长建议下一道工序该如何做。只要他讲得合理,厂长就可以当场拍板,立刻采纳他的意见,而无须层层报上级审批)。以这样的方式实现企业内领导与职工、上级与下级彼此相互信任,相互尊重。并通过不断深入的培训和教育,人们主要靠自身的意识、责任感和义务,而不是靠上级的指令和监督来完成自己的任务和工作。在这样的环境下,人们不仅能出色地干好本职工作,而且往往还能创造性地工作,从而大大提高本公司(部门)的凝聚力。韦尔奇这一新的管理思想,加上实施其他管理措施,在 GE 公司内形成一种平等、平和、民主的管理氛围。这就是韦尔奇下大力气要造就的 GE 文化。因此有的管理专家提出,韦尔奇先生是继美国福特之后,又一个工业管理新时代的开创者。

(资料来源:高静乐.现代企业:"无边界"管理[N].经济日报,2012-05-02;李为民.无边界管理——通用电气公司总裁杰克·韦尔奇的经营之道[J].中国人力资源开发,2000(9):41-42.)

杰克·韦尔奇为何提出"无边界"管理理念?

(四)虚拟化

随着计算机技术发展、互联网的普及、移动终端的进化,人类已经步入数字化时代。这种技术的变化不仅影响着人们的沟通和工作方式,而且对企业的生产经营活动带来了深刻影响。虚拟化是组织结构的另一个演变趋势,主要包括 3 个方面,即电子商务企业组织的虚拟化、动态网络虚拟组织和市场链。

1. 电子商务企业组织的虚拟化

电子商务企业并没有制造型企业那样硕大的厂房和分销体系,但它却通过信息和资源整合创造出巨大的价值,而且能够培育众多的创业者,形成一个以网络为载体的创业生态系统。2014 年,阿里巴巴在美国纽约证券交易所上市,人们只知道这是一家中国电商企业,注册地在杭州。然而,杭州并不是其传统意义上的企业总部所在地,而只是注册地。与大型跨国制造型企业相比,阿里巴巴是一个不折不扣的虚拟组织。

2. 动态网络虚拟组织

虚拟组织并不局限于电子商务和互联网领域,制造型企业组织同样存在虚拟化的趋势,一些企业所采用的动态网络结构同样是虚拟化的具体尝试。小米手机的前身是一家以杀毒软件起家,后改做互联网的企业,但它通过资源整合实现了手机生产。创业以来的短短数年间,年产销量已经达到数千万台,一跃成为我国手机行业的龙头企业。毫无疑问,小米是虚拟组织的代表,采用了动态网络型组织结构。

动态网络型组织结构是一种以项目为中心,通过与其他组织建立研发、生产制造、营销、售后服务等业务合同网,有效发挥核心业务专长的核心型组织形式,如图 3-2 所示。

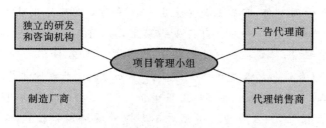

图 3-2　动态网络型组织结构示意图

它以市场的组合方式替代传统的纵向科层组织,实现组织内在核心优势与市场外部资源优势的动态有机结合,从而具备了敏捷性和快速应变的能力。其优点在于:组织结构具备更大的灵活性,以项目为中心的合作能够更好地结合市场需求整合资源,网络中的价值链可以动态调整;结构简单,多数业务实现了外包,组织结构更加扁平,效率也更高了。动态网络虚拟组织也存在缺点:组织活动多通过与其他组织的合作来完成,因此稳定性差;组织的核心是项目,因此对商业模式的要求高,需要能够持续地为合作企业带来利益;与外部组织的合作靠利益关系来维系,难以形成组织文化,不利于组织的可持续发展;采用外包容易引发企业伦理方面的争议等。

3. 市场链

市场链是青岛海尔集团首创的一种组织设计理念。其核心思想是将市场经济中的利益调节机制引入企业内部,在集团宏观调控下,把企业内部的上下流程、上下工序和岗位之间的业务关系由原来单纯的行政关系转变成平等的买卖关系、服务关系和契约关系,通过这些关系把订单转变成一系列内部的市场订单,形成以订单为中心,上下工序和岗位间相互咬合、自行调节运行的市场链。

市场链通过流程之间、工序之间、岗位之间的"索酬、索赔、跳闸"形成市场关系、服务关系,简称"两索一跳",用其汉语拼音首字母标注为 SST。其中,索酬(S)是指上游流程、工序、岗位如果提供了优质服务,就要索取报酬;索赔(S)是指下游流程、工序、岗位如果发现上游所提供产品数量、质量、交货时间出现问题,就要索要赔偿;跳闸(T)是指相关第三方,如在下一道工序最终检验部门发挥闸口的作用,如果各流程既不索酬也不索赔,第三方就会自动"跳闸",警示、制约并解决问题。

由此,海尔集团在实践的基础上开发出市场链理论,并用市场链的示意图替代了公司网站主页上的事业部制组织结构图。作为中国本土的组织理论创新,市场链不仅体现了一种组织设计理念,而且指导了海尔的生产经营实践,在简化组织结构、形成协同竞争格局、提高企业的快速反应能力等方面发挥了重要作用,市场链理论和实践也因此入选美国哈佛大学商学院案例库。

 阅读与思考 3-4:典型的虚拟组织——耐克公司

1963 年,俄勒冈大学毕业生比尔·鲍尔曼和校友菲尔·奈特共同创立了一家"蓝带体育用品公司",主营体育用品。1972 年,蓝带公司更名为耐克公司,从此开始缔造属于自己的传奇。

耐克公司由一家规模较小、随时都有可能倒闭的企业,发展成为赶超世界领导品牌——阿迪达斯、彪马的"运动新锐",建立虚拟组织,进行虚拟运作是其成功不可或缺的因素。耐克公司有两种虚拟运作方式:虚拟生产和品牌虚拟经营。

虚拟生产以外包加工为特点,企业将其产品的直接生产功能弱化,把生产功能用外包的办法转移到别的企业去完成,而自己只留下最具优势并且附加值最高的开发和营销功能,并强化这些部门的组织管理。耐克专注于集中本部的资源,专攻附加值最高的设计和营销,然后把设计好的样品与图纸交给中国、印度等劳动力成本较低的新兴工业化国家,最后验收产品,贴上耐克的标签,在世界范围销售。

品牌虚拟经营实现了品牌与生产的分离,它使生产者更专注于生产,从而使品牌持有者从烦琐的生产事务中解脱出来,得以专注于技术、服务与品牌推广。从 20 世纪 70 年代初开始,耐克决定把精力主要放在设计与营销上,具体生产则外包给劳动力成本低廉的国家的厂家,以此来降低生产成本。因此,现在美国市场上出售的耐克运动鞋,基本上都是在海外工厂生产的。正是品牌虚拟经营,使耐克在国际市场上获得了强大的成本优势。

不难看出耐克因为虚拟组织的存在,而一直保持活力。同时,从另一个方面来说,与耐克进行共同合作的其他虚拟组织成员,比如耐克生产商等,由于以规模生产和品牌的优势来降低成本和提高效益,也获得了生存与发展的机会。

(资料来源:林慧.耐克公司:虚拟生产的典范[J].企业活力,1999(3):35-36;其他网络资料。)

耐克公司是如何实现虚拟经营的?

第二节 职位分析与职位设计

一、职位与职位分析的概念

1. 职位

职位是指机关或团体组织中执行一定任务的位置,也指在一个特定的企业组织中、在一个特定的时间内、由一个特定的人所担负的一个或数个任务所组成的集合。简言之,职位是组织赋予每个员工的工作职务及其所承担的责任,是人力资源管理的基本单位。

职位以"事"为中心,因事设人,定量设置,将不同工作任务、责任分配给与此要求相适应的不同的员工。凡是有某项工作需要有专人执行并承担责任,就应设置一个职位,并且职位随工作任务的变化相应变化,而非一成不变。

职位由三要素构成:职务、职权和责任。职务是指规定承担的工作任务,或为实现某一目标而从事的明确的工作行为;职权是指依法或组织规定所赋予职位的相应权力,以提供完成某项工作任务的保障；责任是指承担一定职务的员工，对其工作标准与要求的同意或承诺。

2. 职位分析

职位分析又称岗位分析、工作分析，是对组织各类职位的性质、任务、职责、劳动条件和环境，以及员工完成本职位工作任务所应具备的资格条件进行系统分析与研究，并由此制订职位说明书等人力资源管理文件的过程。

职位分析主要研究七个问题，包括做什么（任职者从事的工作活动）、为什么做（任职者的工作目的）、谁来做（对从事该项工作人员的必备要求）、什么时候做（该项工作活动进行的时间安排）、在哪里做（工作进行的环境）、为谁做（在工作中与其他岗位发生的关系及相互的影响）、如何做（任职者如何进行工作活动以获得预期的工作结果）。

二、职位分析的作用

1. 职位分析为人力资源开发与管理活动提供依据

（1）职位分析为人力资源规划提供了必要的信息。通过职位分析可以对企业内部各个职位的工作量进行科学的分析判断，从而为职位的增减提供必要的信息。此外，职位分析对各个职位任职资格的要求也有助于企业进行人力资源的内部供给预测。

（2）为人员的招聘录用提供了明确标准。组织在进行招聘工作时需要对拟招聘岗位的职责和内容进行准确界定，也需要明确任职资格和要求。职位分析可以为组织尽快吸引合格的应聘者、降低招聘成本提供客观依据。

（3）为人员的培训开发提供了明确依据，为进行有效且低成本的培训指明方向。职位分析对于各个岗位的工作内容和任职资格都做出了明确的规定，因此组织可以依据职位分析对员工进行必要的在岗培训或脱产培训。为实现组织培训的有效性和低成本要求，培训工作的内容、方法必须与工作任务的内容、岗位所需要的工作能力和操作技能相关。通过职位分析进行准确的培训需求分析成为低成本培训必不可少的一环。

（4）为科学的绩效管理提供帮助。职位分析通过对组织在不同时期、不同背景下的情况进行分析，确定各个岗位应有的标准，为绩效管理提供员工工作业绩的评定标准，为员工工作指明方向，有利于绩效管理的公平、公正、公开。

（5）为制定公平合理的薪酬政策奠定基础。薪酬的内部公平性是通过对员工所在岗位与其他工作岗位所承担的工作和所需要的投入进行比较而确定的。职位分析能够从工作责任、所需技能等方面对工作岗位的相对价值进行界定，确定工作岗位在组织中的相对价值，使组织的薪酬水平有明确的、可解释的基础，有助于保证薪酬的内部公平性。

2. 职位分析为组织职能的实现奠定基础

（1）通过职位分析，有助于员工本人反省和审查自己的工作内容和工作行为，以帮助员工自觉主动地寻找工作中存在的问题，圆满实现职位对于组织的贡献。

（2）在职位分析过程中，人力资源管理人员能够充分地了解组织经营的各个重要业务环节和业务流程，从而有助于人力资源管理职能真正上升到战略地位。

（3）借助于职位分析，组织的最高经营管理层能够充分了解每一个工作岗位上的人目前所做的工作，可以发现职位之间的职责交叉和职责空缺现象，并通过职位及时调整，提高组织的协同效应。

3. 职位分析对绩效考核的作用

这一作用主要体现在两个方面：一是岗位说明书的必备项目中有"岗位关键业绩指标"这一内容，这些指标指明了对该岗位任职人员应从哪些角度进行考核，也指出了岗位上人员的努力方向，而绩效考核方案的起点就是部门和岗位考核指标的选择，广义的职位分析甚至可以提供部门的关键绩效指标；二是岗位说明书如果包含了"沟通关系"这一项目，就可以清晰地指明绩效考核的主体与考核层级关系，因为沟通关系中明确了汇报、指导与监督关系。

4. 职位分析对人员招聘与录用的作用

岗位说明书的另一项必备内容就是岗位任职资格条件，这些条件既是岗位评价的重要参考要素，又是该岗位人员空缺时设计招聘要求的基础。招聘广告中一般有空缺岗位的学历、工作经验、专业技术水平、能力方向、人格特征等要求，而这些内容在岗位说明书的任职资格条件项目中均可找到。

5. 职位分析对员工培训与职业生涯设计的作用

企业员工培训的一个重要特点是具有强烈的导向性，这个导向的重要依据之一就是岗位说明书所规定的内容，尤其是岗位职责的要求、考核指标要求、能力要求等内容，在新员工培训中，新员工本岗位的说明书甚至能成为其必修教材之一。另外，在对员工进行员工职业生涯设计时，职位分析还可以提供职业发展的路径与具体要求。

6. 职位分析对人力资源规划的作用

人力资源规划的核心工作是人力需求与供给的预测，在运用技能清单法、管理人员置换图、人力接续计划、马尔可夫矩阵法进行供给预测时，都离不开清晰的岗位层级关系和晋升、岗位转换关系，这些都是岗位说明书所应该规定的。在需求观测时，除了需要对人力资源数量预测，还需要对其质量要求进行预测，说明书中的任职资格条件就成为重要的参考标准。

7. 职位分析对薪酬设计与管理的作用

工作评价是合理制定薪酬标准的基础，正确的工作评价则要求深入地理解各种工作的要求，这样才能根据它们对组织的价值大小进行排序。职位分析通过了解各项工作的内容、工作所需要的技能、学历背景、工作的危险程度等因素确定工作相对于组织目标的价值，也可以作为决定合理薪酬的依据。职位分析为薪酬管理提供相关的工作信息，通过工作差别确定薪酬差别，使薪酬结构与工作相挂钩，从而制定公平合理的薪资政策。

8. 职位分析对组织分析的作用

职位分析详细地说明了各个岗位的特点及要求，界定了工作的权责关系，明确了工作群之间的内在联系，从而奠定了组织结构设计的基础。通过职位分析，尤其是广义的职位分析，可以全面揭示组织结构、层级关系对岗位工作的支持和影响，为组织结构的优化和再设计提供决策依据。另外，职位分析还与劳动定编和定员工作有着非常紧密的联系。定编是指按照一定的人力资源管理程序，采用科学规范的方法，从组织经营战略目标出发，合理确定组织机构的结构、形式、规模以及人员数量的一种管理方法。定员是在定编的基础上，严格按照组织编制和岗位的要求，为组织每个岗位配备合适人选的过程。在现代企业管理中，只有不断地加强定编定员工作，组织才能实现组织机构的精简与统一，才能避免人力资源的浪费，最终实现组织的经营战略目标。如果组织的定编定员工作没有实际成效，组织就很有可能出现机构臃肿、人员膨胀、效率低下、人浮于事的现象。

9. 职位分析对直线管理者的作用

职位分析对人力资源管理者的作用显然是非常重要的,对于直线管理者的作用也是不容忽视的。

(1) 职位分析有利于直线管理者加深对工作流程的理解,及时发现工作中的不足,并可以及时针对工作流程进行改造创新,从而提高工作效率或有效性。

(2) 职位分析可以使直线管理者更深入地明确工作中完成某项任务所应具备的技能,这有助于直线管理者在辅助人力资源部门进行人员招聘时真正发挥它的效能。

(3) 直线管理者还担负着对每一位雇员进行绩效评估,及时反馈并督促其改进绩效的职责,而绩效的评定标准以及绩效目标的设定离不开每种工作所需完成的任务内容,这也与职位分析休戚相关。

三、职位分析的基本原则和步骤

(一) 职位分析的基本原则

职位分析应该遵循的基本原则如下。

(1) 系统性原则。在对某一职位进行分析时,要注意该职位与其他职位的关系以及该职位在整个组织中所处的地位,从总体上把握该职位的特征及对人员的要求。

(2) 动态性原则。要根据战略意图、环境的变化、业务的调整,经常性地对职位分析的结果进行调整。职位分析是一项常规性的工作,它需要定期地予以修订。

(3) 目的性原则。职位分析是为了明确工作职责,那么分析的重点在于工作范围、工作职能、工作任务的划分;如果职位分析的目的在于选聘人才,那么工作重点在于任职资格界定;如果目的在于决定薪酬的标准,那么重点又在于对工作责任、工作量、工作环境、工作条件的界定等。

(4) 经济性原则。职位分析是一项费时、费力、费钱的事情,它涉及企业组织的各个方面。根据职位分析的目的,采用合理的方法。

(5) 职位性原则。职位分析的出发点是从职位出发,分析职位的内容、性质、关系、环境以及人员胜任特征,即完成这个职位工作的从业人员需具备什么样的资格与条件,而不是分析在岗的人员如何。否则,会产生社会赞许行为与防御心理等不利于职位分析结果的问题。

(6) 应用性原则。应用性原则是指职位分析的结果,即职位描述与工作规范,要用于公司管理的相关方面。

(二) 职位分析的步骤

1. 职位梳理

职位梳理是职位分析的基础,任何组织的管理体系都是一个完整的系统,因而人力资源管理体系绝不能脱离组织的战略、文化、流程等而独立存在和运行,职位分析也不例外。职位分析建立在战略目标确定的基础上,战略目标一旦改变,就需要调整组织结构,以支撑战略目标的实现。同时,根据战略目标分解,审视各个部门的职责情况,在目标战略发生变化之后,也许部门的职责要发生剥离和更改,只有在部门职责确定的情况下,才能更好地进行职位分析。

进行职位梳理时需要注意:① 对各部门的职位现状进行梳理,列出各部门现有的职位,以及具体的岗位编制。② 针对目前的职位现状,结合目前部门职责的情况,以及相关工作量,对部门内所有的职位进行重新设计整理。一般来说,工作负荷低于30%的职位可以取消,将其工作并入到其他的岗位中,遇到工作负荷太大的情况,则需要进一步进行分解。在民营企业中,这种情况很少存在,工作量大部分是饱和的,所以在工作设计方面可以不用考虑太多的时间。但在一些刚起步的企业,职位名称的随意性很强,或者在职位分析时有新的职位产生,那么就需要对部分职位名称进行规范、更改等,使得职位名称反映该职位工作的主体工作职责。
③ 在职位梳理的同时,也应该遵循以战略为导向的原则,面向未来,结合公司战略目标,思考公司在1~2年内该职位是否要增减人员,若需要增减,具体需要增加多少,减少多少,具体什么岗位进行增减等。每个部门需要在1~2年内做人力资源规划,进一步实现战略要求与职位实际紧密互动的过程。

2. 部门职责分配表和职位说明书的编写

在部门职责确定之后,需要将部门职责进一步分解到具体岗位,形成部门职责分配表。职责分配表提供了整个部门进行职责梳理的便捷方式,该表强调的是职位的职责上下左右都不重叠,且需要穷尽部门的所有职责。

当然,得出部门职责分配表并不是一件很容易的事情,需要花费大量的时间和精力,先得进行职位分析的培训、宣讲,然后由各部门主管领取职位说明书和职责分配表模板。需要强调的是,职责分配表的填写是部门主管和员工双向沟通的过程,但实际上他们都是各行其是,很少进行沟通,员工编写自己的职位说明书,主管完成职责分配表,这样的结果会导致职责分配表上的岗位职责和职位说明书里的职责有很大的出入,甚至出现很多空白地带,出现某项非常重要的职责根本就没有人"认领"。这也进一步说明主管和员工并没有就职责的涵盖范围达成一致,这时候就要借助外面的专业力量或者人力资源部门扮演资深职位分析师的角色,把任职者以及任职者主管召集到一起,通过多次讨论、沟通及专家的牵引指导,协助任职者和主管完成对职位职责的系统思考,总结及提炼,最后使得部门职责分解到具体岗位。这样,既使得职位本人清楚自己的职责,部门主管对下属的工作内容也会有更清楚的了解,这样就不会存在空白和交叉。在职责分配表中,应该做到尽可能穷尽所有的职责,以做到职责不遗漏。

需要注意的是,在讨论过程中,需要遵循与流程相衔接的原则。大多数企业越来越重视通过面向市场的流程再造,来提高为客户创造价值的能力。职责分配表提供了这样的条件,在进行职责分配的时候,可以与流程相呼应。任何职位必须在流程中找到自身存在的价值和理由,可以根据流程来理顺其工作内容与角色要求。在进行职责分配的过程中,也是相关流程权限重新整理的过程,每个职责都应该有输入与输出,最后形成一个闭环。这样在职责分配表中每个职责所扮演的角色也就很清楚了,但很多企业在开展职位分析时,大多缺乏对流程的系统分析,没有把握流程中职位之间的相互关系,使得职位分析进入"只见树木,不见森林"的误区。

3. 职位说明书的评审

职位说明书是职位分析的一个直接结果,在职责分配表完成之后,职位说明书编写的工作也就大概完成了30%,只是岗位具体人员需要根据职责分配表按职位说明书编写的要求做适当的整理,因为在职责分配表中体现更多的是流程性的任务活动,需要按重要性先后顺序整理出4~8项重要的工作,作为职位的主要职责,这些都是发生在职责分配表评审之后。在职位说明书整理之后,需要再次进行评审,根据职位分析的目标导向原则,有针对性地对职位说明书内容进行评审。例如,是以考核为导向,还是以薪酬为导向,或者二者兼顾等。当然评审的过程也是讨论、沟通的过程,但其中有项重要的原则,就是不要对应到岗位具体人员,职位说明书只是针对岗位的,如果对应到具体人员,很多事情就很难做出公正的评价。

四、职位分析的常见方法

(一) 传统的职位分析方法

1. 访谈法

访谈法是指通过面对面的交谈来获取职位信息的一种方法。访谈法是目前国内外企业运用较为广泛、相对比较成熟和有效的方法。采用这种方法,一般需要根据情况对任职者、该职位的直接上级以及其他对该职位比较了解的人员进行访谈。根据访谈对象数量的不同,可以将访谈法分为两种类型:个别访谈法和集体访谈法。个别访谈法就是同一时间只对一个人访谈;集体访谈法就是同一时间对多个人进行访谈。个别访谈法主要在各职位的工作职责之间有明显差别时使用;集体访谈法则主要在多名员工从事同样的工作时使用。对工作进行系统性的思考、总结与提炼。按照结构化程度划分,访谈法分为结构化访谈和非结构化访谈。通过结构化访谈能够收集全面的信息,但不利于任职者进行发散性思维;通过非结构化访谈可以根据实际情况灵活地收集工作信息,但信息缺乏完备性。在实践中,往往将两者结合使用。

在运用访谈法时,需要注意几个关键问题:一是要对访谈人员进行培训,具体包括访谈的目的、内容、安排、技巧与注意事项等;二是要慎重选择访谈对象,访谈对象必须是对该职位比较了解,能够客观陈述该职位主要信息的人员;三是要合理安排访谈,包括访谈的时间、地点、访谈的提纲、录音设备等;四是要熟练掌握访谈技巧,访谈水平的高低直接决定了访谈的质量,在访谈过程中,访谈人员一定要注意尽量营造轻松、愉悦的氛围,多鼓励被访谈者全面、客观地提供信息。

访谈法的优点在于能够简单、快速地收集职位分析资料,适用性强;能够深入广泛地探讨与工作相关的信息;工作分析员能够及时地对访谈问题进行解释和引导;工作分析员能根据实际情况及时地修正访谈提纲中的信息缺陷;工作分析员能及时对所获得的信息与任职者进行现场确认;对于工作分析有敌对情绪的任职者,可以通过工作分析员的沟通、引导,最大限度使其参与其中。缺点是被访谈者往往夸大其承担的责任和工作的难度,容易引起职位分析资料的失真和扭曲;访谈法会对任职者的正常工作甚至组织的日常运转产生一定的影响。

为了保证访谈的效果,在访谈前一般要准备一个大致的提纲,列出主要问题,具体如下。

(1) 平时需要做哪些工作?
(2) 主要的职责有哪些?
(3) 如何完成它们?
(4) 在哪些地点工作?
(5) 工作需要怎样的学历、经验、技能或专业证书?
(6) 基本的绩效标准是什么?
(7) 工作有哪些环境和条件?
(8) 工作有哪些身体要求和情绪及情感上的要求?
(9) 工作的安全和卫生状况如何?

在访谈过程中,还要注意以下方面。

(1) 选择最了解工作内容、最能客观描述职责的员工。
(2) 尽快建立融洽的感情,说明访谈的目的及选择对方进行访谈的原因,目的是不要让对方有正在进行绩效考核的感觉。

（3）事先准备一份完整的访谈问题表，先问重要的问题，后问次要的问题。

（4）如果工作不是每天都相同，就请对方将各种工作责任一一列出，然后根据重要性排出次序，以免忽略那些虽不常见却很重要的问题。

（5）在访谈过程中，职位分析人员只是被动地接收信息。

（6）如果出现不同的看法，不要与员工争论。

（7）如果出现对主管人员进行抱怨的情况，职位分析人员不要介入。

（8）不要流露出对工资待遇方面的任何兴趣，否则员工会夸大自己的职责。

（9）访谈结束后，将收集到的材料请任职者和他的直属上司仔细阅读一遍，以便做修改和补充。

2. 观察法

观察法就是指由职位分析人员直接观察所需分析的工作，记录某一时期该职位工作的内容、形式、过程和方法，并在此基础上进行分析的方法。观察法是最为简单的一种方法，它的优点是职位分析人员能够比较全面、深入地了解工作的要求和内容。但是这种方法通常只适用于那些工作内容主要是利用身体活动来完成而且重复性较强、重复期较短的工作，例如，装配线工人、安保人员；不适用于脑力劳动成分较高的工作或处理紧急情况的间歇性工作，例如，律师、教师、急救站的护士等。

使用观察法时要注意工作样本选择的代表性，如果没有代表性，有些行为可能在观察中就发现不了。此外，观察者在观察时，要注意不要干扰员工的活动，尽量不要使其分心，以免影响工作的正常进行，影响观察结果的准确性；如果有可能的话，应由几个观察者在不同的时间进行观察，以尽量消除观察结果的偏差。

3. 工作日志法

工作日志法就是由职位的任职者本人按照时间顺序记录工作过程，然后经过归纳提炼取得所需资料的一种方法。这种方法适用于工作循环周期短、工作状态稳定的职位；适用于确定工作职责、工作关系、劳动强度等方面的信息。它的优点在于收集的信息比较全面，不容易遗漏；缺点是使用范围较小，信息整理量大，归纳工作烦琐。工作日志范例表如表 3-1 所示。

表 3-1　工作日志范例表

工作日志
姓名：
职位：
部门：
直接上级：
从事本业务年限：
填写期限：自　　年　　月　　日至　　年　　月　　日
说明： 　1. 在每天工作开始前将工作日志放在手边，按工作活动发生的顺序及时填写，切勿在一天结束后一并填写。 　2. 要严格按照表格要求进行填写，不要遗漏任何细小的工作活动。 　3. 请您提供真实的信息，以免您的利益受到损害。 　4. 请您注意保管，防止遗失。

续表

日期		工作开始时间		工作结束时间	
序号	工作活动名称	工作活动内容	工作活动结果	时间消耗	备注

4. 工作实践法

工作实践法是指由职位分析人员亲自从事所需研究的工作,以收集相关信息的方法。这种方法的优点在于能够获得第一手资料,可以准确地了解工作的实际过程以及体力、知识、经验等方面对任职者的要求。但是这种方法只适用于短期内可以掌握的工作或者内容比较简单的工作,例如餐厅服务员,不适合需要进行大量训练和有危险的工作。

5. 问卷调查法

问卷调查法是指将需要回答的问题制作成问卷发给员工,让他们当场或在一定时间内填写,通过这种方式来收集信息的方法。这种方法成败的关键在于问卷设计的质量,一定程度上,一份设计良好的问卷可以将员工回答问题时可能出现的误差减至最小。一般来说,为了保证信息收集的效果,提问时要尽量简单易懂,避免理解上的偏差;问题的范围要尽量广泛,避免出现遗漏;问卷的设计要尽量结构化。

问卷调查法的优点是能够迅速得到进行职位分析所需的资料,速度快、节省时间和人力,实施费用一般比其他方法低。调查表可以在工作之余填写,不会影响工作。可以使调查的样本量很大,适用于需要对很多工作者进行调查的情况。缺点是设计理想的调查表要花费很多时间、人力和物力,设计费用比较高;填写调查表是由工作者单独进行,缺少交流;被调查者可能不积极配合或填写不认真,从而影响调查的质量。

(二)现代的职位分析方法

1. 职位分析问卷法(Position Analysis Questionnaire,PAQ)

这是一种结构严谨的工作分析问卷,它利用清单的方式来确定工作要素的方法,是目前最普遍和流行的人员导向职务分析系统。它是麦考密克(E. J. McCormick)、詹纳雷特(P. R. Jeanneret)和米查姆(R. C. Mecham)设计开发的结构化工作分析问卷。设计者的初衷在于开发一种通用的、以统计分析为基础的方法来建立某职位的能力模型,同时运用统计推理进行职位间的比较,以确定相对报酬。目前,国外已将其应用范围拓展到职业生涯规划、培训等领域,以建立企业的职位信息库。

该问卷包括194个标准化的问项,PAQ中的所有项目可以被划分为6个部分。

(1) 信息投入,员工从哪里以及如何获得完成工作所必需的信息。

(2) 脑力过程,完成工作时需要完成的推理、决策、计划以及信息加工活动。

(3) 体力过程,在执行工作时所发生的身体活动以及所使用的工具和设备。

(4) 与他人的关系,在执行工作时同他人之间发生的关系。

(5) 工作环境,执行工作过程中所处的物理环境和社会环境。

(6) 其他特点,其他与工作有关的内容,比如工作时间安排、报酬等。

对某项工作进行分析时,分析者首先要确定每一个问项是否适用于被分析的工作;然后工作分析人员要对6个维度进行6分制的主观评分,这6个维度是:使用程度、耗费时间长短、对工作的重要性、发生的可能性、对各个工作部门以及部门内部的各个单元的适用性、特殊计分。将这些评价结果输入计算机,会生成一份报告,说明该项工作在各个维度上的得分情况。

PAQ 的优点在于:① 它可以将工作按照上述维度的得分提供一个量化的分数顺序,这样就可以对不同的工作进行比较,这有点类似于职位评价。② 同时考虑员工与工作两个变量因素。③ 将工作分为不同的等级,用于进行工作评估及人员甄选。但是这种方法也存在一些问题,科纳琉斯等人的研究表明,PAQ 只对体力劳动性质的职业具有较好的适用性,对管理性质、技术性质的职业适用性较差;伯格勒的研究指出,由于 PAQ 没有对职位的特殊工作活动进行描述,所以无法体现工作性质的差异,例如,警察和家庭主妇;艾吉欧则认为 PAQ 的可读性差,没有经历 10~12 年的教育的人无法理解全部内容;此外,PAQ 方法的时间成本很高,必须由受过专业训练的工作分析员填写问卷,且非常烦琐。

2. 工作要素法(Job Element Method,JEM)

这是一种典型的开放式人员导向性工作分析系统,它的发明者是美国人事管理事务处的 E·S. 普里默夫(E·S. Primoff),该系统遵循德国心理学家冯特(Wilhelm Wundt)所提出的基本原则,即"在我们没有对最简单的东西熟悉之前不可能了解复杂的现象",对于工作来说,简单的方面就是组成工作的要素或影响工作者成功完成工作所需的人员特征。

工作要素法的目的在于确定对完成特定领域的工作有显著作用的行为及此行为的依据,然后由一组专家级的上级或任职者对这些显著要素进行确定、描述、评估。通常情况下,工作要素法的分析对象不是某一具体的工作岗位,而是某一类具有相似特征的工作,如专业技术人员的工作就是一类具有相似特征的工作。

工作要素法所关注的工作要素非常广泛,包括知识、技术、能力、愿望、兴趣和个性特征等。这些工作要素通过任职者、同事、直接上级和主题专家来收集并确定。需要注意的是,工作要素法不包括任何与具体工作任务相关的信息。一般情况下,工作要素法所涉及的工作要素包括如下几类。

(1) 知识,专业知识的掌握程度、外语水平、知识面的宽窄等。

(2) 技能,计算机的运用、驾驶技术、设备操作技术等。

(3) 能力,口头表达能力、判断能力、管理能力等。

(4) 工作习惯,爱岗敬业程度、承担超负荷工作的意愿、工作时间的不规律等。

(5) 个性特点,自信、主动性、独立性、外向、内向等。

工作要素法具有以下优点:① 工作要素法的开放性程度较高,可以根据特定工作提取个性化的工作要素,能够比较准确、全面地提取出影响某类工作的绩效水平的工作要素。② 与其他工作分析系统相比较,工作要素法的操作方法和数值的标准转化过程具有一定的客观性。③ 工作要素法在人员甄选以及确定培训需求方面具有很高的应用价值。工作要素法分析结果中的选拔性最低要求要素为人员甄选提供了可靠的依据;同时得出的培训要素也为企业确定员工培训需求找到了重要来源。当然该方法也存在一定的问题:① 在初步确定目标工作的工作要素时,过于依赖工作分析员对工作要素的总结。工作分析员对工作的看法不同,导致大量的工作要素出现,而其中有些工作要素对目标工作来说并不重要,这无疑会导致许多无用工作,浪费时间和人力。② 评分过程比较复杂,需要强有力的指导与控制。③ 由于焦点小组成员所进行的工作要素评价只是他们的一种主观臆断,并没有客观标准做基础,所以他们容易偏向于肯定的回答,认为这些要素很重要,另一些要素也很重要,难以取舍。

3. 管理职位描述问卷法(Management Position Description Questionnaire,MPDQ)

MPDQ指利用工作清单专门针对管理职位分析而设计的一种工作分析方法。它是一种管理职位描述问卷方法,是一种以工作为中心的工作分析方法,是国外近年的研究成果。这种问卷法是对管理者的工作进行定量化测试的方法,它涉及管理者所关心的问题、所承担的责任、所受的限制以及管理者的工作所具备的各种特征。管理职位描述问卷法是托诺(W. W. Tornow)和平托(P. R. Pinto)于1976年针对管理工作的特殊性而专门设计的,定型于1984年,它与PAQ方法类似,包括208个用来描述管理人员工作的问题。问卷由管理人员自己填写,也是采用6分制对每个项目进行评分。早期的MPDQ从13个方面对管理者的工作进行评定,经过多年的发展,已形成从如下9个方面对管理工作进行评定的新版管理职位描述问卷。

(1) 人员管理。通过和下属一起工作来分析他们的优势和不足,以提高他们的业绩;为员工提供培训、培养技能、安排工作任务并制定绩效目标。

(2) 计划和组织。制定并贯彻落实短期计划,编制预算,确定资源的最优化分配和利用;将长期的计划转化成短期的操作性目标;制定操作性的政策和程序。

(3) 决策。在非结构性情况下,快速做出决策;允许为了解决新的或不一般的问题对已有程序做出修改。

(4) 组织发展。监控外部和内部可能会影响公司的因素,包括业绩指标、企业资本和资金、市场条件以及文化、社会和政治气氛。

(5) 控制。估计生产产品或提供服务所需的时间,并制定时间进度表;跟踪生产过程,确保产品的质量和服务的有效性;分析生产流程的有效性。

(6) 代言人。作为代言人,回答有关问题或对外界的抱怨做出反应;与外界沟通以促进公司与外界的关系;与外界谈判;组织活动以维护或树立公司形象。

(7) 协调。能和公司内部没有上下级关系的人沟通,以分享信息、按时完成工作任务、解决问题或达成目标;和同事保持良好的工作关系;协调关键员工的不一致和矛盾。

(8) 咨询。跟踪某一领域的技术进展,帮助公司引进新的技术,能作为专家、咨询师为其他管理人员提供咨询或解决问题。

(9) 行政管理。从事基本的行政管理活动,包括分析例行的信息,维护详细和准确的文档资料等。

MPDQ是专门为评定管理职位而编制的问卷,弥补了以前的职位分析问卷对管理职位分析效果不好的弊端。但是,MPDQ的优点恰恰也是它的不足,即在分析技术、专业等其他职位时,显得无能为力。

4. 临界特质分析系统(Threshold Traits Analysis System,TTAS)

临界特质分析系统完全以个人特质为导向,目的是提供标准化的信息以辨别人们为基本完成和高效完成某类工作分别至少需要哪些品质特征(临界特质)。评价对象为包含能力因素和态度因素的5类工作范畴(身体特质、智力特质、学识特质、动机特质、社交特质)组成,含12个工作职能和33个特质因素,具体如表3-2所示。

表 3-2　临界特质分析系统特质表

工作范畴	工作职能	特质因素	描述
身体特质	体力	力量	能举、拉、推较重的物体
		耐力	能长时间持续地耗费体力
	身体活动性	敏捷性	反应迅速、灵巧，协调性好
	感官	视力	视觉和色觉
		听力	能辨别出各种声响
智力特质	感知能力	感觉、知觉	能观察、辨别细微的事物
		注意力	在精力不集中的情况下仍能观察入微
		记忆力	能持久记忆需要的信息
	信息处理能力	理解力	能理解口头表达或书面表达的各种信息
		解决问题能力	能演绎和分析各种抽象的信息
		创造性	能产生新的想法或开发新的事物
学识特质	数学能力	计算能力	能解决与数学相关的问题
	交流	口头表达能力	口头表达清楚、简练
		书面表达能力	书面表达清楚、简练
	行动力	计划性	能合理安排活动日程
		决策能力	能果断选择行动方案
	信息与技能的应用	专业知识	能处理各种专业信息
		专业技能	能进行一系列复杂的专业活动
动机特质	适应能力	适应变化能力	能自我调节、适应变化
		适应重复	能忍受重复性活动
		应对压力的能力	能承担关键性、压力大的任务
		适应孤独的能力	能独立工作或忍受较少的人际交往
		适应恶劣环境的能力	能在炎热、寒冷或嘈杂的环境下工作
		适应危险的能力	能在危险的环境下工作
	控制能力	独立性	能在较少的指导下完成工作
		毅力	能坚持一项工作任务直到完成
		主动性	主动工作并在需要时承担责任
		诚实	遵守常规的道德与规范
		激情	有适当的上进心
社交特质	人际交往	仪表	衣着风貌达到适当的标准
		忍耐力	在紧张的气氛下也能与人和睦相处
		影响力	能影响别人
		合作力	能适应团队作业

临界特质分析系统可应用在以下方面。

（1）人力资源规划。临界特质分析系统通过职业矩阵的形成与发展可以为组织宏观人力资源规划和微观的个人职业生涯规划提供基础和支持。

（2）人员甄选。在管理实践中，临界特质分析系统经常被用于招聘甄选、人员晋升和管理人员评价中心的测评过程中。有研究者分析了临界特质分析系统进行人员甄选的成本和收益，结果证明临界特质分析系统的分析结果应用在人员甄选上十分有效。

（3）人员培训。临界特质分析还被应用于评估培训需求、设计培训课程以及评价培训结果。特别是通过技术能力分析，可以确定实现工作绩效所需要的具体技术知识和技能，而且还可以区分哪些知识和技术是新员工本身需要具备的，哪些知识和技能是需要在新员工中实施培训的，哪些知识和技能是未来需要培训的，从而明确各类任职人员的培训需求。

5. 职能工作分析法（Functional Job Analysis, FJA）

职能工作分析法是一种以工作为中心的分析方法。它以工作者应发挥的职能为核心，对工作的每项任务要求进行详细分析，对工作内容的描述非常全面具体。与美国劳工部工作分析法类似，但是在以下两个方面存在差别。第一，职能性工作分析法不仅依据信息、人、物三个方面来对工作进行分类，而且还考虑以下四个因素：在执行工作时需要得到多大程度的指导；执行工作时需要运用的推理和判断能力应达到什么程度；完成工作所要求具备的数学能力程度；执行工作时所要求的口头及语言表达能力如何。第二，运用职能性工作分析法对工作进行分析，还能够确认绩效标准和培训要求。

职能性工作分析法的操作流程主要包括九个步骤，依次是回顾现有工作信息、安排同主题专家小组会谈、分发欢迎信、确定任务描述的方向、列出工作的产出、列出任务、推敲任务库、产生绩效标准、编辑任务库。

职能性工作分析法能广泛运用于公共部门和私人企业，其具体应用体现在以下几方面。

（1）工作分类，运用于美国雇员服务系统的工作分类。

（2）测试，针对体力工作开展的职能性工作分析法可用于任职资格评价。

（3）绩效标准，任务绩效的加权组合即构成职位的绩效标准。

（4）培训材料，针对功能性能力、专业性能力和适应性能力开发培训项目。

（5）工作设计，根据战略、组织要求将某几项任务合成新职位。

（6）职位评价，通过功能等级的差异确定职位之间的相对价值。

6. 任务清单分析系统（Task Inventory Analysis, TIA）

任务清单分析系统是一种典型的工作倾向性工作分析系统，由美国空军（USAF）人力资源研究室的Raymond E. Christal及其助手成功开发，它的研究始于20世纪50年代，通过从10万名以上雇员那里收集试验数据进行验证，前后经历了20年时间才趋于成熟完善。任务清单分析系统一般由两个子系统构成：一是背景信息，它用于收集工作信息的一套系统的方法、技术；二是任务清单，它是与信息收集方法相匹配的用于分析、综合和报告工作信息的计算机应用程序软件。

背景信息部分包括两类问题：传记性问题与清单性问题。传记性问题是指那些可以帮助分析者对调查对象进行分类的信息，如姓名、性别、职位序列号、职位名称、任职部门、服务期限、教育水平、工作轮换愿望、职业生涯意向等。清单性问题是为了更加广泛深入地了解有关工作方面的背景信息而设计的问题。它为调查对象提供了一套包括问题与答案选项的清单，清单的内容可能包括:所用的工具、设备、所要培训的课程、对工作各方面的态度等。背景信息部分的问题有各种格式,例如:填空时选择能最恰当地描述你的选项,或者选择所有符合你的选项等。

任务清单部分其实就是把工作按照职责或其他标准以一定的顺序排列起来,然后由任职者根据自己工作的实际情况对这些工作任务进行选择、评价等,最终理顺并形成该工作的工作内容。如果任务清单构建成功,那么在该职业范围内,每个调查对象都可以选择清单中的某些任务选项,将它们按一定标准组合在一起从而准确地描述他的工作。在任务清单系统中,任务被定义为工作任职者能够清晰辨别的一项有意义的工作单元,任务清单可以来自对工作的观察,也可以来自另外的任务清单,如某部门的任务清单或某工作族的任务清单;也可以借助于主题专家法进行任务描述。关于任务的描述方法也相当简单,通常是描述一项行动、行动的目标以及其他必要的限定。第一人称代词"我"一般是隐含的任务执行者。根据任务清单的使用目的不同可以选择和设计相应的任务评价维度及其尺度。最常用的维度有相对时间花费、执行频率、重要程度、困难程度等,尺度可以是 5 级、7 级或 9 级等。

工作任务清单的调查对象一般是某职业领域的任职者及其直接管理者。任职者填写背景信息部分,并在任务清单中选择符合他所做的工作项目并给予评价。任职者的管理者通常提供有关工作任务特征的信息,如任务的难度、对工作绩效的影响等。然后运用一定的计算机应用程序软件对收集的信息进行处理、分析、综合,并向管理者提供工作分析报告。

7. 关键事件法(Critical Incident Method,CIM)

关键事件法是由美国学者福莱·诺格(John C·Flanagan)和伯恩斯(Baras)在 1954 年共同创立的,它是由上级主管者记录员工平时工作中的关键事件:一种是做得特别好的,一种是做得不好的。在预定的时间,通常是半年或一年之后,利用积累的记录,由主管者与被测评者讨论相关事件,为测评提供依据。关键事件法包含三个重点:第一,观察;第二,书面记录员工所做的事情;第三,有关工作成败的关键性的事实。其主要原则是认定员工与职务有关的行为,并选择其中最重要、最关键的部分来评定其结果。它首先从领导、员工或其他熟悉职务的人那里收集一系列职务行为的事件,然后描述"特别好"或"特别坏"的职务绩效。在收集大量关键事件以后,可以对它们做出分析,并总结出该职务的关键特征和行为要求。关键事件法直接描述工作中的具体活动,对每一事件的描述,包括以下内容:导致事件发生的原因和背景;员工特别有效或多余的行为;关键行为的后果;员工自己能否支配或控制上述后果。这样既能获得有关职务的静态信息,也可以了解职务的动态特点。关键事件法所研究的工作可观察、衡量,故适用于大部分工作,但归纳关键事件需耗费大量时间,易遗漏一些不显著的工作行为,难以把握整个工作实体。

五、职位分析的结果

职位分析的结果是形成职位说明书(又称为岗位说明书、工作说明书),它是指对组织内特定职位的工作性质、任务、职责、权限、工作关系、劳动条件和环境,以及任职资格条件等以一定格式做出统一要求的文件。职位说明书主要由职位描述和任职资格两部分构成。

1. 职位描述

职位描述又称岗位描述、工作描述,是用书面形式来对组织中各类职位的工作性质、工作任务、工作职责与工作环境等工作特征方面的信息加以规范和描述的文件。

职位描述应该说明任职者应做些什么、如何去做以及在什么条件下履行其职责。其主要功能是让员工了解工作的概要,建立工作程序与工作标准,阐明工作任务、责任与职权,有助于员工的招聘与考核、培训等。

2. 任职资格

任职资格又称工作规范,指的是与工作绩效高度相关的一系列人员特征,如知识、技能、能力以及个性特征要求等。

任职资格关注的是完成工作内容所需的人的特质,它对于人员招聘、甄选、调动与安置和对员工进行绩效管理,都具有重大作用。

六、职位设计

(一) 职位设计的概念

职位设计又称工作设计,是指为了实现组织目标和满足任职者个人需要,对组织中各类工作的内容、职责、关系、环境等进行选择、确定、优化的活动过程。职位设计是在职位分析的信息基础上,研究和分析职位如何做以促进组织目标的实现,以及如何使员工在工作中得到满意以调动员工的工作积极性。它把工作的内容、工作的资格条件和报酬结合起来,目的是满足员工和组织的需要。职位设计问题主要是组织向其员工分配工作任务和职责的方式问题,职位设计是否得当对于激发员工的积极性,增强员工的满意感以及提高工作绩效都有重大影响。

(二) 职位设计的内容

职位设计的主要内容包括工作内容设计、工作职责设计、工作关系设计和工作环境设计四个方面。

1. 工作内容设计

工作内容设计是职位设计的重点,一般包括工作的广度、工作的深度、工作的完整性、工作的自主性以及工作的反馈五个方面:① 工作的广度,即工作的多样性。工作内容设计得过于单一,员工容易感到枯燥和厌烦,因此设计工作时,尽量使工作多样化,使员工在完成任务的过程中能进行不同的活动,保持工作的兴趣。② 工作的深度。设计的工作应具有从易到难的一定层次,对员工工作的技能提出不同程度的要求,从而增加工作的挑战性,激发员工的创造力和克服困难的能力。③ 工作的完整性。保证工作的完整性能使员工有成就感,即使是流水作业中的一个简单程序,也要是全过程,让员工见到自己的工作成果,感受到自己工作的意义。④ 工作的自主性。适当的自主权力能增加员工的工作责任感,使员工感到自己受到了信任和重视,认识到自己工作的重要,从而增强员工的工作责任心,提高员工的工作热情。⑤ 工作的反馈。工作的反馈包括两方面的信息:一是同事及上级对自己工作意见的反馈,如对自己工作能力、工作态度的评价等;二是工作本身的反馈,如工作的质量、数量、效率等。工作反馈信息使员工对自己的工作效果有全面的认识,能正确引导和激励员工,有利于工作的精益求精。

2. 工作职责设计

工作职责设计主要包括工作的责任、权力、方法以及工作中的相互沟通和协作等方面。① 工作责任。工作责任设计就是员工在工作中应承担的职责及压力范围的界定,也就是工作负荷的设定。责任的界定要适度,工作负荷过低、无压力,会导致员工行为轻率和低效;工作负荷过高、压力过大又会影响员工的身心健康,会导致员工的抱怨和抵触。② 工作权力。权力与责任是对应的,责任越大,权力范围越广,否则二者脱节,会影响员工的工作积极性。③ 工作方法。包括领导对下级的工作方法,组织和个人的工作方法设计等。工作方法的设计具有灵活性和多样性,不同性质的工作根据其工作特点的不同采取的具体方法也不同,不能千篇一律。④ 相互沟通。沟通是一个信息交流的过程,是整个工作流程顺利进行的信息基础,包括垂直沟通、平行沟通、斜向沟通等形式。⑤ 协作。整个组织是有机联系的整体,是由若干个相互联系相互制约的环节构成的,每个环节的变化都会影响其他环节以及整个组织的运行,因此各环节之间必须相互合作、相互制约。

3. 工作关系设计

工作关系是指任职者在工作中所发生的人与人之间的联系。工作关系设计主要考虑谁是他的上级,谁是他的下级,他应与哪些人进行信息沟通等,具体包括上下关系和左右关系两个方面的设计。① 上下关系。上下关系指的是所受监督与所施监督关系,即本职位受谁的指挥监督,它又去指挥监督谁,体现为"直接上级""直接下级"等,表明了员工的晋升路线。② 左右关系。左右关系指的是平行关系,即内部的协作关系和外部的联络关系。

4. 工作环境设计

工作环境设计是指对员工工作活动所处的环境条件等所做的安排,包括空间大小、空间布置、隐私程度等。① 空间大小。空间大小是以每个员工使用多少面积为界定。传统意义上,员工的地位是决定空间大小之关键,阶层越高的人员,办公室也越大。然而,自从组织中平等意识抬头之后,高阶层人员的专属空间遭到缩减,甚至被去除了,组织中各种原本提供给专人使用的空间,都在减少。此外,部分原因是着眼于经济效益上,减少空间可以省下许多成本,但更大的原因则归因于再造工程,当工作重新设计后,以工作团队取代传统阶层时,组织就不再需要大型个人办公室了。现在已经有越来越多的组织,以任何成员都可以使用且大小相同的研讨室,取代过去封闭的办公室。② 空间布置。空间布置是指成员与设备之间的距离。空间布置之所以重要,是因为它对于成员之间的互动,有十分显著的影响。研究显示,成员与设备之间的距离越近越容易促进互动。因此,成员的工作地点,将会影响其是否能得到一些有关组织事件的小道消息。成员在组织中的工作场所,将会决定其是否会被纳入非正式沟通网络中。办公室的布置常让访客感受到一些非口语信息。两人之间隔着一张办公桌,可以传达办公室主人的职权与正式感;两人成直角般地促膝而坐,则有助于建立自然且非正式的关系。③ 隐私程度。隐私会受到空间大小及空间布置的影响,同时墙壁、隔板以及其他实体区隔,也都会对其产生影响。封闭有碍互动,所以组织纷纷除去一些实体的区隔,以提高员工弹性以及促进彼此合作。虽然趋势是趋向开放,但是当组织希望员工能十分专注时,还是会仰赖封闭空间。每个人对于隐私权的偏好不一,虽然在办公空间减少隐私程度是一种趋势,但是仍须更多研究来检视开放空间办公室与重视隐私两相抵触之下,是否会降低员工绩效与工作满足感。

以上四个方面的职位设计,为组织的人力资源管理提供了依据,保证事(岗位)得其人,人尽其才,人事相宜;优化了人力资源配置,为员工创造了更加能够发挥自身能力、提高工作效率、提供有效管理的环境保障。

(三) 职位设计方法

常见的职位设计方法有以下四种。

1. 工作轮换

工作轮换是指在不同的时间阶段,员工会在不同的岗位上进行工作。比如人力资源部门的"招聘专员"工作和"薪酬专员"工作,从事该项工作的员工可以一年进行一次工作轮换。这种工作设计的方法并不改变工作设计本身,只是为了缓解员工对过分专业化的单一重复性工作所产生的厌倦感。工作轮换的优点在于:给员工更多的发展机会,让员工感受到工作的新鲜感和工作的刺激;使员工掌握更多的技能;增进不同工作之间员工的理解,提高协作效率;在轮换的难度较大时,工作更具有挑战性,使员工具有更强的适应能力,能为将来工作发生实质性变化做好准备。但它也有一定的局限:首先,它只适用于少部分的工作轮换,大多数的工作是无法进行轮换的,因为很难找到双方正好都能适合对方职位资格要求的例子;另外,轮换后由于需要熟悉工作,可能会使职位效率降低。

对管理人员进行的工作轮换通常又被看作是一种学习与培训机制,即在工作轮换过程中增加对组织的全面了解并积累经验,协调不同部门与岗位的人际关系,为以后的晋升做好准备。

2. 工作丰富化

工作丰富化也叫充实工作内容,是指在工作内容和责任层次上的基本改变,并且使得员工对计划、组织、控制及个体评价承担更多的责任,即在工作中赋予员工更多的责任、自主权和控制权。工作丰富化与工作扩大化、工作轮换都不同,它不是水平地增加员工工作的内容,而是垂直地增加工作内容。充实工作内容主要是让员工承担更多重要的任务、更大的责任,使他们更加完整、更加有责任心地去进行工作,员工有更大的自主权和更高程度的自我管理,还有对工作绩效的反馈,这样,员工可以得到工作本身的激励和成就感。例如,从工人按照上级给定的生产计划进行简单的加工变为由工人自己安排生产计划,并对及时满足所有订单负责。

工作丰富化的核心就是工作特征模型。这种方法的优点是认识到员工的社会需要的重要性,可以提高员工的动力、满意度和生产率;其缺点是成本和事故率都比较高,控制还必须依赖管理人员。

3. 工作扩大化

工作扩大化是指工作的范围扩大,旨在向工人提供更多的工作,即让员工完成更多的工作量。当员工对某项职位更加熟练时,提高他的工作量,相应地也提高待遇,会让员工感到更加充实。工作扩大化的目标也是提高效率,其优点是减少任务之间的等待时间,提高组织的灵活性,减少对支援人员的需要。

工作扩大化的做法是在横向上扩展一项工作包括的任务和职责,但是这些工作与员工以前承担的工作内容非常相似,只是一种工作内容在水平方向上的扩展,不需要员工具备新的技能,所以,并没有改善员工工作的枯燥和单调情绪。赫茨伯格批评工作扩大化是"用零加上零"。

4. 以员工为中心的工作再设计

它是将组织的战略、使命与员工对工作的满意度相结合。在工作再设计中,充分采纳员工对某些问题的改进建议,但是必须要求他们说明这些改变对实现组织的整体目标有哪些益处,是如何实现的。

随着社会经济的发展及组织形式的不断变革,人们还创造了如自我管理小组、弹性工作制、工作分享制、家庭办公及网络办公等多种辅助工作设计方法。

阅读与思考 3-5：联想集团为何"因人设岗"？

一、联想集团"因人设岗"的理论依据

柳传志提出的管理三要素——搭班子、定战略、带队伍，企业界几乎人尽皆知。这一管理三要素最初是柳传志1996年总结出来的，此后，柳传志在多种场合重申了"管理三要素"的重要性。比如，在1997年底发表于《铁路计算机应用》上的署名文章中，柳传志指出，"搭班子、定战略、带队伍是联想的'管理三要素'，也是联想不断成功的'三大法宝'"。2005年9月，柳传志在做客央视《对话》栏目的时候，指出管理基础就是三件事："搭班子、定战略、带队伍"。而在柳传志如此重视的"管理三要素"中，"搭班子"先于"定战略"，说明在柳传志看来，先要有一个志同道合、有着共同理想的核心领导班子，然后才能基于这个班子自身的特点定出最能发挥这个班子长处的战略。国内管理学界曾对联想"管理三要素"的顺序问题有很大的争议，个别媒体在报道时也把这三个要素的次序搞颠倒，变成"定战略、搭班子、带队伍"，这其实是没有领会柳传志的本意。对于联想来说，如果没有柳传志、李勤、朱立南、杨元庆、郭为等构成的领导核心班子，可能联想的战略就会大不一样，可能也就没有今天的联想。可以说，明显带有"先人后事"嫌疑，而不是"先事后人"管理逻辑的"管理三要素"是联想管理之"根"。联想集团组织结构变革中的多次"因人设岗"，管理三要素是其重要的理论依据。

二、联想集团"因人设岗"的表现及其效应

1. 微机事业部成立

1993年，国际PC巨头纷纷抢滩中国市场，计算机行业的竞争达到白热化程度，一大批国内PC厂商处境艰难，联想也头一次没有完成销售计划。在国内PC厂商纷纷寻求与外国公司合作之际，联想选择了靠自己。1994年3月，联想微机事业部成立，29岁的杨元庆任总经理，掌管与微机有关的生产、销售、财务、物流和研发大权，而这些业务之前由四个副总裁分管。在柳传志的支持下，杨元庆对联想微机进行大刀阔斧的改革，一举扭转颓势。1996年，联想微机销量实现101%的增长。1997年3月，联想电脑销量跃居国内市场第一，市场占有率10%，成为国产电脑第一品牌。作为事业部成功运作的典范，联想微机业务把分权的"舰队结构"迅速推广到公司其他业务领域，也加强了杨元庆在公司内部的领导地位。

2. 联想分拆

2000年春节，柳传志和马雪征、朱立南在深圳的一间小屋里第一次正式策划联想分拆。为避免人事纷争造成的损耗，致力于搞好两大业务，联想一分为二：一家是由杨元庆率领的联想集团，主要业务为PC及相关产品；另一家则是由郭为领衔的神州数码，主要业务是分销及系统集成。当事人马雪征后来说："我相信朱总跟我一样，我们当时第一个反应，就是觉得这不是一个业务拓展为导向的分拆，这是一个人事的分拆"。2001年6月1日，神州数码在香港联合交易所主板挂牌上市，标志着联想有史以来规模最大、历时最长、划时代的组织架构调整和拆分上市取得了完全成功。2002年8月，柳传志在接受媒体访问时坦言："杨元庆和郭为都是千金难求的领军人物，无论让谁接班，都会伤害另一个人，都会在他们中间造成恶性竞争，最好的办法就是避免他们竞争，让他们各自发展。从这个角度讲，因人设岗是最好的办法。"

3. 并购 IBM PC 事业部后的多次重组

2005 年 5 月 1 日，联想集团宣布公司对 IBM 全球 PC 业务的收购交易已经完成，并任命杨元庆为集团董事局主席，柳传志转任非执行董事，前 IBM 高级副总裁斯蒂芬·沃德为集团 CEO 及董事会董事。2008 年，受金融危机影响，联想全年亏损 2.26 亿美元，成为联想成立 25 年来最大的一次亏损。为应对危局，柳传志于 2009 年 2 月复出任联想集团董事局主席，杨元庆转任 CEO，原 CEO 阿梅里奥转任联想集团顾问。复出的柳传志仍然按照"搭班子、定战略、带队伍"的做法，确定了新的领导班子和组织架构。此前以地理范围划分的大区被重组为"成熟市场"和"新兴市场"两个大区，并将产品线分为消费类与商用产品类，联想由原来以区域为架构的垂直式管理变阵为两横两纵的矩阵式管理。在柳传志搭建的联想集团新班子中，原联想高管陈绍鹏、刘军负责新兴市场、消费类产品，原 IBM 高管米尔科·范杜伊吉、罗里·里德、弗兰·奥沙立文负责成熟市场、拉美业务及商用产品，柳传志此举意在发挥原联想高管和原 IBM 高管各自的优势。在新的领导班子下，2009 年联想全球业绩扭亏为盈，市场份额创历史新高。2010 年，联想战车继续快速前进，全年的全球市场份额创下 10.2% 的新高。

2011 年初，为突击移动互联网，联想成立了 MIDH 集团，原 idea 产品集团总裁刘军被调任总裁。MIDH 集团的业务范围包括智能电视、智能手机、平板电脑以及云计算业务。当时，联想在以手机与平板电脑为主的移动互联网业务领域的收入不足 10 亿美元。对于联想集团的此次人事任命，杨元庆如此解读："刘军的特点是擅长在困境中打开局面，由他来主持 MIDH，是希望用他的闯劲来打移动互联网这场硬仗。"联想公布的财务年报显示，联想集团 2011 年营收 296 亿美元，同比增长 37%；而 MIDH 部门收入 14.8 亿美元，同比增长 86%。

2011 年 9 月，前宏基 CEO 蒋凡可·兰奇（Gianfranco Lanci）加盟联想，担任顾问。2012 年 1 月，联想宣布调整全球架构，打破此前关于成熟市场、新兴市场以及中国市场的区域划分，重新组建四个地区子公司：北美；中国；欧洲、中东和非洲；亚太和拉美。2012 年 2 月，联想集团 CEO 杨元庆在一次业绩沟通会上表示，欧洲市场将是联想集团未来的主要战场，公司将大力拓展这一区域的消费业务，并指出，"兰奇在消费领域很擅长，联想很有希望打赢这一仗"。2012 年 4 月，兰奇出任 EMEA 地区（欧洲、中东及非洲）总裁。7 个月后，兰奇实现了他在上任之初曾放下的豪言，把联想带到了 EMEA 市场的前三名。联想集团 2012—2013 财年第二季度报告显示，其全球 PC 市场份额创历史新高，达 15.6%。其中，兰奇领导的 EMEA 是最大的亮点，联想第一次在该区域获得两位数的市场份额，成为该区域第三大 PC 制造商。

2013 年 1 月，联想集团宣布，在新的财年建立两个新的端到端的业务集团，即 Lenovo 业务集团和 Think 业务集团，分别由刘军和彼得·霍腾休斯领军。其中，Lenovo 业务集团致力于推进笔记本电脑、平板电脑以及主流消费与商用台式电脑业务。Think 业务集团则致力于推进高端的商用与消费业务，巩固全球商用业务，打造高端品牌。鉴于刘军此前负责的 MIDH（移动互联和数字家庭业务集团）已经成为联想的核心业务之一，取得了不俗的成绩，这次重组刘军得到重用，MIDH 也划归其 Lenovo 业务集团。2011 年 11 月 2 日，柳传志在宣布卸任联想集团董事长时曾公开表示："联想自己培养一个人才不容易，刘军是一个全面的企业领导者。"在新的组织架构下，2013 年，联想进一步巩固在全球个人电脑市场的龙头地位，全年市场份额增加 2.1 个百分点达 17.7%，再创新高。集团全财年营业额同比上升 14%，达 387 亿美元。全年盈利同比上升 29%，达 8.17 亿美元，创历史新高。

2014 年 1 月，联想集团宣布，自 4 月 1 日起，成立四个新的、相对独立的业务集团。其中，

PC业务集团（包括Lenovo品牌和Think品牌）由当时领导联想欧洲、中东及非洲区（EMEA）的兰奇负责，移动业务集团（智能手机、平板、智能电视）由当时领导Lenovo业务集团（消费和移动产品）的刘军负责，企业级业务集团（包括服务器和存储器）由当时领导美洲区的Gerry Smith负责，云服务业务集团（包括安卓和Windows软件契机）由当时联想集团高级副总裁、首席技术官贺志强负责。在新的组织架构下，2014财年，兰奇负责的联想PC业务集团在全球个人PC市场整体同比下降3%的情况下，同比增长8%。刘军负责的移动业务同比增长50%，成为全球第三大智能手机厂商。Gerry Smith负责的联想企业级业务，实现50%的增长。在贺志强负责的云服务业务方面，用户数由2014年初的约1亿增长到2015年4月的4亿多，月活用户超过了7000万，整个互联网服务的收益年比增长150%。

（资料来源：郭云贵.联想集团组织结构变革中的"因人设岗"及其启示[J].北京市经济管理干部学院学报，2015,30(4):50-54.）

思考题

从联想集团"因人设岗"现象中，我们可以得到哪些启示？

本章小结

组织设计是管理者通过对组织资源的整合和优化，确立企业某一阶段的最合理的管控模式，实现组织资源价值最大化和组织绩效最大化的过程。组织设计需要考虑六个关键因素：工作专门化、部门化、指挥链、管理跨度、集权与分权和正规化，由此构成组织设计的主要内容。在知识经济时代，扁平化、柔性化、无边界化、虚拟化是组织结构演进的大趋势。

职位分析又称岗位分析、工作分析，是对组织各类职位的性质、任务、职责、劳动条件和环境，以及员工完成本职位工作任务所应具备的资格条件进行系统分析与研究，并由此制订职位说明书等人力资源管理文件的过程。职位分析是整个人力资源管理的基础，在组织中起着非常重要的作用。做好职位分析工作，应该遵循系统性原则、动态性原则、目的性原则、经济性原则、职位性原则和应用性原则。常见的职位分析方法包括访谈法、观察法、工作日志法、工作实践法和问卷调查法。现代的职位分析方法包括职位分析问卷法、工作要素法、管理职位描述问卷法、临界特质分析系统、职能工作分析法、任务清单分析系统和关键事件法。

职位设计又称工作设计，是指根据组织需要，并兼顾个人的需要，规定每个职位的任务、责任、权力以及组织中与其他岗位关系的过程。职位设计的主要内容包括工作内容设计、工作职责设计、工作关系设计和工作环境设计四个方面。常见的职位设计方法有工作轮换、工作丰富化、工作扩大化和以员工为中心的工作再设计四种。

关键概念

1. 组织设计
2. 职位分析
3. 职位说明书
4. 职位设计

复习思考题

1. 在进行组织结构设计时,主要应考虑哪些因素?
2. 组织结构演进的趋势有哪些?
3. 职位分析对组织而言有何作用?
4. 组织在进行职位分析的过程中,应如何选择合适的职位分析方法?
5. 职位设计的主要方法有哪些?

案例分析

T-Mobile 客服员工的游戏化知识分享系统

T-Mobile 是全球最大的移动电话运营商之一。近十年来,移动设备发生了迅速的功能变革与多样化,T-Mobile 每年都要面临数十款新的设备的发售,以及数不胜数的产品功能更新。这给 T-Mobile 的一线客服和网点营业人员带来了新的挑战:要想迅速解答顾客关于各种设备、各种操作步骤与流程问题,并保证良好的顾客体验,变得异常困难。面对难题,T-mobile 早在 2011 年就建立了知识分享社区——T-Community。然而,该在线社区能否发挥作用取决于员工的参与程度。为了激励客服和网点营业人员更好地参与到这一在线社区,从而能够快速、高质量地解决顾客问题,T-Mobile 在 2013 年引进了一套由三万名员工参与其中的游戏化的解决方案。

在进行了游戏化设计的 T-Community 中,员工通过在知识库中发布问题、回答问题、或搜索答案,来为自己赢得相应的点数和特定的徽章;并且可以对他人提供的答案进行评价(likes);员工还可以通过系统生成的排行榜比较自己与同事们的成长与进步。这些游戏元素的设计可以帮助 T-Mobile 准确激励员工的行为,例如通过点数等奖励的设置,鼓励员工遇到难题时先行搜索已有的问题,而非发布重复问题。一场同事之间的社交游戏迅速展开。

随着自治模式的游戏化在线社区的发展,T-mobile 原有对一线员工客服工作的技术支持成本大幅下降了 40%,与此形成鲜明对比的是客服质量的显著提升,表现为每个月的顾客问题解决率以及顾客满意度都在稳步提高。相比于 2013 年采用游戏化措施以前,员工在 T-community 上的参与度提高了 96%,贡献度提升了 583%;顾客满意度提升了 31%。在实现预期目标的同时,T-Mobile 还意外地发现这套游戏化系统提供了顾客需求与员工优势的大量数据。例如 T-Mobile 通过追踪该游戏化社区上的行为数据,发现特定设备的问题集中在何处,从而得以在顾客服务中更加主动,甚至向上游的设备生产开发商提供有价值的反馈;同时也通过那些获得高度好评的答案,发现了不少一线员工中颇具潜力的"未来之星"。

由于这套游戏化系统的出色表现,T-Mobile 已经计划在下一步推出将顾客也纳入其中的公开版游戏化线上社区,进一步开发用户价值和忠诚度。

(资料来源:冯绚,胡君辰.工作游戏化:工作设计与员工激励的新思路[J].中国人力资源开发,2016(1):14-22.)

思考题:

(1) T-Mobile 的游戏化解决方案为何能发挥作用?
(2) 组织应如何通过工作游戏化设计提高管理效率?

第四章 人力资源规划与招募

学习目标

通过本章学习,熟悉人力资源规划的概念、作用与程序以及员工招募的概念、影响因素与程序,掌握人力资源供给与需求预测的方法,以及员工招募的方法。

引导案例:车企的人才储备战

《三国志》有言"功以才成,业由才广",人才是成就事业的关键因素。汽车企业除在产品上是越来越注重向本地消费者亲近,在人才培养方面也越来越注重本地化人才储备。于是对人才的争夺,演变成了对人才储备的争夺。

一、本土化才是王道

2010年7月,丰田中国联合广汽丰田、一汽丰田与教育部、交通运输部、天津市人民政府合办的"2010年'丰田杯'全国中等职业学校汽车运用与维修技能大赛"在天津举行。自2007年开始,丰田已连续四年赞助此项赛事,总计提供了约470万元的资金支持。

宝马公司已于2010年4月13日宣布正式启用位于广州的宝马培训基地,这是继北京和上海的两个培训中心后,宝马继续建立的沈阳、南京、广州和成都培训基地之一,至此,宝马已经通过建立多个培训基地,在潜移默化中实现宝马文化与中国文化的融合。

从丰田的技能大赛到宝马的合作培训基地,国外车企意识到仅仅从汽车本身的改款来亲和中国消费者已经不够了,企业与中国文化的融合已经日渐重要,而此时最好的方法便是人才本土化战略。经历了最初的"人才本土化战略"阶段后,对于本土人才的渴求也在各汽车厂家的角逐中逐渐升级成为"人才本土化储备战略"。

广汽丰田销售本部客户服务部副总长雷伟锋表示,丰田系有两种技能大赛,一种是内部的技能比赛,每年举办,以经销店为单位,选派技师参赛,旨在提高丰田自身的服务能力。另一种是面向定点技工学校学生的比赛,目的在于为经销店培养和储备人才。雷伟锋进一步提到,目前对于这种定点培养,丰田主要提供教材和资金支持,其中包括比赛用真车、裁判、奖金等。同时丰田内部人士还透露,未来丰田还考虑将"丰田理念"植入教学当中,平滑实现丰田文化与中国本地人才间的文化融合。

二、两种方式各有所长

正如雷伟锋所说,各个企业的人才储备基本上分为两种形式。一种是企业员工入职后的内部培训;另一种则是通过先发制人的形式与学校合作设立定点培训基地,为企业提早储备人才。

企业员工入职后的内部培训是最常用的,这是员工提高自身水平与技能的主要方法,也是企业将自身文化与员工自身文化相融合的最快方式,是企业战略性人才储备的重要方式。在《南方都市报》策划的"汽车企业蓝领工人酬薪调查"中,大多数车企的蓝领员工表示,企业内部会有定期的培训,以此来促进员工技能提高。可见大多数汽车企业都认识到了人才储备的重要性,更认识到了投资培训所带来的巨大人才回报。而世界上最受尊敬的企业家之一,原ＧＥ的首席执行官杰克·韦尔奇的行动也恰恰证实了这一点,他表示要将60%以上的时间用在培养人才上。他说:"我们能做的是把赌注压在我们所选择的人身上。因此,我们大部分工作便是选择适当的人。"正因为如此,在世界500强企业中,大概有300个企业的总经理是从通用电气出来的。

企业培养人才的另一个方法是与学校合作设立定点培训基地,以此来选拔人才、储备人才。丰田已经考虑将丰田文化融入教学之中,宝马已经设立了六大培训基地,更有通用汽车直接于1997年创办了通用汽车大学,大学内设有16个不同的学院,为通用汽车的86000名员工和经销商提供超过1900门不同的课程,通用汽车大学与上海交通大学合作,为上海通用储备人才。这种方式使企业对学生的影响早,能更早地将企业文化与中国文化相融合植根于学生的思想之中,在这个企业忠诚度日渐稀薄的社会现状中,为企业培养忠诚的员工,才能最终驰骋中国市场。

三、本土企业加入人才储备战

要融入中国市场,打动中国消费者,就要先融入中国文化。汽车合资企业由于与中国文化的差异,因此落地中国时一定要实现人才本土化。人才储备之争绝非仅在外企之间,而是整个行业、整个社会对稀缺资源的争夺。雷伟锋表示,定向合作培养出来的人,依然有部分流向了其他的汽车企业,只有80%左右留在丰田的系统内。而人才的流失,也从另一方面反映了人才的稀缺。而今中国汽车企业已开始发力,正在发展的节点,对人才更是"求贤若渴",于是纷纷加入人才储备争夺之中。

早在2007年6月,奇瑞已与郑州交通学院合作创建了"奇瑞班",通过与学校合作方式来为奇瑞储备人才。此外,早在2001年,吉利汽车便创办了北京吉利大学,并设有汽车学院。

长安福特"大三"人才储备奖学金计划,通过向"大三"年级(研究生)相关专业提供奖学金以及实习机会,来提早选择人才、储备人才。这种通过暑期选拔实习生的方式为企业提早培养人才是很重要的一种手段。每次暑假来临,各大企业便纷纷在高校中掀起了招聘实习生的热潮,实习生按照企业要求选拔,并且实习完毕进行双向选择,可直接被企业聘用,这实际便是为企业储备了人才。而像长安福特这样提供暑期实习来储备人才的战略计划,在上海大众、广汽本田、上海通用等大型汽车企业中都已应用。

著名的巴列特定律(二八原则)提到:总结果的80%是由总消耗时间中的20%所形成的。而这个理论应用到企业人才战略中,便是企业80%的效益是由最关键的20%的人才为主创造的。面对人才稀缺的社会现实,企业当前最需要做的便是创造人才,提早储备人才,本土化人才,这才是车企在中国的竞争之道。

(资料来源:林懔文.车企竞争王道:新一轮人才储备战开打[N].南方都市报,2010-07-19.)

思考题:

(1) 车企对人才的争夺,为什么会演变成对人才储备的争夺?

(2) 在汽车行业中,人才储备有哪两种形式?其优缺点分别是什么?

第一节　人力资源规划

一、人力资源规划的概念与作用

（一）人力资源规划的概念

从一般意义上讲，人力资源规划是组织为了实现自身战略目标，通过对组织未来的人力资源需求和供给状况的预测，根据组织目前的人力资源状况，制定相应的人力资源获取、利用、保留和开发计划，以满足组织对人力资源数量和质量需求的过程。它有三层含义：一是组织进行的人力资源规划是一种预测；二是人力资源规划的主要工作是预测供需关系，并据此制定必要的人力资源政策和措施；三是人力资源规划必须和组织的战略相匹配，必须反映组织的战略意图和目标。

准确地理解人力资源规划的含义，必须把握以下几个要点。

（1）人力资源规划要在组织发展战略和经营规划的基础上进行，要以组织的最高战略为坐标，否则人力资源规划就会成为空中楼阁。

（2）人力资源规划应当包括两个部分的活动，一是对组织在特定时期内的人员供给和需求进行预测；二是根据预测的结果采取相应的措施进行供需平衡。

（3）人力资源规划对组织人力资源供给和需求的预测要从数量和质量两个方面来进行，组织对人力资源的需求数量只是一个方面，更重要的是要保证质量，也就是说供给和需求不仅要在数量上平衡，还要在结构上匹配。

通过人力资源规划，可以解决以下几个问题。

（1）组织在某一特定时期内对人力资源的需求是什么，即组织需要多少人员，这些人员的构成和要求是什么。

（2）组织在相应的时期内能够得到多少人力资源的供给，各类各层次职位分别能得到多少人力资源的供给。

（3）在这段时期内，组织人力资源供给和需求比较的结果是什么，组织应当通过什么方式来达到人力资源供需的平衡。

可以说，上述三个问题形成了人力资源规划的三个基本要素，涵盖了人力资源规划的主要方面。如果能够对这三个问题做出比较明确的回答，那么人力资源规划的主要任务也就完成了。

（二）人力资源规划的必要性

随着组织规模的扩大，人员的增多和经营环境也日趋复杂多变，人力资源开发与管理受到越来越多组织内部和外部因素的影响。为降低未来的不确定性，更好地帮助组织适应未来的变化，解决和处理复杂的问题，人力资源管理应首先进行人力资源规划这项工作，这是人力资源管理的基础。有效的人力资源规划是通过对组织在不同时期、不同内外环境、不同组织战略目标下人力资源供求的预测，来确保组织对人力资源需求的满足，以保障组织战略目标的实现。换句话说,人力资源规划通过对组织内外人力资源供给和需求的预测,为组织生存、成长、发展、竞争及对环境的适应和灵活反应提供人力支援和保障。

(三) 人力资源规划的作用

人力资源通过对组织在不同时期、不同内外部环境、不同组织战略目标下的人力资源供需情况进行预测,不仅可以确保组织在需要的时候能够获得所需的各种人力资源,而且有助于确保组织员工队伍的精简和高效。因此,科学、可靠的人力资源规划工作对于一个组织来说意义重大。

1. 有利于组织战略目标的实现

人力资源规划是实现组织战略的基础计划之一。组织为实现其战略目标,会制定各个部门各个方面的业务计划,比如,生产计划、财务计划等,人力资源规划和组织其他方面的计划共同构成组织目标体系;可以说,制定人力资源计划的最终目的就是确保组织实现经营战略,经营战略一旦确定后,下一步就是要有人去执行和完成,人力资源规划的首要目的就是有系统、有组织地规划人员的数量与机构,并通过职位设计、人员补充、教育培训和人员配置等方案,保证选派最佳人选完成预定目标。

2. 有利于维持人力资源系统的稳定性

现代组织处于多变的环境之中,一方面,内部环境发生变化,如管理哲学的变化、新技术的开发和利用、生产与营销方式的改变等都将对组织人员的机构与数量等提出新的要求;另一方面,外部环境的变化,如人口规模的变化、教育程度的提高、社会及经济的发展、法律法规的颁布等也直接影响到组织对人员的需求,影响到员工的工作动机、工作热情及作业方式。由于组织的内外部环境在不断发生各种变化,因此,如果一个组织缺乏有效的人力资源规划或者规划工作做得较差,往往就会导致组织不得不被动应对环境的变化。在这种情况下,组织很可能不得不经常采取一些比较激烈的人力资源管理行动,比如,大规模裁员或在短时间内被迫大规模招募员工,这些做法不仅对组织不利,而且有可能对员工个人产生较大的不利影响。因此,良好的人力资源规划不仅有利于组织长期保持较好的运行态势,而且有利于保持员工队伍的稳定性和可靠性,有利于组织保持人力资源管理系统乃至组织文化的一致性和稳定性,从而为组织在劳动力市场上赢得良好声誉。不仅如此,良好的人力资源规划还会对招募甄选、培训开发、员工关系等其他各种人力资源管理工作的有效实施产生较好的指导作用。人力资源规划能够让组织能更好地把握未来不确定的经营环境,及时调整人力资源的构成,以适应内外环境的变化,保持竞争优势。

3. 有助于组织的人工成本控制

这主要体现为:第一,它能帮助管理人员预测人力资源的短缺和冗余,对组织需要的人才作适当的储备,对组织紧缺的人力资源发出引进与培训的预警,以纠正人员供需的不平衡状态,减少人力资源的浪费或弥补人力资源的不足;第二,有效的人力资源规划使管理层和员工明确人力资源开发与管理的目标,充分发挥员工的知识、能力和技术,为每个员工提供公平竞争的机会;第三,它也有助于客观地评价员工的业绩,极大地提高劳动积极性;第四,通过人力资源规划,可以更好地向员工提供适合个人发展的职业生涯发展计划,提高员工生活工作质量,开发员工潜能,最终提高组织对人的使用效率。总之,有效的人力资源规划能使组织保持合理的人员结构、年龄结构和工资结构,避免断层的压力和冗员的负担。

二、人力资源规划的内容与方法

（一）人力资源规划的内容

人力资源规划有狭义和广义之分。广义的人力资源规划往往包括人力资源战略规划、人员供求规划、培训与开发规划、绩效规划、薪酬与福利规划、员工关系规划以及中高层管理人员的接班或继任规划等与人力资源有关的各种规划活动。狭义的人力资源规划则专指组织的人员供求规划,即根据组织未来的人力资源需求和供给分析,找出供求之间的差距或矛盾,从而帮助组织制定在未来平衡人力资源供求关系的各种相关计划。具体人力资源规划内容解析见表4-1。

表 4-1　人力资源规划的内容解析表

规划层次	具体项目	主 要 内 容	预 算 内 容
总体规划		计划期内人力资源开发利用的总体目标、总的配套政策、实施步骤等	预算总额
各项业务计划	配备计划	中长期内不同职务、部门或工作类型的人员的分布状况	人员总体规模变化而引起的费用变化
	离职计划	因各种原因离职的人员情况及其所在岗位的情况	安置费
	补充计划	需要补充的人员岗位、人员数量及要求	招募、选拔费用
	使用计划	人员晋升政策、晋升时间;轮换工作的岗位情况、人员情况、轮换时间	岗位变化引起的薪酬福利等支出变化
	培训开发计划	培训对象、目的、内容、时间、地点、讲师等	培训总投入、脱产人员工资及脱产引起的损失
	职业计划	骨干人员的使用和培养方案	产生的各项费用
	绩效与薪酬福利计划	个人及部门的绩效标准、衡量方法;薪酬结构、工资总额、工资关系、福利以及绩效与薪酬的对应关系等	薪酬福利的变动额
	劳动关系计划	减少和预防劳动争议,改进劳动关系的目标和措施	诉讼费用及可赔偿额

（二）人力资源规划的方法

1. 人力资源需求预测

1）人力资源需求预测的工作流程

人力资源需求预测的工作流程如图4-1所示。

2）人力资源需求预测的方法

在对人力资源需求进行预测时,既可以采用定性的主观判断法,也可以使用定量的统计学方法。其中,主观判断法又包括经验判断法和德尔菲法两种。定量的统计学方法主要包括比率分析法、趋势预测法以及回归分析法。

（1）经验判断法。

这是一种最简单的人力资源需求预测方法。它的做法是,让组织中的中高层管理人员凭借自己过去积累的工作经验以及个人的直觉,对组织未来所需要的人力资源的数量和结构等

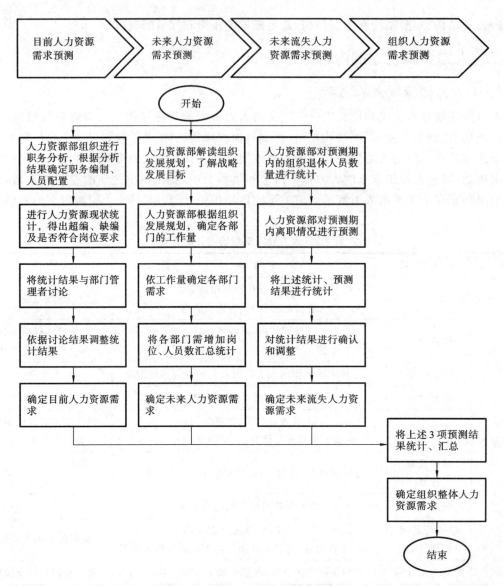

图 4-1 人力资源需求预测的工作流程

状况进行估计。在实际操作的时候,一般是先由各部门负责人根据本部门在未来一定时期内的总工作量情况,预测本部门的人力资源需求状况,然后汇总到组织的最高领导层进行适当的平衡,最终确定组织未来的总体人力资源需求情况。由于这种方法主要是凭借管理者的主观感觉和经验来进行人力资源需求预测,因此主要适用于短期预测,以及适用于那些规模较小,或经营环境相对稳定、人员流动率不是很高的企业;同时,在使用这种方法时,还要求管理人员必须具有比较丰富的个人经验,否则很难保证预测结果准确。

(2) 德尔菲法。

德尔菲法(Delphi)是 20 世纪 40 年代末由美国兰德公司率先使用的一种预测方法。它的做法是:第一,邀请某一领域中大约 30 名专家或富有经验的管理人员组成一个研究小组,但是这个研究小组中的人彼此之间并不见面,也不进行沟通。此外,还要有一位研究主持者在专家之间充当传递、归纳和反馈信息的角色。第二,研究主持者会将需要回答的问题分别邮寄给研究小组中的这些专家,让他们各自独立回答问题。第三,研究主持者将大家的回答收集起来,进行统计分析,形成新的问题,再寄给专家进行独立回答。一般情况下,经过几轮的意见反馈之后,对所要研究的问题的看法会逐渐趋于集中。最后,研究者可以据此对某一问题做出预测。这种方法有时也称为专家预测法。

德尔菲法具有一些明显的优点:第一,它吸取和综合了众多专家的意见,避免了个人预测的片面性。第二,它不采用集体讨论的方式,而且匿名进行,这样就可以使专家独立地做出判断,避免了从众行为,同时也避免了专家们必须在一起开会的麻烦。第三,采取多轮预测的方法,经过几轮的反复,专家们的意见趋于一致,具有较高的准确性。不过在实施德尔菲法时也要注意一些问题,比如:专家的人数不能太少,至少要达到 20 人;专家的挑选要有代表性;问题的设计要合理,不要让专家一次回答过多的问题;向专家提供的资料和信息要相对充分,以助于他们能够进行相对准确的预测和判断。

(3) 比率分析法。

比率分析法是一种基于某种关键的经营或管理指标与组织的人力资源需求量之间的固定比率关系,来预测未来人力资源需求的方法。比如,一家公司实现的销售额和销售人员的数量之间可能存在着一种相对稳定的比例关系。根据公司的经验,一般情况下,公司的一名销售员每年通常能实现 500 万元的销售额。假定这种比率在未来仍然保持不变,要想在来年实现 3000 万元的销售收入,则该公司就需要雇用 6 名销售员。又如,一所幼儿园现在一共有 200 名幼儿和 40 名老师,而幼儿园中的幼儿和老师之间的最佳师生比为 5∶1,那么,如果明年这家幼儿园扩大规模,准备招收 300 名幼儿入园,则该幼儿园的老师需求数量就会达到 60 名。

显然,用比率分析法来预测人力资源需求时,实际上是假定人均生产率,比如一位销售人员平均能完成的销售额,一位幼儿园老师平均能够较好地看护的幼儿数量,都保持不变。如果技术进步或其他原因导致员工的生产率提高或下降,那么,基于历史比率进行的人力资源需求预测结果就不能保证有效了。

(4) 趋势预测法。

趋势预测法实际上是一种简单的时间序列分析法。它是根据一个组织的雇用水平在最近若干年的总体变化趋势,来预测组织在未来某一时期的人力资源需求数量的方法。趋势预测法的具体步骤是,首先收集企业在过去几年内人员数量的数据,用这些数据作图,然后用数学方法进行修正,使其成为一条平滑的曲线,将这条曲线延长就可以看出未来的变化趋势。在实践中为了简便起见,往往将这种趋势简化为直线关系。下面通过一个简单的例子来看这种方法是如何使用的。

例如,某公司过去 8 年人员的数据如表 4-2 所示,据此预测之后第二年和第四年人力资源的需求是多少。

表 4-2 某公司过去 8 年的人员数量

年度	1	2	3	4	5	6	7	8
人数	450	455	465	480	485	490	510	525

首先我们要根据过去几年人员的数量来分析它的变化趋势,假设是一种线性变化,人数是变量 y,年度是变量 x,那么根据下面的公式可以分别计算出 a 和 b:

$$a = \frac{\sum y}{n} - b\frac{\sum x}{n}$$

$$b = \frac{n(\sum xy) - \sum x \sum y}{n(\sum x^2) - (\sum x)^2}$$

$$a = 435.357$$
$$b = 10.476$$

趋势线就可以表示为 $y = 435.357 + 10.476x$,也就是说每过一年,企业的人力资源需求要增加 10.476,通常取为整数 11。这样就可以预测出之后第二年和第四年的人力资源需求:

$$y_1 = 435.357 + 10.476 \times (8+2) = 540.117 \approx 541$$
$$y_2 = 435.357 + 10.476 \times (8+4) = 561.069 \approx 562$$

所以,第二年的人力资源需求为 541 人,第四年的人力资源需求为 562 人。

一方面,这种人力资源需求预测的方法实用性比较强;另一方面,由于这种预测方法比较粗糙,预测的准确度会打一定的折扣。同时,它仍然需要假设组织的技术等因素不会发生大的变化,才能找到未来的简单规律,因此在实际运用时一定要谨慎,必须确保组织的经营环境及重要技术确实是稳定的。

(5)回归分析法。

回归分析法是一种定量的预测技术,主要做法是,首先建立人力资源需求数量与其影响因素之间的函数关系,然后将这些影响因素的未来估计值代入函数,从而计算出组织未来的人力资源需求量。由于组织对人力资源的需求总是会受到某个或某些因素的影响,而回归分析法的基本思路恰恰是要找出那些与人力资源需求关系密切的因素,然后根据得到的人力资源需求数量以及这些因素的历史数据来确定它们之间的关系,从而建立一个回归方程,再根据这些影响因素的未来可能值以及确定的回归方程来预测组织未来的人力资源需求。

根据回归方程所涉及的自变量个数多少,可以将回归分析法划分为一元回归分析法和多元回归分析法两种。在一元回归分析法中,只涉及影响人力资源需求的一个变量,因此建立回归方程时相对比较简单;在多元回归分析法中所涉及的影响人力资源需求的变量比较多,所以在建立方程时要复杂一些。不过,多元回归分析法能够考虑到更多的人力资源需求影响因素,因此,它的预测准确性往往要高于前者。回归分析法也可以划分为线性回归分析法和非线性回归分析法两种类型。由于非线性回归方程建立比较复杂,为了便于操作,在实践中经常采用线性回归分析法来进行预测。下面举例说明一元线性回归分析法的运用。

某家医院要预测明年所需的护士数量,如果使用回归预测法,首先就要找出护士的需求量与哪些因素关系比较密切,对相关数据进行统计分析后可以发现病床数与护士的需求量之间相关程度比较高,接下来就要分析它们之间到底是一种什么样的关系。医院的人力资源经理找来医院病床数以及护士数的数据,如表 4-3 所示。

表 4-3 病床数和护士数的数据

病床数	200	300	400	500	600	700	800
护士数	180	270	345	460	550	620	710

将病床数设为自变量 x,护士数设为因变量 y,两者之间的线性关系可以表示为 $y = a + bx$,其中计算 a 和 b 的方法与趋势分析中使用的方法一样,经过计算得出 $a = 2.321$,$b = $

0.891，回归方程就是 $y=2.321+0.891x$，也就是说每增加一个床位，就要增加 0.891 个护士。

由于医院准备下一年将病床数增加到 1000 个，所以需要的护士数就是 894 人，即

$$y=2.321+0.891\times1000=893.321\approx894（人）$$

2. 人力资源供给预测

1）人力资源供给预测的工作流程

人力资源供给预测的工作流程如图 4-2 所示。

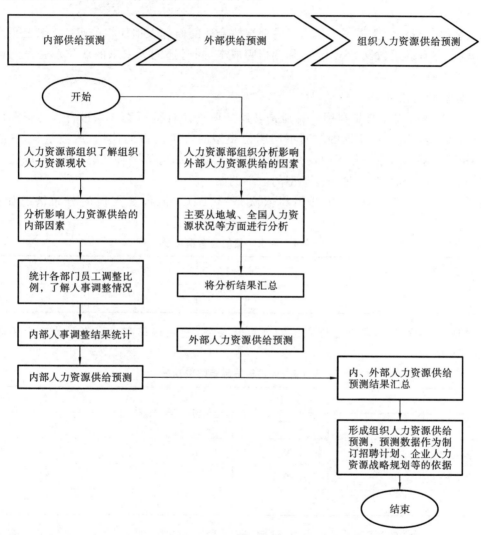

图 4-2　人力资源供给预测的工作流程

2）人力资源供给预测的方法

与人力资源需求预测一样，人力资源供给预测实际上也可以采取主观判断法和历史统计模型分析法。与人力资源需求一样，人力资源供给的历史变化趋势可能并非总能够作为预测未来人力资源供给的可靠指标。因此，人力资源供给的统计学预测方法也同样需要用专家主观判断法加以补充。

这里主要介绍两种人力资源供给预测方法。其中，人员替换分析法是针对具体职位进行

人力资源供给预测的方法,马尔科夫分析法是基于多种职位以及人员流动状况进行人力资源供给预测的方法。

(1) 人员替换分析法。

人员替换分析法的主要做法是针对组织内部的某个或某些特定的职位,确定能够在未来承担该职位工作的合格候选人。它要解决的是这样一个问题:如果某个或某些职位在未来出现了空缺,则能够填补这一职位空缺的候选人有哪些?他们目前的成熟度如何?胜任新职位的可能性有多大?

人员替换分析法主要强调了从组织内部选拔合适的候选人担任相关职位尤其是更高一级职位的做法,它有利于激发员工士气,降低招聘成本,同时还能为未来的职位填补需要提前做好候选人的准备。

(2) 马尔科夫分析法。

马尔科夫分析法主要是利用一种所谓转移矩阵的统计分析程序来进行人力资源供给预测。转移矩阵能够显示在不同的时间不同职位类型的员工所占的比例(或数量)。一般情况下,这些矩阵能够显示在一年当中,一个组织中的人员是如何从一种状态,或一种职位类型转变为另外一种状态或另外一种职位类型的。举例如下。

假设某企业有四类职位,从低到高依次是 A、B、C、D,各类人员的分布情况如表 4-4 所示。

表 4-4 企业人员的分布情况表

职位	A	B	C	D
人数	40	80	100	150

在预测时,首先要确定出各类职位的人员转移率,这一转移率可以表示为一个矩阵变动表,如表 4-5 所示。

表 4-5 人员转移率矩阵变动表

职位	A	B	C	D	离职率合计
A	0.9				0.1
B	0.1	0.7			0.2
C		0.1	0.75	0.05	0.1
D			0.2	0.6	0.2

表中的每一个数字都表示在固定的时期(通常为 1 年)内,两类职位之间员工的留职率或转移率。例如,表 4-5 显示在任何一年内,A 类职位的人有 90% 留在公司;B 类职位中有 80% 留在公司,其中 10% 转移到 A 类职位,70% 留在原来的职位。有了各类人员原始的人数和转移率,就可以预测出未来的人力资源供给情况,将初期的人数与每类的转移率相乘,再纵向相加,就得到每类职位第二年的供给量,见表 4-6。

由表 4-6 可以看出,在第二年中,A 类职位的供给量为 44,B 类职位的供给量为 66,C 类职位的供给量为 105,D 类职位的供给量为 95,整个企业的供给量则为 310,将这一供给预测和需求预测比较,就可以得出企业在第二年的净需求。如果要对第三年做出预测,只需将第二年

表 4-6　第二年企业人员的分布情况

职位	初期人数	A	B	C	D	离职合计
A	40	36				4
B	80	8	56			16
C	100		10	75	5	10
D	150			30	90	30
预测的供给		44	66	105	95	

预测的数据作为初期数据就可以了。

使用马尔科夫模型进行人力资源供给预测的关键是要确定人员转移率矩阵,而在实际预测时,由于受各种因素的影响,很难得到准确的人员转移率,往往只是一个大概估计,这会影响预测结果的准确性。

3. 人力资源供需的平衡

在对人力资源需求和人力资源供给进行预测后,组织便可着手制定一系列相互整合的人力资源规划方案,以平衡人力资源供给与需求。

1) 供给小于需求

当预测的供给小于需求时,即组织所需要的劳动力质量和数量无法得到满足时,组织可考虑下列做法。

(1) 改变员工使用率,如训练、团队运用等,以改变人力资源需求。

(2) 使用不同类别的员工去达到组织目标。例如,聘用少数熟练的员工或聘用技巧不足的员工,并立即予以培训。

(3) 从外部雇用人员,包括返聘退休人员,这是最直接的一种方法。如果是长期需求,需雇用全职员工;如果是短期需求,就可雇用临时员工或兼职员工。

(4) 改变组织目标,使之更切合实际,因组织目标需要足够的现在和未来的人力资源去实现。

(5) 将组织的非核心业务进行外包,就相当于减少了对人力资源的需求。

2) 供给大于需求

当组织内部人员供过于求,即出现冗员时,组织可考虑下列做法。

(1) 计算不同时段出现人力过剩问题的成本,考虑不同的减员方法和减员成本。

(2) 改变员工使用率,计算出重新培训、重新调配的成本。

(3) 鼓励员工提前退休,给接近退休年龄的员工以优惠的政策,让他们提前离开组织。

(4) 改变组织目标的可能性,例如,组织是否可以开发新市场或进行业务多元化。

(5) 停止从外部招聘人员,通过自然减员来减少供给。

3) 供给和需求总量平衡,结构不匹配

组织人力资源供给和需求完全平衡是很难的,即使在供需总量上达到了平衡,往往也会在层次和结构上出现不平衡。对于结构性的人力资源供需不平衡,一般要采取下列措施实现平衡。

第一,进行人员内部的重新配置,包括晋升、调动、降职等,来弥补那些空缺的职位,满足相应的人力资源需求。

第二,对现有人员进行有针对性的专门培训,使他们能够从事空缺职位的工作。

第三,进行人员的置换,清理组织不需要的人员,补充组织需要的人员,以调整人员的结构。

组织人力资源供给和需求不平衡,往往不是单一的供给大于需求或者供给小于需求,二者通常会相互交织在一起,出现某些部门或某些职位的供给大于需求,而某些部门或职位的供给小于需求。例如,关键职位的供给小于需求,而普通职位的供给大于需求。因此,组织在制定平衡供需的措施时,应当从实际出发,综合运用这些方法,使人力资源的供给和需求在数量、质量与结构上都达到平衡。

4. 人力资源规划制定的程序

人力资源规划制定的程序包括确立组织的发展战略与目标,调查阶段,制定规划阶段,规划的实施、评估与反馈。

1)确立组织的发展战略与目标

人力资源规划的最终目的是确保组织实现经营战略,所以组织人力资源规划只有建立在组织发展战略目标基础之上才是有意义、有价值的,才能为组织实现发展战略目标提供人员及其技能的保障,也才能保证组织有效地实施发展战略目标。

2)调查阶段

调查阶段主要调查制定人力资源规划所需要的信息资料,具体包括影响组织外部人力资源供需的各种因素的调查,组织内部人力资源供需和利用情况的调查。在本阶段,可以充分运用人力资源数据库来进行。

3)制定规划阶段

制定规划阶段包括制定总体规划、具体业务计划和相应的人事政策。在制定各项具体业务计划时要全面考虑,注意各项业务计划间的相互关联、相互依赖,不能分割开来。

4)规划的实施、评估与反馈

将人力资源总体规划与各项业务计划付诸实施,并根据实施结果进行人力资源规划评估,并及时将评估结果反馈,以修正人力资源规划。

在整个过程中,需要注意以下几点。一是人力资源规划工作是个动态过程。由于组织内外诸多不确定因素的存在,使组织战略目标不断变化,因而以实现战略目标为最终目的的人力资源规划也要作相应调整,不断修正。二是重视人力资源规划的评估。因为规划成功与否来自对它的正确评估,否则不可能知道规划正确与否,不可能知道其缺陷所在,也就不可能有效地指导组织的人力资源开发与管理。三是评估结果要及时反馈,以及时修正规划。人力资源规划过程如图 4-3 所示。

三、继任计划

(一)继任计划的概念

继任计划是组织确定关键岗位的后继人才,并对这些后继人才进行开发的整个过程。继任计划对于组织的持续发展有着至关重要的意义,但凡有着优秀财务业绩而且长时间在竞争环境中独领风骚的公司,都有连续的领导人才储备以及完备的领导人才开发计划;也有很多公

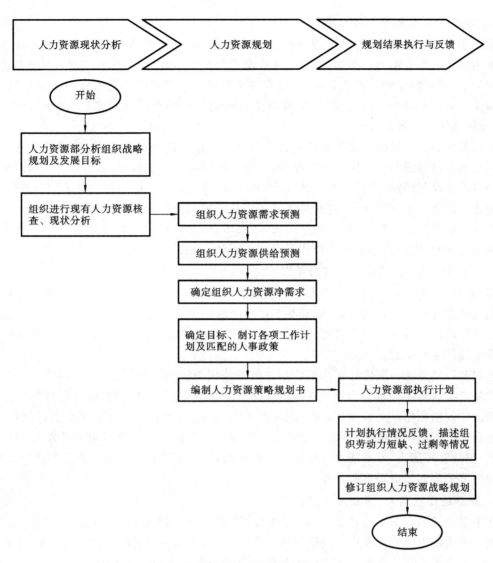

图 4-3　人力资源规划过程

司昙花一现,某个领导在位时,公司有着相当出色的业绩,这个领导退位之后,公司业绩迅速下滑甚至在市场上销声匿迹。这不排除公司治理结构方面的因素,但普遍的原因是公司缺乏领导岗位的继任计划。[1]

继任计划不是某一时间段的事情,而是人才管理的持续过程。有效的继任计划,关键不仅是确认哪些人适合哪些职位,而且需要不断地识别和准备新的关键人才,让他们在未来的职位上获得成功。

(二) 继任计划的实施步骤

继任计划的成功实施,通常包括以下 4 个步骤。[2]

---

[1] 方礼兵. 华信惠悦:继任计划——公司如何避免昙花一现[J]. 商务周刊,2003(15):54-55.
[2] 江为加.创建企业的员工继任计划[J].21世纪商业评论,2005(9):24.

1. 明确组织愿景,确定核心能力

组织所需具备的核心能力应与其经营战略紧密相连,也就是说,组织的经营战略如何决定了它所需具备的核心能力。例如,一家以顾客满意度为导向的银行,其核心能力当然是要从客户的角度思考问题,充分了解他们的需求,并不断根据客户的需求变化而提供整体解决方案。但如果是一家以产品为导向的银行,其核心能力可能就更强调产品的创新、调研与开发的能力,以及产品优先上市的能力等。

组织的核心能力只有转化为对内部各类岗位和岗位上的人员的要求,确保合适的人在合适的岗位上通过合适的能力做合适的事情,才能发挥积极作用。因此,只有当一个组织清楚认识到自身的使命与愿景,并且对未来3~5年的战略方向、重点举措与目标有了清晰的规划后,才可能逐步思考以下一些问题:需要具备怎样的核心能力才能确保经营战略的实现?如何吸引和保留住那些具备岗位能力的"对路的人才"?所以,实施员工继任计划的第一步就是明确组织的愿景,确定组织核心竞争优势和关键成功因素,找出与竞争对手的差异之处。

2. 找准继任职位,细化个人能力要求

组织的核心能力好比是一台强有力的机器所爆发出的巨大能量,这股巨大能量是由多个部件的有效配合而积蓄出的合力,而某些关键性的部件更是起着不可忽视的作用。因此,我们要引发这股能量,保证整个"大机器"的正常运行,必须要先找准关键性的部件,并要保持它们始终处于最佳工作状态。

组织要仔细思考一下内部哪些职位是与组织的核心能力紧密相连,并对组织的未来发展与战略实现起着举足轻重的作用?这些职位通常就是组织要确定的"关键性部件",也是需要制定继任计划的职位。一般而言,这些职位在组织内均属于中高管理层或专业技术岗位。

当确定了关键职位清单后,组织就可以根据核心能力模型进一步明确每个职位的个人能力要求,包括管理能力、专业能力与价值观三个方面,进一步细化对在职人员行为指标的要求,以使他们清楚该如何应对本职工作。

3. 甄选继任候选人,建立人才储备库

在确定关键职位清单及在职人员能力要求后,组织就可以根据这些在内部选才了。通常可以先要求内部中层管理层推荐其直属的高潜质员工,并结合对其绩效评估的结果,最终确定进入公司人才库的员工名单。而继任者备选对象就产生于这个人才库中。

在进一步甄选继任者备选对象时,应兼顾其原有岗位和职业背景,尽量选择具有相关经验的员工。在挑选过程中,人力资源部应与直属部门管理层进行深入讨论,征询多方意见,包括备选对象现直接上级、原上级、客户等,对备选人进行充分的评估,以清楚地了解他的能力、行为和业绩,明确其发展潜力。此外,在挑选继任者备选对象时,还应关注他们的行为是否符合公司整体文化的要求。

根据以往的经验,通常继任者备选人数应是最终选定的继任者人数的3倍。

4. 建立候选人档案,制定"有的放矢"的培养计划

在明确继任候选人后,组织必须为他们建立相应的个人档案,以便有效跟踪和监控其业绩和能力的发展轨迹,并为他们指派导师,通过一帮一的制度,给予他们有的放矢的指导,通过与其交流思想、助其拓展能力、提供个人发展建议等方式,辅助他们成长。需要注意的是,在选取导师时,应避免指派继任候选人的上级,让他们的岗位职能尽量错开,这样才能开拓双方的思维,促进无障碍的沟通和交流。此外,针对一些关键的继任候选人(对组织营运起到关键性影响的职位),通过人才测评中心的测评方式对其进行评估、反馈和培训也是组织可以考虑的手段。

"十年树木,百年树人",从长远来看,人才是组织得以持续发展的最宝贵财富。因此,中国企业在现阶段必须未雨绸缪,充分具备在组织内部培养后备军,随时准备充实关键岗位的意识。只有这样,才能让组织保持持续发展的动力,实现基业长青。

阅读与思考 4-1:海底捞宣布启动接班人计划

2020年4月28日,澎湃新闻记者获悉,海底捞创始人张勇在4月27日通过公司内部邮件,宣布了接班人计划。张勇称,自己将在10~15年内退休,除施永宏、苟轶群、杨小丽以外的所有员工,都有机会参与领导者接班计划。

海底捞方面称,领导人才接班选拔计划作为一项10~15年的长期计划,是对公司现有行之有效的升迁体系的延伸和升级,重点是把海底捞的人才晋升机制进一步强化,通过在各岗位的管理实践和长期的观察与判断,找到符合"爱海底捞、业务熟练、又能洞察人性"标准的领导接班者,继续承载公司发展的使命。

张勇在内部信中说:"今天的我们,依然头脑清醒,充满活力。这个时候讨论退休似乎早了一点。但凡事预则立,早谋划终归会显得从容些。不管如何,十年以后我就满六十岁了。近两年,我们四个人都特别担心,担心我们学习能力跟不上。我们四个人还特别害怕,害怕我们沦为企业发展的绊脚石。因此,我们一起制定了这个计划。我们期望通过这个计划寻找到一位爱海底捞,业务熟练,又能洞察人性的领导者。"

张勇在文中所说的"四个人"分别是他本人、施永宏、苟轶群、杨小丽。张勇夫妇1994年和施永宏夫妇一起创办海底捞火锅,杨小丽和苟轶群分别在1995年和1999年加入海底捞,目前张勇担任海底捞董事长,施永宏任执行董事,杨小丽为首席运营官,苟轶群为决策委员,都是海底捞的第一代管理者。

张勇回顾,"想想他们刚认识我的年纪,1985年,施永宏十五岁;1995年,杨小丽十七岁,1999年,苟轶群二十七岁。我们在一起迎来的每一个明天都是奇妙得不可思议地美好。我们初次见面的场景还历历在目。"

对于为何上述三人不能接班的原因,张勇表示,"他们三个没有什么明显的缺点,唯一的原因就是太贵了,对未来的董事会来讲,性价比确实不高。"

对于具体的接班计划,张勇表示海底捞员工如果想获得更好的收入,只有去做以前没干过的工作,或者内部创业,同时每干一份新的工作,都会获得相应的积分。在需要晋升一名干部的时候,上级领导会根据积分的高低进行择优录取。但这并不是说谁的积分高,就一定会晋升谁。张勇指出,公司会把积分最高的那一批人找出来,长时间的观察,择优录取。"我,施永宏、杨小丽、苟轶群,会用十年时间来观察和判断。但愿老天爷再一次眷顾我们,让我们能够挑到一位爱海底捞、业务熟练,又能洞察人性的领导者。"张勇说。

自成立以来,海底捞逐渐对员工形成了师徒传帮带的培养机制,每个员工入职都有师傅带着,目前海底捞大部分的骨干干部都是通过这种模式培养出来的。但随着员工人数的扩张和对管理层人才的需求,海底捞已形成了一套内部晋升系统,搭建了店经理、家族长、教练、决策委员会等不同层级的组织架构。

张勇也在内部邮件中提到,2019年10月,海底捞对家族长以上的干部实行了"限高令",除非轮岗和内部创新,不然再优秀的干部,收入都将被控制在一个固定的数目内,以此去保证员工内部的创新和动力。

海底捞创建于1994年,历经二十多年的发展,截至2019年年末,已在海内外各地经营768家门店,拥有超过5473万会员和10万员工。根据其2019年发布的业绩报告,2018年全年实现营业收入265.56亿元,同比增长56.49%;实现归母净利润23.45亿元,同比增长42.22%。收入增长主要由海底捞餐厅数量增长驱动,2019年年底公司共有餐厅数量768家,较2018年净增302家,其中新开308家,关闭6家。

受到疫情影响,整个餐饮行业自春节以来都遭受重击,作为行业龙头的海底捞也自1月26日起关闭全国门店约46天。目前全国门店已大部分恢复运营,湖北地区的门店根据当地的情况还在逐步恢复中,尚未完全恢复。

东吴证券研报预计,海底捞经营基本面在停业影响下于2020年一季度见底,于二季度逐步爬坡(预计翻台率稳步提升,翻座率/客流小幅滞后恢复),并有望于三季度经营基本面逐步恢复至过往正常经营水平。预计2020全年归母净利13.6亿元,较原预期下降59.2%。

(资料来源:王启帆.海底捞宣布启动接班人计划:创始人张勇计划15年内退休[EB/OL].澎湃新闻:https://www.thepaper.cn/newsDetail_forward_7176864.)

思考题

(1)张勇还要10~15年才退休,此时海底捞启动接班人计划是否为时尚早,为什么?

(2)"除施永宏、苟轶群、杨小丽以外的所有员工,都有机会参与领导者接班计划。"这句话体现了海底捞的什么特点?

第二节 招 募

一、招募的概念与影响因素

(一)招募的概念及其与甄选的关系

人力资源规划工作完成之后,组织可能会发现自己的某个职位或某些职位在当前或未来需要找到新的人员来填补。这时,组织就需要开展人力资源的招募工作。所谓招募,就是指组织为吸引足够数量的具备相应能力和态度、从而有助于实现组织目标的员工而开展的一系列活动。需要说明的是,在谈到招收雇用新员工的时候,我国许多组织的习惯一般是把招募和甄选两个环节放在一起,并且用招聘(或招聘录用、招聘选拔)的概念将招募和甄选这两种职能合二为一,其中的"招"即为招募之意,而"聘"则为甄选录用之意。而在国外人力资源管理教材中,一般将招募和甄选这两个概念区分得很清楚,并且放在不同的章节中讲解。据此,本教材将员工的甄选与配置放到第五章中讲解。事实上,招募所扮演的角色就是为组织发现和吸引适合职位需要的潜在合格候选人,从而使组织在产生人力资源需要的时候能够从中雇用到合适的员工,也就是说,招募实际上是在人力资源规划和员工甄选之间架起了一座桥梁。

很显然,招募工作的目的绝不是简单地吸引来大批求职者。如果一个组织吸引来了大量不合格的求职者,那么,表面看起来好像招募工作富有成效,实际上却会导致组织将来不得不在甄选工作中付出大量的无效成本,即尽管来的人很多,但是合格者却很少,组织支出了大笔成本,职位空缺却没有填补上。此外,还需要注意的是,招募的目的也不在于在所有合格的求职者中进行谨慎的筛选。由于招募新员工和甄选新员工的过程都十分复杂,因此,即使是只集中注意力去完成其中的一项任务,要想做到很好往往也是十分困难的。研究表明,当招募者抱着对求职者进行招募和甄选的双重目来进行面试时,他们向求职者提供的组织信息往往比较少。而在这种面试结束的时候,求职者所记住的关于组织的信息也比较少。因此,组织还是应该注意把招募和甄选两项工作适当分开,不要完全混在一起。

(二)招募的影响因素

1. 组织外部因素

从组织外部来看,劳动力市场上的供求松紧情况、政府和工会对劳动力市场所施加的限制等,都会影响一个组织的招募工作难度。比如,一般来说,在劳动力市场比较宽松,即供大于求的情况下,招募合格求职者的难度就较小;此外,政府对招募工作的限制越多,招募工作的难度也会越大。

2. 组织内部因素

从组织内部来看,影响招募工作的因素主要有三个,即拟招募人员的职位本身的特点、组织的人力资源政策,以及组织的形象。首先,在其他条件一定的情况下,拟招募人员的职位本身对候选人的资格要求越高,招募合格求职者的难度就越大;如果职位本身包含某些令人不愉快的特征,比如上夜班、工作环境较差等,则组织获得大量合格求职者的可能性也会较小。其次,组织的人力资源政策,比如所提供的薪酬水平的竞争力、福利水平的高低、工作条件的好坏等,也会影响到一个组织的招募工作难度。最后,一个组织在劳动力市场上的雇主品牌形象也会对组织的招募工作产生影响。目前,很多国家和地区都在进行"最佳雇主"评选,那些总是榜上有名的组织在招募求职者的时候显然难度更小。

(三)招募的作用

1. 有助于改善组织的劳动力结构与质量

员工招募以组织战略目标和战略计划为基础,根据人力资源规划确定人员需求数量和根据职务分析确定所需的人员的质量,然后在一定的时间和地点招募所需要的员工,进而通过有目的、有计划地录用工作人员,组织可以控制人员类型和数量,改善组织人力资源在年龄、知识、能力等方面的结构和人力资源的总体质量。比如,高层管理人员和技术人员的招募,可以为组织注入新的管理思想和理念,带来新的高级的生产技术,从而影响和提高人员的整体素质与质量。

2. 有助于员工充分发挥自身能力

员工招募为员工提供了公平竞争上岗的机会,从而促进每个员工都能充分发挥自己的主动性和能力。因而成功的招募,一方面使组织外的劳动力能更多地了解组织,然后结合自己的能力和发展目标决定自己是否参加组织与组织共同发展;另一方面通过招募使组织发现最合适的人选,即帮助员工找到适合自己的工作,从而减少人员任职后离职的可能性。

3. 有助于提高组织的管理效率

员工招募是一项有成本的管理活动。一方面,高效率的员工招募一定需要组织事先进行招募宣传、组织招募活动及录用等环节,这些环节都需要成本付出;另一方面,有效的员工招募能保证组织落实人力资源规划,稳定人员,减少再次招聘费用,从而使组织效益提高。

4. 有助于提高组织知名度

员工招募过程中所运用的大量招募广告,能使外界更多地了解组织,从而提高组织的知名度。也正因为员工招募广告有此功能,所以许多组织打出招募广告,并在其中不失时机地宣传本组织。

二、招募的来源

尽管一般情况下,招募被理解为到组织外部去招用新的员工,但招募实际上包括内部招募和外部招募两个来源。这两种招募渠道相辅相成,共同为组织获取人力资源提供支持与保障。

(一) 内部招募

1. 概念

内部招募是指从组织内部寻找合适的人员来填补组织职位空缺的做法。

2. 形式

内部招募主要有员工晋升、平级调动、工作轮换和重新招回原有员工等几种形式。

1) 员工晋升

员工晋升也叫内部晋升,是指将组织内部的员工调配到较高的职位上。晋升有利于调动员工的积极性并且有助于他们的个人发展。

2) 平级调动

平级调动指内部员工在同级水平职务间的调动,是较常见的内部招募方式。

平调的主要作用体现为激励,如果员工被调任到一些重要的同级岗位,被平调的员工就有受领导重用之感,从而激发其工作积极性。

平调的关键是确定平调对象,确定时可依据资历和业绩两个标准。一般组织希望根据员工的能力大小安排平调,而员工更愿意依据资历深浅调动工作。

3) 工作轮换

工作轮换是指派员工在不同阶段从事不同工作,因而轮换工作的员工其岗位有临时的特点;工作轮换有助于丰富员工的工作经验,有利于培养员工的技术水平,提高他们的工作兴趣,但是不利于员工掌握某一职位的深度技能,影响工作的专业性。

4) 重新招回原有员工

重新招回原有员工指将那些暂时离开工作岗位的人员招回到原有工作岗位。

这种方法支出的费用较少,较适用于商业周期明显的行业;由于重新聘用的员工较新职务申请人熟悉组织的工作程序,了解组织文化特点,有丰富的工作经验,因而更易适应工作环境及新的工作;同时组织对这些员工有记录、较了解,因而更安全、稳定,流动性小。

有些员工可能被其他组织聘走或不愿重新加入原组织,因而为了给组织重新招回员工留有较大余地,组织在暂时解聘员工时,应与这些员工保持较好的人际关系。

3. 优缺点

1) 优点

第一,内部招募的做法不仅增加了组织内部现有员工的晋升机会,而且有利于通过员工在组织内部的流动来优化员工与职位之间的匹配,从而有利于提高员工的工作满意度。此外,这种做法在一定程度上还可以视为对员工忠诚于组织的一种回报,因而它有利于提升员工士气和员工对组织的忠诚度。

第二,内部招募的做法能够降低招募的风险,这是因为组织对内部候选人的工作经验、技能、历史绩效甚至优点和不足等都能够做出相对全面准确的评价,因用人失误而给组织带来损失的可能性更小。

第三,内部候选人在组织内部的工作经历决定了他们了解组织的工作程序、组织文化、领导方式等情况,通常能够较快地适应新的工作需要,而不需要过多的岗前引导和培训,从而能够为组织节约一些成本。

第四,内部招募的做法减少了组织对外部雇用的需要,减少了因收集和处理众多的求职者信息和对求职者进行筛选而不得不支出的成本。

2) 缺点

内部招募在某些情况下也会出现一些问题。这主要表现在:首先,职位空缺的出现可能会导致员工之间过度竞争,这一方面会影响组织的团结和稳定,另一方面也会给优胜者带来困扰,因为当他们承担更高级别的新职位时,他们所面对的往往是过去与自己处于同一级别的"老人",管理起来可能存在一定的难度。同时,那些同样提出了申请却没能得到新职位的员工可能会感到不满或者不公平,尤其是当他们现在需要向原来的同事、现在的上级报告工作的时候,所以这些员工的工作积极性可能会受到一定的影响,工作效率可能也会出现下降的情况,更有一些员工可能会因此离职。其次,内部招募的做法容易形成所谓的"近亲繁殖"现象,久而久之导致组织内部员工的知识、技能、经验同质化,工作效率下降,严重时甚至会形成一种论资排辈的官僚主义文化。

4. 方式

内部招募的方式主要有职务海报、口头传播、从公司的人员记录中选择、以业绩为基础的晋升表等,其中常用的是职务招募海报。

招募海报通常通过布告栏、内部报纸、广播和员工大会等发布招募消息,邀请所有人员应聘新职位。所发布信息中应描述空缺职位、招募此职位的重要性、报酬、应聘者应具备的条件等,增加职位透明度,让员工了解组织的需要;需要时也可说明希望员工介绍和推荐适合人选应聘,并给介绍人一定的奖励。招募结束后,组织需要向员工宣布应聘人及被聘理由,以保证招聘工作的公正、公平和透明。

海报招募给员工提供平等的成长和发展机会,员工自由、自愿申请,不必事前得到其直接领导的批准;能吸引更多有资格的员工参加应聘和竞争,因而能使组织以较低成本配置员工进入最适应的位置。当然,也要防止有些员工不顾个人知识、技能,利用此招募机会在组织内部连续"跳槽",影响员工在某些职位上的稳定性。

5. 流程

内部招募的工作流程如图 4-4 所示。

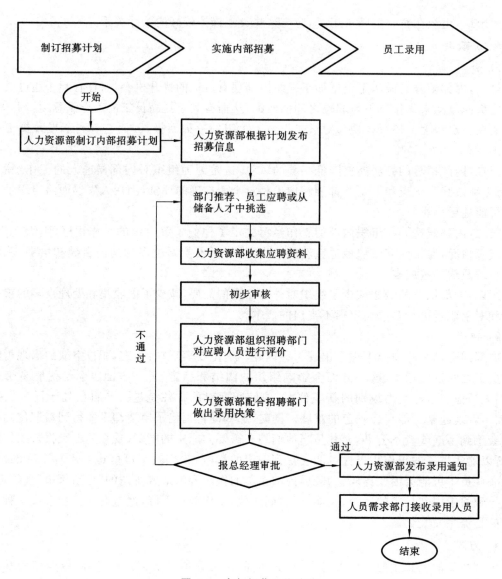

图 4-4 内部招募工作流程

（二）外部招募

1. 概念

外部招募是指到外部劳动力市场上寻找合适的人员来填补组织职位空缺的做法。

2. 方式

1）招募广告

招募广告指利用报纸、杂志、电视和电台发布招募信息。

报纸发行量大，读者面广，从非技术工人到技术和管理人员，都可以涉及。利用杂志发布招募广告常适用于高级人员和特殊领域的专家，如招募高级程序设计人员时，可选择在电脑杂志上发布招募广告；相对其他广告形式来说，杂志广告在招募特定人员时更有针对性和有效性，但杂志出版周期较长，因而在组织急需人员时不能及时发布招募信息。电台和电视发布招募广告数量很少,因为其支出费用较高,而且招募效果深受各频道或节目收视率的影响,目前我国为了给下岗人员再就业提供较多或者说更多的就业机会,许多电台和电视台开播与劳动和职业介绍有关的节目,这些节目也会提供一些劳务招募信息。

2) 网上招募

网上招募指通过计算机网络向公众发布招募信息。组织利用局域网、国际互联网发布有关招募信息,职务申请者可以通过网络寻找到适合自己的职业。

网络招募的主要优点是能快速及时地传递信息,传播面也极为广泛(可以延及国外),如上海人才市场将有关售货员招募信息放在网上,以直接招募留学生回国工作。网上招募已越来越受到组织的重视,运用效果也越来越受到组织的认可,因而这种方法有很大的发展潜力。

3) 劳务中介机构

劳务中介机构是那些专门向组织提供人力资源的机构。我国劳务中介机构的形式有临时劳务市场、固定劳动介绍机构、各类各级人才交流中心和专门从事提供高级管理人员的猎头公司等。这些机构有些由国家和政府设立,有些由企业、集团和集体开办,有些则纯属商业性的劳力中介公司。这些机构对人员的提供也有侧重,有些主要向社会提供熟练工人和技术工人,有些向社会提供管理人员、高级专家和留学回国人员,有些则专门帮助组织发掘高级行政主管等。

组织利用劳务中介机构获取所需人员,可以较低的费用快速地找到所需的人员,是组织从外部获取员工的重要途径。

目前我国劳务中介机构正在迅速发展,对我国人力资源优化配置、促进经济发展有重要作用。劳务中介机构将人员配置纳入市场配置的范围,为组织提供了物色人才的场所,为求职者提供了选择工作的广泛机会,提高了全社会的人员配置效率;劳务机构向招聘单位和应聘者发布信息,组织劳务供需双方见面,并提供一系列的招募服务,大大提高了招募应聘的成功率。

4) 教育机构

教育机构是组织从外部获取人力资源,尤其是新生人力资源的主要来源。

不同学校培养的毕业生在技术、能力和知识水平方面均有差异,因而组织应根据不同职务选择不同教育机构的毕业生。通常毕业生没有实践经验,因而使用前往往需要岗前培训,但他们年轻、富有朝气和活力,能给组织带来"新鲜人气"。

5) 内部员工推荐

内部员工推荐指组织内部员工推荐和介绍职位申请人到组织中来。它实际上是内部员工以口头方式传播招募信息,将组织外部人员引进组织适当的岗位。

内部介绍推荐的操作重点:一是组织公布招募信息,通知员工拟招募的职位、招募数量及各类人员的应聘条件;二是鼓励他们推荐和介绍所了解的外部人员来申请职位;三是设立能调动内部员工有效地介绍外部员工的积极性的鼓励措施。

此方法的优点:引进的员工相对较可靠、稳定,因为内部介绍人对职位申请者较了解,因而能结合组织拟聘职位所需要的知识、能力进行推荐;录用者能较快地适应组织环境和应聘的岗位,因为受聘者与介绍人联系较密切,受聘者能从介绍人那里得到更多的有关组织概述的信息。但是该方法也具有一定的局限性,它容易使得组织内部出现非正式的小团体,如果不加控制,就会出现任人唯亲的现象;由于推荐的应聘人员不可能太多,因此选拔的范围比较小。

6) 上门求职者

从主动上门求职者中寻找所需要的员工,它通常适用于招募营业员、职员和保管员等技能和知识要求都比较低的工作人员,而对招聘管理人员或监督人员,此方法不适合。

由于组织与上门求职者彼此不了解,因而较难融洽地合作,但这种方法招募成本最低,因而组织应很好地保持上门申请者的申请记录及联系方式,以便在需要时能及时取得联系。

3. 优缺点

1) 优点

第一,外部招募的做法扩大了候选人的选择范围,因而更有助于组织招募到最合适的潜在任职者。

第二,从外部招募员工可以为组织带来一些新的管理理念,有利于组织的管理创新和业务创新。特别是当组织进入某一全新业务领域时,从外部招募有经验的业务管理者和经营者的作用就会更为突出。

第三,外部招募的做法有助于削弱组织内部人员由于相互之间进行职位竞争而造成的紧张气氛,同时也有利于抑制组织内部人员之间可能会形成的"论资排辈"和"熬年头"的思想。

2) 缺点

首先,如果在组织内部有合适的候选人,组织却不予使用,反而到外面招募来填补职位空缺,可能会打击组织内部员工的积极性,使他们感到不公平,对自己的发展前途失去信心,从而影响到工作热情。其次,从外部招募员工,不仅会增加直接招募成本,而且当他们进入组织之后,还需要较长的时间来熟悉和适应组织中的各种情况。最后,由于组织对外部求职者的情况缺乏深入了解,在后期的甄选工作出现失误的情况下会导致判断失当,为组织带来损失。比如,从组织外部招募的人员有可能技能和经验没有问题,但是并不认同组织的价值观和文化,这就可能导致其不能安心工作,给组织造成损失。

 阅读与思考 4-2:雷军自曝创办小米时"找人"细节

我找的第一个人是林斌,当时他是谷歌中国研究院的副院长。当时赶巧,他正在考虑出来创业,做个在线音乐公司。我说,别做了,跟我一起干点大事。我在餐巾纸上画了这么一张图("铁人三项"),他很快就答应了。这样,他成为小米第2号员工。

这么顺利的挖脚只是一个偶然。接着我连续找了十个谷歌工程师,一个都没有搞定,真让人绝望,直到第11个。他就是洪锋,谷歌非常出色的工程师。一上来,洪锋就问了我三个问题。

第一个问题,"你做过手机吗?""没做过。"

第二个问题,"你认识中国移动老总王建宙吗?""不认识。"

第三个问题,"你认识郭台铭吗?""郭台铭?我认识他,他不认识我。"

这三个问题下来,我估计没戏了,但出于礼貌,我还是坚持"尬聊"了很久。最后他做了一个总结:"这事听起来,不靠谱……不过,可以试试。"

一瞬间,我长舒了一口气,终于搞定了!就像中了彩票。这是我搞定的第二个谷歌同学。

一个外行来做手机,大家凭什么相信你?我在面试牛人的时候,牛人也在面试我。

在小米创办的第一年,我花了80%的时间在招人。我记得印象最深的一个人,我两个月和他聊了超过十次,甚至有几次一聊就是十个小时。

有很多企业家和创业者请教我,如何找人。我也总听到有人抱怨,找不到人。这是一个非常普遍的问题。

找人肯定不是一件容易的事情,如果找不到人,其实只有一个原因,就是没有花足够的时间!我的建议是:找人不是"三顾茅庐",找人要"三十次顾茅庐"!只要有足够的决心,花足够的时间,可以组成一个很好的团队。

(资料来源:孤城.一往无前,小米十周年雷军公开演讲全文公布[EB/OL].IT之家:https://www.ithome.com/0/502/810.htm.)

创业公司应如何招募人才?

4. 流程

外部招募的工作流程如图4-5所示。

综上所述,各主要招募方式的优缺点如表4-7所示。

表4-7 招募方式与特点

招募方式	特 点	
	优点	缺点
广告招募	信息量大,影响广;能吸引较多的应聘者;可以减少应聘的盲目性;优秀的招募广告对企业形象宣传有好处	广告费昂贵;保留时间短;应聘者数量多造成招募费用增加
内部员工推荐	双方在招募前就有所了解;简化招募程序,减少招募费用;适合关键岗位的招募	人情广泛存在,会影响招募的公正性;易在组织内部形成裙带关系
内部晋升选拔	招募风险小;招募成本低;有利于调动内部员工的积极性,有利于增加企业凝聚力	选择范围小;不利于吸引社会的优秀人才
从应届毕业生中招募	给组织注入活力;他们犹如一张白纸,可塑性强,容易接受组织文化;可以培养成为忠诚度较高的员工	缺乏工作经验,增加了培训成本
人才市场	使本组织员工增强了来自外部的竞争压力	招募工作量猛增,所招人员流动性强
网上招聘	人才储备量大;招募工作可以自行控制;招募费用较低	网上信息繁杂,人才辨别难度大

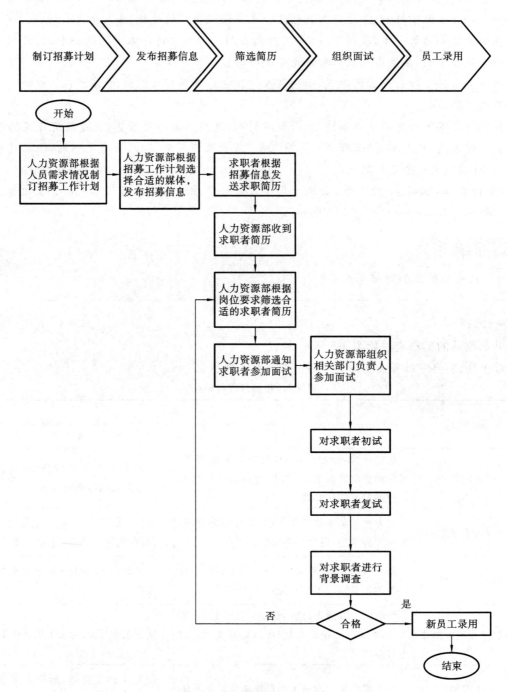

图 4-5 外部招募的工作流程

阅读与思考 4-3：京东人事管理的"七上八下原则"

京东的人事管理规定中，有一条重要的用人原则，就是"七上八下原则"。什么叫七上八下？就是内部员工，包括管培生在内，觉得你有七成把握的时候，就让你来当这个管理者。过去，京东需要增加管理者的时候，很多管理人员自然而然地想着招聘。现在，为了保证将更多的机会留给内部员工，京东规定，七分熟的时候只能让内部员工干，有七成把握了，就将机会留给内部同事，不允许从外面招聘。

同时，京东强制性规定，以后80%的管理者都必须内部培养提拔人才，只允许20%从市场招聘。培养一名管理者是要花费很多时间精力的，带一个人出来是很难的，需要他的上级跟他去沟通、交流，要跟他讲解、怎么做，还要经常跟他聚会、跟他吃饭，还要了解他的生活、家庭各种各样的困难等。而且一培养就是五年，才能将一个人培养出来。那为什么京东还要20%去社会上招聘？因为京东要保证组织还有新鲜的血液，京东不能变成一个封闭化的组织。刘强东认为，如果有一天规定整个京东公司管理者必须内部培养，一个都不能从社会上招聘，京东就会变成一个封闭的系统，他们的思维、思路就会固化。20%的人过来以后，会带来新的观点、新的思考、新的工作方法、新的行业信息。所以，按照"二八原则"，80%内部培养，20%进行社会招聘，这是相对比较好的安排。所以七上八下，七分熟就要内部提拔，80%的管理者都要内部培养出来，这样才能保证这家公司真正的文化、价值观落地生根。

（资料来源：刘强东.京东人事管理的八项规定[J].国企,2016(9):64-67.）

 你如何看待京东人事管理的"七上八下原则"？

三、招募的战略与程序

（一）招募战略

组织在准备招募时，首先，要根据自身的实际情况及人才市场的具体情况来确定组织的招募战略。通常有三种招募战略，即高薪战略、培训战略和广泛搜寻战略。

1. 高薪战略

所谓高薪战略，指以高于市场水平的薪酬吸引求职者，这有利于快速招募到高质量的求职者。在知识经济时代，人才的重要性基本上已成为全社会的共识。因此，一些组织实施高薪战略，花高价招揽人才。与此相对的是，一些薪酬待遇欠佳的组织会出现人才流失现象。比如，享有国家首批"双一流（A类）""211工程""985工程"等盛誉的兰州大学，曾出现持续的、大规模的人才流失。据传，在兰大人才流失最严重的时候，一些东部高校派专人长期驻守在学校周边的宾馆，专门挖人。2005年全国两会期间，时任西北师范大学校长王利民指出，"兰州大学流失的高水平人才，完全可以再办一所同样水平的大学！"[1] 显然，高薪战略可以为组织招募到

---

[1] 钱炜.兰州大学：名校的焦虑[J].中国新闻周刊,2017(20):16-23.

高质量的求职者,但也会大大增加组织的人力成本。因此,组织必须有能力通过高水平的管理和激励将高薪酬成本转化为高生产率。

2. 培训战略

所谓培训战略,是指组织在对求职者的基本素质有一定要求,但对其工作经验没多大要求的情况下,通过内部培训的形式让其满足职位需要的一种招募战略。这种战略对求职者的工作经验要求较少,因此比较容易招募到人才。存在的问题是组织将来必须配置相当多的培训资源来提高员工的工作能力,而一旦培训员工之后又不能留住员工,则会损失组织已经付出的人力资本投资。

3. 广泛搜寻战略

所谓广泛搜寻战略,则指在组织既想找到符合职位需求的人才,但又不想支付较高水平薪酬的情况下所实施的战略。在这种情况下,招募工作的难度就会很大。尽管组织最终或许能够找到这种符合要求同时薪酬水平要求也不是很高的人员,但是搜寻的时间成本会很高。当组织需要在短期内迅速填补职位空缺时,这种战略显然是有问题的。

(二) 招募程序

招募工作主要包括确定招募需求、制定招募计划、实施招募活动、评估招募效果四个阶段。

1. 确定招募需求

招募需求是在人力资源规划的基础上,根据各部门的实际用人需求确定的,具体取决于需要招募人员的职位本身。通常情况下,招募需求必须由具体的用人部门和组织的人力资源管理部门共同确定。在很多时候,用人部门由于没有控制人工成本的压力,即使是在没有必要增加人员雇用的情况下,也会提出招募需求。在这种时候,人力资源管理部门就要根据自己的专业知识对具体用人部门的人力资源需求理由进行分析和判断,必要时甚至要去用人部门的工作现场进行观察和访问。如果用人部门的人手紧张状况并不是长期性的,或者说尽管新增加了一部分职责,但是通过现有人员适当分担新的职责,仍然可以完成全部的工作,而且不会给现有员工增加太大负担,就不一定要招募新员工。

2. 制定招募计划

如果最终确定为外部招募,组织就需要制定较细致的招募计划。一份招募计划通常包括以下几个方面的内容:招募范围、招募规模、招募渠道、招募时间以及招募预算等。一般情况下,最终的招募计划必须获得上级主管领导的审批,方可进入实施阶段。

招募范围是指组织需要确定自己将在什么样的范围内招募空缺职位的候选人。招募范围主要取决于职位本身的要求、填补职位的候选人的地区可得性,以及组织的战略定位等。通常情况下,职位对任职者的要求越高,招募的范围会越大。比如,如果要招募的只是一个普通的秘书职位,则通常在组织所在地就能够招募到合格的职位填补者。如果要招募的是技术总监,则可能需要在整个华南或华北地区甚至全国范围内招募职位填补者。如果需要招募的是总经理的候选人,则有可能要在全国或整个亚太地区甚至全世界范围内招募合格的职位候选人。

招募规模是指组织根据自己需要雇用的人数所确定的需要获得的求职者人数。通常情况下,组织会通过招募和甄选的各个阶段不断地筛选求职者,从而最终雇用到自己所需要的合格求职者。在这一过程中,候选者的范围一次一次地缩小,整个过程就像是一个多层漏斗一样,通过层层拦截和过筛子,最终能够被雇用的总是少数。这样,在开始需要招募到的人数和最终需要雇用的人数之间就需要保持一个适当的比例。这是因为如果一开始招募到的人数过多,可能会导致组织投入大量的人力和时间去进行筛选,浪费组织的资源;如果招募到的人数过少,又会导致组织最终可能无法聘用到自己想要的合格员工。

例如,根据图4-6所示,某公司根据通常的规律发现,自己每需要雇用1名会计,在一开始招募时至少要获得50名求职者。这是因为在第一个阶段,即简历筛选过程中,通过筛选的求职者的比例大概为1∶5,即50名求职者中会有10名能够获得面试资格。在第二个阶段,即面试准备阶段,接到面试通知和实际参加面试的求职者的比例大约为3∶5,即接到面试通知的10个人中只有6个人会来参加面试。在第三个阶段,即面试阶段,通过面试并拿到录用通知的求职者和实际参加面试的求职者之间的比例大概为1∶3,即参加面试的6个人中最终会有2个人通过面试,得到入职邀请。在第四个阶段,即录用阶段,实际办理入职手续的人和拿到入职邀请书的人之间的比例大约为1∶2,即得到入职邀请的2个人中,只有1个人会正式入职。

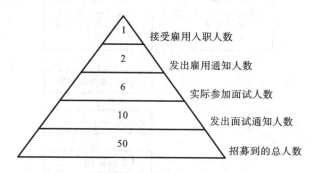

图4-6 招募甄选金字塔

招募渠道通常是指组织在外部进行空缺职位的候选人招募时所确定的招募途径、招募方向或所要招募的目标人群。招募渠道主要包括报纸、杂志以及电视广告招募,校园招募,网络招募,猎头公司招募,就业服务机构招募以及面向复员退伍军人、下岗工人等特定人群的招募等。

招募时间是指对整个招募活动所需要的总时间长度以及招募活动各个阶段的时间进度所做的安排。招募时间通常根据组织填补职位空缺的时间紧急程度确定。如果组织需要尽快从外部招募人员填补某职位空缺,则招募的时间要求就会很紧迫;反之,招募的时间安排就可以宽松些。如果组织的人力资源规划工作做得比较好,组织在人员招募方面可能就不会因为时间过于紧急而对招募工作形成不必要的时间压力或影响招募的质量。

招募预算是指整个招募活动所需要的总费用。一方面,招募费用预算会对招募的质量构成一定影响,如果预算较少,则招募渠道的选择或招募方式可能会受到一定限制;另一方面,招募的费用预算不仅取决于组织的财务能力,同时也取决于恰当的招募渠道选择。有时,有些招募渠道可能需要的费用较多,但是招募的效果却未必很好,因此,选择效果较好而费用较低的招募渠道也有助于组织节约招募费用。招募计划制订工作流程如图4-7所示。招募工作计划见表4-8。

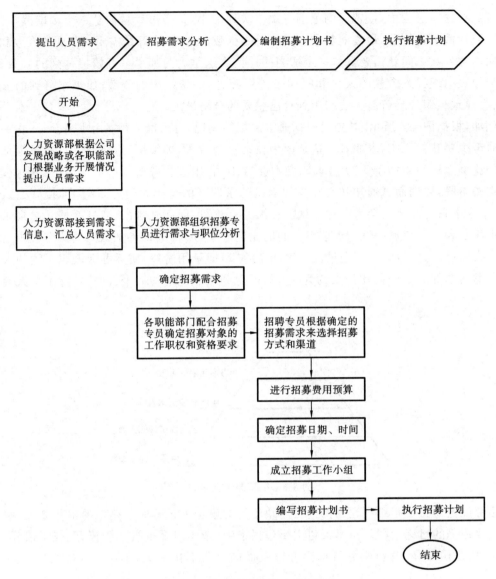

图 4-7　招募计划制订工作流程

表 4-8　招募工作计划表

单位名称：　　　　　部门名称：　　　　　填表日期：　　年　　月　　日

招募计划	岗位名称	人员数量	人员要求
发布时间			
发布渠道	发布方式	□报纸　□网站　□专业/行业杂志 □人才中介机构　□人才市场　□猎头　□其他		
	发布安排		

续表

招募工作预算	项目			共计	
	金额				
招募小组成员分工	职务	姓名		所属部门	工作职责
	组长				
	副组长				
	成员1				
	成员2				

填表说明：此表用于人力资源部门开展招募工作以前的计划，由人力资源部填写，通知相关部门。

3. 实施招募活动

在这一阶段，组织的人力资源管理部门需要根据招募计划书，通过适当的渠道公布招募信息，同时收集求职者通过各种方式投递的简历，为下一步的人员甄选做好准备。

组织发布的招募信息必须简洁、明确，而且注明接收简历的截止时间以及组织中的联系人和联系方式，以备求职者查询。在发布招募信息的时候，组织人力资源管理部门需要和用人部门共同拟定准备招募员工填补的职位的简要说明书，其中特别需要注意任职资格条件的描述一定要清楚，尽量确保只有那些符合职位任职资格条件要求的求职者才会投递简历，以免由于职位的任职资格不清晰导致大量的无效简历投递过来，增加组织的筛选成本。

在实施招募活动的过程中收集的求职者简历既包括纸质简历，也包括电子简历。现在很多组织都会事先拟好要求求职者必须填写的标准简历格式，促使求职者在简历中填写组织感兴趣的内容，比如学习背景、主要工作经历、专长领域、个人性格特点等，以便组织进一步筛选。在进行电子招募的时候，有些公司甚至直接设置简历筛选功能，自动将不包含某些字段的简历剔除，为下一步的人员甄选工作减轻负担。

此外，在实施招募计划的过程中，有些组织主要让人力资源专业人员与求职者接触，直到后来的甄选阶段才会让用人部门的业务或职能领域专家参与。有些组织则会在一开始时就让业务或职能领域的专家和人力资源管理部门一起从事招募工作。这两种做法各有利弊，前一种做法节约人力和成本，后一种做法可能更容易找到符合职位需求的人才。无论如何，组织都需要注意，招募者在招募过程中的行为和特性对于招募效果有可能会产生较大的影响。在招募阶段，招募者需要特别注意以下两点：首先，要热情礼貌。招募者的礼貌和表现出的对求职者的关心，尤其是对求职者能够为组织做出贡献的潜力的关心，会让求职者对组织产生良好的印象。同时，还要注意向求职者提供及时的反馈，以免给求职者造成拖拖拉拉的感觉。其次，要提供充分、真实的信息。在这方面，招募者特别需要注意不要盲目夸大职位空缺的正面特征，回避或者掩饰其负面特征，从而对求职者产生误导。这是因为即使求职者是在被误导的情况下加入组织的，他们将来也会产生一种上当受骗的感觉，离开组织的可能性就会很大。如果真的出现这种情况，实际上就是在浪费组织的资源。

阅读与思考 4-4：美团曝出"歧视几亿人"的招聘启事

招聘涉嫌歧视，或许算不上新闻。但一下子得罪了上亿名中国人，倒真是给自己挖了个"大坑"。2017 年 5 月，有微博曝光了一则招聘启事截图，美团一员工发布，"产品运营"一职在常规的运营要求之外，还特别说明以下五类人不要，包括：简历丑的；研究生博士生；开大众的；信中医的；"黄泛区"及东北人士。该截图瞬间引爆了舆论，毕竟短短几行字，把高学历、大众车主、中医以及河南、东北等地全部歧视了个遍，这还没算"长得丑"的。网友保守估计，这则招聘歧视了至少两三亿中国人。难怪有人吐槽说："给 HR 减轻了不少看简历的负担。"

不过该招聘启事疑似仅在 QQ 群内传播，并非对外公开版本。正当真相存疑之时，美团发布了一则题为"关于美团点评员工田源的违纪通报"的声明，称该员工为餐饮平台生态产品部餐饮会员系统员工，歧视语言也属实。该声明还称："田源在部分工作大群中发布招聘信息时，使用地域歧视、爱好歧视类不当言论，在公司内外造成了极为恶劣的影响，对其作出辞退处理，立刻生效。"

一、舆论不会就这么轻易放过

东北人首先饶不了。"有本事退出东北市场""别做东北人生意"等抗议声在网上此起彼伏。网友"王小西不是胖胖"在东北读了四年大学，也对污名东北表示费解："不因为个别而否定整体，不因为偏见而左右是非，是一个现代人应有的素质吧。"

而"黄泛区"一词的背后，是豫南、皖北、鲁西等区域悲惨的历史。网友"马君主任"愤慨地说："'黄泛区'的背后是灾难和饥荒，连灾难都成了歧视或者调侃的对象，怎能让人不愤怒、不心寒？"

至于歧视高学历和大众车主，则涉及个人喜好和价值观。网友"ZYXlittleshit"表示："说别人的时候好好审视一下自己，这时候就已经暴露出来自己的内心有多狭隘了。"网友"亦微"也认为："看到少数人素质不佳，就否定所有人，本身就是一种不合逻辑的主观臆断，哪来的优越感呢？"

网友"陈秋实和他的朋友们"表示，这么多歧视和偏见，反映出的是"非我同类，其心必异"这一腐朽观念。"缺乏自信心与独立人格的人，非常迫切需要通过贬低其他族群来提升自己的地位。"

二、员工的价值观反映企业文化

虽然美团辞退了田源，称这是个人行为，与公司价值观相悖。网友"除了我不是猪"则认为："出了事总有个背黑锅的。"网友"vv_share"也表示："一个企业要为自己的言行负责，员工招聘，是工作行为，反映企业价值观。"也有人认为，个人与公司应该区别对待，毕竟美团官方态度不错。网友"phylice"表示："个人问题背锅的都是企业，美团只是用人不善。这种时候能出来澄清，说明还是有解决问题的态度和担当的。"

由于整件事的导火索是 QQ 群聊天记录的泄露，因此网友"郑褚 Paul 认为"："最应该开除的是把公司内部聊天截图拿出来散播的员工。"

三、短期内消除歧视似乎不太可能

除了事件之外，招聘中的歧视是不是行内潜规则？事实上，招聘中的歧视还真不少。网友

"荀熵"说:"招聘都是存在歧视的,只不过 HR 们不能在招聘广告上直接说出来而已。国家或地区不一样,歧视造成的后果也不一样,比如企业招聘在美国不能搞年龄歧视,在中国就不太在意。"

网友"毒舌框"认为:"每家企业或每个面试官都有自己的偏好,老实地放肚子里就得了,不用说出来。"网友"mini_panda_haha"吸取的教训是:"潜规则是不应该明着说的,摆在台面上说就是找死,默默去做就可以了。"

澎湃新闻对此也表示:"现如今,企业一般不会将'歧视'写在脸上。诸如'只要高学历''只要男性''只要本地人'等条件,不会成为白纸黑字,但招聘者心里的那杆秤,一直都在。许多时候,尽管应聘者能感觉出招聘中的异样,却拿不出实实在在的证据来。被截了图的信息,不过是把说不出口的事拿到了台面上。就在此时,在其他企业内部,是不是还有无数招聘人员正在进行类似交流?"

知乎网友"甘震"援引罗素在《如何避免愚蠢的见识》中的论述:"不管我们属于世界上哪个国家,我们总是认为自己的民族比所有其他民族都优越。我们把自己的价值标准加以调整,以便证明自己民族的长处乃是真正重要的长处,而其缺点相对来说则微不足道。"

歧视背后的因素太过复杂,短期内消除歧视似乎不太可能。澎湃新闻出了一个主意:"相关部门需提高用人单位'隐性歧视'的违法成本。在这一点上,可以借鉴《消费者权益保护法》对消费申诉实行举证责任倒置的做法,让用人单位拿出证据以证明自己没有歧视应聘者。这样,我们才不至于要靠内部信息截图,来揭穿某些心里有鬼的招聘单位。"

(资料来源:查睿,刘璐."歧视几亿人"的招聘启事,可能只是冰山一角[N].解放日报,2017-05-22.)

思考题

(1) 有网友认为:"员工招聘,是工作行为,反映企业价值观。"你是否认可这种观点?为什么?

(2) 你认为该如何减少招聘中的歧视现象?

4. 评估招募效果

评估招募效果就是对招募工作的最终效果以及招募过程中每一个环节的实施情况进行评价。评估招募效果的一种最主要的方法就是看职位空缺最终是否得到了填补,以及用人部门对招募和最终雇用到的人员是否满意。此外,招募评估的内容还可以包括招募的时间是否按计划进行,招募工作完成得是否及时,时间进度安排是否妥当,以及招募预算是否得到了很好的执行,有无出现超预算现象等。

在进行招募效果评估时,还需要注意评估这样一个问题,即针对不同的职位空缺,哪一种招募来源的招募效果最好,组织可能需要对不同的招募来源的质量进行评估。评估中的一个重要指标就是产出率。通过对不同招募来源的产出率进行比较,就可以确定哪一种招募来源对于特定职位空缺的人员招募来说质量最高。当然,在评估招募来源的质量高低时,组织每雇用一个人需要支出的平均成本也是个非常重要的指标。

可以用来评价招募有效性的衡量指标有很多,比如:每种招募来源吸引的求职者人数;新雇用员工的工作绩效；新雇用员工的失败率或离职率；新雇用员工的培训成功率；管理人员对新雇用人员的满意度；从不同招募来源雇用的员工在入职一年后的工作成绩，以及人均雇用成本等。

表 4-9 中是假设的 5 种招募来源的产出率及其相应的人均雇用成本。从表 4-9 中可以看出，对于在这家公司中出现的这些职位空缺而言，一般大学以及内部员工推荐是两个最佳的招募来源。通过报刊招募广告招募来的人数尽管是最多的，但真正符合职位要求的却相对较少。到国内名牌大学进行招募虽然可以招募到素质很高的求职者，但最终能接受公司入职邀请的人却相对较少。最后，猎头公司可以招募到人数不多但是质量却很高的候选人，但与其他几种招募来源相比，它的费用显然过高。

表 4-9 对某企业职位空缺的 5 种招募来源的假设产出率

项 目	招 募 来 源				
	一般大学	名牌大学	员工推荐	报刊广告	猎头公司
吸引的求职简历数量	200	400	50	500	20
接受面试的求职者数量	175	100	45	400	20
产出率/(%)	88	25	90	80	100
合格的应聘者人数	100	95	40	35	19
产出率/(%)	57	95	89	12	95
接受工作的人数	90	10	35	25	15
产出率/(%)	90	11	88	50	79
累积产出率	90/200	10/400	35/50	25/500	15/20
	45%	3%	70%	5%	75%
总成本/美元	30000	50000	15000	20000	90000
单位雇用成本/美元	333	5000	428	800	6000

四、招募的新趋势

总体来说，与传统的员工招募相比，新时代的员工招募有以下特点。

(1) 双向选择性，即员工招募是被招募者与组织间相互选择的过程，成功的招募应是组织与应募者双方对所申请的职务达成了共识。传统的员工招募是以组织为中心的单向过程，组织在招募中占主动地位，应聘者只能被动等待组织的挑选。

(2) 现代招募除了强调职务申请者的技术、知识和能力满足组织的需求，还要求申请者的人格、兴趣和爱好应适合职务说明书、组织文化和价值观等。

(3) 职务申请者更多地考虑组织环境、组织技术、组织发展及能否发挥自己的潜能等因素，而传统招募中的职务申请者则更多地考虑经济方面。

(4) 起决定作用的是用人部门。传统的员工招募，其决策与实施完全由人事部门负责，用人部门的职责仅仅是负责接受人事部门所招募录用的人员及其安排，完全处于被动地位；而在现代员工招募中，起决定性作用的是用人部门，它直接参与整个招募过程，并在其中拥有如表

4-10 所示的职责,因而完全处于主动的地位,而人力资源部门只在其中起组织、服务和监控作用。

表 4-10 用人部门与人力资源部门工作职责的异同点

用 人 部 门	人力资源部门
1. 招募计划的制定与审批	2. 招募信息的发布
3. 招募岗位的工作说明书及录用标准的提出	3. 应聘者申请登记,资格审查
4. 应聘者初选,确定参加面试的人员名单	5. 通知参加面试的人
7. 负责面试、考试工作	6. 面试、考试工作的组织
9. 录用人员名单、人员工作安排及试用期间待遇的确定	8. 个人资料的核实、人员体检
12. 正式录用决策	10. 试用合同的签订
14. 员工培训决策	11. 试用人员报到及生活方面的安置
16. 录用员工的绩效评估与招募评估	13. 正式合同的签订
17. 人力资源规划修订	15. 员工培训服务
	16. 录用员工的绩效评估与招募评估
	17. 人力资源规划修订

备注:表中各数字表示招募工作中的各环节顺序号,两栏数字相同,表示两部门可同时进行相应的招聘活动内容。

(5) 注重从组织内部发现、挖掘人才,重视组织内部人力资源的开发和利用;而传统的员工招募则把重点放在从组织外部寻找人才、引进人才。美国一位老板发表了他对留人和引进人才的看法,"公司不是总能明白吸引人才与留住人才间的关系,这一点很可笑。这些公司不断地从外部招募人,其结果却见不到比上一个季度有什么改善。"另外,人力资源经理们也估计,在考虑所有因素后,不仅包括付给猎头公司的费用,还包括因为雇员离开公司而失去的关系(如营销人员离职,则可能由此丢掉了一些客户),新雇员在学习阶段的低效率,以及同事指导他们所花费的时间,替换雇员的成本可以高达辞职者工资的 1.5 倍。因此对于一个组织来说,更重要的应是先留住人。

本章小结

人力资源规划是组织为了实现自身战略目标,通过对组织未来的人力资源需求和供给状况的预测,根据组织目前的人力资源状况,制定相应的人力资源获取、利用、保留和开发计划,以满足组织对人力资源数量和质量需求的过程。科学有效的人力资源规划有助于组织的人工成本控制,有利于维持人力资源系统的稳定性,有利于组织战略目标的实现。

人力资源规划依靠对人力资源需求和供给两方面的预测以及二者的平衡来实现。人力资源需求预测的方法主要有经验判断法、德尔菲法、比率分析法、趋势预测法和回归分析法。人力资源供给预测的方法主要有人员替换分析法和马尔科夫分析法。在对人力资源需求和人力资源供给进行预测后,组织便可着手制定一系列相互整合的人力资源规划方案,以平衡人力资源供给与需求。

继任计划是组织确定关键岗位的后继人才,并对这些后继人才进行开发的整个过程。继任计划的成功实施,通常包括以下 4 个步骤:明确组织愿景,确定核心能力;找准继任职位,细化个人能力要求;甄选继任候选人,建立人才储备库;建立候选人档案,制定"有的放矢"的培养计划。

所谓招募,就是指组织为吸引足够数量的具备相应能力和态度、从而有助于实现组织目标的员工而开展的一系列活动。招募包括内部招募和外部招募两个来源。其中,内部招募主要有员工晋升、平级调动、工作轮换和重新招回原有员工等几种形式。外部招募主要有招募广告、网上招募、劳务中介机构、教育机构、内部员工推荐和上门求职者等几种来源。招募工作主要包括确定招募需求、制定招募计划、实施招募活动、评估招募效果四个阶段。

关键概念

1. 人力资源规划
2. 人力资源需求预测
3. 人力资源供给预测
4. 继任计划
5. 招募

复习思考题

1. 组织怎样才能制定出科学有效的人力资源规划?
2. 当人力资源的供给与需求不平衡时,组织该如何调整?
3. 内部招募和外部招募各有何优缺点?
4. 如何对人才招募活动进行评估?

案例分析

招聘歧视为何层出不穷

2017年5月,一位美团员工曾在招聘条件中特别说明"简历丑的、研究生博士生、开大众的、信中医的、'黄泛区'及东北人士"五类人不要。2017年9月,有大学生发微博称,小米科技有限责任公司在郑州大学招聘宣讲会上涉嫌专业歧视,要求公开道歉。据悉,郑州大学日语专业学生参加宣讲会,小米创新部负责人秦涛在发言时说:"如果你是英语或者阿拉伯语专业都可以来,因为我们有海外市场。如果你是日语专业,那可以走了,或者我建议你们去从事电影事业。"2018年年初,网友投诉云南省曲靖市第一人民医院,称其在招聘中规定"男性毕业生可考虑优先录用",多个岗位"仅限男性或者男多女少",存在性别歧视。曲靖市第一人民医院随后否认存在性别歧视,称此次招聘以"男性优先"或者"仅限男性",是出于医院目前的实际需要。以该院急诊科为例,"急诊科现在有80多个护士,其中20多个护士现在是怀孕的状态,急诊科都快没人看病了。"再比如放射科,由于辐射比较强,现实工作中许多女性考进这一岗位后,又申请调换到其他科室。

招聘歧视及就业歧视,是《劳动法》等法律法规明令禁止的行为。但现实中,应聘者和涉嫌歧视的单位很多时候都没有把歧视当回事,从而导致招聘歧视层出不穷。《就业促进法》规定,遇到就业歧视,劳动者可以向人民法院提起诉讼。但即便遭遇小米、美团这样带有明显歧视条件的招聘,也很少有应聘者具备向法院主张权利的意识,至多要求其道歉。对于设立211、985等招聘门槛的隐性歧视,不仅应聘者听之任之,公众也将其当成一种理所当然,比如父母激励孩子要努力学习考上211、985高校,才有资格应聘大公司。

应聘者及用人单位都不把歧视当回事或不会较真,是因为现行法律法规对于招聘及就业歧视,缺少明晰的界定和具体的罚则,劳动者因歧视向法院主张权利很难获得支持。《劳动法》第 12 条规定,劳动者就业,不因民族、种族、性别、宗教信仰不同而受歧视;《就业促进法》第 26 条规定,用人单位招用人员、职业中介机构从事职业中介活动,应当向劳动者提供平等的就业机会和公平的就业条件,不得实施就业歧视。但如何处罚涉嫌歧视的用人单位,上述法律法规中均语焉不详。现实中,在学历、外貌等方面涉嫌歧视应聘者的用人单位很多,因此被处罚的却很少。

就业问题乃民生之本。据相关机构估计,2018 届高校毕业生人数将会超过 810 万人。为避免招聘歧视屡屡发生,侵害应聘者合法权益,应尽快完善相关法律法规,需要职能部门依法加大对涉嫌招聘歧视用人单位的督查和处罚力度,应聘者也要拿起法律武器主张权利,营造一个公平公正的就业竞争环境。

(资料来源:宋广玉.对各类招聘歧视必须较真[N].南京日报,2017-09-25;廖德凯.医院招聘"性别歧视"暴露了什么真问题[N].中国青年报,2018-02-06.)

思考题:
(1) 在招募过程中,企业应注意哪些问题?请结合案例进行说明。
(2) 你如何看待案例中的三起招聘歧视现象?

第五章 人力资源甄选与配置

> **学习目标**
>
> 通过本章学习,了解人力资源甄选的概念和作用,掌握人力资源甄选和配置的方法;了解人力资源配置的概念和作用,熟悉人力资源配置的原则及形式,掌握人力资源配置的方法。

引导案例:华为严苛筛选"天才少年"

2020年8月3日,长江日报记者从华中科技大学获悉,该校今年计算机专业毕业的博士生张霁和姚婷,入选华为"天才少年",2019年该校也有一位博士生左鹏飞进入"天才少年"。

华为"天才少年"项目,是任正非发起的用顶级挑战和顶级薪酬去吸引顶尖人才的项目。华为招募的"天才少年",工资都是按年度工资制度发放的,共有三档,最高年薪达201万元。

目前,全球仅4人拿到华为"天才少年"最高一档年薪201万元。分别是钟钊(本科毕业于华中科技大学软件工程专业,博士毕业于中国科学院大学模式识别与智能系统)、秦通(本科毕业于浙江大学控制科学与工程,博士毕业于香港科技大学机器人方向)、左鹏飞(本科和博士毕业于华中科技大学计算机专业)、张霁(博士毕业于华中科技大学计算机专业)。

一、经七轮严苛筛选脱颖而出

华为"天才少年"的招聘标准非常严格,一般需要经历七轮左右流程:简历筛选、笔试、初次面试、主管面试、若干部长面试、总裁面试、HR面试。在每一环节中,都会经过严格的考核和筛选,因此也会遇到很多挑战和阻碍,任何一个环节出现问题或表现不佳都有可能失败,难度非常大。

张霁,湖北通山人,他是在一次国际会议上接触到华为的。8月3日晚8时许,张霁告诉记者,自己是今年5月底入职华为,华为招聘主要看的是研究方向和科研能力,其中研究方向是华为最为看中的。

拥有了很多人梦寐以求的工作,张霁内心却很平静。他说:"我并不是什么天才少年,要除去天才少年光环,我只是一个普通人。现在肩上责任和压力更大,要快速融入这个团队,不仅要把领导分配的事情做好,更要去思考今后该如何做好工作,不负众望。"

在本科期间,1993年出生的张霁,各科成绩在院系一直名列前茅,顺利通过英语四六级考试,国家计算机二级考试,获得全国ITAT职业技能大赛职业技能资格认证证书,成为老师与同学眼中名副其实的"超级学霸"。

"这其实夸张了。"张霁说,小时候爸爸妈妈对自己的影响特别大。那时,妈妈是幼儿园老师,爸爸是中学老师,自己是独生子,"爸爸特别尊重我的选择,让我长大后养成了有主见意识。"

"无论什么事,做还是不做,爸爸妈妈都不会给我做决定。"张霁说,这个让自己独立思考的做法,一直影响到现在。

二、"天才少年"喜欢做好计划按部就班

读研读博是张霁初进校园时就认定的目标。他对待学习没有拖延症,喜欢做好计划按部就班,因为这样让他事半功倍。

"有志者,事竟成",张霁刻苦学习,精心准备,终于在2016年成为一名计算机系统结构专业博士研究生,在华中科技大学武汉光电国家实验室继续深造。

对科研,张霁认为首先是调研,然后和朋友分享,接着还要敢想,最后才开始付诸行动,"一定要敢想,如果连想都不敢想,就不会触发灵感"。

张霁的努力,也让他的工作水到渠成。由于科研项目比较多,张霁基本上没有刻意去找工作,甚至没有主动投递简历,都是企业或者高校联系他。

目前,在华为上海研究所工作的张霁说,上一届学长左鹏飞2019年入选华为"天才少年",是自己的榜样。两人互相加了微信,也经常交流,因为平时都在各自忙碌,在学校时彼此也没见过面。2020年8月2日,两人在深圳参加一个活动,才第一次见面。

张霁的同学姚婷,这次也入选华为"天才少年",并已签约。姚婷可能要等到8月份前来华为报到。

当被问到对学弟学妹们,有什么想说的吗?张霁说,自己并没有什么过人之处,自己的体会是首先要对自己的选择做一个规划,然后一定要坚持,要有信心,不要轻易放弃。另外,取得成绩后,要戒骄戒躁,沉下心来,盯紧下一个目标,每个阶段都要提升,要持续学习,让自己持续进步。

(资料来源:胡义华,高翔.华为最高档"天才少年":刚出校门就拿年薪201万元[N].长江日报,2020-08-04.)

思考题:

结合上述材料,谈谈你对华为"天才少年"项目的看法。

第一节　人力资源甄选

一、甄选的概念与作用

(一)甄选的概念与内涵

甄选即甄别和选择之意,也称为筛选或选拔。在现代人力资源管理中,它是指运用一定的工具和手段对已经招募到的求职者进行鉴别和考察,从而最终挑选出符合组织需要的、最为恰当的职位空缺填补者的过程。甄选过程的复杂性在于,组织需要在较短的时间内,在信息不对称的情况下,正确地判断出求职者是否能够胜任本组织中的某一个或某一类岗位的要求,以及此人是否与本组织的文化和价值观相吻合,是否能够在未来的工作岗位上达成优良的绩效。

在求职者进入组织内部工作之前或者进入组织内部工作时间比较短的情况下,很难做到完全准确地判断求职者是否适合组织内某一特定职位的工作,因此,甄选决策本身总是蕴涵着一定的风险。

作为员工招募过程的一个自然后续阶段,在甄选过程中,组织需要解决的是如何挑选出最合适的高质量求职者,然后将他们正确地配置到合适的岗位上这样一个问题。总的来说,所有的甄选方案都是要努力找出那些最有可能达到或超越组织绩效标准要求的人。不过,需要指出的是,在构建有效的甄选体系时,组织的目的可能并非总是要挑选出那些在某种特定质量方面最好的人。相反,甄选的目的在于谋求职位与求职者所具有的某种特性的恰当水平之间达成最优匹配。例如,不同的工作对于人的智力要求不同,因此并非在所有的情况下都是求职者智力水平越高越好。如果某职位并不要求任职者具备特别高的智力水平,那么智力水平过高的求职者对组织来说反而是不合适的。这是因为组织可能无法利用这种高水平的智力,但是必须为这种高水平的智力支付更高的薪酬水平(因为求职者会根据他们自己的智力水平提出薪酬要求)。

此外,在甄选过程中还需要避免这样的错误,即把注意力过多地放在对求职者进行相互比较上,而不是重点关注求职者和空缺职位需要达到的客观标准之间的比较。这种错误会导致组织雇用了不该雇用的"质量过高者",也会导致组织的甄选过程变成了"矮子里面拔将军"。因此,对于一个组织来说,设计和实施有效的甄选过程的首要任务之一就是,确认在当前情况下,希望通过甄选达到的目标是什么,然后通过一套甄选系统来选拔出那些真正能够有效地完成相关工作职责并帮助组织实现战略目标的人。

(二)甄选的作用

甄选的作用主要包括以下三点。

第一,甄选有利于提升组织绩效。组织的总体绩效在很大程度上是以员工个人的绩效为基础的,因此合适的、优秀的员工是确保组织战略目标达成的根本保障。在现代市场经济中,能否找到合适的人来承担组织必须完成的各项工作,是决定一个组织的竞争力和整体有效性的关键因素。只有挑选并雇用那些具备相关的知识、技能、经验,具有强烈的工作动机和端正的工作态度,同时与组织的文化及价值观高度吻合的员工,才能确保组织的客户得到一流的产品和服务,从而确保组织战略意图的达成和经营目标的实现。卓越的组织必须拥有一流的员工,必须从一开始就选择正确的人。如果不在一开始正确选择,而是等到员工入职以后再根据组织的需要加以改造和培养,不仅会给组织带来极高的成本,而且可能效果极差。比如,微软公司相信智力和创造力往往是天生的,企业很难在雇用了某人之后再培养其具有这种能力。此外,很多管理学家明确指出,培养员工的敬业精神、献身精神以及良好绩效,并不是在员工进入组织之后,而是在员工还没有进入组织的时候就已经开始了。也就是说,选择了正确的人,实际上就等于奠定了培养和开发的基础。

第二,甄选可以避免不必要人力资源再配置成本的发生。当然,即使一个组织在甄选过程中产生决策失误,雇用了不合适的人,也可以采取一些适当的方式来加以弥补,比如对员工进行培训,调整员工的工作岗位,到期解除劳动合同,甚至是通过直接解雇的方式来将不合格的人剔除出组织。然而,很显然,这种"亡羊补牢"的做法不仅会导致组织产生很多成本,比如培训成本、岗位调整成本、重新雇用成本等,而且有可能会导致组织陷入劳动法律纠纷。

此外,除了直接成本,错误雇用还会给组织带来很高的机会成本。也就是说,在机会稍纵即逝的今天,用人不当虽然没有给组织带来直接损失,但会通过耽误发展良机而给组织带来损害甚至毁灭性的打击。如果在一开始就能选择正确的人,可以为组织抓住每一个有利的时机壮大和发展。从这个角度来说,组织在人员甄选方面进行投资在很多时候都是值得的,尤其是当组织需要雇用关键职位上的员工的时候。

第三,甄选有助于整个社会"人尽其才"目标的实现。错误雇用的代价其实并不是由组织单方面来承担的,错误雇用同样会给员工带来伤害。在本组织中不合适的员工未必不适合其他组织,如果不是因为当前组织做出错误的雇佣决策,这些人当初很可能会找到真正适合他们的组织,而且可能实现与岗位之间的更优匹配,从而达到优良的绩效水平。这样,这些员工在其他组织中的生产率水平和薪酬水平可能会更高,成就感也会更强。因此,从这方面来看,正确的雇佣决策是对求职者负责的一种态度,是组织勇于承担社会责任的一种表现。

二、甄选的主要方法

(一) 员工选拔面试

员工选拔面试也叫招聘面试,包括审查应聘申请表、初选、面试和测试、进一步面试、体检等环节。这里,介绍的是审查申请表后的面试。

由于应聘申请表与初选不能反映应聘者的全部信息(甚至应聘申请表中的有些内容不够真实),组织不能对应聘者作深层次的了解,个人也无法得到关于组织的更为全面的信息,因此需要通过面试使组织与个人得到各自所需信息,以便双向选择。因而面试是供需双方通过正式交谈,使组织能够客观了解应聘者的业务知识水平、外貌风度、工作经验、求职动机等信息,也使应聘者能更全面地了解组织信息。因此,选拔面试是组织和应聘者双向选择的一个重要手段。

1. 面试方法

面试方法根据不同的标准有不同的划分。

(1) 从面试达到的效果来看,可分为初步面试和诊断面试。初步面试相当于面谈,比较简单随意,它通常由人力资源部门中负责招聘的人员主持,初选不合格者将被筛掉。诊断面试是指对初步面试合格者做的实际能力与潜力测试,使招聘单位与应聘者互相补充深层次信息。这通常由用人部门负责,人力资源部门参与。这种面试对组织录用决策与应聘者是否加入组织决策至关重要。

(2) 从参与面试过程的人员来看,可分为个别面试、小组面试和成组面试。个别面试是指一个面试员与一个应聘者进行面对面交谈的一种面试方式,它有利于相互间沟通,但面试结果易受个人偏见的影响。小组面试是指由用人部门和人力资源部门共同组成的面试小组对每个应聘者分别从多种角度进行的面试,因而它有利于提高面试结果的准确性,克服个人偏见。成组面试也叫集体面试,是指面试小组对若干应聘者同时进行的面试,因而面试的效率比较高,同时对面试主考官的要求也比较高。

(3) 从具体方法来看,常见的面试方法有结构化面试、非结构化面试和压力面试。

① 结构化面试。结构化面试在面试前,已设立面试内容的固定框架或问题清单,主考官按照这个框架对每个应聘者分别作相同的提问,并控制整个面试的进行。

优点:由于对所有应聘者均按同一标准进行,因而可以提供结构与形式相同的信息,利于对应聘者进行全面分析、比较,这同时减少了考官的主观性,且对考官的要求也较低。

缺点:过于僵化,难以随机应变,因而所收集信息的范围受到限制。

注意事项如下。

a. 做好拟聘职位的工作技能需求分析,确定做好工作所需的技能以及各技能需求的重要程度。

b. 确定面试问题。确定问题应围绕面试所需了解的信息,重点是对应聘者能力与潜力的了解;问题要简明扼要,且有一定的诱导性,让应聘者有更多的发挥余地。

c. 合理引导与控制面试过程。由于这种面试有固定问题清单,接近考试,因此主考官应注意不要使应聘者有较大精神压力,要注意引导面试氛围。

d. 公正平等地评价面试结果。主考官对各应聘者的评价应建立在公正平等之上,将应聘者的实际表现与技能需求分析作对比,然后列出各应聘者的优劣。

② 非结构化面试。面试前无须做特别的准备,主考官只需掌握组织、职位基本情况即可。而在面试过程中,提问往往带有很大隐蔽性和随意性,其目的在于给应聘者充分发挥自己能力与潜力的机会。当然这种面试要求应聘者有很好的理解能力与应变能力。

优点:由于非结构化面试灵活自由,问题可因人、因情境而异,可深入浅出,因而可得到较深入的信息。

缺点:由于此方法缺乏统一标准,因而易带来主观偏差,且对主考官要求较高,要求主考官具备丰富的经验与很高的素质。

下面的案例就显示了非结构化面试的灵活性特点。

某独资企业欲招聘若干管理人员,通知所有应聘者于某月某日某时整在位于某某大厦公司总部同一时间面试。结果等到面试那天,公司派人提前在该大厦大厅内接待前来应聘的人员,并请大家在大厅内恭候,等到所有应聘人员到齐后,接待人员告诉大家一个不幸的消息:电梯坏了,需要大家爬几十层楼梯到公司的办公室参加面试。有些人听后立即就走,有些人爬到一半后也放弃了,只有少数几个人坚持到最后。结果,就是这些坚持到最后的应聘者被录用了。事实上,电梯根本就没有坏,主考官就是想借此考核应聘者的吃苦耐劳和坚忍不拔的意志。然而,许多应聘者却由于不具备"磨难精神"而失去了此次机会。

③ 压力面试。在面试一开始就给应聘者以敌意的,或是具有攻击性的、意想不到的问题,以了解应聘者承受压力、情绪调整的能力,测试应聘者的应变能力和解决紧急问题的能力。这种方法较常运用于招聘销售人员、公关人员、高级管理人员。

优点:可以较真实地测试应聘者承受压力和调整情绪的能力,为招聘销售人员、公关人员及高级管理人员提供了较好的方式。

缺点:问题较难设计,对主考官要求相对较高。

2. 面试中的提问技巧

在上述各类面试中,主考官常常要向应聘者提问,获取更多信息,提高面试质量。下面有一些面试技巧可供参考。

(1) 合理安排提问内容。提问内容应是与拟聘职务有关的、并且是应聘者书面材料之外的东西,以便于更全面、真实地了解应聘者适应拟聘职务方面的情况。

(2) 合理运用简单提问。一般在面试刚开始时,采用简单提问来缓解面试的紧张气氛,消除应聘者的心理压力,使应聘者能轻松进入角色,充分发挥自己的水平和潜力。简单提问常以问候性语言开始,如"你一路上辛苦吗?""你乘什么车来的?"等。

(3) 合理运用递进提问。在开始简单提问后,谈话气氛趋于轻松,此时可采用递进提问将问题引向更深的层次,如引导应聘者详细描述自己的工作经历、技能、成果、工作动机、个人兴趣等。递进提问常采用诱导式提问,如"你为什么要离职?""你为什么要到本公司来工作?""你如何处理这件事情?"等,以给应聘者更多的发挥余地。不过,应避免使用判断式提问,如"你认为某事情这样处理对吗?""你有管理方面的经验吗?"等。

(4) 合理运用比较式提问。指主考官要求应聘者对两个或更多事物进行比较分析,以了解应聘者的品格、工作动机、工作能力与潜力。如"若现在同时有一个晋升机会与培训机会,你将如何选择?""在以往的工作经历中,你认为你最成功的地方是什么?"等。

(5) 合理运用举例提问。这是面试的一项核心技巧,是指主考官引导应聘者回答解决某一具体问题或完成某项任务所采取的方法和措施,以此鉴别应聘者解决问题的实际能力,如"请你举例说明你对员工管理的成功之处"等。

(6) 客观评价提问。是指主考官有意让应聘者介绍自己情况,客观地对自己的优缺点或曾发生在主考官身上的某些事情进行评价,以使应聘者毫无戒备地回答有关敏感性问题,如"世上没有十全十美的人,比如说,有的人在处理突发事件时容易冲动。你觉得你在哪些方面需要改进?"等。

3. 主考官应具备的素质

主考官除掌握上述面试询问技巧外,还应具备以下素质。

(1) 能客观公正地对待所有应聘者。不应以个人主观因素评价应聘者,而应以录用标准加以衡量。

(2) 良好的语言表达能力。在提问中语言表达清楚准确,不引起应聘者的误解,并善于引导应聘者回答问题。

(3) 善于倾听应聘者的陈述。对应聘者的陈述始终集中注意力和保持极大的兴趣,准确理解对方的陈述。

(4) 敏锐的观察力。善于观察应聘者面试中表现出的身体姿态、语言表达、面部表情、精神面貌等,及时捕捉隐含的有效信息。

(5) 善于控制面试进程,使面试始终处于一个良好、轻松愉快的气氛之中。

此外,在面试过程中,通常采用一些事先设计好的表格来记录面试情况,见表 5-1、表 5-2。

表 5-1 面试记录表

单位名称: 　　　　　　　　　　　　　　填表日期: 　年　月　日

申请人姓名		性别		年龄		最高学历	
应聘岗位		主试人		面试时间		面试地点	

面试项目	优	良	好	可	差	备注
1. 体能、体态状况						
2. 仪表、穿着与服饰						
3. 举止及应对礼仪						
4. 语言表达与口齿清晰						
5. 机智及反应能力						

续表

6. 知识面宽广和渊博程度				
7. 性格特征与人际沟通				
8. 生活工作阅历是否丰富				
9. 外语能力				
10. 学历、学位				
11. 对申请职位之经验				
12. 相关专业知识支撑				
13. 对新工作环境适应性				
14. 对新工作之稳定性				
15. 对新工作的信心与毅力				
16. 个人理想与企业一致				
17. 未来之可塑性				
面试总体评价				
现行工资		期望工资		
可提供待遇		确认工资		
拟受聘岗位		拟确定级别		拟聘用开始时间
部门经理意见			年 月 日	
人力资源部门意见			年 月 日	
领导意见			年 月 日	

填表人：　　　　　　　　　　　　　　审核人：

填表说明：此表由面试组长在征求招募小组意见之后填写。面试评估的"备注"一栏用来填写面试过程中有用的信息或数据。

表 5-2　面试成绩评定表

考号		姓名		性别		年龄	
应聘岗位				所属部门			
面试项目	好	分数	中	分数	差	分数	
仪表	端庄整洁	5	一般	3	不整洁	0	
表达能力	清晰明畅	20	基本达意	5	含糊不清	0	
态度	诚恳	10	一般	5	随便	0	
进取心	强烈	15	一般	10	欠缺	0	
实际经验	丰富	15	有一定经验	10	肤浅	0	
情感	稳重	10	一般	15	比较情绪化	0	
反应	敏捷	20	一般	15	迟钝	0	
评定总分				评定等级			
备注与评语							
评分人				评分日期			

阅读与思考 5-1：荆棘之路——丰田的全面招聘体系

丰田为应聘者准备了荆棘之路，只有顺利通过这条路的人才能成为丰田人，也只有通过这条路的人才能为丰田创造价值。

丰田的全面招聘漫长而又严格，每一关都荆棘遍布，一不小心就会出局。

第一阶段：辅导和接受应聘

内容：应聘人员观看关于丰田的录像资料，了解招聘流程，填写申请表，职业招聘机构进行初筛（1小时）。

目的：了解应聘者的基本信息。

执行：专业的职业招聘机构。

第二阶段：技术和工作潜能评估

内容：对基本能力和职业态度的心理测试（2小时），对应聘技师岗位的员工进行现场实际机器和工具测试（4小时）。

目的：了解应聘者的技术水平和能力，评估其解决问题的能力、学习能力和职业兴趣爱好。

执行：专业的职业招聘机构将通过前两轮的应聘者的资料送往丰田公司。

第三阶段：人际能力评估

内容：无领导小组讨论（2小时）、情境测试（5小时）。

目的：评估应聘者的人际关系、决策能力、系统思维能力、创造性以及解决问题的能力。

执行：丰田公司。

第四阶段：集体面试

内容：向招聘人员陈述应聘者过去的成就（1小时）。

目的：进一步了解应聘者的信息、价值观、自我认知等。

执行：丰田公司。

第五阶段：身体健康检查

目的：了解应聘者的身体情况，评估能否适应丰田的作业要求等（2.5小时）。

执行：地区大型医院。

第六阶段：试用期

内容：六个月的试用期，对应聘者进行培训、观察并评估其表现等（6个月）。

目的：进一步确认应聘者的实际情况等。

执行：丰田公司。

具体而言，丰田的全面招聘有以下几个特点。

（1）耐力考验。丰田的这套招聘体系持续的时间特别长，前五个阶段实施起来需要五六天的时间，参与筛选的机构不仅包括丰田公司，还动用了地区的职业招聘机构，因此，没有耐力、没有自信的应聘者是难以坚持到最后一刻的。

（2）能力考验。横向来看，不论是对何种能力的评估，都有一套相应的制度，对应聘者的每一项能力予以准确、客观的反映。因此，那些企图蒙混过关、能力欠缺的人必定会出局。

（3）素质考验。丰田不仅注重员工的知识和技能等能力方面的考验，更注重价值观、性格等方面的考验。纵向来看,考核程序中的技能评估、人际能力测试及集体面试,分别针对应聘者的技术水平到最底层内驱力进行层层考核,深入了解应聘者的价值观、行为习惯以及基本素质。其中,人际能力评估、集体面试和试用期是招聘体系中的关键环节,由丰田公司亲自考核。

(4)综合考验。即使顺利通过了前五阶段,获得了踏入丰田门槛的机会,在实习期,应聘者还要接受全方位的观察和考核。如果表现不佳,同样会被淘汰。

可见,丰田的招聘从审阅简历开始到最后的试用期都严格把关,宁缺毋滥。正是这样一套铺满荆棘的全面招聘体系,使丰田从一开始就保证了新员工的高质量,为其今后培育丰田人才打下了坚实的基础。尽管这近乎"苛刻"的系统让丰田经常遭遇未招满人的困境,但从长远看,这恰恰是其铸造精英人才队伍的决定性因素。

(资料来源:白洁,周禹,刘书岑.丰田传奇[M]北京:机械工业出版社,2010:283-284.)

丰田为何要设计漫长而又严格的招聘流程?

(二)员工选拔测试

员工选拔测试是在面试基础上进一步对应聘者进行了解的一种手段,包括心理测试与智能测试。因而它可以检测应聘者的能力与潜力,消除面试中主考官的主观因素对面试的干扰,鉴别应聘者资料中的某些"伪信息",提高录用决策的正确性,同时也增加招聘的公平竞争性。

1. 心理测试

心理测试主要集中于对应聘者潜力的测试。其具体类型主要有职业能力倾向测试、人格测试、价值观测试和职业兴趣测试等。

(1)职业能力倾向测试。

职业能力倾向测试是指测定从事某项特殊工作所应具备的某种潜在能力的一种心理测试。它能预测应聘者在某职业领域中成功和适应的可能性,或判断哪项工作适合应聘者。

职业能力倾向测试内容一般可分为以下几种。

① 普通能力倾向测试——包括思维、想象、记忆、推理、分析、空间关系判断和语言等方面能力的测试。

② 特殊职业能力测试——是测试特殊职业需要的特殊能力的一种职业能力测试,如警察、潜水员等。

③ 运动机能测试——包括运动能力,如反应时间、肢体运动速度、四肢协调、速度控制等;身体能力,如运动强度、爆发力、广度灵活性、动态灵活性和身体协调性等。这些可借助于体检、各种测试仪器进行。

由于不同职业对能力的要求不同,人们设计了针对不同职业领域的能力倾向测试,用于针对性地选拔人员。我国已在公务员考试中设立了行政职业能力测试,它专门用来测量与行政职业有关的一系列心理潜能(如知觉速度与准确性、判断推理能力、语言理解能力、数量关系与资料分析能力等)的考试。通过这一系列的考试,即可预测考生在行政职业领域多种职位上成功的可能性。行政职业能力测试已在全国公务员招聘中得到广泛运用。

(2) 人格测试。

人格测试也称个性测验,主要测量个体行为独特性和倾向性等特征。个性是一个人能否施展才华、有效完成工作的基础,有人说:"人的性格就是人的命运,影响人的待人处事方式、交际圈大小和人际关系。一个有毅力、专一的人和一个有惰性、兴趣多变的人相比较,即使两人能力相当,但前者可能更易取得事业的成功。"对组织而言,通过人格测试可以筛选出那些具有优良品质、心理健康的人。国外很多公司管理者选择继任者时无不看重候选人的人格,期望找一个既有才干,但更具个性魅力的候选人;对应聘者个人而言,通过人格测试可以发现自己具备的人格和与之相适应的工作性质。

运用较多的人格测试主要有自陈式测试和投射测试。两类工具各有所长,结合起来使用效果更好。常用的人格自陈量表有明尼苏达多相人格问卷(MMPI)、卡特尔16种个性因素问卷、爱德华个人偏好量表(EPPS)、艾森克人格问卷、Y-G性格测验、迈尔斯-布里格斯类型指示器(MBTI)、加州心理量表、DISC个性测验、五大人格理论及NEO人格调查表等。投射法种类很多,最著名的是罗夏墨迹测验和主题统觉测验。

MBTI是近年来国际上最为流行的职业人格评估工具,是一种自我报告式的性格评估测试,用以衡量和描述人们在获取信息、做出决策、对待生活等方面的心理活动规律和性格类型。MBTI人格理论的基础是著名心理学家荣格先生关于心理类型的划分,后由美国的心理学家凯瑟琳·布里格斯(Katharine Brigs)与伊莎贝尔·迈尔斯(Isabel Myers)研究并加以发展。

MBTI倾向显示人与人之间的差异,而这些差异产生于:

① 他们把注意力集中在何处,从哪里获得动力(外向、内向);
② 他们获取信息的方式(感觉、直觉);
③ 他们做决定的方法(思维、情感);
④ 他们对外在世界如何取向(判断、知觉)。

这些差异分别用字母代表如下:

能量指向:外向—E;内向—I。
认识世界:感觉—S;直觉—N。
判断事物:思维—T;情感—F。
生活态度:判断—J;知觉—P。

其中两两组合,可以组合成16种人格类型。

在运用人格测试的方法时,要明确具有特定人格的人并不是表明一定能够从事特定的工作或只能从事特定的工作;同样的,特定的工作也不是只能由特定人格的人来胜任。只不过是,特定工作需要特定的员工人格,如会计和秘书应具备心细的品格特征,市场营销员则需要有强烈的创新和开拓意识。很显然,心细的人不一定就能当好秘书也绝非只能当秘书;有强烈创新、开拓意识的人不一定就能干好市场营销工作,也不是只能从事市场营销工作。

(3) 价值观测试。

价值观测试是指通过对应聘者价值观(如诚实、质量和服务意识等)的测试,来深入了解应聘者的价值取向,作为选拔录用的一种补充性依据。

价值观测试之所以在近几年来被重视并运用于招聘中,是因为现实中一些求职者的工作价值观与其所录用的职业并不相符,结果影响其工作热情与积极性的发挥,故价值观测试越来越受到重视。表5-3是某工作价值观测试样例。

表 5-3 价值观测试样例

评 价 因 素	你认为的重要程度(在数字上画圈)				
有趣的工作	5	4	3	2	1
非工作时间	5	4	3	2	1
收入	5	4	3	2	1
挑战	5	4	3	2	1
住房	5	4	3	2	1
福利	5	4	3	2	1
明确的责任	5	4	3	2	1
技能应用	5	4	3	2	1
公司荣誉	5	4	3	2	1
培训机会	5	4	3	2	1
与经理的工作关系	5	4	3	2	1
赏识	5	4	3	2	1
建议被倾听	5	4	3	2	1
反馈	5	4	3	2	1
贡献	5	4	3	2	1
公平竞争	5	4	3	2	1
提升	5	4	3	2	1
合作的同事	5	4	3	2	1
和谐的组织气氛	5	4	3	2	1
地区	5	4	3	2	1

(4) 职业兴趣测试。

由北京世纪人才系统有限责任公司开发的《企业管理人才测评系统》涉及职业兴趣测试，它从艺术取向、习俗取向、经营取向、研究取向、现实取向、社交取向等方面测定管理人员的职业兴趣。通过职业兴趣测试可以了解应聘者想做什么和喜欢做什么，借此进行合理匹配，以最大限度地发挥人的潜力，促使工作圆满完成。

2. 智能测试

智能测试主要体现为知识考试，是主要通过测验的形式对被测试者的知识广度、知识深度和知识结构进行了解的一种方法。其种类主要有百科知识考试、专业知识考试等。

(三) 评价中心技术

评价中心是一种综合性的人员测评方法，关于其定义较为权威的是 2000 年 5 月在美国加利福尼亚州举行的第 28 届评价中心国际会议上做出的定义：评价中心是基于多种信息来源对个体行为进行的标准化评估。它使用多种测评技术，通过多名经过训练的评价者对个体在特定的测评情境表现出的行为做出评价，评价者将各自的评价结果集中在一起，进行讨论或用统计方法对评价结果进行汇总，得到对求职者行为表现的综合评价。这些评价按照预先设计好的维度或变量进行。评价中心通过情景模拟的方法来对应聘者做出评价，它与工作样本比较类似，不同的是工作样本是用实际的工作任务来进行测试，而评价中心则是用模拟的工作任务来进行测试。评价中心技术主要包括公文筐测试、无领导小组讨论、角色扮演、案例分析、模拟面谈、演讲、搜索事实、管理游戏等。其中最常用的是公文筐测试、无领导小组讨论、角色扮演和案例分析。

1. 公文筐测试

公文筐测试也称文件筐测试,是评价中心技术中最常用测试手段之一,也是对管理人员潜在能力进行测试的主要测评方法。在文件筐测试中,被评价者假定要接替某个领导或管理人员的职位,每个人都得到一篮子文件,文件筐测试因此而得名。测试要求受测人员以领导者的身份模拟真实生活中的情景和想法,在规定条件下(一般是比较紧迫而困难的条件,如时间较短、提供信息有限、孤立无援、外部环境陌生等),对各类公文材料进行处理,写出一个公文处理报告。公文可以包括信函、电话记录、命令、备忘录、请示报告、各种函件等,内容涉及人事、资金、财务、合同、工作程序、突发事件等诸多方面。文件筐所包含的文件是根据这个职位经常会遇到的典型问题而设计的,从日常琐事到重要事件都会有所涉及。文件可多可少,一般不少于5份,不多于30份,每个被评价者要批阅的文件可以一样,也可以不一样,但难度要相似。根据文件的难度和数量,规定完成的时间。测试时间通常为2~3小时,并且要以文字或口头的方式描述他们处理的原则与理由,说明自己为什么这样处理。如果评价者想深入了解某部分内容,还可以与被评价者交谈,以澄清模糊之处。考官根据被评价者的处理情况把有关行为逐一分类,再予以评分,对其相关能力素质做出相应评价。通过这种方法,可以对应聘者的规划能力、决策能力、分析判断能力等做出评价。

文件筐测试的优势非常明显,具体包括:① 情景性强。完全模拟现实中真实发生的经营、管理情境。对实际操作有高度仿真性,因而预测效度高。相对于纸笔测试更具有生动性、灵活性和创新性,能较好地反映被评价者的真实水平。② 非常适合评价管理人员,尤其是中层管理者。文件筐测试主要是对管理人员管理工作的一种模拟测试,其适用对象主要限定于具有一定管理经验的人。③ 综合性强。测试材料涉及经营、市场、人事、客户及公共关系政策法规、财务等企业组织的各方面事务,考察计划、授权、预测、决策、沟通等多方面的能力,能够对中高层管理者进行全面评价。④ 表面效度很高。由于文件筐测试所采用的文件十分类似于竞聘职位日常所要处理的文件,或者就是实际的文件,被评价者对这种方式也就非常容易理解和接受。⑤ 操作简便,要求低。相对于其他测评方法,文件筐测试可采用团体纸笔测试的方式,实施者只要能向被评价者说明指导语即可,实施操作非常简便,对实施者的要求也很低。施测的场地也只要具备简单的桌椅、采光良好的一般房间即可,对场地的要求最低。

文件筐测试的缺点有:① 成本较高。测试的设计、实施、评分都要耗费较长的时间,投入相当大的人力、物力才能保证较高的表面效度,因此花费的精力和费用都较高。② 评分较为困难。因为文件筐测试的作答基本上是开放式的,不同的人因其背景、经验、管理理念、素质等不同,处理文件的方式便不同。不同的评价者之间也会有不同的认识,尤其是专业人员与实际工作人员之间的差异较大。不过,此情况可以通过将作答方式改为标准化试题予以改善。③ 文件筐测试对评价者的要求较高,它要求评价者了解测试的内核,通晓每份材料之间的内部联系,对每个可能的答案了如指掌。评分前组织应对评价者进行系统的培训,以保证测评结果的客观公正。④ 由于被评价者单独作答,很难考察他们的人际交往能力等。

2. 无领导小组讨论

无领导小组讨论又称无主持人讨论、无领导小组测试,是评价中心中应用较广的测评技术。无领导小组讨论就是把几个应聘者组成一个小组,给他们提供一个议题,事先并不指定主持人,让他们通过小组讨论的方式在限定的时间内给出一个决策,评价者通过对被评价者在讨论中的言语及非言语行为的观察来做出评价的一种测评形式。在无领导小组讨论测试中,可以不给被评价者指定特别的角色(不定角色的无领导小组讨论测试),也可以指定一个彼此平等的角色(定角色的无领导小组讨论测试),但都不指定领导,也不指定每个被评价者应该坐在哪个位置,而是让所有被评价者自行安排和组织。无领导小组讨论比较独特的地方在于它能考察出求职者在人际互动中的能力和特性,比如人际敏感性、社会性和领导能力。同时,通过观察讨论过程中每个人自发承担的角色可以对求职者的计划组织能力、分析问题和创造性地解决问题的能力、主动性、坚定性和决断性等进行一定的考察。已有的研究和管理实践表明,无领导小组讨论对于评定被评价者分析问题的能力、解决问题的能力、管理素质有很好的效果。

无领导小组讨论的题目从形式上可以分为开放式问题、两难问题、多项选择问题、操作性问题和资源争夺问题等,具体如下。

(1) 开放式问题。开放式问题答案的范围可以很广。主要考察被评价者思考问题是否全面,是否有针对性,思路是否清晰,是否有新的观点和见解。例如:你认为什么样的领导是好领导?关于此问题,被评价者可以从很多方面,如领导的人格魅力、领导的才能、领导的亲和力、领导的管理取向等来回答,可以列出很多优良品质。但此类问题不太容易引起被评价者之间的讨论,所测查被评价者的能力范围较为有限。

(2) 两难问题。两难问题是让被评价者在两种各有利弊的答案中选择其中一种。主要考察被评价者的分析能力、语言表达能力以及说服力等。例如,你认为以工作为取向的领导是好领导还是以人为取向的领导是好领导?此类问题对被评价者而言,既通俗易懂,又能引起充分的辩论。对于考官而言,编制题目比较方便,评价被评价者也比较有效。但是,此种类型的题目需要注意的是两种备选答案都具有同等程度的利弊,不存在其中一个答案比另一个答案有明显的选择性优势的情况。

(3) 多项选择问题。多项选择问题是让被评价者在多种备选答案中选择其中有效的几种或对备选答案的重要性进行排序。主要考察被评价者分析问题、抓住问题的本质等方面的能力。这类问题出题难度较大,但有利于考察被评价者的能力和人格特点。

(4) 操作性问题。这是给出材料、工具或道具,让被评价者利用所给的材料制造出一个指定的物体。主要考察被评价者的能动性、合作能力以及在一项实际操作任务中所充当的角色特点。此类问题考察被评价者的操作行为比其他类型的问题要多一些,情景模拟的程度要大一些,但考察语言方面的能力则较少。必须充分地准备材料,对考官和题目的要求都比较高。

(5) 资源争夺问题。此类问题适用于指定角色的无领导小组讨论,是让处于同等地位的被评价者就有限的资源进行分配,从而考察被评价者的语言表达能力、概括或总结能力、发言的积极性和反应的灵敏性等。如让被评价者担当各个分部门的经理并就一定数量的资金进行分配。因为要想获得更多的资源,自己必须要有理有据,必须能说服他人,所以此类问题能引起被评价者的充分辩论,也有利于考官对被评价者的评价,只是对试题的设计要求较高。

在进行无领导小组讨论时,应注意的问题有:① 适当控制小组的人数,以 6 人左右为宜。② 保证适宜的现场环境,一般以圆桌会议为佳。③ 可以每隔一段时间增加一些新的变化信息,以增加讨论的深入程度和充分性。④ 评委事先应该制定统一的评分标准。

3. 角色扮演

角色扮演是用以测评人际关系处理能力的情景模拟活动。在这种活动中,主试者设置了一系列尖锐的人际矛盾与人际冲突,要求几个应聘者分别扮演不同的角色,去处理各种不同的矛盾。主试者通过观察应聘者在扮演不同角色时表现出来的行为,测试其素质和潜能。评价内容一般分为角色把握能力、角色的外表、角色的表现行为。除此之外,还包括诸如缓和气氛化解矛盾的技巧、行为策略的正确性、行为优化程度、情绪控制能力、人际关系技巧等。

4. 案例分析

案例分析通常是让求职者阅读一些关于组织中存在问题的材料,然后让其提出一系列建议,提交给更高层的管理部门。这种方法可以考察应聘者的综合分析能力和判断决策能力,既包括一般性技能,也涵盖特殊性技能。案例分析结果可采取书面报告形式,并对求职者所撰写报告的内容及形式进行评价。这种测量方法着重于考察求职者的计划组织能力、分析问题的能力、决断性等。案例分析与文件筐测试有些类似,都是让被评价者对文件材料进行分析。但文件筐测试中所提供的材料可能稍显零散,而且是原始文件;案例分析中所提供的文件大多是经过加工的,例如一些图表。文件筐测试要求求职者针对文件提出一系列具体的问题;而案例分析则是要求求职者撰写一份分析报告。评价者可以根据分析报告对其综合分析能力或者管理及业务技能做出判断。案例分析的优点是操作非常方便,分析结果既可以采取口头报告也可以采取书面报告。

案例分析主要适用于中高层管理者的选拔。有研究表明,不同职业背景、不同职位,不同学历、不同经历的人,在案例分析的得分上存在明显差异,因此如果试题编制得当,案例分析完全可以用于管理者的选拔。其次,案例分析既适合个别施测,也适用于团体施测,尤其是在有条件限制,其他测评方法不便使用或不能使用的场合。最后,在实际应用中,案例分析不仅可以作为领导干部的测评手段,也可以作为领导干部的培训手段。

阅读与思考 5-2:被迫提前退休的总裁

美国一家久负盛名的兄弟银行公司总裁乔治,8个月前亲手把公司负责内部管理的查理提拔到副总裁的位置上。他对查理的干练十分满意,准备3年后让查理接替自己的位置。

一天晚上,乔治的一个朋友邀请乔治一起用餐。乔治认为查理是银行内部管理的行家,但对外交和应酬十分冷淡,为了改善查理此状况,乔治也邀请查理一起前往用餐。在用餐的时候,乔治的朋友对乔治的工作大加赞赏,而对查理十分冷漠。

当天晚上查理回到寓所就失眠了:凭什么上下劳累的是我,而获名获利的却是你乔治?于是,第二天上午,查理来到乔治的办公室单刀直入向总裁"逼宫"。下面是他们谈话的一部分。

"我想现在就接替你的工作。"

"现在是什么概念?你本来是很快就可以接替我的工作的,再过3年我就退休了。"

"现在的概念就是立刻,3个月以内吧!"

"你既然这么急迫,那让我想想吧。"

乔治不愿公司失去一个干练的领导,又因为公司内部管理长期授权给查理,现在收回十分困难,乔治决定提前退休,董事会也同意了乔治的请求。3个月后,查理坐上了总裁办公椅。但查理的品行未能受到银行界同行的认可和企业界朋友的尊重,由于查理性格的原因和外事工作能力的缺乏,一年后,公司破产,查理也跳楼自尽。提前退休的乔治陷入了深深的思考中。

(资料来源:廖泉文.招聘与录用[M].3版.北京:中国人民大学出版社,2015.)

思考题

（1）乔治的识人、用人失误在哪里？

（2）为什么宴会后的第二天会引发"逼宫"？如果第二天发生一些特殊情况：如乔治出差、生病或查理生病、出小车祸等，这种"逼宫"还会出现吗？

（3）为什么公司会在一年后经营失败？

（4）请分析一下乔治和查理职业失败的原因。

（四）员工背景调查

背景调查亦称证明材料核查，是指用人单位通过各种合理合法的途径，来核实求职者的个人履历信息的真实性的行为和过程。员工背景调查在欧美国家比较盛行，在美国请一个保姆都要对其进行背景调查。近年来，随着"学历门""造假门"等现象的发生，员工背景调查逐渐在中国流行起来。

1. 背景调查对于员工招聘的价值

一般来说，员工背景调查对于组织招聘具有以下价值。①

第一，帮助组织筛除有虚假信息的候选人。广东省东莞市学历鉴定中心的相关数据显示，2012年全年共查验出"假文凭""伪文凭"等不合格学历证书近3000份，此数据比2011年有所上升。在实际工作中，组织会遇到求职者简历信息造假、新员工实际工作能力与面试不符的情况。在面试后、入职前对候选人做背景调查，核实其身份、学历、资格证书以及工作履历、工作表现等情况，这样才能杜绝"假简历""伪能力"的候选人混入企业，造成企业"真损失"。所以，员工背景调查对于组织招聘的价值在于能够起到"去伪存真"的作用。

第二，全面了解求职者的素质与能力。通过背景调查，我们可以更全面了解员工的素质与能力情况，获得更全面、更客观的信息，为员工未来的培训、晋升与职业发展提供参考和依据，做到"全面了解""知人善任"。

第三，帮助组织节省成本、规避用人风险。众所周知，组织招聘一个新员工，需要投入网络招聘费用（或招聘会费用或猎头费用或内部推荐费用）、宣传费用等前期成本，需要支付招聘人员的工资费用、交通差旅费等运作成本，新员工的薪酬、福利培训费等试用期成本，还需要承担机会成本与再招聘成本：如果招聘到合适的员工则能为组织创造价值与效益，如果招聘到不合适的员工则给组织带来经济损失。由此，招聘匹配的重要性可想而知，不匹配则给组织带来巨大的成本浪费与风险。更有甚者，一些企业中，还发生仓管员工偷窃、财务人员贪污、采购人员吃回扣等现象。

据有关部门统计，我国企业每年因诚信缺失而造成的损失达5855亿元，相当于财政收入的37%，国民生产总值每年因此减少了2%。另据一览人才评鉴中心的研究数据表明，企业遭遇的人才风险管理问题中，员工违法乱纪占9%，企业名誉损失占15%，员工偷盗等行为占28%，商业信息安全问题占36%，而员工流动性高达65%。要规避这些风险与成本浪费，员工背景调查是有效的手段和方法。通过对拟录用员工进行基本信息的核实，确保信息的真实性；

---

① 飞象. 员工背景调查对企业招聘的价值[N]. 建筑时报，2013-07-11.

通过对拟录用员工进行工作表现与工作能力的深度调查,确保候选人与匹配岗位。

2. 背景调查的应用和技巧[①]

背景调查前除了查证求职者本身所提供的来源,也应该尽量运用人脉去查证其他的来源。如果求职者尚在职,而查证的对象为其现任主管,则查询前务必要知会求职者并取得其同意,以免妨碍他目前的工作。对于所搜集到的评论不要仅凭一面之词,查证的对象至少要2名以上,将所有想了解的问题(一般性的或与所应征职务直接相关者)一一列于纸上,对于所有查证的对象都应该提出相同的问题,注意其深度及广度保持一致。

做电话背景调查时须注意的事项:必须清楚地于电话中表明身份及来意,明确地告知对方目的所在。让对方确知对话内容是绝对保密的。如果你已取得求职者所签署之同意书,就应该提供给对方。如果你无法取得对方的信任,不妨请对方查证。告知对方应征者目前所应征的是哪一个职务,好让对方客观评论。当对方在叙述时,不要中途插话,因为一旦被打断后,有可能对方也不愿再继续原来的话题了。如果你觉得对方似乎有意回避某些问题时,你应该诚恳地告知对方:你希望录用对于公司及求职者双方都是最合适的选择。注意对方回答前停顿的时间长短,以及回答内容的长短、语调及口气。如果对方给你一些模棱两可的回答或者无关紧要的讯息,这时你可以征求对方的明确答案"如果有机会,您还愿意再雇用这名人员吗?"

若由于背景信息提供者的谈话内容,导致应征者最终未能获得录用,则进行背景调查的人事单位应注意处理技巧,以避免应征者一旦发现后将不满情绪怪罪、迁怒于原始提供者。如果应征者所提供的背景调查的名单中未见其工作单位的直属主管(现任或前任),则人事单位宜提高警觉,该应征者的诚信度是否有问题。

在背景调查时,通常调查的范围包括:被调查人在原公司服务时,职称是什么?职责内容涵括哪些部分?他在原公司服务的起始和终止时间?他的起薪为多少?离职前的待遇怎样?并可请证明人就被调查人在以下各方面的表现给予评论:出勤状况、工作自主性、决策及判断能力、专业能力、管理(领导)能力、人际关系、团队精神。还可请证明人就与其他负责相同或类似职务的人相比较,谈谈对被调查人表现的评价,了解被调查人在原公司服务时,是否曾获得晋升,是否曾有一些值得称道的表现,是否具有其他的长处,并从侧面了解被调查人当初离职的原因,及对被调查人的一些看法与补充。

 阅读与思考5-3:假北大博士被判三年半

河南一名自考本科生伪造虚假简历,冒充北京大学在读博士生蒙蔽求职单位,被察觉后以涉嫌诈骗被提起公诉。2005年5月19日,郑州市二七区法院对该案作出公开审理,一审认定其诈骗罪成立,并判处有期徒刑3年6个月。

据了解,2004年11月底,在北京举行的全国高级人才招聘会上,一则求职简历吸引了郑州航空工业管理学院(简称郑州航院)的招聘人员。该简历内容为:1994年考入北京大学,1998年考取北京大学经济学专业(硕博连读)。研究生在读期间,曾先后在中国证监会基金部

[①] 詹明. 背景调查的应用和技巧[N]. 组织人事报,2011-12-06.

任助理研究员、信息产业部电信规划院任电信规划咨询师、北京大学经济学院任教员等,主持过东风汽车与日产合资的改制和并购、中国电信企业的管理方案与投融资策略研究等13项活动及发表科研论文21项。

该简历的主人叫刘志刚,别名刘育豪,河南许昌人,1975年出生。面对有如此造诣的"高级人才",招聘人员很快向学校作了重点推荐,郑州航院方面很快向刘志刚发出用人邀请。经过一番考虑之后,刘志刚同意到郑州航院工作。该校将其当成高级人才,并按照学校引进人才政策及其要求,给予刘志刚安家费、工资、津贴等共计4.6万元,并分给其一套120平方米的住房。后郑州航院在调查中发现刘志刚简历中提供的科研、论文情况并不属实。2005年2月,郑州航院人事处派人去北大调查落实,查证得知刘志刚的学历、论文等全部为虚假情况,立即向公安机关报案。

法院经审理认为,刘志刚以非法占有为目的,虚构事实、隐瞒真相,以虚假的在读博士身份骗取公共钱财,其行为已构成诈骗罪,故判处有期徒刑3年零6个月,并处罚金4000元,责令退回被害单位郑州航院经济损失5370元。

(资料来源:张兴军.假北大博士被判三年半[N].北京青年报,2005-05-20.)

结合上述案例,谈谈你对当前大学生"简历注水"现象的看法。

三、甄选效果的评估

(一)甄选方法的成效评估

甄选方法的成效评估指标有甄选的信度和甄选的效度。

1. 甄选的信度评估

甄选信度是指甄选的可靠性程度,具体指通过某项测试所得的结果的稳定性和一致性。通常这一指标又具体体现为稳定系数、等值系数、内在一致性系数。

① 稳定系数:是指用同一种测试方法对一组应聘者在两个不同时间进行测试的结果的一致性。一致性可用两次结果之间的相关系数来测定。此法不适用于受熟练程度影响较大的测试,因为被测试者在第一次测试中可能记住了某些测试题的答案,从而提高了第二次测试的成绩。

② 等值系数:是指对同一应聘者使用两种对等的、内容相当的测试的结果之间的一致性。如对同一应聘者使用两张内容相当的人格测试量表时,两次测试结果应当大致相同。等值系数可用两次结果之间的相关程度(即相关系数)来表示。

③ 内在一致性系数:是指把同组应聘者进行的同一测试分为若干部分加以考察,考察各部分所得结果之间的一致性如何。这可用各部分结果之间的相关系数来判别。

2. 甄选的效度评估

甄选效度是指甄选的有效性。具体指用人单位对应聘者的真实品质、特点与其想要测的品质、特点的符合程度等。甄选效度主要有预测效度、内容效度、同测效度。

① 预测效度。预测效度反映了测试用来预测将来行为的有效性。通过对应聘者在选拔

中所得分数与其被录用后的绩效分数相比较来了解预测效度。若两者相关性越大,则说明所选的测试方法、选拔方法越有效,进而可用此法来进一步评估、预测应聘者的潜力。

② 内容效度。内容效度即某测试的各个部分对于测量的某种特性或做出的某种估计有多大效用。在测内容效度时,主要考虑所用方法是否与想测试的特性有关,如甄选打字员,测试其打字速度和准确性、手眼协调性和手指灵活度是特别需要测定的。内容效度多用于知识测试与实际操作测试中。

③ 同测效度。同测效度是指对现有员工实施某种测试,然后将测试结果与员工实际工作绩效考核得分做比较,若两者相关性很大,则说明此测试效度高。这种方法不适用于选拔员工时的测试,因为这种效度是根据现有员工测试而得出的,而现有员工所具备的经验、对组织的了解等,是应聘者所缺乏的,因此,应聘者可能因缺乏经验而得不到测试的高分,从而错误地被认为其是无潜力或无能力的,而事实可能并非如此。

(二) 甄选效果的成效评估

甄选效果的评估包括甄选成本效益评估、录用人员数量评估和录用人员质量评估。

1. 甄选成本效益评估

甄选成本效益评估的指标主要包括甄选成本、甄选成本效用评估。

1) 甄选成本

甄选成本包括甄选总成本与甄选单位成本。甄选总成本是人力资源的获取成本,它包括直接费用和间接费用。其中,直接费用包括招募费用、选拔费用、录用员工的家庭安置费用和工作安置费用,以及甄选人员差旅费、应聘人员招待费等在内的其他费用;间接费用包括内部提升费用、工作流动费用。甄选单位成本是甄选总成本与录用人数之比。显然,这两个指标越小越好。

2) 甄选成本效用评估

甄选成本效用评估是指对甄选成本所产生的效果进行分析。主要包括甄选总成本效用分析、招募成本效用分析、人员选拔成本效用分析、人员录用成本效用分析。

具体指标和计算方法如下:

$$总成本效用 = 录用人数 / 甄选总成本$$
$$招募成本效用 = 应聘人数 / 招募期间费用$$
$$选拔成本效用 = 被选中人数 / 选拔期间费用$$
$$人员录用效用 = 正式录用的人数 / 录用期间费用$$

显然,这些指标越大越好。

2. 录用人员数量评估

这一方面的评估指标主要有录用比、甄选完成比和应聘比。

评估方法如下:

$$录用比 = 录用人数 / 应聘人数$$
$$甄选完成比 = 录用人数 / 拟甄选人数$$
$$应聘比 = 应聘人数 / 拟甄选人数$$

若录用比越小,则说明录用者的素质可能越高(当应聘人数多且总体素质都较高时,就有"百好之中挑一"之效);当甄选完成比大于100%时,则说明在数量上全面完成甄选任务;应聘比则说明招募的效果,该比例越大,则说明甄选信息发布的效果越好。

3. 录用人员质量评估

录用人员质量评估的实质是对录用人员在其能力、潜力、素质等方面继选拔过程所作考核后的延续,因而其方法与甄选中的相应测试相似。

(三) 甄选效果评估的作用

甄选效果评估的作用具体体现在以下几方面。

1. 有利于组织节省开支

甄选评估包括甄选结果的成效评估和甄选方法的成效评估,因而通过甄选评估中的成本与效益核算,就能够使甄选人员清楚费用支出情况,对于其中非应支项目,在今后甄选中加以去除。

2. 检验甄选工作的有效性

通过甄选评估中录用员工数量的评估,可以分析其中甄选数量满足与不满足的原因,有利于改进今后的甄选工作,并为人力资源规划修订提供依据。

3. 检验甄选工作成果与方法的有效性程度

通过录用员工质量评估,可以了解员工的工作绩效、行为、实际能力、工作潜力与甄选岗位要求之符合程度,从而为改进甄选方法、实施员工培训和进行绩效评估提供必要的、有用的信息。

4. 有利于提高甄选工作质量

通过甄选评估中甄选信度和效度的评估,可以了解甄选过程中所使用方法的正确性与有效性,从而不断积累甄选工作的经验与修正不足,提高甄选工作的质量。

第二节 人力资源配置

一、人力资源配置的概念、内容与作用

(一) 人力资源配置的概念

人力资源配置的概念有广义和狭义之分。广义的人力资源配置是指为了提高组织效能而从事的获取、运用和留任一定数量、质量和结构的人力资源的过程。它包括我们通常所说的人力资源规划、招聘、甄选、留任管理等活动。狭义的人力资源配置则是指通过招聘、甄选程序选择候选人,组织考察候选人的知识、能力、个性特征和职位要求、能力要求、组织文化等方面的匹配,并最终作出录用决策的活动。本章所讲的人力资源配置是指狭义上的人力资源配置。但是,即使是狭义的人力资源配置,也不只是一个独立的步骤,它从组织的战略和人力资源配置战略出发,贯穿招聘、甄选以及最后作出录用决策的整个过程。

(二) 人力资源配置的内容

人力资源配置的内容主要包括人员与组织匹配、人员与岗位匹配、人员与团队匹配这三项。

1. 人员与组织匹配

人员与组织匹配关注的是个人与整个组织的匹配,而不是和某一具体工作、职业或群体的

匹配。施奈德（Schneider）的吸引—选择—磨合理论解释了人员与组织匹配和员工工作结果之间的关系。个体与组织在价值观、兴趣和需求方面的一致性对个体的工作结果具有积极的影响。个体倾向于选择与自身的价值观和兴趣相一致的组织，而组织也倾向于选择符合组织价值观的个体。早期的匹配观点认为人与组织在价值观方面高度契合和一致就代表双方的高匹配。克里斯托夫（Kristof）在1996年整合了前人的观点，提出了自己的人员与组织匹配的概念。他认为，匹配包括一致性匹配和互补性匹配，可以从人与组织价值观的一致性、个体目标与组织目标的相似性、个体的需要与组织系统的匹配性、个体个性特征与组织气氛的匹配性四个方面来对人员与组织匹配进行衡量。在这四种匹配中，前两种反映的是一致性匹配，第三种是需要与供给的匹配，而第四种既可以用来解释一致性匹配也可以用来解释互补性匹配。

人员与组织匹配模型的要点包括以下内容。

① 人员与组织匹配的焦点是价值观一致。组织价值观是组织对员工要求的理想态度和行为标准，例如诚实、正直、成就感、关注顾客等。虽然这些价值观在工作描述中可能没有写明，但是在人员配置活动中会检查应聘者和组织价值观的大体匹配程度。

② 人员与组织匹配还包括新工作职责、工作多样性、未来的工作。新工作职责是指随着时间的推移可能增加的工作任务。这些工作任务在招聘中模糊不清，无法具体化。尽管如此，组织仍然希望雇用那些可能完成新职责的人，以减少雇用额外员工。相应地，组织也期望雇用能够从事多样性工作的新员工。对未来的工作，组织和个人需要思考匹配、调换和晋升过程。

③ 考察人员与组织匹配对员工工作态度的影响。人员与组织的匹配会影响员工的工作态度，体现在满意度、缺勤率、离职率等方面。研究表明，人员与组织匹配会影响员工的组织认同、组织公民行为和离职意向。

2. 人员与岗位匹配

传统的人员与职位匹配理论认为，人的个性特征存在差异，因此人们要根据自己的个性特点寻找适合自己的职业，以达到人员与职位匹配的目的。早期的人员与职位匹配理论的代表有帕森斯（Parsons）的特性—因素论、霍兰德的职业性向理论，以及施奈施的职业锚理论。特性—因素论认为，人们可以通过心理测验认识自己的个性，同时通过观察、问卷等工作分析方法考察各种职业对人们能力的要求，最终帮助人们找到适合自己的职业。职业性向理论将职业分为六种类型，并测试查看人们的人格特征，将职业类型和人格进行匹配。当工作环境与人格特征相互协调时，个体会产生较高的工作满意度和较低的离职意向。职业锚理论认为，职业锚能够准确反映个人职业需要及其追求的工作环境，帮助个人找到自己合适的职业种类和领域。职业锚是指当个人面临职业选择时，无论如何都不会放弃的职业价值观等，它包括五种类型：技术/职能能力型、管理能力型、安全/稳定型、创造型和自主/独立型。

然而，传统的人员与职位的匹配已经不能满足现代企业复杂职位系统的发展现状以及战略人力资源管理的发展需要。人员与职位系统和能力系统匹配，是指基于战略人力资源管理的需要，员工的知识、能力、技能、动机等方面与企业的职位系统和能力系统的要求相契合，以实现人在职业、能力上的协调发展，以人员、职位、能力三位一体的发展支撑战略的实现。因此，和传统的人员与职位匹配相比，人员与岗位系统的匹配具有以下特点。

① 不再只是关注个体层面的个性特征与职位之间的匹配，更多地聚焦于不同类别和层级的职位以及胜任力体系下的员工。

② 实现组织战略向职位系统、胜任力系统的传导功能，并通过提高不同类别和层级员工

在职位、能力方面的匹配度,以改善员工的工作态度,促进其积极的工作行为。

③ 打通了企业战略、职位系统、胜任力系统以及人员职业发展通道,是实现战略人力资源管理的有效渠道。

3. 人员与团队匹配

目前,团队作为组织执行任务的基本单元已经得到越来越广泛的应用。名列《财富》1000强的公司几乎都在运用工作团队。然而,团队的整体绩效取决于团队成员之间的互助、合作和激励的程度。因此,并不是所有的团队都能达到高绩效。

人员与团队匹配的概念尝试回答具备什么特点的团队才能获得高绩效的问题。这一概念强调在团队层面,团队成员之间在性格、能力、知识、技能、兴趣、价值观方面实现结构、数量上的最佳搭配,以互补或共同进步达到理想的团队过程和最好的绩效结果。团队成员之间的匹配比人员与组织匹配、人员与职位系统和能力系统匹配更加复杂,是一把"双刃剑",因为团队成员之间的人际互动会对团队绩效产生促进或抑制作用。

总体上,团队成员之间的匹配包括两种类型:相容性匹配和互补性匹配。相容性匹配是指员工与其他团体成员具有相似的特征,尤其是在价值观方面。互补性匹配是指员工因具有团队其他成员所缺乏的特征而存在相互补偿和相互支持的关系,尤其是在知识、能力、技能方面。目前,学界的实证研究集中在团队异质性或团队构成的多样性对团体过程或团队效率的影响上。团队异质性(或团队构成的多样性)是指团队成员个人特征的分布情况,即团队成员在人口学变量(性别、年龄、种族等)、人格、能力、知识、技能、价值观等方面的特征是比较接近还是相差很大。异质性研究中的团队主要分为三类:工作团队、高管团队和创业团队。

在人口学变量方面,已有的研究结果证明,组织中工作年限相似的成员拥有相似的价值观和沟通模式,因此有更强的团队内的身份认同、更少的冲突和更多的合作与沟通。楚基(Tsui)等人1992年的研究指出,性别异质性对男性的影响比对女性的影响大,其中组织依恋包括心理承诺、旷工和留职意愿。

在人格方面,巴里(Barry)和斯图尔特(Stewart)1997年考察了61组实行自我管理的小群体,发现无论是个体还是团队,外倾性和团体绩效成倒U形关系,即团队成员中性格外向者过多或过少都不利于团队绩效的提高。

在知识、经验方面,对于创业团队而言,由于来自不同领域的经验所积累的知识各不相同,创业团队成员之间知识结构的差异性很大程度上决定了其战略决策结果的差异性。施雷德(Shnder)和西格尔(Sicged)2007年发现,创业团队的产业经验越丰富,就越倾向于低成本战略,技术经验和市场经验更丰富的创业团队则更倾向于基于创新的差异化战略。国内学者杨俊、田莉、张玉利、王伟毅(2010)的研究则证明,团队经验的差异性会对新兴技术企业的战略选择产生影响。产业工作经验差异更大、注重营造合作式冲突氛围的创业团队更容易开发出面向顾客需求的创新性产品。职能背景差异更大、注重营造对抗式冲突氛围的创业团队则往往能设计出不同于产业内其他企业的市场交易结构,将产品和服务推向市场。

在价值观方面,人们普遍认为团队异质性对内聚力、满意度、团队承诺等情感有消极的影响。但研究发现,团队人口统计学变量上的异质性对团队士气有积极的影响,而价值观上的异质性会降低成员的满意度、继续留在团队中的意愿和团队承诺。

高管团队异质性是当前研究的热点。现有高管团队的理论基础是汉布里克(Hambrick)和马松(Mason)1984年提出的"高管管理梯队理论",这一理论认为企业的战略决策是复杂的过程,任何一位高层管理者都具有自身局限性,为了作出尽可能好的决策,研究的注意力应从管理者个人转向高层管理团队。卡彭特(Carpenter)2002年认为,高管团队的教育、工作经验和任期异质性对绩效的作用会受到企业战略和社会环境的调节。他选取国家化程度和团队任期长度作为调节变量,发现社会特征和任期异质性对绩效的作用在高度国际化背景下被削弱,教育异质性的作用则在高国际化背景下被增强;而异质性与绩效的关系在任期较短的团队中得到增强。耶恩(Jehn)等人1999年也证实,在多元化程度高的公司中,高异质性的高管团队一般会取得更高的绩效;而多元化程度低的时候,低异质性的团队会有更高的绩效。在跨国公司里,高管团队的教育异质性、经验异质性和国籍异质性对绩效有正相关作用,面对组织向心力有负相关作用。

从上述研究结果不难发现,目前对工作团队匹配的结果尚没有形成一致观点,主要是受制于来自团队任务、团队目标、组织背景(组织的竞争策略、组织文化和氛围)等方面因素的影响。究竟是互补性匹配最优还是异质性匹配最优,取决于该组织的具体情况。

  阅读与思考 5-4：诺基亚选人的原则

人才是企业的生命。诺基亚通过独特的人才招聘解决方案和专业的管理流程,确保公司吸收优秀的人才不论是在专业技能上还是在职业道德上都要符合公司的要求,并能够在企业文化的熏陶下为公司贡献力量。诺基亚选择员工的原则是:以专业知识为基础,以价值观为准绳。

诺基亚在每一年的年末和下一年的年初,根据业务发展和公司结构的调整情况,由业务部门提出人员招聘需求,与人力资源部一起制定公司新一年的人才选拔计划。在诺基亚公司最终做出人才选拔的决策时,起决定作用的因素往往不是应聘者的专业水准,而是他是否拥有和诺基亚相同或相近的价值观。因为诺基亚坚持认为,个人拥有的价值观比知识技能更难以改变。同时,对人的选择不在于选择最好的,而在于选择最合适的,即坚信先必须吸收认同并坚信诺基亚的价值观的人才进入公司,只有这样,才能使企业这条大船协调一致地航行在正确的方向上。

诺基亚采用全球先进的行为测评手段来提高招聘的质量和成功率,开发了多种评估工具,包括安排面试、拟定性格和心理测试试题,以及将面试人员分组后,请用人部门经理与人力资源测评专家观察他们在限定时间内共同完成一个既定项目时所表现出的组织能力、团队合作能力、沟通能力以及逻辑思维能力等。通过各种甄选方法和技术,以及人才选拔过程中用人部门经理与人力资源部门的紧密配合,使得诺基亚最终找到认同其价值观的理想人才。

(资料来源:彭剑锋,王甜.透视诺基亚:科技以人为本[M].北京:机械工业出版社,2010:183-184.)

诺基亚选人为何强调"以价值观为准绳"?

(三) 人力资源配置的作用

人力资源配置是促使人力资源与物力资源实现更完美的结合,以产生最大的社会效益和经济效益。合理的人力资源配置是社会保持活力的基本要素之一,它不但可使社会组织内的人力资源结构趋向合理,而且可最大限度地实现人尽其才、才尽其用,使每个人的才智和潜能都得到充分的发挥。

1. 调整组织内部的人际关系和工作关系

任何组织内部都存在着各种各样的人际关系,这些关系往往会对组织的正常运作产生重大影响。任何组织内部融洽的人际关系是使员工保持饱满工作热情,顺利开展工作的重要条件。客观上,组织内部的员工,在性格、工作方式、工作思路以及利益问题上往往因存在各种差异而容易产生不同意见。在人际关系方面,员工相互之间的矛盾和意见也是经常发生的。这些工作关系和人际关系之间的矛盾,有时可以通过加强相互间的沟通和思想交流等方式加以解决,但有时却是无法解决的。对于那些思想交流解决不了的矛盾,最后的解决办法就是人员调解。

一般来说,在一个组织内部,员工的才能、风格、知识之间存在着互补效应,把能够互补的员工合理地调整在一起,不仅可以更好地形成有利的群体优势,提高工作效益,而且还有利于发展成为融洽的人际关系。因此,科学合理的人力资源配置,对于调整组织内部的人际关系和工作关系,处理和解决有关矛盾,起到积极的作用。

2. 形成组织内部的竞争机制及其对外的竞争力

科学合理的人力资源配置,不仅能增强人力资源配置的有效性,而且还能带动和产生一系列有利于人力资源发展的机制。例如,人力资源配置的动态调整过程,是形成能者上、庸者下的优胜劣汰竞争机制的基础。对于人力资源,无论是行政配置,或是市场配置,都存在着对人的选择问题,而且这种选择并不是一劳永逸的。任何组织内部的人员情况随时都会发生变化,这就促使组织必须对自己的员工进行不断选择和调整。这种新老交替、优胜劣汰的过程,实际上就是人力资源配置的动态过程。社会、经济、科技等外部环境因素在发展,人类自身在不断发生变化,因此人力资源配置也需要不断变化,由此必然带来就业和岗位的竞争,这种竞争正是组织生存和发展的活力,它将使组织显得更加朝气蓬勃,使人力资源的潜能得到更充分的发挥。

知识经济时代,随着科学技术的进步和信息通信技术的发展,知识的传播将加快。一个组织拥有某项技术,其他组织也可以在较短的时间里获得并掌握该项技术。因此,业内人士认为,未来企业之间的竞争不单是技术上的竞争,而是如何使用技术上的竞争。正因为如此,企业将十分强调自己的核心技术和核心能力,并将人力资源管理作为营造自己核心技术和核心能力的主要途径,利用知识经济时代人力资源管理的系统性和难以模仿性,使得企业获得持续竞争优势。

3. 产生双向激励作用

人力资源配置必然要涉及人员的工作岗位变动、薪金的增减、工作性质或行业的变化等。这些变化都可能转变成为一种内在的激励因素,即上行激励和下行激励。

一方面,上行激励。追求美好是人类的共同天性,这是促使人们对激励做出反应的内在动力和基础。一般人都具有追求个人成长进步、干一番事业、实现自我价值的内在要求。对于组织来说,如果不断地把优秀人员适时地配置到更富有挑战性,能够承担更多责任,并享有相应的权利和劳动回报的岗位上,必定会产生一种榜样的力量,从而对优秀人才本身,以及对统一组织内的周围员工都产生强有力的、持久的激励作用。

另一方面,下行激励。人力资源存在着层次、类别、素质高低等差异,人力资源配置必须不断进行择优汰劣。在这个过程中,组织内部将对员工随时调整,辞退技能过低或表现不好的人员,这无疑会对周围人的工作、学习造成一定的强制性压力,从而激励有关人员更严格地要求自己,更注意遵守规章制度,更积极地去提高自己的工作技能,避免被组织淘汰。

二、人力资源配置的原则与形式

（一）人力资源配置的基本原则

人力资源管理要做到人尽其才,才尽其用,人事相宜,最大限度地发挥人力资源的作用。但是,如何实现科学合理的配置,这是人力资源管理长期以来亟待解决的一个重要问题。怎样才能对组织人力资源进行有效合理的配置呢?必须遵循如下的原则。

1. 能级对应原则

合理的人力资源配置应使人力资源的整体功能强化,使人的能力与岗位要求相对应。组织岗位有层次和种类之分,它们占据着不同的位置,处于不同的能级水平。每个人也都具有不同水平的能力,在纵向上处于不同的能级位置。岗位人员的配置,应做到能级对应,就是说每一个人所具有的能级水平与所处的层次和岗位的能级要求相对应。

2. 优势定位原则

人的发展受先天素质的影响,更受后天实践的制约。后天形成的能力不仅与本人的努力程度有关,也与实践的环境有关,因此人的能力的发展是不平衡的,其个性也是多样化的。每个人都有自己的长处和短处,有其总体的能级水准,同时也有自己的专业特长及工作爱好。优势定位内容有两个方面:一是指人自身应根据自己的优势和岗位的要求,选择最有利于发挥自己优势的岗位;二是指管理者也应据此将人安置到最有利于发挥其优势的岗位上。

3. 动态调节原则

动态调节原则是指当人员或岗位要求发生变化的时候,要适时地对人员配备进行调整,以保证始终使合适的人工作在合适的岗位上。岗位或岗位要求是在不断变化的,人也是在不断变化的,人对岗位的适应也有一个实践与认识的过程。如果搞一次定位,一职定终身,既会影响工作又不利于人的成长。能级对应、优势定位只有在不断调整的动态过程中才能实现。

4. 内部为主原则

一般来说,组织在使用人才,特别是高级人才时,总觉得人才不够,抱怨本单位人才不足。其实,每个单位都有自己的人才,问题是"千里马常有",而"伯乐不常有"。因此,关键是要在组织内部建立起人才资源的开发机制,使用人才的激励机制。这两个机制都很重要,如果只有人才开发机制,而没有激励机制,那么本组织的人才就有可能外流。从内部培养人才,给有能力的人提供机会与挑战,造成紧张与激励气氛,是促成组织发展的动力。但是,这也并非排斥引入必要的外部人才。当确实需要从外部甄选人才时,就不能"画地为牢",死死地扣住组织内部。

（二）人力资源配置中的道德原则

1. 公正

公正是一种价值尺度,一种道德规范、行为准则,既具有利益均等的内涵,也具有机会均等的内涵。只有在公正的社会制度下,才会有公正的社会秩序,才能实现人际关系的公正与和谐。公正是人力资源配置中必须遵循的原则,其主要表现在用人制度方面,其过程主要应包括三个方面的内容。

一是起点公正。起点公正指在人员的聘用上应讲公道和平等,对所有的应聘者一视同仁,必须确保具有相同资格条件的人具有均等的参与竞争的机会,保证任人唯贤,而不任人唯亲。

二是过程公正。它包括竞争规则的公正和实施规则的公正,而实施过程的公正与否是人力资源配置实现过程公平的重要保证,没有确保公正目标实现的途径和手段,其公正性值得怀疑。

三是结果公正。人力资源开发的目标是选拔出适合职位要求的员工或领导,只有结果是公正的,其人力资源配置才是最合理的。

2. 先公后私

先公后私,要求在处理个人、集体和国家之间的利益关系时,要树立先国家、集体,后个人的道德规范,在谋求个人正当利益的同时,努力为集体和国家做贡献。可以通过组织文化,培训和提高员工的爱岗敬业精神,加强他们"团队精神"。其要点是以组织的核心价值观、道德观,来优化人力资源配置,在方法上不能仅依靠单方面的"灌输"的"教育",应当养成员工自己对事物的判断能力,组织应着力培育员工崇高的道德风尚,用以提高人力资源配置的水平。

3. 尊重员工

尊重员工的道德原则,就是指管理活动要从人的需要和愿望出发,要依靠人来进行,其目的是人的素质的提高,让人生活得更好。现在组织的发展从根本上来讲是人的问题,只有尊重个体以及个体的价值和贡献,才能充分发挥人的聪明才智。员工作为道德个体,他们有着对幸福和利益追求的权利,也有对人生自我实现和成功的需要,更有被人尊重的需求。因而,组织要贯彻以人为本的原则,需要充分认识到人才是人力资源配置中的重要因素,是组织管理中最具活力的要素,其他要素只有通过对人的整合才能发挥作用。这就需要管理者在管理中融入"人性化""伦理化"的原则,以人为本、尊重人才,既考虑到组织的长远利益和发展,又要为员工在组织中的利益和未来做出规划。例如现在许多企业对新进人员设计其在此企业的职业生涯规划,让员工明确自己的发展方向,从而对企业产生亲近感和归属意识,以此来培养员工的主人翁的道德责任感。

4. 诚信与信任

市场经济是信用经济,诚信作为一种要素在资源配置中起着重要的作用,同时它是看不见、摸不着的无形资产;它能持续不断地为组织获得效益,诚信缺失会导致交易成本的提高,使竞争力下降,甚至使组织亏损和破产。诚信是对组织的严肃要求,而恪尽职守、诚实守信是对现代组织员工的职业道德的基本要求,个体只有遵守信用和道德,才称得上有了人生的正确价值目标,可以说,形成高尚的道德品质和道德人格至关重要。

"用人不疑""疑人不用",在组织内部建立完善的信任制,培育这种互信、协作的组织文化是当务之急。当今,人与人之间信任度比较低,组织中人与人之间防范之心越来越强,已出现许多员工跳槽,出卖组织机密的现象,造成社会的一种信用危机。这种不信任严重地影响了广大员工积极性和创造性,使得组织的行政成本增加。

(三) 人力资源配置的形式

人力资源配置工作,不仅涉及组织外部,更多、更困难的工作存在于组织内部。从目前的实际情况来看,主要有以下三种人力资源配置形式。

1. 人岗关系型

这种配置类型主要是通过人力资源管理过程中的各个环节来保证组织内各部门各岗位的人力资源质量。它是根据员工与岗位的对应关系进行配置的一种形式。就组织内部来说,目前这种类型中的员工配置方式大体有如下几种:甄选、轮换、试用、竞争上岗、末位淘汰(当组织内的员工数多于岗位数,或者为了保持一定的竞争力时,在试用过程或竞争上岗过程中,对能力最差者实行下岗分流)、双向选择(当组织内的员工数与岗位数相当时,往往先公布岗位要求,然后让员工自由选择,最后以岗选人)。

2. 移动配置型

这是一种从员工相对岗位移动进行配置的类型。它通过人员岗位的移动来保证组织内的每个岗位的人力资源质量。这种配置的具体表现形式大致有三种:晋升、降职和调动。

3. 流动配置型

这是一种从员工相对组织岗位的流动进行配置的类型,它通过人员内外流动来保证组织内每个部门与岗位人力资源的质量。这种配置的具体形式有三种:安置、调整和辞退。

三、人力资源配置的方法与模型

(一) 人力资源配置的方法

人力资源配置的方法主要有晋升与降职、工作轮换、竞聘上岗等。

1. 晋升与降职

在组织内部公开、公平、公正的考核评价体系的支撑下,对组织成员进行职位(包括组织内部各种类型的职位价值序列或技能等级序列)的升降是组织内部优化人力资源配置的一条重要途径。

组织通过职位升降可以实现以下主要目的:优化组织内部人力资源配置;引入竞争淘汰机制,激发员工潜力;奖励高绩效员工;为员工职业生涯发展建立通道;激励员工参与培训,提高任职资格水平。

1)职位升降的客观依据

为实现上述目的,组织必须为职位升降建立一套客观公正的评价体系,以保证职位升降的相对公平。组织对员工的认识与评价主要通过绩效考核以及任职资格评价来实现,因此对员工工作绩效的考核以及对员工行为能力的考核就构成了职位升降的客观依据。

(1) 绩效考核与职位升降。这一依据要求组织通过绩效考核,形成对员工在现有职位上的绩效评估,根据这一评价等级确定员工的职位升降。绩效考核是职位升降的前提,只有绩效考核优良的员工才有职位晋升的资格,成为组织培养的对象,而对于绩效考核等级为差,培训后仍不能提升绩效的员工,应考虑调换岗位,甚至辞退。这一制度安排是基于这样几项假设:第一,在现有职位上的高绩效是员工胜任力较强的表现,该员工可从事更高层级的工作;第二,绩效持续为差的员工可能是由于其胜任力与现有岗位不匹配;第三,组织应对高绩效的员工进行奖励,其途径之一就是职位晋升,以最大限度地发挥其潜能。

(2) 任职资格评价与职位升降。任职资格评价是对具备晋升资格的员工在进行一系列的培训后进行的资格认证,确定员工的知识、技能等特征是否符合胜任新职位的要求。由于绩效考核结果优秀只是对员工胜任现有职位的肯定,且假设员工具备胜任更高层级职位的能力,但员工是否胜任更高层级的工作,是否会按照彼得原理的描述被提升至其不能胜任的岗位,这一问题关系到组织的正常运行和员工的未来发展,任何组织都应采取措施,对员工的更高层次的胜任力进行考察,任职资格评价正是实现这一功能的有效手段。

2)职位升降的实施流程

职位升降的基本实施流程如图5-1所示。

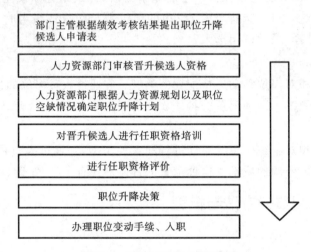

图 5-1 职位升降实施流程图

在职位升降的过程中,组织应积极主动做好与候选人的沟通,通过这一程序可以清晰、及时地传递组织期望和要求,减少员工对组织的不信任感。尤其在处理降职或辞退的员工时,应向员工阐明组织作出这一决策的理由和依据,并就员工今后职业生涯发展问题进行积极磋商,减少操作过程中的摩擦和误解。

2. 工作轮换

工作轮换是企业内部有组织、有计划、定期进行的人员职位调整,是让员工轮换从事若干不同工作的做法。对组织来说,工作轮换的原因包括主动因素和被动因素。主动因素包括员工胜任力多样化的要求、员工职业生涯发展;被动因素包括提高适岗率和防止腐败、山头主义。

(1)员工胜任力多样化的要求。现代企业发展所面临的外部环境的不确定性增加,使得组织的运行方式、人员胜任力要求等发生了翻天覆地的变化。新兴的柔性组织、团队工作方式对员工的知识、技能等方面提出了更高的要求,培养具有多样化的胜任力、技能结构的员工越来越成为组织关注的焦点。通过工作轮换,使员工拥有在组织内部多种岗位的工作经验,有利于增强员工对组织的适应性,提升工作绩效。

(2)员工职业生涯发展。现代企业不仅追求企业自身的发展,也致力于满足员工职业生涯发展的需求,研究表明,员工满意度的一个重要影响因素是员工的个人发展和自我的价值实现,因此,根据员工职业生涯发展规划的需要,合理安排员工在组织内部的工作轮换,是帮助员工实现自我、提高满意度的重要途径,也是组织义不容辞的责任。

(3)提高适岗率。组织内部的人事不匹配的现象也可以通过定期工作轮换加以解决,通过工作轮换可以清晰发现员工和组织的"结合点"——员工适合组织中的哪种岗位。

(4)防止腐败、山头主义。组织内部人员结构的僵化不仅会使组织丧失发展的动机和活力,而且有可能导致组织内部产生腐败、山头主义等官僚习气。通过定期的轮换,调整组织内部的人员配置结构,有利于缓解这一矛盾。如我国公务员管理制度中就采用这种工作轮换的方式,防止长期从事某一工作可能出现的腐败行为。

实行工作轮换制度主要有以下优点。

(1) 工作轮换制度在组织内部进行调整,不会带来太大的组织破坏。企业可以通过轮换制度的实施,发现员工的优点和不足,使组织重组后更具效率。同时,工作轮换还有助于打破部门之间的隔阂和界限,提高相互合作的效果和效率。

(2) 工作轮换制度可避免工资和福利成本大幅增加,是较为经济的提高员工工作满意度的方法。随着经济的发展,工作本身的意义和挑战性已成为激励的重要手段之一。工作轮换制是提升员工工作满意度的经济有效的方法。

(3) 工作轮换制可以减轻组织晋升的压力,减少员工的工作不满情绪。如果员工长期得不到应有的提升,必将导致工作热情下降。而组织中能提供的晋升岗位又十分有限,难以满足员工的晋升要求,许多企业因此失去了优秀的员工。工作轮换制可以在一定程度上缓解企业组织中晋升岗位不足的压力。

(4) 工作轮换制的一个最为重要的作用是增加员工对工作的新鲜感,使工作充满动力和意义,在工作轮换过程中,员工可根据工作的实际需要参加相关的岗位培训和进修,将学习和工作要求相结合,使工作本身更加具有趣味性和挑战性。

为做好工作轮换,企业应从组织和个人两个层面进行工作轮换的规划。

(1) 个人层面的规划。个人层面的工作轮换的基础是个人职业生涯发展规划。职业生涯发展规划是个人长期发展的策略目标组合,根据职业生涯发展规划的要求,企业人力资源管理人员应对其实施条件进行分析,即分析通过何种途径能帮助员工实现其发展目标,主要有技能要求分析、知识要求分析、胜任力要求分析、行为要求分析,在此基础上确定获取这些要件的途径——其中一个重要途径就是工作轮换,编制员工工作轮换规划表。

员工工作轮换规划表的形式和内容不尽相同,主要包括员工职业生涯发展各阶段岗位轮换的类型、需要开发的技能、需要优化的知识结构、需要提升的胜任力类型以及需要改进的行为方式等,同时还包括这些方面的考核标准和职位轮换的效果评价,以及是否可以转入下一次轮换流程之中等内容。

(2) 组织层面的规划。组织层面的规划主要体现在组织的短期人力资源需求规划之中,编制组织内部岗位轮换表,为需要进行工作轮换的员工合理安排轮换岗位,同时做好对工作轮换的效果评估。

 阅读与思考 5-5:阿里集团宣布 22 名中高层轮岗

据网易科技报道,2012 年 3 月 9 日,阿里巴巴集团宣布全集团 22 名中高层管理干部轮岗,并宣布限制招聘,全年只净增 200 人。据悉,阿里巴巴集团彼时面临人事动荡,旗下团购网站聚划算总经理阎利珉刚刚被免职,被免职原因缘于管理失职,除此之外,阿里巴巴还开除多名腐败员工。

一、22名高管轮岗应对管理问题

聚划算前总经理阎利珉被免职过后,阿里巴巴集团对外表示,自2011年年中起,有关聚划算在招商过程中存在不规范,甚至有员工谋取不当利益的举报就接连出现。

阿里巴巴内部邮件显示,聚划算三名员工是该团购运营商的直接股东,该做法属于严重违规问题,甚至触犯法律。

阿里巴巴集团承认,聚划算在制度规范和团队管理上存在很大漏洞。阿里巴巴当日还表示,大量新员工的进入和组织扩张带来了管理上的问题。

马云此次再度利用高管集团轮岗展示其用人之道。阿里巴巴宣布,包括集团资深副总裁张蔚、支付宝商户事业部总经理袁雷鸣、淘宝网副总裁王文彬在内的22位中高层将实行轮岗(见表5-4)。根据阿里巴巴宣布的名单,涉及旗下支付宝、淘宝、一淘、阿里云、天猫各个子公司和集团中高层变动。

表5-4 阿里巴巴轮岗中高层员工名单

姓 名	职 位	现 岗 位	新 岗 位
张蔚	资深副总裁	集团-战略投资部	集团参谋部
王益华	研究员	集团-网络安全部	淘宝网-信息安全
陆凯薇	资深总监	集团-人力资源部-淘宝网HR	集团-人力资源部-HR平台
郑璐	资深总监	集团-人力资源部-综合	B2B-ICBU HR负责人
李小琼	资深总监	B2B-人力资源部-ICBU	淘宝网-HR负责人
陈金培	资深总监	B2B-企业服务事业部-B事业部	阿里云-云计算业务发展
李昂	副总裁	B2B-技术部	集团-技术共享平台
应咏	资深总监	B2B-阿里学院-业务拓展部	集团-人力资源部-组织和发展
彭翼捷	总经理	B2B-ICBU	集团参谋部
张勤	副总裁	B2B-CBU-网站运营部	一淘-总裁助理
姜兴	资深总监	B2B-CBU-技术部	淘宝网-产品技术部
诸寅嘉	资深总监	支付宝-无线事业部	阿里云-无线
袁雷鸣	总经理	支付宝-商户事业部	淘宝网-新业务
万菁	总经理	支付宝-人力资源及行政部-北京分公司	集团-北京HR和行政负责人
陈小玲	资深总监	支付宝-客户满意中心	B2B-CBU HR负责人
倪良	资深总监	淘宝网-信息安全部	集团-网络安全部
戴玮	资深总监	淘宝网-新业务	支付宝-投资部
王文彬	副总裁	淘宝网-商家事业部	天猫-商家服务部
张建锋	副总裁	淘宝网-产品技术部	B2B-CBU-网站和技术部
许吉	资深总监	淘宝网-SNS	支付宝-用户事业部
周峻巍	资深总监	一淘-展示广告业务部	支付宝-商户拓展
王建勋	副总裁	阿里云-云计算业务发展	集团-技术共享平台

2007年,马云曾对阿里巴巴集团旗下几个业务高层进行人事大调整,淘宝网由陆兆禧接替孙彤宇担任总裁,支付宝由邵晓锋接替陆兆禧担任总裁,而曾鸣辞去中国雅虎总裁,金建杭担任中国雅虎总裁。除此之外,包括淘宝网总裁孙彤宇、COO李琪、CTO吴炯、副总裁李旭晖四名高管也离开所在岗位进行轮岗学习。

二、限制招聘:2012年净增200人

阿里巴巴集团当日还宣布,集团当年只净增200人。据悉,阿里集团彼时拥有25000名员工。业内人士分析,阿里巴巴此次限制招聘或与B2B公司私有化调整有关。当时有消息称,阿里巴巴决定暂停2012年所有招聘,已经录用但还未报到上班的也将停用。

(资料来源:龚琼.阿里集团宣布22名中高层轮岗:欲解决管理问题[EB/OL].网易科技报道:https://tech.163.com/12/0309/18/7S652JHV000915BF.html)

阿里集团为何要推行中高层轮岗制度?

3. 竞聘上岗

竞聘上岗是指企业全体人员不论职务高低与贡献大小,都要站在同一起跑线上重新接受组织的挑选和任用,同时,员工也可以根据自己的特点和岗位的要求,提出自己的选择希望和要求的一种管理方式。

竞聘上岗是组织进行内部人力资源再配置的另一条重要途径。通过竞聘上岗,组织内部所有候选人在同一平台上进行公开、公平、公正的竞争,可以避免或减少部分员工的不平衡心态;同时,采取各种有效的测评方法也为组织进一步了解员工的内在潜质、获取组织需要的核心人才提供了条件。

竞聘上岗实质上是组织进行人员甄选的一种形式,它和一般招聘的区别如表5-5所示。

企业开展竞聘上岗主要有以下操作流程和关键点。

(1)成立组织竞聘上岗的专门领导机构。对于任何组织来说,实行竞聘上岗都会引起较大的震动,受到员工的广泛关注,因此在实行竞聘上岗前,组织应成立由公司高层领导牵头、引入外部专家组成的竞聘上岗专门领导机构。这一机构的职责是制定竞聘上岗的系统性规划并全权处理与竞聘上岗的相关事宜。需要注意的是,为确保竞聘上岗的相对公平性,减少员工对

表5-5 竞聘上岗与一般招聘的区别

项目	特点	形式	适用范围	评价人员
竞聘上岗	考察综合胜任力和领导能力 对抗性强 费用较高 影响面大,定期 以内部员工为主	个人胜任力测评 公文处理 无领导小组讨论 竞聘会	选拔中高层管理人员 专业人员转为管理人员	企业高层 内外部管理专家 竞聘会员工
一般招聘	重点考察专业胜任力 以外部招聘为主 运作简便	个人胜任力测评 面试 专业面试	甄选各类专业人员和事务人员及工人	人力资源部 部门主管

公正性和专业性的怀疑,组织可以聘请在业界有影响的专家或专业机构参与整个竞聘过程。

(2) 组织对目标职位进行分析。对目标职位的了解是开展竞聘上岗的前提,由于是组织内部的竞聘上岗,因此职位分析应着重关注目标职位的任职资格标准。通过职位分析,获取职位在基本条件、知识技能、胜任力等方面的要求,并形成书面报告。

(3) 持续的内部宣传与引导。由于员工对竞聘上岗持有相对复杂的态度,并可能存在错误的理解和看法,因此应在组织内部通过各种形式持续不断地宣传与沟通。通过这种方式使员工明确进行竞聘上岗的目的和必要性、竞聘上岗的实施过程、如何参与竞聘上岗,并及时解答员工的相关问题。值得注意的是,实践表明,由外部专家进行集中培训是减少员工对竞聘上岗的抵制、增强员工参与竞聘上岗积极性的有效办法。

(4) 发布职位空缺竞聘要求以及《竞聘上岗须知》。

(5) 竞聘上岗辅导。在竞聘上岗前,对全体员工进行公开的辅导和指引能够增强竞聘上岗的效果,提高竞聘过程的规范性,有利于减少因程序性问题导致的竞聘失败。

竞聘上岗辅导可以采用培训课程、发放相关材料等方式进行,主要向员工介绍竞聘上岗的基本要求、操作技巧等。为规范竞聘纲领的写作,组织应针对不同的职位发布竞聘纲领写作指导。

(6) 候选人资格初审。在召开竞聘会前,应对报名参与竞聘的候选人进行初步筛选,筛选的标准是目标职位竞聘标准中的"硬性"约束部分,即有关学历、专业资格认证以及职位级别等方面的要求。应公开发布通过初审的候选人,对于未通过初审的候选人,组织应向其说明原因。

(7) 召开竞聘会。在公布初审结果的基础上,召开面向全体员工的竞聘会,候选人当众宣讲自己的竞聘纲领。

(8) 评审组对候选人竞聘表现进行评价。由公司领导和专业人士组成的评审组,根据事先确定的标准对候选人进行评价,并对各候选人参与竞聘的表现提交综合分析报告,供公司领导决策。

(9) 与目标职位直接上司沟通。在正式确定竞聘上岗人员之前,应与目标职位的直接上司进行充分的沟通,避免对将来的工作造成负面影响。

(10) 发布竞聘上岗结果。为保证竞聘上岗总体程序的公平性,组织应尽快发布竞聘上岗评价结果,并接受组织成员的咨询。在一定的公示期结束后,组织正式发布对相关人员的聘任决定,办理上岗手续。

(二) 人力资源配置的模型

结合上述提到的人力资源配置的三种形式,要合理地进行组织内部人力资源配置,应以个人—岗位关系为基础,对组织人力资源进行动态的优化与配置,可遵循以下的"个人—岗位动态匹配模型"。

个人—岗位动态匹配模型主要包括以下一些主要步骤与内容。

1. 人力资源规划

组织目标只能通过配置合格的人力资源来实现,人力资源的配置需要有周密的人力资源规划。人力资源规划是组织人力配置的前期工作,是一个对组织人员流动进行动态预测和决策的过程,它在人力资源管理中具有统领与协调作用。其目的是预测组织的人力资源需求和可能的供给,确保组织在需要的时间和岗位上获得所需的合格人员,实现组织的发展战略和员工个人的利益。任何组织,要想有合格、高效的人员结构,就必须进行人力资源规划。

2. 职位空缺申请与审批

人力资源规划更多的是对组织所需人员数量以及组织内部所能提供的人员数量的一种预测,至于具体哪些部门、哪些岗位存在空缺,则需由各部门主管提出职位空缺与申请,并由人力资源部进行仔细严格的审批,如果没有比较严格的审查,或是形式上设立的审查而实质上根本不起作用,那么就极有可能导致公司整体的人口膨胀。因此,严格的职位申请与审批是有效的人力资源规划以及有效的人力资源利用与配置的基础。

3. 工作分析

确定了所需甄选人员的岗位以及各岗位空缺人员数量后,就应对这些岗位进行岗位分析,以确定职位工作任务、职责及任职资格条件等。事实上,工作分析应作为人力资源管理的一项基础性工作来做,而不必等到有甄选需求时临时来进行,如果工作分析做得好,形成了规范的工作说明书,那么在有甄选需求时,就只需观察该岗位的职责及任职资格等是否随着内外环境的变化而有了新的变化。

4. 人才测评

有了工作分析后,就知道岗位对人员在知识、技能、个性等方面的要求,就可据此来设计人才测评的指标,并选用相应的测量工具。对求职者进行的科学的人才测评可了解到他(她)是否能胜任某一职位,从而为人才合理配置提供依据。由于人力资源配置很多是在组织内部完成的,因此,通过人才测评与绩效考评等手段,对组织人力资源进行普查,在此基础上建立组织的人才库,将非常有利于组织进行人力资源配置。

5. 甄选与合理配置

进行了工作分析与人才测评后,就要对从组织内部或外部甄选来的人员进行合理配置,将合适的人安置在合适的岗位上,达到个人与岗位匹配。实际上,个人与岗位匹配包含着两层意思:一是岗位要求与个人素质要匹配;二是工作的报酬与个人的动力要匹配。可以这样讲,甄选和配备职员的所有活动,都是要实现这两个层面的匹配,而且不能有偏颇。其中的道理并不复杂,举例来说,有一家企业想甄选一名研究开发部经理,强调应聘者一定要具备什么样的知识、技能、才干和经验。而应聘者当中也的确有具备这种素质的人,这是不是意味着可以实现个人和岗位的匹配呢? 不一定。如果甄选企业给这个职位定的报酬标准与应聘者的期望有差距,个人—岗位匹配照样无法实现。

6. 动态优化与配置

把人员进行合理有效的配置后,还必须通过调配、晋升、降职、轮换、解雇等手段对人力资源进行动态的优化与配置。因为随着组织内外环境的变化,岗位的任职资格势必会有新的要求,而随着时间的推移,在该岗位上工作的人,也可能变得不再适合这个工作岗位的要求或其能力已远远超出该岗位的要求。因此,有必要重新进行工作分析与人才测评,对岗位责任、岗位要求及现有人员的知识、技能、能力等进行重新定位。该升的升,该降的降,使人力资源的配置趋近合理。这是组织人力资源持续达到优化配置的关键因素。因此,领导者尤其是人力资源部门应跟踪组织内外环境的变化,及时更新工作分析文件,各级管理者对岗位与下属应有全面、正确的了解,这样才有可能使组织整体的人力资源达到优化配置。

7. 产出

组织采取正确的措施和手段对人力资源进行合理配置后,合适的人工作在合适的岗位上,这将会使得员工的工作绩效、工作满意度、出勤率等得到提升,从而提高组织的整体效能。

人力资源配置是否合理,无论是对组织的短期绩效还是长远发展都有重大影响,因此,应予以足够的重视。组织在完成人才甄选后,还应遵循人力资源配置的有关理论与方法,使人才达到人岗匹配,尽量做到事适其人,人尽其才,才尽其用,人事相配,这样才能减少内耗,最大限度地发挥人力资源的作用,促进组织持续、稳定、快速发展。

(三)人力资源配置分析

人力资源配置分析涉及人与事的关系、人自身的各方面条件和组织机制及行业现实等要素,从而形成五个方面的配置状况分析。

1. 人与事总量配置分析

人与事总量配置涉及人与事的数量关系是否对应,即有多少事要用多少人去做。但这种数量关系不是绝对的,而是随着组织的经营和当期生产订单而变化。无论是人浮于事还是事浮于人,都不是组织希望看到的结果。具体现象有:一方面难招到普通和技能性的员工,出现"有事没人做"的情况;另一方面又表现为内部管理人员人浮于事现象或缺少称职的管理人员。

在分析出当期人力过剩或人力不足或两者兼而有之的情况之后,应该更关注如何合理配置人力供给与需求。通常情况下,在人员短缺时,首先,应当考虑在组织内部调节,因为此方法不仅风险小、成本低,而且还可以使员工感到有盼头、有机会。其次,可考虑外部补充、甄选、借调、实行任务转包等措施。在人员富余时,注意利用多种渠道妥善安置,例如,可通过内部转岗训练、缩短工作时间、遣散临时用工、对外承包劳务、实行弹性工作制等。

2. 人与事结构配置分析

人与事结构配置是指应该根据不同性质、特点的事,选拔有相应专长的人员去完成。组织内人员配置的一个重要目标就是把各类人员分配在最能发挥他们专长的岗位上,力争做到人尽其才、才尽其用。

正所谓:以适合的人,做恰当的事。因此,按照组织现有人员能力和特点进行分类,考察现有人员的使用情况,并列出矩阵表,从中可以分析组织架构内现有人力资源的实际使用情况和效果。如通过纵横向分析(列出各职位对岗位的人数),计算出当前人力资源实际使用率和寻找出造成人力浪费的原因。

根据人力资源矩阵可分析组织有多少名熟练工在做非熟练工工作,有多少非熟练工在做熟练工工作;工程技术人员中,多少人在做熟练工作,多少人在做技工的工作;还有多少名专业管理人员处于半工作或不饱满状态。从而需要进行人力资源的调节,避免出现直接或间接的人力成本浪费。

3. 人与事质量配置分析

人与事质量配置是指人与事之间的质量关系,即事的难易程度与人的能力水平的关系。事有难易、繁简之分,人有能力高低之分,应根据每种事的特点、难易和繁简程度及其对人员资格条件的要求,选拔具有相应能力水平的人去承担。这是因为,人力资源管理的根本任务是合理配置和使用人力资源,提高人力资源投入与产出比率。要合理使用人力资源,就要对人力资源构成和特点有详细的了解。可以这样说,人力资源是由个体人力和能力组成的,而各个人员的能力由于受到身体条件、受教育程度、实践经验等因素的影响而各自不同,形成个体差异。这种个体差异,要求根据能力大小、水平高低的差异安排在相应能级层次的岗位上,使个人能力水平与岗位要求相适应。

人与事质量配置不符主要有两种情况。第一种是现有人员素质低于现任岗位的要求;第二种是现有人员素质高于现任岗位的要求。对于前者,可考虑采用技能性培训或转岗等方法来调节现有人员的使用情况;对于后者,就应考虑将其提升到更高的岗位担任工作,以发挥他们更大的潜力。

近年来,许多企业在人员甄选上普遍存在着"人才高消费"的倾向,即在甄选、选拔和晋升人员时,过分追求学历条件,尽管这样做会使得企业在整体文化素质上有所提高,但能够做到"量才"与"适用",才是人力资源管理和开发的根本所在。更何况过分追求人才的"高消费",其负面效应也就不可避免,这主要体现为:

① 高才低用的浪费;
② 文凭低、实用性强的人才被扼杀;
③ "高不成"与"低不就"会增加人力成本;
④ 还有可能造成内部人员之间的负面情绪和不安稳等。

可见,只有适才适用和找到动态的平衡,才是最有效的人力资源管理方略。

4. 人与工作负荷状况分析

人与事的关系还体现在事的数量是否与人的承受能力相适应,使人力资源能够保持身心健康,这是因为组织的各项活动是一个相互联系、相互依赖、前后衔接的有机整体,每个部门的人力资源配置都应与其所承担的工作量相适应,使得工作负荷量与人力资源身心承受能力相适应。

比如,员工的劳动强度要适度,脑力劳动也要适度,工作时间也要适度,不能超过一定的范围,既形成一种压力与动力,又要保持员工的身心健康。在实际操作方面,若工作负荷过重,应减轻工作负担或新设一个岗位来分担原岗位的工作;若工作负荷量不够,则应考虑合并相应岗位或增加该岗位工作内容。无论是工作负荷过重,还是工作负荷过轻,都不利于人力资源的合理配置和使用。

5. 岗位人员使用效果分析

人与事的配置分析最终还要看对在岗员工的使用情况,这是动态衡量人与事关系的重要内容。一般来说,人员使用效果经常以态度为基础,将绩效的好坏与自身能力的强弱做比较。

在工作绩效与能力的校对方面,可根据实际的资料(绩效的好坏以及能力的高低),将人员使用效果基本分析为四个区间(见图5-2)。

在实操方面,应针对上述情况,采用不同的策略与改善方法:

首先,区间A的员工,是价值最高的员工,单位要留住他们,重用他们;

其次,区间B的员工,应在鼓励他们保持原有工作热情的基础上,通过培训提高他们的能力,使其向区间A靠近;

再次,区间C的员工,应找出影响绩效的因素,努力帮助他们在今后的工作中提高绩效;

最后,区间D的员工,应该关注他们是否还有可能改善目前岗位实绩的可能,或通过培训与评鉴重新调整岗位。

进行人力资源配置状况分析,是以内部人力资源配置为着陆点。然而,在内部配置、调节

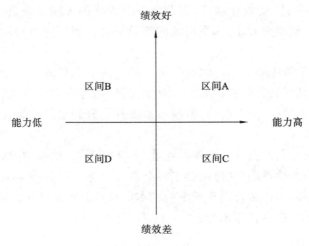

图 5-2 绩效—能力区间

都难满足组织当前的实际需要时,就要进行外部甄选。可以说,外部甄选工作的关键在于实现所招人员与待聘岗位的有效匹配。这种匹配正是要求将应聘者个人特征与工作岗位的特征有机地结合起来,从而体现"即时能上岗"的硬道理,这更是人力资源管理所期望的结果。

本章小结

甄选是指通过运用一定的工具和手段对已经招募到的求职者进行鉴别和考察,从而最终挑选出符合组织需要的、最为恰当的职位空缺填补者的过程。它有利于提升组织绩效,可以避免不必要人力资源再配置成本的发生,有助于整个社会"人尽其才"目标的实现。甄选的主要方法有员工选拔面试、员工选拔测试、评价中心技术和员工背景调查。甄选结束之后,应对甄选方法和甄选结果的成效进行评估。

人力资源配置是指通过招聘、甄选程序选择候选人,组织考察候选人的知识、能力、个性特征和职位要求、能力要求、组织文化等方面的匹配,并最终作出录用决策的活动。人力资源配置的内容主要包括人员与组织匹配、人员与岗位匹配、人员与团队匹配这三项。人力资源配置有利于调整组织内部的人际关系和工作关系,有利于形成组织内部的竞争机制及其对外的竞争力,有利于产生双向激励作用。人力资源配置应遵循能级对应、优势定位、动态调节、内部为主等基本原则,以及公正、先公后私、尊重员工、诚信与信任等道德原则。人力资源配置的形式主要有人岗关系型、移动配置型和流动配置型三种。人力资源配置的方法主要有晋升与降职、工作轮换、竞聘上岗等。组织应定期进行人力资源配置分析,具体包括人与事总量配置分析、人与事结构配置分析、人与事质量配置分析、人与工作负荷状况分析以及岗位人员使用效果分析。

关键概念

1. 甄选
2. 结构化面试
3. 非结构化面试

4. 背景调查
5. 人力资源配置

复习思考题

1. 何谓员工甄选？员工甄选的作用主要有哪些？
2. 在员工甄选过程中，应如何做好面试工作？
3. 员工背景调查在员工招聘过程中有哪些价值？
4. 人力资源配置的具体内容有哪些？
5. 人力资源配置有何作用？

案例分析

波特曼丽嘉酒店的员工甄选之道

位于上海南京路的波特曼丽嘉酒店从1991年开业到1998年之前，与当地其他五星级酒店并无不同之处，宾客满意度徘徊在70%~80%之间，财务表现也很一般。1998年初被丽嘉酒店公司接管之后，在总经理狄高志的管理下，通过卓有成效的经营模式和人力资源管理实践，短短几年时间就将酒店带上新的台阶。酒店连续3年被翰威特公司评为"亚洲最佳雇主"，被彭博电视评为"亚洲最佳商务酒店"；5次被《亚洲商业》杂志评为"中国最佳商务酒店"。在全球60家丽嘉酒店中，波特曼丽嘉酒店的员工满意度连续5年排名第一。2008年的员工满意度是98%，而同类水平酒店的员工满意度一般介于92%~95%之间。亚洲酒店业的员工流动率为29%，而波特曼丽嘉酒店的员工流动率却仅为15%~16%。

波特曼丽嘉酒店的目标是为所服务的高端客户提供卓越的个性化服务，提供达到宾客期望的全球一致的服务水准。而酒店管理层认为，酒店是服务行业，而服务来自人。因此，只有员工感到100%的满意才会让客人感到100%的满意，只有客人感到100%的满意才会为酒店带来更多的财富。因此，波特曼丽嘉酒店明确提出"我们以绅士淑女的态度为绅士淑女们忠诚服务"，把关心、信任、发展员工以及为他们提供舒畅的工作环境作为酒店的承诺，并将此作为高层主管人员日常工作的重点。酒店在薪酬管理方面确立了市场领袖政策，在培训方面投入了大量的时间和成本，非常重视企业文化建设，形成了非常稳定、积极的员工关系。

波特曼丽嘉酒店的人力资源管理理念是从员工招聘环节入手贯彻的。酒店在甄选新员工时最为看重的是求职者的天赋才能和价值观，而不是学历和经验。他们认为，员工的个人才能和价值观是没办法教的，因而必须在一开始就选择正确的人尤其是直接面对客户的一线员工，他们的服务怎样直接决定了酒店的服务水平和质量。酒店不仅要求求职者的价值观必须与酒店的独特文化相匹配，而且要求他们有相关岗位需要的天赋才能，尤其重视求职者是否天生喜欢跟人打交道，能否真心关心尊重他人，从而让客人有宾至如归的感觉。因为他们要求员工必须从内心到外表都是快乐的，能够发自内心地微笑，从而为客人营造家庭般的温馨气氛。此外，酒店更喜欢从上海以外的英语专业和专科学校寻找人才，而且更倾向于招聘刚毕业的学生，而不是从其他酒店过来的员工，因为毕业生比较容易塑造，容易适应酒店的文化，一开始就形成酒店期望的思维模式。

波特曼丽嘉酒店的面试一共有六次。一是人力资源部门所做的初步面试；二是人力资源部门组织的基于质量甄选程序的标准化面试;三是部门经理面试;四是部门总监面试;五是人力资源总监面试;六是酒店总经理面试。在面试过程中,波特曼丽嘉酒店最为关注的是求职者是否具有从事服务行业的天赋和热情、岗位工作需要的知识和技能、个人职业发展目标以及对酒店文化的适应能力等。

总经理狄高志从一开始就参与对所有员工的面试,他指出,自己去面试的目的并不是决定是否录用求职者,因为各部门的部门领导会知道求职者是否合适。他更关心求职者为什么会加入本酒店,他希望了解员工,比如员工喜欢什么,生活目标是什么,动力是什么,是否喜欢与人打交道,是否能很自然而快乐地微笑。他尤其关心求职者是否有长期在酒店实现职业发展的愿望,所以他最常问的一个问题就是求职者对未来工作的打算,而他最希望听到的回答是"我希望成为一位主厨"或"我希望成为一位主管",因为这类员工往往是进步最快的。狄高志坚信:天生的就是最好的,一旦运用了人的天生才能,人们就都可以做出最好的成绩。尽管在面试上花费了很多的时间,但他认为很值得,因为他没有机会每天和每个员工接触,面试是直接了解员工的一个机会。此外,总经理的这种姿态一方面让每一位员工感觉到酒店对他们的重视,另一方面也使员工从面试的时候开始就能够和总经理建立起比较紧密的联系,在以后的工作交往中与总经理沟通时会更加自然放松。

在波特曼丽嘉酒店的甄选过程中,非常有特色的部分就是QSP测试,这是每一位进入酒店的员工在经过第一轮初步面试之后都必须参加的第二轮测试。这种QSP测试实际上是分别针对一般员工、管理级(主管、领班)、经理级、总监级(高管人员)设计的几种不同的胜任能力模型,它是基于丽嘉酒店的全球员工开发出来的,主要用来衡量求职者的价值观和态度是否适合酒店的文化以及求职者是否具备相关岗位需要的重要能力。由于销售工作比较特殊,而且对酒店非常重要,所以还有专门针对销售人员的QSP测试。每套QSP中有50~60个题目,涉及10~11个不同的方面,分别测试求职者的学习能力、服务意识和能力、处理突发事件的能力、沟通能力、工作安排能力和人际关系能力等。每一套QSP会根据求职者应聘的部门、级别不同而内容和侧重点各异。例如,销售经理需要有良好的沟通表达能力、说服能力、市场敏感度、与客户建立联系的能力以及安排项目的能力等。如果是后台领班,则会侧重于组织能力和帮助员工发展的能力等。有时,如果面试考官发现求职者的能力等更适合酒店中的其他职位,还可能会根据他们展示出来的强项为他们匹配与当初申请的职位不同的其他职位。不仅如此,将来员工在酒店中调整岗位以及晋升的时候,同样会用到这种测试。

(资料来源:谭琴,张烈,柴爱民.上海波特曼丽嘉:越长越高的"金字塔"[J].东方企业家,2006(6):40-42;叶丽雅.波特曼丽嘉酒店利用QSP发展员工[J].IT经理世界,2003(23):92-93;其他网络资料。)

思考题:

(1) 上海波特曼丽嘉酒店的员工甄选过程有哪些特点?

(2) 上海波特曼丽嘉酒店总经理对每一位员工的面试都参加,这种做法在其他行业是否有推广价值?为什么?

第六章 绩效管理

> **学习目标**
>
> 通过本章学习,了解绩效、绩效考核以及绩效管理等基本概念,明确它们的内在联系与区别。熟悉绩效管理的基本理论,掌握绩效管理的基本流程,掌握绩效管理的几种基本方法及其应用。

 / 引导案例:环卫作业考核试行"以克论净" /

这条路扫得干净吗?用天平称一称 1 平方米内的尘土重量即可判定。2015 年 7 月 24 日上午,记者在育才街看到,市城管委环卫处工作人员正用专门定制的测量工具,对道路清扫保洁质量进行检查。

"这是我们今年 6 月份试运行的'以克论净'环卫作业考核法,主要是通过对道路、便道上 1 平方米内的尘土进行称重,以此作为评价清扫保洁质量的依据。"市环卫处质量科科长高晓霞说。

一、快车道每平方米仅 1 克灰土

当天上午,记者在"以克论净"检查现场看到,检查人员将一个定制的白色铝合金框平放在道路西侧,框边紧挨立道牙石,框内圈住的是沥青路面和两块平道牙石;接着,用一柄宽 10 多厘米的细毛刷子,一刷一刷地刷扫框内面积,连平道牙石间的缝隙也不放过。

记者注意到,即使这位检查人员很细心地刷扫,但扫出的土并不多,仅在刷扫平道牙石缝隙时,才扫出了一点点儿灰土。最后,这位检查人员将扫成一小堆的灰土,轻轻扫入一个书本大小的白铁皮簸箕里。

旁边便道上,水平放置着一台已调整好的白色电子天平。"这台天平能精确到 0.1 克。"检查人员一边说一边将簸箕里的灰土小心地倒入天平托盘内,还用手下意识地挡了一下风来的方向,似乎担心风会把灰土吹飞。

"1 克。"检查人员读出天平上显示的数据,另一位检查人员立刻将数据记录到"以克论净"考核表上。记者看到,考核表上"检查时间""地点""灰土重量"等项目一应俱全。

接着,检查人员又对便道进行了"以克论净"检查,测量结果是"0.3 克","全部合格"。高晓霞说,按照考核标准,快车道灰土每平方米不得超过 5 克,慢车道灰土每平方米不超过

8克,便道灰土每平方米不超过12克,育才街由于是机非混行,所以道路按照快车道的标准评定。

二、考核从"定性"到"定量"

"过去检查清扫保洁质量主要是靠目测。"高晓霞说,主要是观察是否有烟头、杂物等垃圾,以感官、直觉为主,而没有统一的标准,在评测环卫作业质量时,往往客观性差,主观性较强。

"为进一步提高省会环卫作业水平,我市在学习宁夏中卫等其他城市相关经验的基础上,采取了'以克论净'的环卫作业考核方式,通过量化的考核办法,用数字说话,用数字评价。"高晓霞说。

为使"以克论净"考核办法更加科学、准确,在确定每平方米灰土量的标准时,市环卫部门从城区不同区域选择了50个点位,在不同时段、不同天气等条件下多次测量后取平均值,最终确定了快车道、慢车道和便道的灰土重量标准。

在对环卫作业质量进行考核的同时,通过"以克论净"还能科学分析不同路段的检测数据,根据不同情况即时合理调整环卫作业的频次和作业手段,在保持市容环境高度整洁的同时,优化配置环卫人力物力配置。

高晓霞告诉记者,"以克论净"考核办法自试运行以来,城区清扫保洁检查合格率达到95%以上。目前"以克论净"已覆盖城区三环以内所有城市道路,省会环卫作业考核方式实现了由人工目测向科学测量的转变,城区环卫质量大幅提高。

三、扫完地后用手摸摸干不干净

"过去扫地的重点是烟头、纸屑等杂物,现在脑子里又多绷紧了一根弦,不仅要扫干净杂物,地面也得'一尘不染'。"长安区环卫大队一位环卫工人说:"每次扫完地后,还要用手摸一摸,看看扫得到底干不干净。"

该大队清扫科科长崔俊玉告诉记者,"以克论净"实行后,他们进一步加大了清扫保洁和监督检查力度。"我们配备了20套'以克论净'测量工具,一线大班长每天查,环卫大队每周组织专人抽查,并根据检查结果查找不足,及时调整、强化清扫保洁力量。"

据崔俊玉介绍,因为快车道已全部实现机械化清扫,特别是采用多功能洗扫车后,路面每平方米灰土量基本能控制在1克左右。对于慢车道或便道来说,实行"以克论净"后,环卫工人在清扫时更下工夫,个别路段有时候要扫两遍甚至三遍。

"感觉路面比过去更干净了。"在育才街上,市民赵先生说,"以前路面上,特别是路边靠近便道的地方,常常会有一些浮土,现在路面上特别干净,一点儿尘土也看不到了。"

市环卫处有关负责人表示,为让环卫工作更加科学地开展,下一步"以克论净"将针对不同区域、不同季节、不同天气,进行反复检测与指标比对,制定一套贯穿全年、涵盖全面的更为科学、量化的测评考核指标体系,推动省会城市管理精细化更上一层楼。

(资料来源:靳晓磊.环卫作业考核试行"以克论净"[N].石家庄日报,2015-07-25.)

思考题:

(1) 在环卫作业考核中,"定性"是否比"定量"更科学?

(2) 你如何看待环卫作业考核中这种"以克论净"的做法?

第一节 绩效管理概述

一、绩效的概念与影响因素

(一) 概念

时至今日,人们对绩效这一概念的认识仍然存在分歧。就像贝茨(Bates)和霍尔顿(Holton)指出的那样,绩效是一个多维建构,观察和测量的角度不同,其结果也会不同,从不同的学科领域出发认识绩效,所得到的结果也会有所差异。

第一,从管理学的角度看,绩效是组织期望的结果,是组织为实现其目标而展现在不同层面上的有效输出。它包括组织绩效和个人绩效两个方面。组织绩效建立在个人绩效实现的基础上,但个人绩效的实现并不能保证组织是有绩效的。当组织绩效按一定的逻辑关系被层层分解到每个工作岗位及每个人时,只要每个人都达到了组织的要求,组织绩效就实现了。但是,组织战略的失误可能造成个人的绩效目标偏离组织的绩效目标,从而导致组织的失败。

第二,从经济学的角度看,绩效与薪酬是员工和组织之间的对等承诺关系,绩效是员工对组织的承诺,而薪酬是组织对员工所做出的承诺。一个人进入组织,他必须对组织所要求的绩效做出承诺,这是进入组织的前提条件。当员工完成了他对组织的承诺时,组织就实现其对员工的承诺。这种对等承诺关系的本质,体现了等价交换的原则,而这一原则正是市场经济运行的基本规则。

第三,从社会学的角度看,绩效意味着每个社会成员按照社会分工所确定的角色承担他的那一份职责。他的权利是由其他人的绩效保证的,而他的绩效又保障其他人的权利。因此,出色地完成自己的绩效是他作为社会一员的义务,他受惠于社会就必须回馈社会。

随着管理实践深度和广度的不断增加,人们对绩效概念和内涵的认识也在不断变化。目前对绩效的界定主要有以下三种观点。

第一种观点认为绩效是结果。一般用来表示绩效结果的相关概念有职责、关键结果领域、结果、责任、任务及事务、目的、目标、生产量、关键成功因素等。过分关注结果会导致忽视重要的行为过程,而对过程控制的缺乏会导致工作结果的不可靠性,不适当地强调结果可能会在工作要求上误导员工。

第二种观点认为绩效是行为。绩效是一套与组织或个人体现工作组织单位的目标相关的行为,包含任务绩效和周边绩效。其中,前者与工作产出、目标、结果有关,给组织带来最直接的益处,是工作的正式组成部分。后者是自愿进行非工作组成部分的任务活动、必要的时候能够坚持表现出额外的积极性或做出额外的努力来成功地完成自己的任务、帮助同事并与他人合作,即使在个人感到不便时也遵循组织的规章和程序、同意支持并维护目标、积极开发自我等。

第三种观点认为绩效是素质。绩效是知识、技能等能通过工作转化为物质贡献的个人素质。这是因为,员工的工作行为和工作结果与其个人素质有很大的联系。个人素质的高低会影响员工对知识与技能的吸收程度,而员工的知识与技能又可通过工作结果转化为对组织的物质贡献,即组织的绩效成果。因此,组织对员工的绩效管理应注重提升员工的个人素质。

可见,绩效的含义非常广泛,不同时期、不同发展阶段、针对不同对象,绩效都有不同的具体含义。所以,在衡量绩效时,针对不同企业或企业中不同的人,其侧重点各不相同。综合上述三种观点,我们认为绩效是员工依据其所具备的与工作相关的个人素质所做出的工作行为及工作结果,这些行为及结果对组织目标的实现具有积极或消极的作用。

(二)影响因素

影响绩效的主要因素有员工技能、外部环境、内部条件和激励效应。员工技能是指员工具备的核心能力,是内在的因素,经过培训和开发是可以提高的;外部环境是指组织和个人面临的不为组织所左右的因素,是客观因素,是我们完全不能控制的;内部条件是指组织和个人开展工作所需的各种资源,也是客观因素,在一定程度上我们能改变内部条件的制约;激励效应是指组织和个人为达成目标而工作的主动性、积极性,激励效应是主观因素。

在影响绩效的四个因素中,只有激励效应是最具有主动性、能动性的因素。人的主动性、积极性提高了,组织和员工会尽力争取内部资源的支持,同时组织和员工技能水平将会逐渐得到提高。因此,绩效管理就是通过适当的激励机制激发人的主动性、积极性,激发组织和员工争取内部条件的改善,提升技能水平,进而提升个人和组织绩效。

二、绩效管理的概念与作用

(一)概念

绩效管理指制定员工的绩效目标,收集与绩效有关的信息,定期对员工的绩效目标完成情况做出评价和反馈,以确保员工的工作活动和工作产出与组织的保持一致,进而保证组织目标完成的管理手段与过程。

绩效管理强调组织目标和个人目标的一致性,强调组织和个人同步成长,形成"多赢"局面;绩效管理体现着"以人为本"的思想,绩效管理的各个环节都需要管理者和员工的共同参与。

绩效管理的概念告诉我们:它是一个管理者和员工保持双向沟通的过程,在过程之初,管理者和员工通过认真平等的沟通,对未来一段时间(通常是一年)的工作目标和任务达成一致,确立员工未来的工作目标,在更高层次的绩效管理里用关键绩效指标和平衡记分卡表示。

(二)作用

绩效管理是人力资源管理的核心内容,它对组织、管理者和员工都有着非常重要的作用。首先,组织所关心的问题是目标分解、监控过程以及人力资源的有效性。而绩效管理可通过绩效计划、绩效计划实施、绩效考评结果应用等帮助解决上述问题。其次,管理者希望通过绩效管理来传达工作目标、获得员工认同、表达对员工和工作任务的期望,并且掌握必要绩效信息,帮助做出人事决策。最后,马斯洛(1968)认为,只有没有得到满足的需求才是主要的动机来源。人的需要由生理的需要、安全的需要、归属与爱的需要、尊重的需要、自我实现的需要五个等级构成。根据马斯洛的需求层次理论从员工的内在需求分析中可以看出:绩效考评和绩效管理对员工而言是其成长过程中必要的。具体来说,绩效管理的作用包括以下五个方面。

1. 保证组织战略目标的实现

组织一般有比较清晰的发展思路和战略,有远期发展目标及近期发展目标,在此基础上根据外部经营环境的预期变化以及组织内部条件制定出年度经营计划及投资计划,在此基础上制定组织年度经营目标。组织管理者将公司的年度经营目标向各个部门分解就成为部门的年度业绩目标,各个部门向每个岗位分解核心指标就成为每个岗位的关键业绩指标。

在年度经营目标的制定过程中要有各级管理人员的参与,让各级管理人员以及基层员工充分发表自己的看法和意见,这种做法一方面保证了组织目标可以层层向下分解,不会遇到太大的阻力,同时也使目标的完成有了群众基础,大家认为是可行的,才会努力克服困难,最终实现组织目标。对于绩效管理而言,组织年度经营目标的制定与分解是比较重要的环节,这个环节的工作质量对于绩效管理能否取得实效是非常关键的。绩效管理能促进和协调各个部门以及员工按着组织预定目标努力形成合力,最终促进组织经营目标的完成,从而保证组织近期发展目标以及远期目标的实现。

2. 促进管理流程和业务流程优化

组织管理涉及对人和对事的管理,对人的管理主要是激励约束问题,对事的管理就是流程问题。所谓流程,就是一件事情或者一个业务如何运作,涉及因何而做、由谁来做、如何去做、做完了传递给谁等四个方面的问题,上述四个环节的不同安排都会对产出结果有很大的影响,极大地影响着组织的效率。

在绩效管理过程中,各级管理者应从公司整体利益以及工作效率出发,尽量提高业务处理的效率,应该在上述四个方面不断进行调整优化,使组织运行效率逐渐提高,在提升组织运行效率的同时,逐步优化公司管理流程和业务流程。

3. 促进组织和个人绩效的提升

绩效管理通过设定科学合理的组织目标、部门目标和个人目标,为组织员工指明了努力方向。管理者通过绩效辅导沟通及时发现员工工作中存在的问题,给员工提供必要的工作指导和资源支持,员工通过工作态度以及工作方法的改进,保证绩效目标的实现。在绩效考核评价环节,对个人和部门的阶段工作进行客观公正的评价,明确个人和部门对组织的贡献,通过多种方式激励高绩效部门和员工继续努力提升绩效,督促低绩效的部门和员工找出差距改善绩效。在绩效反馈面谈过程中,通过考核者与被考核者面对面的交流沟通,帮助被考核者分析工作中的长处和不足,鼓励员工扬长避短,促进个人得到发展;对绩效水平较差的组织和个人,考核者应帮助被考核者制定详细的绩效改善计划和实施举措。在绩效反馈阶段,考核者应和被考核者就下一阶段工作提出新的绩效目标并达成共识,被考核者承诺目标的完成。在组织正常运营情况下,部门或个人新的目标应超出前一阶段目标,激励组织和个人进一步提升绩效,经过这样的绩效管理循环,组织和个人的绩效就会得到全面提升。

4. 有助于员工的开发

绩效管理包括反馈环节,通过这个环节员工可以清楚了解自身究竟表现如何,哪些地方需要改进,组织和上司对他们的期望是什么,以及上司认为工作的哪些地方是最重要的。这有助于员工进行有针对性的自我开发,进而改进自身绩效。同时,组织也会对那些绩效不佳的员工进行有针对性的培训,帮助他们提升个人素质,改进绩效。

5. 有助于组织维系

绩效管理通过对员工进行甄选与区分,保证优秀人才脱颖而出,同时淘汰不适合的人员。因为绩效管理过程中会产生技能、晋升潜力和现有员工所承担相关工作任务的经历等相关信息,这些信息有助于在组织层面上进行员工队伍规划,预测未来的培训需求以及评估绩效改进,对于评估人力资源干预措施的有效性(如员工参加培训后绩效是否有所提升)也是有用的。因此,通过绩效管理能使内部人才得到成长,同时能吸引外部优秀人才,使人力资源能满足组织发展的需要,从而实现组织维系的目标。

阅读与思考6-1:俄罗斯矿山爆炸

在一次企业季度绩效考核会议上,营销部门经理A说:"最近的销售做得不太好,我们有一定的责任,但是主要的责任不在我们,竞争对手纷纷推出新产品,比我们的产品好。所以我们也很不好做,研发部门要认真总结。"

研发部门经理B说:"我们最近推出的新产品是少,但是我们也有困难呀。我们的预算太少了,就是少得可怜的预算也被财务部门削减了。没钱怎么开发新产品呢?"

财务部门经理C说:"我是削减了你们的预算,但是你要知道,公司的成本一直在上升,我们当然没有多少钱投在研发部了。"

采购部门经理D说:"我们的采购成本是上升了10%,你们知道为什么吗?俄罗斯的一个生产铬的矿山爆炸了,导致不锈钢的价格上升。"

这时,A、B、C三位经理一起说:"哦,原来如此,这样说来,我们大家都没有多少责任了,哈哈哈哈哈……"

人力资源经理E说:"这样说来,我只能去考核俄罗斯的矿山了。"

(资料来源:郭莉,正子.俄罗斯矿山爆炸[J].投资北京,2010(7):55.)

> 思考题
>
> (1)为什么人力资源经理说只能去考核俄罗斯的矿山?
> (2)从绩效管理的视角看,俄罗斯矿山爆炸的故事带给我们哪些启示?

第二节 绩效管理循环

绩效管理包括四个环节,即绩效计划、绩效辅导、绩效评价和绩效反馈。其中,绩效计划是绩效管理的基础环节,不能制定合理的绩效计划就谈不上绩效管理;绩效辅导是绩效管理的重要环节,这个环节工作不到位,绩效管理将不能落到实处;绩效评价是绩效管理的核心环节,这个环节工作出现问题会给绩效管理带来严重的负面影响;绩效反馈是绩效管理取得成效的关键,如果激励与约束机制存在问题,绩效管理不可能取得成效。

一、绩效计划

绩效计划是一个确定组织对员工的绩效期望并且得到员工认可的过程。绩效计划必须清楚地说明期望员工达到的结果,以及为达到该结果期望员工表现出来的行为和技能。

(一) 绩效计划的准备阶段

绩效计划通常是管理者和员工进行双向沟通后所得到的结果,这种计划的设定需要经过一些必要的准备,对管理者和员工来说均是如此,否则就难以得到理想的结果。这些准备包括获取关于组织的信息、关于团队的信息、关于个人的信息。

(1) 组织战略目标和发展规划。绩效计划来源于组织战略的落实,制定绩效计划的目的就是为了提升员工和组织的整体绩效,最终实现组织的战略。如果绩效计划所设定的目标方向与组织战略背道而驰,则不仅无益于组织的发展,还会给组织带来严重的影响。

(2) 年度企业经营计划。组织的战略是面向长远发展方向的,可能会让员工觉得比较遥远,而遥远的目标总是让人觉得难以实现。这时就需要结合企业的年度经营计划来制定绩效计划。因为年度经营计划是以一年为周期的,属于短期计划,这样的目标更加真实,更接近实际,从而使得绩效计划在确定员工方向方面的作用更加突出。

(3) 业务单元的工作计划。这个计划是直接从企业年度经营计划中分解出来的,它直接与业务单元的职能相联系,从而和各单元员工的绩效标准结合更紧密。

(4) 团队计划。团队这种形式的采用使得小单元内的目标责任更加明确和具体,这也更有利于个人绩效计划的设定。

(5) 个人的职责描述。个人的职责描述规定了员工应该干什么,而绩效计划指出了这些任务完成应该达到的标准,两者是紧密相连的。

(6) 员工上一个绩效周期的绩效考核结果。如果员工在上一个绩效考核周期内,所有绩效计划表上所列的目标都达到标准的话,这一期的绩效计划就需提出新的目标;如果上一期的目标没有完成或没有全部完成的话,就应该将它们转到当期的绩效计划里来,作为继续考核的标准,这也体现了绩效管理的连续性。

(二) 绩效计划的沟通阶段

在这个阶段,管理者和员工要进行充分的交流和沟通,以便和员工就其在这个绩效周期内的工作目标和计划达成共识。这个阶段需要注意以下几个问题。

(1) 营造良好的沟通环境。首先,管理人员和员工都应该确定一个专门的时间用于绩效计划的沟通;其次,在沟通的时候最好不要有其他事情打扰;另外,沟通的气氛要尽可能轻松,不要给人太大的压力。轻松愉悦的环境容易让双方从心理上得到放松,减轻抵触和敌意。很多公司的管理者都喜欢选择咖啡厅或和员工一起进餐的时间进行沟通,这是一个很不错的方法。除此之外,还要注意不要选择嘈杂的场所。有的管理者选择自己的办公室,但在这样的环境中,谈话常会被电话或来访的人员所打断,沟通效果可想而知。

(2) 沟通原则。① 管理人员和员工在沟通中是一种相对平等的关系,他们是共同为了业务单元的成功而做计划。② 一般而言,员工是真正最了解自己所从事的工作的人,员工本人是自己的工作领域的专家,因此在制定工作的衡量标准时应该更多地发挥员工的主动性,更多地听取员工的意见。③ 管理人员应该与员工一起做决定,而不是代替员工做决定,员工自己决定的成分越多,绩效管理就越容易成功。④管理者有责任在沟通的过程中确保目标设定的方向和组织战略保持一致,同时也有责任调动员工的工作积极性,鼓励他们朝着共同的目标奋斗。

(3)沟通过程。首先是需要回顾在会面前所准备的信息,然后在组织的经营目标的基础上,每个员工需要设立自己的工作目标和关键业绩指标。所谓关键业绩指标,是指针对工作的关键产出来确定评估的指标和标准。注意,这些标准必须是具体而可衡量的,并且应该有时间限制。在制定计划的阶段中,管理者就有必要向员工承诺提供解决问题和困难的支持与帮助。绩效计划制定完并不代表就不需要改动了,还必须依据变化着的环境和组织战略的调整来修改绩效计划。

(4)沟通形式。每月或每周同每位员工进行一次简短的情况通气会;定期召开小组会,让每位员工汇报完成任务和工作的情况;每位员工定期进行简短的书面报告;当出现问题时,根据员工的要求进行专门的沟通。

(三)绩效计划的审定和确认阶段

在绩效计划过程结束时,管理人员和员工应回答下列问题,以确认双方是否达成共识。

(1)员工在本绩效期内的工作职责是什么?
(2)员工在本绩效期内所要完成的工作目标是什么?
(3)员工应该在什么时候完成这些工作目标?
(4)各项工作职责以及工作目标的权重如何?
(5)哪些是最重要的,哪些是其次重要的,哪些是次要的?
(6)员工的工作绩效好坏对整个组织或特定的团队有什么影响?
(7)员工在达到目标的过程中会遇到哪些困难和障碍?
(8)员工在绩效期内会得到哪些培训?
(9)在绩效期内,管理人员将如何与员工进行沟通?

当绩效计划结束时,应达到如下效果。

(1)员工的工作目标与公司的整体目标紧密相连,并且员工清楚地知道自己的工作目标与组织的整体目标之间的关系。
(2)员工的工作职责和描述已经按照现有的组织环境进行了修改,可以反映本绩效期内主要的工作内容。
(3)管理人员和员工对员工的主要工作任务、完成任务的标准、员工在完成任务过程中享有的权限等都已经达成了共识。
(4)形成一个经过双方协商讨论的文档,并且管理人员和员工双方要在该文档上签字。

二、绩效辅导

绩效辅导也称为绩效管理沟通,绩效管理沟通主要是指组织者、考核者与被考核者之间的沟通。根据绩效管理循环,将绩效沟通分为三个沟通过程,即绩效计划沟通、绩效实施沟通和绩效结果沟通。

(一)绩效计划沟通

绩效计划沟通主要是指在绩效管理实施前的培训过程、绩效指标体系的建立、目标值的确定过程的沟通。其实,绩效管理知识的培训过程也是沟通过程,在培训中,培训者将绩效管理的知识讲给大家听,并在讲的过程中听取学员的意见等。通过这种方式,把绩效管理的知识传授给大家。绩效指标体系的建立以及目标值的确定更是离不开沟通,在这个过程中主要有三种方式:一是从上向下沟通,二是从下往上沟通,三是混合式沟通。在指标设定时,应该从上往下沟通,因为,绩效指标体系是从公司的战略分解与员工岗位职责相结合来确定的。在绩效指标体系的目标值确定过程中,建议采用混合式沟通。因为目标值的确定是双向过程,目标不能定得太高或太低,太高没有激励,太低没有实施价值,这就需要考核者与被考核者之间进行充分的沟通,通过充分的沟通,使被考核者知道自己的考核指标和目标,以便于他们更好地达成目标。这个沟通过程主要涉及组织者、考核者和被考核者三者之间的沟通。

(二)绩效实施沟通

绩效实施沟通主要是指在绩效管理过程中和绩效考核过程中的沟通。这个过程主要是考核者与被考核者之间的沟通。

1. 绩效实施沟通的目的

工作环境的迅速变化和工作本身的内容、重要性等方面的变化,都有可能导致绩效计划的过时。除了这些客观原因之外,员工本身状态的好坏、管理者监督指导力度的大小都有可能影响绩效结果的达成。我们进行绩效沟通就是为了保持工作过程的动态性,保持它的柔韧性和敏感性,及时调整目标和工作任务。

沟通可以帮我们应对变化,还可以为我们提供信息。管理者不可能靠自己观察就收集到所有需要的信息。所有工作的进展情况如何?项目目前处于何种状况?有哪些潜在问题?员工情绪和精神面貌怎样?怎样才能有效地帮助员工?这些信息如果不是通过沟通,就很难既全面又准确地掌握。员工也需要获得信息。工作内容是否有所变动?进度是否需要调整?我所需要的资源或帮助能否得以满足?出现的问题该如何解决?目前的工作状况是否得到赏识?没有反馈与沟通,员工的工作就处于一种封闭的状态,久而久之,就容易失去热情与干劲。

因此,持续的绩效沟通可以使一个绩效周期里的管理者或员工获得有关改善工作的信息,并就随时出现的变化情况达成新的承诺。

2. 绩效实施沟通的内容

绩效实施沟通的内容取决于管理者和员工关注的是什么。管理者需要思考的是"作为管理者要完成我的职责,我需要从员工那里得到什么信息?为了员工能够更好地完成工作,我需要向他们提供什么信息?"从这个基本点出发,管理者和员工可以在计划实施的过程中,试图就以下问题进行持续有效的沟通:

① 以前工作开展的情况怎么样?
② 哪些地方做得很好?
③ 哪些地方需要纠正或改善?
④ 员工是在努力实现工作目标吗?
⑤ 如果偏离目标的话,管理者应该采取什么纠正措施?
⑥ 管理者能为员工提供何种帮助?
⑦ 是否有外界发生的变化影响着工作目标?
⑧ 如果目标需要进行改变,如何进行调整?

3. 绩效实施沟通的方式

绩效实施沟通的方式分为正式沟通和非正式沟通。其中,正式沟通又可以分为书面报告、管理者与员工的定期面谈、管理者参与的小组会议或团队会议、咨询、进展回顾和非正式的沟通。

1) 书面报告

书面报告是绩效管理中比较常用的一种正式沟通的方式。它是指员工使用文字或图表的形式向管理者报告工作的进展情况,可以是定期的,也可以是不定期的。许多管理者通过这种形式及时地跟踪了员工的工作开展状况,但也有一些管理者并未真正掌握这种方法的价值,而只是流于形式,不能起到实质性的作用,还浪费了大量的人力和财力,得到了一大堆束之高阁的表格和文字。

(1) 优点。

① 节约管理者的时间。

② 解决了管理者和员工不在同一地点工作的问题。

③ 培养员工边工作边总结,进行系统思考的能力。

④ 培养员工的书面表达能力。

⑤ 可以在短时间内收集大量信息。

(2) 缺点。

① 信息单向流动,从员工到管理者。

② 容易流于形式,员工厌烦写报告。

③ 适用性有限,不适用于以团队为工作基础的组织,信息不能共享。

2) 管理者与员工的定期面谈

管理者与员工定期进行面谈是绩效沟通的一种常见方式。面谈前应该陈述清楚面谈的目的和重点内容,让员工了解与其工作相关的一些具体情况和临时变化。例如,"市场竞争格局的变化好像让我们不得不修改一下我们一个月前拟订的工作目标了。"在面谈中,重点要放在具体的工作任务和标准上。又如,"最近我们上交给总经理的报告似乎总是不够理想,你觉得主要是哪里出了问题?看看我们能不能找到一个解决方法。"要给员工充分的时间来说明问题,必要的时候,管理者可以给以一定的引导和评论。面谈的最终结果是要在管理者和员工之间就某一问题达成共识,并找到解决方案。如果员工以一种对抗的态度来进行这次面谈,那就意味着这次面谈是失败的,还需要在随后的时间里再面谈一次,直到达到面谈目的为止。

(1) 优点。

① 沟通程度较深。

② 可以对某些不便公开的事情进行沟通。

③ 员工容易对管理者产生亲近感,气氛融洽。

④ 管理者可以及时地对员工提出的问题做出解答,减少了沟通障碍。

(2) 缺点。

① 面谈时容易带有个人感情色彩。

② 难以进行团队间的沟通。

3) 管理者参与的小组会议或团队会议

书面报告不能提供讨论和解决的手段,而这一点对及早发现问题、找到和推行解决问题的方法又必不可少;一对一的面谈只局限于两个人之间,难以对公共问题达成一致意见。因此,有管理者参与的小组会议或团队会议就显示出了它的重要性。除了进行沟通外,管理者还可以借助开会的机会向员工传递有关公司战略的信息、传播企业文化的精神、统一价值观、鼓舞士气、消除误解等。

(1) 优点。

① 便于团队沟通。

② 缩短信息传递的时间和环节。

(2) 缺点。

① 耗费时间长,难以取得时间上的统一性。

② 有些问题难以在公开场合进行讨论。

③ 容易流于形式,走过场。

④ 大家对会议的需求不同,对信息会有选择性地过滤。

4) 咨询

有效的咨询是绩效管理的重要组成部分。在绩效管理的实践中,进行咨询的主要目的是:员工没能达到预期的绩效标准时,管理者借助咨询来帮助员工克服工作过程中遇到的障碍。管理者在进行咨询时,应该做到:第一,咨询应该是及时的,也就是说,问题出现后立即进行咨询。第二,咨询前应做好计划,咨询应该在安静、舒适的环境中进行。第三,咨询是双向的交流,管理者应该扮演"积极的倾听者"的角色。这样才能使员工感到咨询是开放的,并鼓励员工多发表自己的看法。第四,不要只集中在消极的问题上,谈到好的绩效时,应具体说明并说出事实依据,对不好的绩效应给予具体的改进建议。第五,要共同制定改进绩效的具体行动计划。

咨询过程包括三个主要阶段:① 确定和理解:确定和理解所存在的问题;② 授权:帮助员工确定自己的问题,鼓励他们表达这些问题,思考解决问题的方法并采取行动;③ 提供资源:即驾驭问题,包括确定员工可能需要的其他帮助。

5) 进展回顾

绩效进展回顾应该是一个直线管理过程,而不是一年一度的绩效回顾面谈。工作目标的实现对组织的成功是至关重要的,应该定期对其进行监测。在绩效管理实践中,人们主张经常进行回顾。对一些工作来讲,每季度进行一次会谈和进行总结是合情合理的。但对其他短期工作或新员工,应该每周或每天进行反馈。在进展回顾时,应注意到:第一,进展回顾应符合业务流程和员工的工作实际;第二,将进展回顾纳入自己的工作计划;第三,不要因为其他工作繁忙而取消进展回顾;第四,进展回顾不是正式或最后的绩效回顾,进展回顾的目的是收集信息、分享信息,并就实现绩效目标的进一步计划达成共识;第五,如果有必要,可以调整所设定的工作目标。

6) 非正式的沟通

在工作开展的过程中,管理者和员工不可能总是通过正式的渠道来进行沟通。无论是书面报告、一对一面谈,还是小组会议都需要事先计划,并选取一个正式的时间和地点。然而事实上,在日常的工作中,随时随地都可能发生着沟通:非正式的交谈、吃饭时的闲聊、郊游或聚会时的谈话,还有"走动式管理"或"开放式办公"等,都可以随时传递关于工作或组织的信息。专家认为,"就沟通对工作业绩和工作态度的影响来说,非正式的沟通或每天都进行的沟通比在进行年度或半年期业绩管理评估会议时得到的反馈更重要。"可见非正式的沟通更加普遍。

(1) 优点。

① 形式多样,时间、地点灵活。

② 及时解决问题,办事效率高。

③ 提高员工满意度,起到很好的激励作用。

④ 增强员工与管理者之间的亲密度,利于沟通。

(2) 缺点。

① 缺乏正式沟通的严肃性。

② 并非所有情况都可采取非正式沟通。

(三) 绩效结果沟通

绩效结果沟通主要是指绩效结果的应用以及绩效反馈的沟通,这个沟通过程是绩效沟通的重点。因为绩效考核最终目的是提高公司和员工的业绩和不断循环的改进和提高。要做到这些,沟通就不可少了。绩效结果应用的沟通是让员工明白,要对自己过去的行为和结果负责,引导员工正确的思维。对绩效反馈的沟通是很重要的,反馈的手段就是沟通,通过沟通帮助员工查找产生良好绩效和不良绩效的原因,并制定改进的措施和方法。这个沟通过程也主要是考核者与被考核者之间的沟通。

三、绩效评价

(一) 绩效评价原则

1. 公开原则

(1) 公开考评目标、标准和方法。

(2) 公开考评过程和考评结果。

坚持这一原则能消除考评对象对绩效考评工作的疑虑,提高绩效考评结果的可信度;有利于考评对象看清自己的问题和差距,进而找到努力的目标和方向,并激发出进一步改进工作的积极性;同时,还可增强人力资源部门的责任感,促使他们不断改进工作和提高工作质量。

2. 客观、公正原则

具体要做到:制定绩效考评标准时多采用可量化的客观尺度,要用事实说话。坚持这一原则能使考绩工作公平、减少矛盾,从而维护企业内部的团结。

3. 多层次、多渠道、全方位的原则

这是由绩效的多维性决定的。指绩效考评必须包括对影响工作绩效各主要方面的综合考察,而不是某几个方面的片面考察。

4. 经常化、制度化的原则

绩效具有动态性,因而要求经常对员工绩效进行考评,以及时公正地反映员工某时期的工作成果;另外,由于绩效考评涉及考绩标准的制定及其执行,并且要求这些标准必须科学、合理,不掺入个人好恶等感情成分,因而有必要对绩效考评有关事项以制度形式固定下来。

（二）绩效评价方法

1. 关键事件法

要求保存最有利和最不利的工作行为的书面记录。当一种行为对部门的效益产生无论是积极还是消极的重大影响时，管理者都把它记录下来，这样的事件便称为关键事件。在绩效考评后期，评价者运用这些记录和其他资料对员工业绩进行评价。优点：用这种方法进行的绩效考评有可能贯穿整个评价阶段，而不仅仅集中在最后几周或几个月里。缺点：如果一名基层主管要对许多员工进行评价，则记录这些行为所需要的时间可能会过多。

2. 叙述法

只需评价者写一篇简短的记叙文来描述员工的业绩。这种方法集中倾向员工工作中突出行为，而不是日常每天的业绩。这种评价方法与评价者的写作能力关系较大。一些主管由于拥有优秀的写作技巧，甚至能将一名勉强合格的工人描述得像一个工作模范。因为没有统一的标准，所以对叙述评价法进行比较可能是很困难的。优点：叙述评价法不仅是最简单的，而且是对员工进行评价的最好方法。缺点：在一定的绩效评价系统中，用于评价的具体方法有许多，分别可以达到不同的目的。

3. 硬性分布法

需要评价者将工作小组中的成员分配到一种类似于一个正态频率分布的有限数量的类型中去。例如，把最好的10%的员工放在最高等级的小组中，次之的20%的员工放在次一等级的小组中，再次之的40%放在中间等级的小组中，再次之的20%放在倒数第二等级的小组中，余下的10%放在最低等级的小组中。优点：这种方法简单，划分明确；有利于管理控制，特别是在引入员工淘汰机制的公司中，它能明确筛选出淘汰对象。缺点：这种方法是基于这样一个有争议的假设，即所有小组中都有同样优秀、一般、较差表现的员工分布。可以想象，如果一个部门全部是优秀员工，部门经理可能难以决定应该把谁放在较低等级的小组中，如果强制进行正态分布等级划分，可能会带来多方面弊端。

4. 作业标准法

作业标准法是用预先确定的标准或期望的产出水平来评比每位员工业绩的方法。标准反映着一名普通员工按照平均速度操作而取得的一般产出。作业标准可以直接应用在各种工作中，但它们主要频繁地用于生产工作中。优点：有明确的标准。缺点：合理的标准不易确定。

5. 排列法

评价者只要简单地把一组中的所有员工的总业绩按顺序排列起来。例如，部门中业绩最好的员工被排列在最前面，最差的被排在最后面。缺点：当个人的业绩水平相近时难以进行排列。

例如，对公司财务部的员工进行考核。首先，把财务部员工的名单罗列出来，总共10个人；然后，从罗列出来的名单中找出最差的员工A，就在他的姓名旁边写上"10"；再从剩余的9个人的名单中找出最好的员工F，在姓名旁边写上"1"；接着从剩下的8个人的名单中找出最差的员工G，记上"9"。这样不断反复，直到全部姓名都打上阿拉伯数字。这时，财务部员工的优劣顺序就排列出来了，如表6-1所示。

表 6-1 排列法示例

部门:财务部
员工人数:10 人

姓名	序号	姓名	序号
A	10	F	1
B	7	G	9
C	4	H	3
D	8	I	5
E	6	J	2

6. 平行比较法

平行比较法是排列法的一种演变。在这种方法中,将每个员工的业绩与小组中的其他员工相比较。具体的操作就是:把每一位员工与其他员工一一配对,分别进行比较;每一次比较时,给表现好的员工记"+",另一个员工记"-"。所有员工都比较完后,计算每个人"+"的个数,依此对员工做出考核,谁的"+"多,谁的名次就排在前面,见表 6-2。这种比较常常基于单一的标准,如总业绩。获得有利的对比结果最多的员工,被排列在最高的位置。缺点:这种方法主要适合生产部门或者营销部门等,有些部门业绩本身难有定量的标准绩效评价。

表 6-2 平行比较法示例

对比人	姓 名					"+"的个数
	A	B	C	D	E	
A		-	-	+	+	2
B	+		+	+	+	4
C	+	-		+	+	3
D	-	-	-		-	0
E	-	-	-	+		1

例如,A 与 D 相比,A 强于 D,就在对应的栏目中记"+";而 A 与 C 相比,A 不如 C,就记"-"。这样,五个员工全部比较完之后,计算他们的"+"的个数,A 是 2 个,B 是 4 个,C 是 3 个,E 是 1 个,D 则没有。这五个员工的优劣顺序就很容易看出来了:B 第一,以下依次为 C、A、E、D。

(三) 在人力资源管理中的地位和作用

绩效评价是合理配备人力资源的基础,衡量各岗位人员是否胜任,也是进行合理提升的基础。另外,绩效评价也是实施激励措施的必不可少的环节,绩效评价是否公平是影响下一个周期中激励措施是否有效的重要因素。

(四) 绩效考核指标

1. 绩效考核指标特征

(1) 绩效考核指标应遵循同质性原则、关键特征原则、独立性原则。

(2) 考核指标是具体的且可以衡量和测度的。
(3) 考核指标是考核者与被考核者共同商量、沟通的结果。
(4) 考核指标是基本工作而非工作者。
(5) 考核指标不是一成不变的。它根据企业内外的情况而变动,经常是"缺什么,考什么","要什么,考什么"。
(6) 考核指标是大家所熟知的,必须要让绝大多数人理解制定绩效考核指标遵循的原则。

2. 绩效考核指标应与企业的战略目标相一致

在绩效考核指标的拟订过程中,首先应将企业的战略目标层层传递和分解,使企业中每个职位被赋予战略责任,每个员工承担各自的岗位职责。绩效管理是战略目标实施的有效工具,绩效管理指标应围绕战略目标逐层分解而不应与战略目标的实施脱节。只有当员工努力的方向与企业战略目标一致时,企业整体的绩效才可能提高。

3. 绩效考核指标应突出重点

抓关键不要空泛,要抓住关键绩效指标。指标之间是相关的,有时不一定要面面俱到,通过抓住关键绩效指标将员工的行为引向组织的目标方向,指标一般控制在5个左右,太少可能无法反映职位的关键绩效水平;但太多太复杂的指标只能增加管理的难度和降低员工满意度,对员工的行为是无法起到引导作用的。

4. 绩效考核指标应将素质和业绩并重

重素质,重业绩,二者不可偏废。过于重"素质",会使人束手束脚,过分重视个人行为和人际关系,不讲实效,而且妨碍人的个性、创造力的发挥,最终不利于组织整体和社会的发展。过于重"业绩",又易于鼓励人的侥幸心理,令人投机取巧、走捷径、急功近利、不择手段。一套好的考核指标,必须在"业绩"和"素质"之间安排好恰当的比例。应该在突出业绩的前提下,兼顾对素质的要求。

5. 绩效考核指标重在"适"字

绩效考核指标是根植在企业本身"土壤"中的,是非常个性化的。不同行业、不同发展阶段、不同战略背景下的企业,绩效考核的目的、手段、结果运用是各不相同的。绩效考核指标的关键并不在于考核方案多么高深精准,而在乎一个"适"字。现在的"适",不等于将来永远的"适",必须视企业的发展、视企业的战略规划要求,适时做出相应调整,才能永远适用。

四、绩效反馈

绩效反馈是绩效管理过程中的一个重要环节,它主要通过考核者与被考核者之间的沟通,就被考核者在考核周期内的绩效情况进行反馈,在肯定成绩的同时,找出工作中的不足并加以改进。

通过绩效反馈面谈,使下属了解管理者对自己的期望,了解自己的绩效,且下属也可以提出自己在完成绩效目标中遇到的困难,请求上司的指导或帮助。通过上述步骤,最后综合并分析信息资料,进行绩效反馈,实现绩效优化。

(一) 反馈面谈的准备工作

1. 管理者的准备工作

(1) 选择适当的面谈主持者。面谈主持者应该由人力资源部门专业人员或高层管理人员组成,最好能够选择那些参加过绩效面谈培训、掌握相关技巧的高层管理人员作为面谈主持者。因为他们在企业中处于关键位置,能够代表企业组织的整体利益,而且可以了解员工吐露心声的需要,从而有助于提高面谈的质量和效果。

(2) 选择适当的面谈方式。面谈方式主要有两种:针对各部门中的任务团队,采取团体面谈法;针对个人,则采用一对一面谈法。

(3) 选择适当的面谈时间和地点。由于面谈主要是针对员工绩效结果进行的,所以一般情况下,选择在员工的绩效考核结束后,在得出了明确的考核结果且准备较充分的情况下进行面谈,时机最佳。对于季度考核,应在考核结束一周内安排面谈,面谈时间不少于三十分钟;对于年度考核,应在考核结束一周内安排面谈,面谈时间不少于一个小时。

具体的面谈地点,可以根据情况需要灵活地掌握。可以选择在管理者的办公室、会议室或者类似咖啡厅之类的休闲场所等。当然,在面谈过程中营造良好的面谈氛围也是重要的,比如尽量避免面谈中有电话、访客等的影响。

(4) 准备相关资料。面谈之前,面谈者应该充分了解被面谈员工的各方面情况,包括教育背景、家庭环境、工作经历、性格特点以及职务和业绩情况等。准备好绩效计划、职位说明书、绩效考评表、绩效档案等资料。绩效计划是公司与员工就任务目标所达成的共识与承诺,也是绩效反馈的重要信息来源。职位说明书作为重要的补充将发挥重要的作用。绩效考评表是进行面谈的重要依据。绩效档案是做出绩效评价的重要辅助材料。

(5) 计划好面谈的程序和进度。面谈者事先准备好面谈的内容、顺序和时间、技巧等内容,自始至终掌握好面谈的进度。面谈内容即面谈过程中考核者向被考核者提出的问题,这是面谈计划的主体部分。对于不同类型的被考核者(团队、个人),应拟定不同的面谈问题。问题的拟定要结合被考核者在上一绩效周期内的总体表现,同时考虑其自身特点,确保提出的问题能够涵盖所有需要了解的信息。

2. 员工的准备工作

(1) 对自己在一个绩效周期内的行为态度与业绩重新回顾,收集准备好自己相关绩效的证明数据材料。

(2) 对自己的职业发展有一个初步的规划,正视自己的优缺点。

(3) 总结并准备好在工作过程中遇到的相关的疑惑问题,反馈给面谈者,请求组织的理解与帮助。

(二) 实施面谈

1. 面谈与反馈的内容

面谈和反馈一开始就应将绩效评价的结果明确而又委婉地传达给员工本人。对于优秀业绩,要给予表扬和鼓励,鼓励员工今后继续保持和自我突破。面谈的重点应该放在不良业绩的诊断上,因为这可能是阻碍员工发展、影响业绩提高的瓶颈,员工能力欠缺或态度不端正的原因就在于此。沟通和讨论的主要内容如下。

(1) 正在做和应该做的工作之间的区别是什么?

(2) 什么原因使得工作进展不顺利?

(3) 是技能不足吗?技能使用的频率有多高?

(4) 是否有对业绩的固定反馈?

(5) 有妨碍取得业绩的障碍吗?

（6）个人是否知道工作预期是什么？

（7）是否可采用一些办法来减少干扰？哪种方法最好？

（8）是否找出所有的办法？是否每种办法可以着重解决发现的一个或者几个问题（如技能不足、缺乏潜力、激励不正确或者精神不佳等）？

2. 面谈结束后的工作

为了将面谈的结果有效地运用到员工的工作实践当中，在面谈结束后要做好以下两方面的工作。

（1）对面谈信息进行全面的汇总记录。即将此次面谈的内容信息列出，如实地反映员工的情况，同时绘制出员工发展进步表，帮助员工全面了解自己的发展状况。

（2）采取相应对策提高员工绩效。面谈的结果应该有助于员工的绩效提高。经过面谈，一方面，对于员工个人来说，可以正确了解到自己的绩效影响因素，提高改进绩效的信心和责任感；另一方面，企业可以全面掌握员工心态状况，据此进行综合分析，结合员工的各方面原因，有的放矢地制定员工教育、培养和发展计划，真正帮助员工找到提高绩效的对策。

（三）绩效反馈的结果——员工绩效改进计划

员工绩效改进计划是绩效反馈的结果，是根据员工绩效评价结果，通过面谈交流，寻找员工有待发展和提高的方面之后，制订的一定时期内有关员工工作绩效与工作能力改进和提高的系统计划。通常，在绩效反馈面谈后，管理者和员工之间就确定了下一个绩效周期的改进重点和改进计划。

1. 员工绩效改进计划的主要内容

（1）需要改进的方面。通常是指在工作能力、方法和习惯等方面需要改进提高的方面。这些有待改进的地方可能是员工现有水平不足，也可能是未来工作需要。

（2）改进和发展的原因。选择某些项目作为绩效改进的对象是有一定原因的。这种原因一般是员工在这些方面的水平较低而又需要在这些方面表现出较高的水平。

（3）目前状况和期望达到的水平。

（4）确定改进措施和责任人。

（5）确定改进的期限。预期时间进度和所需的时间一般为30天、60天或者90天。

2. 为了帮助员工实现绩效改进计划，管理者应注意的问题

（1）营造一种良好的工作氛围，鼓励、推动员工去实现自己的绩效改进计划。

（2）提供员工改进绩效所需要的支持。

（3）对员工改进及时给予一定的奖励，树立员工自信心，激励员工持续改进和提高。

阅读与思考 6-2：A 公司的绩效考评

2013 年，A 公司重组改制，运营模式变更。之前实施扁平化管理模式，工作基本上以单位层面承接，并以单位层面部署和完成。2013 年，该单位实施事业部制运行模式，成立 5 大部门，开始了大单位小部门运营，业务从单位层面向部门层面转移，需要支持时找单位，但往往各部门因内部业务本身较为繁重，不愿或排斥来自单位层面的派遣，各自为营。这种局面一直持续，在年终，为了为年度奖金分配、评先评优提供依据，了解员工工作态度、工作能力，为员工培训、薪酬和岗位调整等提供参考，单位决定以绩效考核成绩为抓手，实施绩效考核。但是考核过后，部门之间的矛盾更加激化，各自为营的局面更加明显，部门内部也因为分配不均产生矛盾。

2013年公司的绩效考评指标包括工作业绩、能力、态度三个维度，权重分别为60％、20％、20％。其中，工作业绩考评是对员工工作业绩的评价，注重从工作实绩来考查，对员工的实际贡献进行衡量和排序；工作能力考评是对员工的工作技能、业务熟练程度、工作经验、管理水平的评估，考核员工自身技能是否达到了岗位任职要求以及个人的发展潜能；工作态度考评是对员工在工作中表现出来的积极性、责任感、敬业精神、纪律性及服务意识等进行评价。

部门负责人由主要领导、其他领导、部门负责人和普通员工进行考评，权重分别为：主要领导为25％；其他领导为25％；部门负责人为20％；普通员工为30％。

普通员工由单位领导、本部门负责人和其他部门负责人及普通员工进行考评，权重分别为：单位领导为35％；本部门负责人为10％；其他部门负责人及普通员工为55％。

从2013年的考评指标来看，业绩、能力、态度仅仅是维度，但单位将它作为指标，各个维度的细致指标并没有列出，也没有客观的度量方法。从打分来看，人际关系好的员工明显占优势，部门负责人的手高手低对本部门内部的员工影响更大。本年度的绩效考核结果争议非常大，内部矛盾和中心层面的矛盾突出。

2014年的绩效考评工作开展时，为了减少类似于2013年的不满，在考核指标不变的情况下，特意调整了考评权重。具体如下。

部门负责人由主要领导、其他领导、部门负责人和普通员工进行考评，权重分别为：主要领导为20％；其他领导为10％；部门负责人及普通员工为70％。

普通员工由主要领导、部门负责人和普通员工进行考评，权重分别为：单位领导为20％；部门负责人为30％；普通员工为50％。

2014年的权重调整导致领导心目中的优秀和员工选择出来的优秀不一致，选出来的员工均为人缘好且能力不错，但均不是领导心目中最优秀的人。2014年的结果应该说是民意的结果，而且是善意的民意结果。

2015年的绩效考评比重重新划分。具体为：部门负责人由主要领导、其他领导、部门负责人和普通员工进行考评，权重分别为：主要领导为25％；其他领导为25％；部门负责人为20％；普通员工为30％。

普通员工由单位领导、本部门负责人和其他部门负责人及普通员工进行考评，权重分别为：单位领导为35％；本部门负责人为10％；其他部门负责人及普通员工为55％。

2015年的考评，领导比重加大，领导基本可以掌控整个绩效考核方向。但员工在评分时，对部门内部分数抬高，其他部门分数压低，最终结果还是博弈的结果。

2016年年终，单位认识到绩效的弊端，在绩效方案上沿用2015年的方案，希望完成2016年绩效。但2016年，员工的排斥非常明显，打分时出现恶意打分，针对某个部门，全部打低分，当年的打分结果依然承认，但单位的领导班子决定不再使用现有的绩效考核办法，而是另辟蹊径，甚至想用积分制代替绩效考核。

（资料来源：张瑜，李红.论企业绩效管理与考核的方法抉择[J].企业管理，2018(S2)：56-57.）

思考题

(1) 2013—2016年,A公司的绩效考评结果为何不理想?

(2) A公司该如何改进其绩效考评工作?

第三节 常见的绩效管理方法

一、目标管理

(一) 起源

美国管理大师彼得·德鲁克(Peter F. Drucker)于1954年在其名著《管理实践》中最先提出了"目标管理"的概念,其后他又提出"目标管理和自我控制"的主张。德鲁克认为,并不是有了工作才有目标,而是相反,有了目标才能确定每个人的工作。

目标管理对于每个人而言都非常重要。美国哈佛大学曾对一群智力、学历、环境等客观条件都差不多的年轻人做过一个长达25年的跟踪调查,调查内容为"规划对人生的影响",结果发现:毕业时,60%的人目标模糊;27%的人没有目标;10%的人有清晰但比较短期的目标;3%的人有清晰而长远的目标。

25年后的跟踪调查显示:

60%的人目标模糊,他们能安稳地生活与工作,但几乎没有什么特别的成绩。

27%的人没有目标,他们几乎都生活在社会的最底层。他们的生活过得非常不如意,常常失业,并且常常在抱怨他人、抱怨社会、抱怨这个"不肯给他们机会"的世界。

10%的人有清晰的短期目标,这些人大都生活在社会中上层。他们的共同特点是:不断完成短期目标,生活状态步步上升,他们成为各行业不可或缺的专业人士,如医生、律师、工程师、高级主管等。

3%的人有清晰且长期的目标,25年来他们总是朝着同一个方向不懈努力,25年后,他们成为社会各界的顶尖人士,他们当中不乏创业者、行业领袖、社会精英。

(二) 主要思想

目标管理,是组织中的上级和下级一起协商,根据组织的使命确定一定时期内组织的总目标,由此决定上下级的责任和分目标,并把这些目标作为组织绩效考核和考核每个部门和个人绩效产出对组织贡献的标准。目标管理把人视为"社会人",认为人不只是为面包而生存,影响人的生产积极性的因素,除物质条件外,还有社会、心理因素,工作效率主要取决于员工的士气,而士气又取决于家庭和社会生活,以及企业中人与人之间的关系。

从"社会人"的假设出发,目标管理要求管理人员对下级采取信任型的管理措施。

(1) 管理人员不应只注意完成生产任务,而应把注意的重点放在关心人、了解人的需要上。

(2)管理人员不能只注意计划、组织、指挥和控制等工作,而更应重视与员工之间的关系,培养和形成员工的归属感和整体感。

(3)实行奖励时,提倡集体的奖励制度重于个人奖励制度,并正面引导员工,通过竞赛去达到目标,争取集体荣誉。

(4)管理人员应充分信任下属员工,经常倾听他们的意见,实行"参与管理",在不同程度上让员工参加工作目标和实现方法的研究和讲座以提高他们对总目标的知情度,加强责任感,以便实行"自我控制"和"自主管理"。管理人员的任务在于发挥他们的工作潜力,并把存在于他们中的智慧和创造力发掘出来。

(三)理论根据

动机激发理论认为:人的积极性是与需要相联系,是由人的动机推进的。也就是说,动机产生于人的需要又支配着人的行动。只有了解人的需要和动机的规律性,才能预测人的行为,进而引导人的行为,调动人们的积极性。一般说来,当人产生某种需要而未得到满足时,会产生某种不安和紧张的心理状态,在遇到能够满足需要的目标时,这种紧张的心理状态转化为动机,推动人们去从事某种活动,向目标前进。当达到目标时,需要得到满足,这时又会产生新的需要,使人不断地向新的目标前进。目标管理就是遵循这一原理,根据人们的需要设置目标,使组织目标和个人需要尽可能结合,以激发动机,引导人们的行为,去完成整体的组织目标。

(四)目标管理的步骤

1. 设定绩效目标

实行目标管理,首先要建立一套完整的绩效目标体系。绩效目标包括组织总目标、部门目标和个人目标。总目标确定之后,组织的各部门就要为实现组织总目标,提出本部门的目标。然后,每个员工又要为实现本单位的目标,也就是为最终实现组织的总目标,提出自己的个人目标。

上下级的绩效目标之间通常是一种"目的—手段"的关系;某一级的绩效目标,需要用一定的手段来实现,这些手段就成为下一级的次目标,按级顺推下去,直到作业层的绩效目标,从而构成一种锁链式的绩效目标体系。此外,在组织的绩效目标体系确定之后,上下级还要就如何测量绩效标准达成共识。

2. 实现目标过程的管理

目标管理重视结果,强调自主、自治和自觉,并不等于领导可以放手不管。正由于形成了目标体系,一环失误,就会牵动全局。因此领导在目标实施过程中的管理是不可缺少的。具体来说,需要注意以下三点。

(1)要有适当的授权。授权就是使下级具有决定权。目标及达到目标的基本方针一经确定,上级就要对下级大胆放手,给每一个基层部门与每一个员工以实现目标所应有的权限,任由他们自行选择为实现目标所采取的措施和手段,不要擅自指挥与横加干涉。上级自始至终需要注意的是应不断检查,对各项工作进行有重点的管理,促进目标执行者实现"自我控制与调节",独立自主地实现目标。

适当的授权有利于减少上级管理人员的负担,提高企业的生产经营效果,同时,培养下级管理人员,不断提高他们的管理水平。目标管理的特点之一,就是注重对各级管理人员的培训锻炼和提高。实行授权,可以使下级管理人员对自己的目标任务自觉负责,并自行判断处理问题、自我教育及自我提高。

（2）给予下级支援和协调。在实施目标管理的过程中，领导要根据下级所列的工作条件，给予必要的人力、物力上的支援与协助。此外，下级要完成所定目标，需要其他部门支援，领导应协助进行"横向联系"，以协调部门间的团队合作，共同达成目标。

（3）适时适地交换意见。目标管理要求执行人以主动、自发的精神去推动工作，并不代表领导可以放手不管。为使目标执行正确，身为领导应主动与下级交换意见，更应积极表示欢迎下级提供意见，以便掌握情报。

3. 测定与评价所取得的成果

绩效期满后，下级首先进行自我评估，提交书面报告。然后，上下级一起考核目标完成情况，对那些异常的绩效水平进行重点分析，并就绩效改进达成共识。同时，上下级一起讨论下一阶段目标，开始新循环。

二、标杆管理

标杆管理是一项通过衡量比较来提升企业竞争地位的过程，它强调的就是以卓越的企业作为学习的对象，通过持续改善来强化本身的竞争优势。我们可以这样来描述标杆管理：不断寻找和研究业内外一流的、有名望的企业的最佳实践，以此为标杆，将本企业的产品服务和管理等方面的实际情况与这些标杆进行定量化考核和比较，分析这些标杆企业达到优秀水平的原因，结合自身实际加以创造性地学习、借鉴并选取改进的最优策略，从而赶超一流企业或创造高绩效的不断循环提高的过程。

（一）主要内容

根据标杆伙伴选择的不同，通常可将标杆管理分为五类。

1. 内部标杆管理

标杆伙伴是组织内部其他单位或部门，主要适用于大型企业集团或跨国公司。由于不涉及商业秘密的泄露和其他利益冲突等问题，容易取得标杆伙伴的配合，简单易行。另外，通过展开内部标杆管理，还可以促进内部沟通和培养学习气氛。但是其缺点在于视野狭隘，不易找到最佳实践，很难实现创新性突破。

2. 竞争性标杆管理

标杆伙伴是同行业直接竞争对手。由于同行业竞争者之间的产品结构和产业流程相似，面临的市场机会相当，竞争对手的作业方式会直接影响企业的目标市场，因此竞争对手的信息对于企业在进行策略分析及市场定位有很大的帮助，收集的资料具有高度相关性和可比性。但正因为标杆伙伴是直接竞争对手，信息具有高度商业敏感性，难以取得竞争对手的积极配合，获得真正有用或是准确的资料，从而极有可能使标杆管理流于形式或者失败。

3. 非竞争性标杆管理

标杆伙伴是同行业非直接竞争对手，即那些由于地理位置的不同等原因，虽处同行业但不存在直接竞争关系的企业。非竞争性标杆管理在一定程度上克服了竞争性标杆管理资料收集和合作困难的弊端，继承了竞争性标杆管理信息相关性强和可比性强的优点，但可能由于地理位置等原因而造成资料收集成本增大。

4. 功能性标杆管理

标杆伙伴是不同行业但拥有相同或相似功能、流程的企业。其理论基础是任何行业均存在一些相同或相似的功能或流程，如物流、人力资源管理、营销手段等。跨行业选择标杆伙伴，双方没有直接的利害冲突，更加容易取得对方的配合；另外可以跳出行业的框架约束，视野开阔，随时掌握最新经营方式，成为强中之强。但是投入较大，信息相关性较差，最佳实践需要较为复杂的调整转换过程，实施较为困难。

5. 通用性标杆管理

标杆伙伴是不同行业具有不同功能、流程的组织，即看起来完全不同的组织。其理论基础是：即使完全不同的行业、功能、流程也会存在相同或相似的核心思想和共通之处。如多米诺比萨饼公司通过考察研究某医院的急救室来寻求提高送货人员的流动性和工作效率的途径，提高员工的应急能力。从完全不同的组织学习和借鉴会最大限度地开阔视野，突破创新，从而使企业绩效实现跳跃性的增长，大大提高企业的竞争力，这是最具创造性的学习。而其信息相关性更差，企业需要更加复杂的学习、调整和转换过程才能在该企业进行最佳实践，因此困难更大。

企业最好的选择就是根据需要实施综合标杆管理，即将各种标杆管理方式根据企业自身条件和标杆管理项目的要求相结合，取长补短，以取得高效的标杆管理。

（二）标杆管理的局限性及其突破方向

1. 标杆管理的局限性

作为一种管理方法或技术，虽然标杆管理可以有效地提升企业（产业或国家）的竞争力，但是企业（产业或国家）实施标杆管理的实践也已证明，仅仅依赖标杆管理未必就一定能够将竞争力的提高转化为竞争优势，有的企业甚至陷入了"标杆管理陷阱"之中。这就意味着标杆管理还存在许多局限之处。以企业为例，我们可以进行实证。

（1）标杆管理导致企业竞争战略趋同。标杆管理鼓励企业相互学习和模仿，因此，在奉行标杆管理的行业中，可能所有的企业都企图通过采取诸如提供更广泛的产品或服务以吸引所有的顾客或细分市场等类似行动来改进绩效，在竞争的某个关键方面超过竞争对手。模仿使得从整体上看企业运作效率的绝对水平大幅度提高，然而企业之间的差距却日益缩小。普遍采用标杆管理的结果必然使各个企业战略趋同，各个企业的产品、质量、服务甚至供应销售渠道大同小异，市场竞争趋向于完全竞争，造成在企业运作效率上升的同时，利润率却在下降。以美国印刷业为例，在1980年，利润率维持在7%以上，在普遍实施标杆管理之后，到1995年已降至4%，并且还有继续下降的趋势。所以说标杆管理技术的运用越广泛，其有效性就越受到限制。

（2）标杆管理陷阱。由于科技的迅速发展，使得产品的科技含量和企业使用技术的复杂性日益提高，模仿障碍提高，从而对实施标杆管理的企业提出了严峻的挑战：能否通过相对简单的标杆管理活动就能获得、掌握复杂的技术和跟上技术进步的步伐？如果标杆管理活动不能使企业跨越与领先企业之间的"技术鸿沟"，单纯为赶超先进而继续推行标杆管理，则会使企业陷入繁杂的"落后—标杆—又落后—再标杆"的"标杆管理陷阱"之中。例如，IBM、通用电器公司和柯达等公司在复印机刚刚问世时，曾标杆复印机领先者施乐公司，结果IBM和通用电器公司陷入了无休止的追赶游戏之中，无法自拔，最后不得不退出复印机市场。

2. 标杆管理局限性的突破方向

关于如何突破标杆管理的局限性,人们已经进行了许多研究。从企业竞争的角度,可以总结为:企业应该由"效率—成本"竞争模式转向"战略—价值"竞争模式。

不难理解,价格和成本之间的差就是企业的盈利空间。企业改善绩效可以有两个选择:以提高运作效率降低成本为取向的"效率—成本"模式或者以高差异化—高附加价值—高价格为取向的"战略—价值"模式(当然,能在降低成本的同时提升产品附加值是最理想的状态,但通常二者不可兼得)。标杆管理的选择在于前者,因此,尽管在远离效率极限时标杆管理带来的利益非常显著,然而,一旦企业运作效率接近当前技术水平下的效率极限,企业想继续改善绩效,只能转向决定利润的另外一端——通过为顾客创造独特价值而赢得某种程度的市场垄断势力,使顾客愿意支付较高价格,从而企业可以获得高于行业平均水平的利润。

总之,标杆管理局限性的突破方向不在于标杆管理自身的完善,而在于超越标杆,把价值创造作为企业的根本战略抉择,才能获得持久竞争优势。

三、360 度绩效考核

360 度绩效考核同其他考核方法一样,也是基于事先设定的指标和标准进行评估。但是,360 度绩效考核法通过多方绩效信息的反馈、补充和比较,更准确地做出评价,因此为避免理解上的歧义,很多时候将它称为 360 度反馈。正如这种方法的名称所示,360 度反馈是为了给员工一个最正确的考核结果能尽可能地结合所有方面的信息,这些方面包括:员工自身、上司、同事、下属、客户等。尽管最初 360 度绩效考核系统仅仅是为了发展的目的,特别是为管理发展和职业发展所用,但这种方法正逐步运用于绩效考核和其他管理用途。

(一) 主要内容

1. 自己

自我评价,是指让经理人针对自己在工作期间的绩效表现,或根据绩效表现评估其能力并据此设定未来的目标。当员工对自己做评估时,通常会降低自我防卫意识,从而了解自己的不足,进而愿意加强、补充自己尚待开发或不足之处。

2. 同事

同事的评价,是指由同事互评绩效的方式,来达到绩效评估的目的。对一些工作而言,有时上级与下属相处的时间与沟通机会没有下属之间多。在这种上级与下属接触的时间不多,彼此之间的沟通也非常少的情况下,上级要对部属做绩效评估也就非常困难。但相反的,下属彼此间工作在一起的时间很长,所以他们相互间的了解会比上级与部属更多。此时,他们之间的互评,反而能比较客观。而且,部属之间的互评,可以让彼此知道自己在人际沟通这方面的能力。

3. 下属

由部属来评价管理者,这个观念对传统的人力资源工作者而言似乎有点不可思议。但随着知识经济的发展,有越来越多的公司让员工评估其上级管理者的绩效,此过程称为向上反馈。而这种绩效评估的方式对管理者发展潜能上的开发,特别有价值。管理者可以通过下属的反馈,清楚地知道自己的管理能力有什么地方需要加强。若管理者对自己的了解与部属的评价之间有太大的落差,则管理者也可针对这个落差,深入了解其中的原因。因此,一些人力资源管理专家认为,下属对管理者的评估,会对其管理才能的发展有很大的裨益。

4. 主管

主管的评价是绩效评估中最常见的方式,即绩效评估的工作是由主管来执行。因此身为主管必须熟悉评估方法,并善用绩效评估的结果作为指导部属、发展部属潜能的重要武器。

随着企业的调整,一些公司常常会推动一些跨部门的合作方案,因此一些员工可能同时会与很多主管一起共事。所以在建立绩效评估的系统时,也可将多主管、矩阵式的绩效评估方式纳入绩效评估系统之中。

(二) 优缺点及解决办法

1. 优点

(1) 打破了由上级考核下属的传统考核制度,可以避免传统考核中考核者极容易发生的"光环效应""居中趋势""偏紧或偏松""个人偏见"和"考核盲点"等现象。

(2) 管理层所获得的信息更准确。

(3) 可以反映出不同考核者对于同一被考核者不同的看法。

(4) 防止被考核者急功近利的行为(如仅仅致力于与薪金密切相关的业绩指标)。

(5) 较为全面的反馈信息有助于被考核者能力的提升。

360度绩效反馈法实际上是员工参与管理的方式,在一定程度上增加他们的自主性和对工作的控制,员工的积极性会更高,对组织会更忠诚,提高了员工的工作满意度。

2. 缺点

(1) 考核成本高。当一个人要对多个同伴进行考核时,时间耗费多,由多人来共同考核所导致的成本上升可能会超过考核所带来的价值。

(2) 成为某些员工发泄私愤的途径。某些员工不正视上司及同事的批评与建议,将工作上的问题上升为个人情绪,利用考核机会"公报私仇"。

(3) 考核培训工作难度大。组织要对所有的员工进行考核制度的培训,因为所有的员工既是考核者又是被考核者。

3. 解决办法

(1) 匿名考核。确保员工不知道任何一位考核小组成员是如何进行考核的(主管人员的考核除外)。

(2) 加强考核者的责任意识。主管人员必须检查每一个考核小组成员的考核工作,让他们明白自己运用考核是否恰当,结果是否可靠,以及其他人员又是如何进行考核的。

(3) 采用统计程序和软件。运用加权平均或其他定量分析方法,综合处理所有评价。

(4) 识别和量化偏见。查出与年龄、性别、民族等有关的歧视或偏见。

四、关键绩效指标

关键绩效指标(key performance indicators,KPI)是通过对组织内部流程的输入端、输出端的关键参数进行设置、取样、计算、分析,衡量流程绩效的一种目标式量化管理指标,是把企业的战略目标分解为可操作的工作目标的工具,是企业绩效管理的基础。KPI可以使部门主管明确部门的主要责任,并以此为基础,明确部门人员的业绩衡量指标。建立明确的、切实可行的KPI体系,是做好绩效管理的关键。关键绩效指标是用于衡量工作人员工作绩效表现的量化指标,是绩效计划的重要组成部分。

(一) 含义

(1) 关键绩效指标是用于评估和考核被评价者绩效的可量化或可行为化的系统考核体系。也就是说,关键绩效指标是一个指标体系,它必须是可量化的,如果难以量化,那么也必须是可行为化的。如果可量化或可行为化这两个特征都无法满足,那么就不符合关键绩效指标的要求。

(2) 关键绩效指标体现绩效中对组织战略目标起增值作用的绩效指标。这就是说,关键绩效指标是连接个体绩效和部门绩效与组织战略目标的一个桥梁。关键绩效指标是针对组织战略目标起到增值作用的工作产出来设定的,基于这样的关键绩效指标对绩效进行评价,就可以保证真正使得对组织有贡献的行为受到鼓励。

(3) 通过在关键绩效指标上达成的承诺,基层员工与中高层管理人员都可以进行工作期望、工作表现和未来发展等方面的沟通。关键绩效指标是进行绩效沟通的基石,是组织中关于绩效沟通的共同辞典。有了这样一个辞典,管理人员和员工在沟通中就可以有共同的语言,共同为实现组织战略目标而努力。

(二) KPI 设计的基本思路

建立 KPI 指标的要点在于流程性、计划性和系统性。① 首先明确企业的愿景和战略,并且形成企业的战略方针;② 在企业会议上利用头脑风暴法和鱼骨分析法找出企业的业务重点,也就是企业价值评估的重点;③ 用头脑风暴法确定这些关键业务领域的关键业绩指标(KPI),即企业级 KPI,在提取 KPI 的过程中,不仅要包含财务 KPI,还要包含非财务 KPI;④ 进行关键绩效指标的分解,各部门的主管需要依据企业级 KPI 建立部门级 KPI,并对相应部门的 KPI 进行分解,确定相关的要素目标,分析绩效驱动因数(技术、组织、人),确定实现目标的工作流程,分解出各部门级的 KPI,以便确定评价指标体系。然后,各部门的主管和部门的 KPI 人员一起再将 KPI 进一步细分,分解为更细的 KPI 及各职位的业绩衡量指标。这些业绩衡量指标就是员工考核的要素和依据。

这种对 KPI 体系的建立和测评过程本身,就是统一全体员工朝着企业战略目标努力的过程,也必将对各部门管理者的绩效管理工作起到很大的促进作用。

(三) KPI 体系设计的基本步骤

1. 确定工作产出

所谓确定工作产出,主要是界定某个个体或团队的工作结果是什么。工作产出是设定关键绩效指标的基础,可以是一种有形的产品,也可以是某种作为结果的状态。例如,作为一名总经理秘书,工作产出可能会是"打印录入好文件""起草报告信函的草稿""差旅安排、会议服务的情况"等;对于一名客户服务经理来说,工作产出可能会是"获得了满意的客户""客户服务有关的数据和报告""下属的生产力和工作满意度"等。

通常来说,以客户为导向来设定工作产出是一种比较适宜的方法。在设定工作产出的时候,我们需要问这样一些问题:

① 被考核者面对的组织内、外客户分别有哪些?
② 被考核者分别要向这些客户提供什么?
③ 组织内、外客户所需要得到的产品或服务是什么样的?

④ 这些工作产出在被考核者的工作中各自占多大比重?
1) 确定工作产出的原则
(1) 增值产出。

工作产出必须与组织目标相一致,即在组织的价值链上能够产出直接或间接的工作产出,这也符合效益性原则。

(2) 客户导向。

无论是组织内部还是组织外部,凡是被评估者的工作产出的输出对象都是客户,工作产出都需从客户的需求出发。

(3) 结果导向。

一般来说,定义工作产出首先要考虑最终的工作结果,对于有些工作,如果最终结果难以确定,则应采用此过程中的关键行为。例如,在高科技企业里对研发人员进行绩效考核时,就很难用最终的结果来衡量,研发人员的工作产出周期长,短时间内难以出成果,所以研发结果的价值在于留下有价值的技术资料,即为企业带来了增值的行为。

(4) 确定权重。

对以上说到的各项工作产出必须设定有相应的权重。在设置权重时,要根据各项工作产出在组织目标中的相对重要性,而非花费的时间多少,要区分关键的少数指标和无关紧要的多数指标。

2) 绘制客户关系示图,明确工作产出

通常,我们将某个个体或团队的工作产出提供的对象当作是这个个体或团队的客户,这样的客户包括内部客户和外部客户。客户关系示图就是通过图示的方式来表现一个个体或团队对组织内、外客户的工作产出。在这个客户关系示图中,我们可以看到一个个体或团队为哪些内、外客户提供工作产出,以及对每个客户提供的工作产出分别是什么。在进行绩效考核时,就可以考虑内、外客户对这些工作产出的满意标准,以这些标准来衡量个体或团队的绩效。

2. 建立考核指标

通常来说,关键绩效指标主要有四种类型:数量、质量、成本和时限。在制定具体的绩效评估指标时,一般从两方面进行考虑:对结果的关注和对过程行为的关注。但是对处于不同层次的人员,由于他们各自承担的责任范围不同,结果指标和行为指标所占的权重也是不同的。处于企业高层的管理者,往往更多的是对结果承担责任,工作内容更多的是决策和管理,需要的是灵活性和艺术性,对其在达成结果的过程中的行为很难进行严格规范,因此绩效指标也应该是以结果指标为主。而基层员工往往不能直接对结果承担责任,是通过其完成任务过程中表现出来的行为规范性来决定的,因此对基层员工来说,过程控制就显得非常重要。我们在设计绩效指标时对基层员工来说往往行为指标占了较大权重,而结果指标占的权重则较小。并且,越是高层管理的 KPI 数目越少,结果性越强,量化性越高;越是基层管理的 KPI 数目越多,过程性越强,数量与质量性皆有,指标一般应当比较稳定。即如果业务流程基本未变,则关键指标的项目也不应有较大的变动。

另外,我们在确定关键绩效指标时,有一个重要的 SMART 原则。SMART 是 5 个英文单词首字母的缩写,即 specific、measurable、attainable、realistic 和 time-bound。

3. 设定考核标准

设定考核标准是指标体系确立之后,还需要设定评价标准。一般来说,指标指的是从哪些方面衡量或评价工作,解决"评价什么"的问题;而标准指的是在各个指标上分别应该达到什么样的水平,解决"被评价者怎样做,做多少"的问题。

4. 审核 KPI 指标

对关键绩效指标进行审核。比如,审核这样的一些问题:多个评价者对同一个绩效指标进行评价,结果是否能取得一致?这些指标的总和是否可以解释被评估者80%以上的工作目标?跟踪和监控这些关键绩效指标是否可以操作?等等。审核主要是为了确保这些关键绩效指标能够全面、客观地反映被评价对象的绩效,而且易于操作。

每一个职位都影响某项业务流程的一个过程,或影响过程中的某个点。在订立目标及进行绩效考核时,应考虑职位的任职者是否能控制该指标的结果,如果任职者不能控制,则该项指标就不能作为任职者的业绩衡量指标。比如,跨部门的指标就不能作为基层员工的考核指标,而应作为部门主管或更高层主管的考核指标。

绩效管理是管理双方就目标及如何实现目标达成共识的过程,以及增强员工成功地达到目标的管理方法。管理者给下属订立工作目标的依据来自部门 KPI,部门 KPI 来自上级部门 KPI,上级部门 KPI 来自企业级 KPI。只有这样,才能保证每个职位都是按照企业要求的方向去努力。

善用 KPI 考评企业,将有助于企业组织结构集成化,提高企业的效率,精简不必要的机构、不必要的流程和不必要的系统。

五、平衡计分卡

平衡计分卡(BSC)是由美国的戴维·诺顿和罗伯特·卡普兰提出的。平衡计分卡克服了传统绩效评价单纯利用财务指标进行绩效评价的局限,在传统的财务评价指标基础上,兼顾客户、企业内部流程和学习与发展三个重要方面的绩效反映,即从客户角度、内部流程角度、学习与发展角度和财务角度反映企业的整体绩效。平衡计分卡的创始人认为它表明了企业员工需要什么样的知识、技能和系统(学习和成长角度),才能创新和建立适当的战略优势和效率(内部流程角度),使公司能够把特定的价值带给市场(客户角度),从而最终实现更高的股东价值(财务角度)。

(一) 主要内容

(1) BSC 中的客户方面。管理者们确认了组织将要参与竞争的客户和市场部分,并将目标转换成一组指标。如市场份额、客户留住率、客户获得率、顾客满意度、顾客获利水平等。

(2) BSC 中的内部流程方面。为吸引和留住目标市场上的客户,满足股东对财务回报的要求,管理者需关注对客户满意度和实现组织财务目标影响最大的那些内部过程,并为此设立衡量指标。在这一方面,BSC 重视的不是单纯的现有经营过程的改善,而是以确认客户和股东的要求为起点、满足客户和股东要求为终点的全新的内部经营过程。

(3) BSC 中的学习和发展方面。确认了组织为了实现长期的业绩而必须进行的对未来的投资,包括对雇员的能力、组织的信息系统等方面的衡量。

(4) 组织在上述各方面的成功必须转化为财务上的最终成功。产品质量、完成订单时间、生产率、新产品开发和客户满意度方面的改进只有转化为销售额的增加、经营费用的减少和资产周转率的提高,才能为组织带来利益。因此,BSC 的财务方面列示了组织的财务目标,并衡量战略的实施和执行是否为最终的经营成果的改善做出贡献。BSC 中的目标和衡量指标是相互联系的,这种联系不仅包括因果关系,而且包括结果的衡量和引起结果的过程的衡量相结合,最终反映组织战略。

(二)实施障碍

1. 沟通与共识上的障碍

根据相关研究,企业中少于十分之一的员工了解企业的战略及战略与其自身工作的关系。尽管高层管理者清楚地认识到达成战略共识的重要性,但却少有企业将战略有效地转化成被基本员工能够理解且必须理解的内涵,并使其成为员工的最高指导原则。

2. 组织与管理系统方面的障碍

据调查,企业的管理层在例行的管理会议上花费近 85% 的时间,以处理业务运作的改善问题,却以少于 15% 的时间关注战略及其执行问题。过于关注各部门的职能,却没能使组织的运作、业务流程及资源的分配围绕着战略而进行。

3. 信息交流方面的障碍

平衡计分卡的编制和实施涉及大量的绩效指标的取得和分析,是一个复杂的过程。因此,企业对信息的管理及信息基础设施的建设不完善,将会成为企业实施平衡计分卡的又一障碍。这一点在中国的企业中尤为突出。中国企业的管理层已经意识到信息的重要性,并对此给予了充分的重视,但在实施的过程中,信息基础设施的建设受到部门的制约,部门间的信息难以共享,只是在信息的海洋中建起了座座岛屿。这不仅影响到了业务流程,也是实施平衡记分卡的障碍。

4. 对绩效考核认识方面的障碍

如果企业的管理层没有认识到现行的绩效考核的观念、方式有不妥当之处,平衡计分卡就很难被接纳。长期以来,企业的管理层已习惯于仅从财务的角度来测评企业的绩效,并没有思考这样的测评方式是否与企业的发展战略联系在一起,是否能有效地测评企业的战略实施情况。某公司 1995 年第一季度的评价:这个季度的情况还不错,尽管财务结果并不尽如人意,但在关键顾客细分市场上的份额上升了,精炼厂运营开支下降了,而且员工满意度调查的结果也很好,在能够控制的所有领域中正向着正确的方向前进。平衡计分卡的实施不仅要得到高层管理层的支持,也要得到各业务单元管理层的认同。

(三)成功实施 BSC 的关键因素

1. 高层管理者的决心、参与和支持

这是实施平衡计分卡的必要条件,高层管理者必须参与制定战略,并推动战略在基层的贯彻。有些管理者担心平衡计分卡过于复杂,不符合中国企业的实际情况,甚至有些缺乏平衡计分卡实战经验的咨询顾问也有类似的想法。但是,如果换一种角度考虑问题,管理者的职责就是有效处理财务、顾客、流程和人员方面的问题,平衡计分卡为他们完成这些职责提供了清晰的架构以及行之有效的方法。如果管理者们能够掌握并熟练运用平衡计分卡的方法,他们就会看到它所带来的无形资产的价值,并且会坚持使用以取得更大的成功。

2. 与企业战略和绩效管理、能力发展以及浮动薪资的链接

中国企业实施平衡计分卡体系通常都与能力发展和浮动薪资相联系,而这两个因素又对推动战略执行和改进绩效有着至关重要的作用。平衡计分卡与薪酬体系的挂钩对战略执行非常有帮助,它可以激励全体员工把重点放在平衡计分卡的目标和目标值上。但若平衡计分卡仅与薪酬相联系,很可能会导致经理和员工只注重自己的绩效目标而做出违背公司价值观和文化的行为。为了避免这一现象的发生,又将平衡计分卡与能力发展相联系,如果运用得当,使得管理者的个人计分卡中包含能力素质的发展目标,他们就会感受到这些目标的引导和激励,从而达到更好的绩效效果。

3. 有平衡计分卡实施经验的专家指导

平衡计分卡具有一定的专业性,只具备理论知识是远远不够的,必须要有平衡计分卡的实战经验。如果只有理论基础而缺乏实战经验,很可能会导致对平衡计分卡的错误理解,认为这一方法不适合中国企业的发展运用。同时,在企业真正实施平衡计分卡的方法、将理论转化为实践时,可能会遇到各种各样的问题。因此,在企业实行平衡计分卡方法时,必须要有具备平衡计分卡实施经验的专家进行指导,以保证这一方法的顺利实施。

4. 有效的 IT 系统,以减少行政性事务和手工操作

平衡计分卡体系中必须有一个监控进展和调整计分卡的基础框架。计分卡的突出优点之一在于其透明度较高,可以让所有的管理者与员工完全了解企业战略、各层次的目标与目标值以及其实施状况。如果没有一个有效的软件系统,企业就无法达到这样的透明度,而且会给管理人员及人力资源专员带来大量的手工操作工作。

5. 提升人力资源管理者的战略高度,使之成为企业管理者的合作伙伴

人力资源的一些工作内容(如职位分析、绩效考核、浮动薪资、人力资源政策等),既有可能支持战略的实施,也有可能阻碍战略的实施。人力资源工作必须支持企业的战略实施,那么运用平衡计分卡方法可以为人力资源管理者提供个人工作的流程,帮助他们学习如何把工作与企业战略相结合,从而成为企业管理者的合作伙伴。

六、目标与关键成果法

(一) 主要内容

目标与关键成果法 OKR(objectives and key results),是一套明确和跟踪目标及其完成情况的管理工具和方法,由英特尔公司发明。所谓 OKR,O=objective,可以理解为企业目标,KR=key results,可以理解为关键结果。浓缩在一起就是"为确保达成企业目标的关键结果分解与实施"。

OKR 的主要目标是明确公司和团队的"目标"以及明确每个目标达成的可衡量的"关键结果"。一本关于 OKR 的书将 OKR 定义为"一个重要的思考框架与不断发展的学科,旨在确保员工共同工作,并集中精力做出可衡量的贡献"。OKR 可以在整个组织中共享,这样团队就可以在整个组织中明确目标,帮助协调和集中精力。

(二) OKR 的基本方法

制定 OKR 的基本方法是:首先,要设定一个目标,这个目标不必是确切的、可衡量的;然后,设定若干可以量化的"关键结果",用来帮助自己实现目标,例如"让网站速度加快 30%"或者"融入度提升 15%"之类的具体目标。

OKR 的目标必须是可量化的(时间、数量),比如不能说"使某 App 达到成功"而是"在 9

月上线某App,并在11月有100万用户"。目标是要有野心、有一些挑战的。一般来说,1为评分的总分,达到0.6~0.7是较好的了,这样员工才会不断为了自身的目标而奋斗,而不会出现期限不到就完成目标的情况。每个人的OKR目标在公司都是公开透明的。比如每个人的介绍页里面就放着他们的OKR目标的记录,包括内容和评分。

(三)目标与关键成果法的优缺点

1. 目标管理的优点

(1)激励机制的建成。当目标成为组织的每个层次、每个成员对自己或组织内部未来想要达到的一种结果,且实现的可能性较大时,这个目标的设定,就自然成为组织成员们的内在激励。当这种结果达成时,组织还有相应的奖励和激励制度时,目标的激励效用就更大。从目标成为激励因素来看,这种目标最好是组织每个层次及组织每个成员共同制定的目标。

(2)管理更有效。OKR的实施可以切实地提高组织管理的效率。因为它相比计划管理方式来说,在推进组织工作进展,保证组织最终目标完成方面更胜一筹。目标管理是一种结果式管理,以结果为导向,而不仅仅是一种计划的活动式工作。这种管理形式迫使组织的每一部门及每个成员首先考虑目标的实现,尽力完成目标,先确定目标,再确定工作计划,而不是跟着工作情况来走,遇到一件事情解决一件事情。在OKR管理方式中,一旦分解目标确定,且不规定各个部门及各个组织成员完成目标的方式和手段,这样就给了大家在完成目标方面一个创新的空间,从而有效地提高了员工完成工作的自主能动性,提高组织管理的效率。

(3)明确任务。目标管理使组织各级主管及成员都明确了组织的总目标、组织的结构体系、组织的分工与合作及各自的任务。这些方面职责的明确,使得主管人员也知道,为了完成目标必须给予下级相应的权力,而不是大权独揽,小权也不分散。此外,许多着手实施目标管理方式的公司或其他组织,通常在目标管理实施的过程中会发现组织体系存在的缺陷,从而帮助组织对自己的体系进行改造。

(4)自我管理。目标管理实际上也是一种自我管理的方式,或者说是一种引导组织成员自我管理的方式。在实施目标管理过程中,组织成员不再只是做工作、执行指示、等待上级的指导和决策,组织成员此时已成为有明确规定目标的单位或个人。一方面,组织成员已参与了目标的制订,并取得了组织的认可;另一方面,组织成员在努力工作实现自己的目标过程中,除目标已定以外,如何实现目标是他们自己决定的事,从这个意义上看,目标管理至少可以算作自我管理的方式,是以人为本的管理的一种过渡性试验。

2. 目标管理的不足

尽管目标管理存在许多优点,但也有许多不足,对这样的不足如果认识不清楚,那么可能导致推行OKR有阻碍。

(1)强调短期目标。大多数的目标管理中的目标通常是一些短期的目标,比如年度目标、季度目标、月度目标等。短期目标比较具体易于分解,而长期目标比较抽象难以分解;短期目标易迅速见效,长期目标则不然。所以,在目标管理方式的实施中,组织常常强调短期目标的实现而对长期目标不关心。这样的概念若深入组织的各个方面、深入组织所有成员的脑海中和行为中,将对组织发展没有好处。

(2)目标设置困难。真正可用于考核的目标很难设定,尤其组织实际上是一处产出联合体。它的产出是一种联合的、不易分解出谁的贡献大小的产出,即目标的实现是大家共同合作的成果,这种合作中很难确定你应做多少,他应做多少,因此可度量的目标确定也就十分困难。一个组织的目标有时只能被定性地描述,尽管我们希望目标可度量,但实际上定量是困难的,例如组织后勤部门服务于组织成员,虽然可以采取一些量化指标来度量,但完成了这些指标,可以肯定地说未必达成了"有效服务于组织成员"这一目标。

如果我们设计出一种OKR管控工具,在员工每天的工作中都能够不断地聚焦目标计划的制订和过程追踪,会对我们推行长期和短期的OKR有很多益处,也方便领导层对整个企业多个目标、每个层级目标的动态把控。

阅读与思考 6-3:GE 公司的绩效管理

人力资源管理的核心在于绩效考核与相应的激励策略。成功的公司往往有一套与其战略目标和企业文化相匹配的绩效管理模式,作为世纪级标杆企业的 GE 公司也不例外。在 GE 战略控制系统中对人力资源进行评估的阶段被称为"Session C",指的是员工会经历全方位的评估流程,根据考评结果获得不同的激励、培训、挑战性任务,并将面临不同的晋升和继任计划。近年来 GE 一个财年内绩效考核的具体流程为:1月份确定本年度公司员工的绩效目标,6、7月份展开年度中期检查,10、11月份进行表格填报、文档整理、员工自评,12月份通过考核工具对员工进行绩效考核打分。其中,每年 2—3月份和 9月份时,公司会召开绩效评估会议,对公司人才进行盘点。

在 GE 发展的过程中,绩效考核工具并非一成不变,而是在不断"升级进化"。GE 走的是一条不断激发员工潜力、以点带面通过提高员工个人绩效带动整个组织绩效实现企业价值的道路。

一、360 度考核:对优秀员工不吝奖励

早期 GE 绩效管理的关键原则是把薪酬中的一大部分与工作表现直接挂钩,而对工作表现的评价通过 360 度考核系统实现。在该系统中,由上级、同事、下属、顾客四方力量对员工给出综合评价意见。

具体操作流程是:GE 根据公司价值观与战略目标选定一系列考评点;参与评价的四方力量分为 4 组,每组至少包括 6 人;选定的考评人逐条比对员工在各个考评点中的表现,给出评分;外聘咨询公司以评分为基础制作评价报告,该报告与员工自评一并交由人力资源部门留存。

可以看出,虽然 GE 通过设置多种评价源以力求评价结果客观可靠,然而从本质上看,由公司统一制定评价标准、将薪酬与绩效简单挂钩的考评方式还是延续了传统绩效管理"一刀切"的做法。

二、活力曲线:人才价值分类初具雏形

韦尔奇接管 GE 后,进行了大刀阔斧的改革,其中在绩效管理方面的改革措施就是著名的"活力曲线"。韦尔奇时期的 GE 在每年的 4 月或 5 月召开 Session C 绩效会议,会议之前仍会采用 360 度考核对所有管理人员和专业人员进行评估。不同的是,绩效评估结果不再简单与薪酬挂钩,而是先将员工分为三类:前 20% 被称为 A 类员工,他们是公司的重要财富,具备带动身边的人和整个组织不断向上的潜力;中间的70%被划为B类员工,他们能够做好本职工作,但在激情和潜力上弱于A类员工;底层的10%表现最差,为C类员工,他们不能胜任自己的工作,并且会给他人带来消极影响,将会被公司无情地"清理"出去。三类员工除了将获得不同的薪资水平和股票期权以外,还会在晋升、培训等发展机会上受到严格的差异化对待。

三、GE九宫格:定制化的人才分类管理

从伊梅尔特时期开始,GE进一步发展了员工分类和定制化管理模式,从绩效和成长价值两个维度,开发了"GE九宫格",将员工细分为九个区域、七种类型,并对每一区域的员工都进行差异化管理。

九宫格的纵轴代表业绩,横轴代表成长价值,GE更看重员工的成长价值维度,因为根据GE的价值观,"有才无德"会给组织带来更大的威胁。两个维度都会根据不同的部门和职级制定评判标准,分为"有待提高""始终达到""超出预期"三级档次。员工落在坐标系中的位置决定了其会被企业如何看待,同时也决定了企业对他们截然不同的处理方式。

业绩和成长价值双双超出预期则会被看作是最好的员工,他们将被树立为全公司的行为榜样;如果员工在业绩或成长价值方面有超出预期的良好表现,那他们可以被认为是优秀的员工;那些业绩和成长价值都能达到标准的员工被认为是勤勤恳恳的重要贡献者,他们构成公司的中流砥柱;而若有一方面,尤其是成长价值方面有待提高的员工需要引起注意,尽快补齐短板;如果员工的业绩和成长价值都有待提高,则组织必须忍痛做出"错配"的判断,采取开除决定。从整个部门来看,若内部存在极大方差,那就得查找原因,采取包括修改评价方式在内的合理对策。

四、PD@GE:精确到个人的"个性化"绩效管理

当下,面对日益复杂的外部竞争环境,同时为了顺应移动互联技术的高速发展,GE摒弃了其引以为豪的"末位淘汰制",进行全面的绩效管理变革,转而采用个性化、点对点的APP绩效管理系统。APP名为PD(performance development)@GE,经理和员工可以在此平台定义近期的工作目标,并在目标实现过程中保持频繁的沟通和反馈,及时回顾目标的完成情况,帮助员工提高绩效、不断成长。持续对话的内容包括:"员工的职责""年度目标""完成目标所需资源""完成目标会面临的障碍"等。

该考核方式抛弃了传统绩效管理中常见的"贴标签""打分数"模式,通过对话和迭代来实现既定工作目标,并尽量避免绩效与薪酬的挂钩。如此一来,绩效考评最大限度地尊重了每一位员工的个性,并为员工定制了独一无二的成长道路。

(资料来源:金玉笑,周禹.GE绩效管理:从通用化到定制化[J].企业管理,2018(8):68-70.)

思考题

(1) GE公司的绩效管理经历了怎样的变革过程?为何要变革?

(2) GE公司的绩效管理对中国企业有怎样的启示?

本章小结

绩效管理就是指制定员工的绩效目标,收集与绩效有关的信息,定期对员工的绩效目标完成情况做出评价和反馈,以确保员工的工作活动和工作产出与组织的保持一致,进而保证组织目标完成的管理手段与过程。

绩效管理包括四个方面的内容:绩效计划、绩效辅导、绩效评价和绩效反馈。绩效计划是一个确定组织对员工的绩效期望并且得到员工认可的过程。绩效计划必须清楚地说明期望员工达到的结果,以及为达到该结果所期望员工表现出来的行为和技能。绩效管理沟通主要是指组织者、考核者与被考核者之间的沟通。根据绩效管理循环,将绩效沟通分为三个沟通过程,即绩效计划沟通、绩效实施沟通和绩效结果沟通。绩效评价,即对员工的绩效表现进行评价,是绩效管理的重点和关键。绩效考核在整个绩效管理循环中发挥着重要作用,没有绩效考核,也就没有考核结果,也无法对员工过去的绩效表现进行总结,发现过去工作中存在的问题,以及找到改善绩效的方法。明确绩效考核的重要性,有助于员工和管理者正视绩效考核,并以积极的态度参与这项工作。另外,绩效考核是与组织的战略相连的,它的有效实施将有利于把员工的行为统摄和导向到战略目标上来。绩效反馈是绩效管理过程中的一个重要环节,它主要通过考核者与被考核者之间的沟通,就被考核者在考核周期内的绩效情况进行反馈,在肯定成绩的同时,找出工作中的不足并加以改进。

常见的绩效管理方法主要有目标管理(MBO)、标杆管理、360度绩效考核、关键绩效指标(KPI)、平衡计分卡(BSC)以及目标与关键成果法(OKR)。其中,目标管理通过确定目标、制定措施、分解目标、落实措施、安排进度组织实施、考核等企业自我控制手段来达到管理目的。标杆管理是一项通过衡量比较来提升企业竞争地位的过程,它强调的就是以卓越的企业作为学习的对象,通过持续改善来强化本身的竞争优势。360度绩效考核是指由员工自己、上司、直接部属、同事甚至顾客等各个角度来全方位了解个人的绩效:沟通技巧、人际关系、领导能力、行政能力等,通过这种理想的绩效评估,被评估者不仅可以从自己、上司、部属、同事甚至顾客处获得多种角度的反馈,也可从这些不同的反馈清楚地知道自己的不足、长处与发展需求。关键绩效指标是通过对组织内部流程的输入端、输出端的关键参数进行设置、取样、计算、分析,衡量流程绩效的一种目标式量化管理指标。平衡计分卡从四个逻辑相关的角度及其相应的绩效指标,考察企业实现其远景及战略目标的程度,这四个角度分别是:财务、顾客、内部流程、学习和发展。目标与关键成果法是企业进行目标管理的一个简单有效的系统,能够将目标管理自上而下贯穿到基层。这套系统由英特尔公司发明,在谷歌成立不到一年的时间,被投资者约翰·都尔引入谷歌,并一直沿用至今。

关键概念

1. 绩效考核
2. 绩效管理
3. 绩效计划
4. 绩效指标
5. 绩效反馈
6. 目标管理法

7. 标杆管理
8. 360度绩效考核
9. 关键绩效指标
10. 平衡计分卡
11. 目标与关键成果法

复习思考题

1. 绩效考核与绩效管理有何不同？
2. 绩效管理的基本流程是什么？每一步骤需要完成的任务是什么？
3. 什么是绩效指标？什么是绩效标准？二者之间的联系和区别是什么？
4. 绩效管理的主要方法有哪些？各自如何实施？

案例分析

标杆房企绩效管理创新

一、恒大：目标联结，鼓励高效

恒大创始人、董事局主席许家印认为，绩效管理重在考核，严在执行。恒大全面采用目标计划管理、绩效考核等一系列管理手段，以刚性的制度和强大的执行力来推动绩效目标的实现。

恒大的绩效考核原则是"追求内部公平、鼓励高效工作、提倡优胜劣汰"。员工考核周期为月度和季度考核，考核内容包括月度计划考核和季度综合考评。其中计划考核内容来自组织绩效目标，涵盖本部门计划完成率及各地区公司当月平均计划完成率；综合考评内容的构成为：综合素质占20%、精神作风占40%、工作业绩占40%。

恒大将绩效考核结果作为员工月度和年度奖金分配的核心依据。其中，月度计划考核结果决定了奖金发放倍数；季度综合考评结果作为奖金发放的调节系数，采用强制排序分为三个等级，对应人数比率分别为20%、60%和20%，相应的绩效系数为1.2、1、0.8；员工月度奖金基数由占月薪资额50%的月浮动奖金及月薪资额30%~60%的额外奖金共同组成。恒大对考核结果的应用采取正负双向激励，体现奖罚对等，即绩效考核有倒扣机制，绩效奖金甚至可能是负数。

恒大创造性地将组织绩效直接纳入员工考核，通过重奖重罚以强化执行，并有效地将个人绩效与组织绩效联结，形成"心往一处想、劲往一处使"的局面，使得企业可以敏捷应对持续变化的环境。

二、万科：团队互信，共创共享

万科创始人、时任董事长王石在2012年万科发生一系列质量事件后表示："绩效主义看似公平，但缺少内涵，只能靠利益刺激，未结成精神共同体，最终将走向平庸。"他认为，企业如果实行员工收入与业绩完全挂钩，一些实际工作往往容易被忽视，将削弱员工对企业的信任。

因此，万科提倡"健康丰盛人生"的管理理念，坚持"公正透明、全面考察、及时跟踪、帮助改进"的绩效考核原则，员工考核周期为季度和年度考核。普通员工的季度考核内容包括工作绩效模块和行为绩效模块两部分，权重分别为70%和30%；管理者在普通员工季度考核内容基础上增加管理绩效模块,三个模块的权重分别为工作绩效70%、行为绩效10%、管理绩效20%。其中,工作绩效模块以工作计划形式体现。年度与季度考核内容相同,年度考核得分采用四个季度考核的平均值。

万科将考核结果与员工季度奖金、年终奖金分配直接关联。参照考核得分,采用强制排序确定被考核人的考核评定等级及对应绩效系数,绩效系数在0.8~1.2之间。其中,部门内员工考核等级的分布比例按"六舍七入"的原则满足25∶60∶15的比例,即考核等级为1.1及以上的员工占部门人数的25%,等级1.0的员工占60%,等级0.9及以下的员工占15%。员工奖金不设个人基数,根据公司经营效益而定。可见,万科对考核结果应用以正向激励为主。

万科的绩效管理强调开放信任,员工深度参与目标制定、自主提报工作计划,管理者及时跟踪反馈并提供帮助,通过真实透明的工作互动打造精神共同体。同时,万科还别出心裁地设置了均值较高但差距较小的绩效系数:均值高,有助于强化激励和维持员工队伍稳定;奖金差距越小,团队成员拆台的动机就越弱,从而有助于团队合作、共同进步。万科不仅实行利润分享,还从2014年开始实施事业合伙人制,与员工进一步形成利益共同体。由此可见,万科的绩效管理创新加强了团队互信,促进了共创共享,增强了组织应对复杂环境的能力。

三、龙湖:赋能一线,效率优先

龙湖创始人、董事长吴亚军说:"龙湖没有英雄,不靠'能人'做事,更多是靠平台、组织、系统和自我学习,直接赋能一线员工,给一线员工尽可能多的支持。"龙湖的绩效管理重在"管理"而非"考核",认为考核并非必要的手段,严谨的工作流程本身就能达到促进绩效的目的,而量化目标有时则容易导致偏离管理初衷。龙湖就是要通过建立85分的流程、招聘90~95分的人才,营造一种充分授权、自由创新的环境,最终使得员工普遍把结果做到90~95分。

龙湖《绩效考核具体操作说明》强调"效率优先,兼顾公平"而非"公平优先,兼顾效率"的原则。员工考核周期为年度,考核内容为绩效+潜力评估。其中绩效指标与目标可在过程中据实调整,以定性评价为主,评估员工的业务贡献和组织贡献(并考虑实现贡献的客观环境、个人付出的实际努力等因素)。绩效+潜力评估的同时还会进行360度测评,帮助员工设定发展计划。

龙湖将绩效评估结果与员工当年度奖金收入挂钩,对考核结果的应用以正向激励为主,但拉大员工奖金差距。绩效评估结果在同级别范围内可以跨职能强制性排名,绩效等级分为4级,其中,优秀占20%~25%,满意为70%,待改进占5%~10%,不胜任等级则无强制比率要求;绩效系数在0~2.5间分布;奖金不设个人基数,根据公司经营效益和个人绩效系数而定。

龙湖别具一格地评估员工实际贡献而不是目标完成情况,并打破职能界限,按照贡献水平的相对高低进行绩效等级排序。所有员工的考核评价和结果应用均围绕组织绩效进行,不以个人成败论英雄,唯以组织贡献谋发展,形成"人人为我,我为人人"的良好氛围。同时,龙湖允许员工灵活调整绩效指标与目标,积极帮助员工提升能力和谋求职业发展。可见,龙湖的绩效管理强调赋能一线,确保组织和个人目标一致。

(资料来源:冯熠,刘娅.标杆房企绩效管理创新——以恒大、万科和龙湖为例[J].企业管理,2019(5):70-74.)

思考题:

(1)三家标杆房企的绩效管理模式各有什么样的特点?

(2)绩效管理模式的创新是否意味着对工具方法的全面颠覆?

第七章 薪酬管理

· 学习目标 ·

通过本章学习,了解薪酬、薪酬管理、绩效薪酬以及员工福利等基本概念,熟悉薪酬管理的作用与基本要求,掌握薪酬体系决策、薪酬水平决策、薪酬结构决策以及薪酬政策决策的基本知识,熟悉绩效薪酬的分类以及员工福利的种类、特点与作用,掌握员工福利的规划与管理知识。

引导案例:格力再涨薪后,董明珠首提新愿景

继 2019 年新年伊始,格力电器全员人均涨薪 1000 元后,董明珠再度发声,提出新愿景"打造员工与企业之间的命运共同体",并以"四个坚持"强调格力电器发展要以员工获得感、幸福感等为目标,共享发展成果。

董明珠是在农历春节假期结束,格力电器 2019 年开工贺词上说这番话的。她表示,坚持以员工为中心,坚持以员工的获得感、幸福感、安全感为目标;坚持为员工提供更好的发展平台;坚持积极与员工共享发展成果,把个人成长与企业发展紧密结合,共同构建休戚与共、甘苦共担的利益共同体、责任共同体、命运共同体。

董明珠还提到,格力电器要打造以爱国精神、奉献精神、挑战精神、大爱精神为核心的企业文化,让每个格力人都把公司的使命、愿景、目标根植人心,真正成为企业发展的见证者、开拓者、搏击者。

自 2016 年以来,伴随格力电器营收连创新高,员工迎来三次涨薪,董明珠去年还多次在不同场合表示,只要是格力人,我保证我也承诺,一人一套房。去年,为格力配套的首批 3000 多套人才公寓启动建设,住宅精装交楼,员工拎包入住,预计 2021 年 2 月可建成交付使用。一连串动作均呼应了董明珠此番"打造员工与企业之间命运共同体"的愿景。

(资料来源:杨亮.格力再涨薪后,董明珠首提新愿景:以员工获得感、幸福感为目标[N].南方都市报,2019-02-13.)

思考题:

(1)格力电器为何不断给员工加薪?

(2)你如何看待格力电器"打造员工与企业之间的命运共同体"的愿景?

第一节 薪酬管理概述

一、薪酬的概念与内涵

"薪酬"是从英文"compensation"翻译过来的。"compensation"的字面意思是平衡、弥补、补偿,暗含着交换的意思。① 因此,薪酬从本质上来说是组织为了弥补员工对组织的付出而支付给员工的报酬。关于薪酬的概念与内涵,不同的学者从不同角度进行了不同的阐述。本书引用人力资源管理学界一些比较具有代表性的观点来阐释薪酬的基本内涵,进而给出薪酬的概念。

在国外,美国著名薪酬管理专家米尔科维奇认为,薪酬是指"员工作为雇佣关系中的一方所得到的各种货币收入,以及各种具体的服务和福利之和"。② 美国薪酬管理专家马尔托奇奥则将薪酬界定为"员工因完成工作而得到的内在和外在的奖励",并将薪酬划分为外在薪酬和内在薪酬。其中,外在薪酬主要是组织向员工支付的货币和非货币薪酬,内在薪酬则是员工从工作本身获得的收益。③ 美国著名的人力资源管理专家德斯勒在其畅销教材《人力资源管理》中将雇员薪酬定义为"雇员由于雇佣关系的存在而获得的各种报酬和薪酬"。④

在国内,著名管理学家彭剑锋将薪酬定义为"组织向员工提供的用以吸引、保留和激励员工的报酬,具体包括工资、奖金、福利、股票期权等"。⑤ 中国人民大学教授张丽华认为,薪酬的本质是组织因员工所做的贡献,包括他们的绩效、努力、时间、学识、技能、经验所给予的回报,这实质上是一种公平的交换,体现了劳动力的价格水平。⑥ 中国人民大学教授刘昕则认为,薪酬仅仅包括直接的货币性薪酬(其中包括固定部分和浮动部分两部分),但是不包括福利。⑦

根据英文"compensation"一词的含义以及大多数学者的观点,本书将薪酬界定为:薪酬是指组织因员工向其提供劳动而支付给员工的各种形式的报酬,具体包括基本薪酬、奖金、津贴、股票计划、福利等。理解薪酬的内涵应把握以下三点。

第一,薪酬是组织向其员工支付的。一个不是组织员工的个体向组织提供劳动时,组织向其支付的不是薪酬,而是专家咨询费或劳务费等其他形式的报酬。

第二,薪酬支付的依据是员工提供的劳动。这种劳动可以是现时的,如组织根据员工现阶段提供的劳动评定其绩效进而发放绩效薪酬;也可以是未来的,如组织根据员工的能力向其发放基本工资,就是期望员工在未来会向组织提供与其能力相匹配的劳动。

第三,薪酬的形式是多样的。根据是否以货币形式支付,可以将薪酬分为经济性薪酬和非经济性薪酬。其中,经济性薪酬又可以分为直接经济薪酬(如工资、奖金等)和间接经济

---

①② 乔治·T.米尔科维奇,杰里·M.纽曼.薪酬管理[M].9版.成得礼,译.北京:中国人民大学出版社,2008:7.
③ 约瑟夫·J.马尔托奇奥.战略薪酬[M].2版.北京:社会科学文献出版社,2002:1-2.
④ 加里·德斯勒,曾湘泉.人力资源管理[M].10版.中国版.北京:中国人民大学出版社,2007:356.
⑤ 彭剑锋.战略人力资源管理:理论、实践与前沿[M].北京:中国人民大学出版社,2014:372.
⑥ 张丽华,郭云贵,王蕴.薪酬管理[M].2版.北京:科学出版社,2017:2.
⑦ 刘昕.人力资源管理[M].3版.北京:中国人民大学出版社,2018:294.

（如保险、股票计划等）。非经济性薪酬则包括与工作本身相关的工作兴趣、工作成就、工作挑战性、发展机会等，也包括与工作环境相关的组织政策、人际关系、工作条件、工作时间等。根据薪酬作用的机制，可以将其分为外在薪酬和内在薪酬。其中，外在薪酬是组织根据员工的贡献而向员工支付的货币和非货币薪酬，包括工资、福利、股票计划等，它因组织对员工贡献的认定而具有差异性。内在薪酬则是员工从工作本身获得的心理激励，如工作的趣味性、挑战性、成就感等，它因员工对工作或组织的感受而具有差异性。

二、薪酬管理的作用与基本要求

（一）薪酬管理的作用

所谓薪酬管理，是指组织根据所有员工的贡献来确定他们应当得到的报酬总额、报酬结构和报酬形式的过程。在这一过程中，组织需要就薪酬体系、薪酬水平、薪酬结构、薪酬政策、绩效薪酬、员工福利等做出决策。这些内容将在本章的第二、三、四节分别进行阐述。在本节需要强调的是，作为组织人力资源管理系统和整个运营系统的一个重要组成部分，薪酬管理对组织和员工有着重要作用。

1. 薪酬管理对组织的作用

1）改善经营业绩

一方面，人和人的状态是任何组织经营战略成功的基石，也是组织达成优良经营绩效的保障；另一方面，不谈薪酬，我们就无法谈及人和人的工作状态。薪酬不仅决定了组织可以招聘到员工的数量和质量，也决定了组织中人力资源存量。同时，它还决定了现有员工受激励的状况，影响到他们的工作效率、出勤率及对组织的归属感和承诺度，从而直接影响组织的生产能力和生产效率。薪酬实际上是组织向员工传递的一种特别强烈的信号，通过这种信号，组织可以让员工了解，什么样的行为、态度以及业绩是受到鼓励的，是组织需要的，从而引导员工的工作行为和工作态度以及最终的业绩朝组织期望的方向发展。因此组织必须充分发挥和利用薪酬的调节作用，提高和改善其经营业绩。

2）有效配置资源

薪酬是组织合理配置劳动力，提高组织效率的杠杆。薪酬配置资源的功能体现在两个方面，即劳动力的数量配置和素质结构的配置。一方面，组织通过薪酬机制，调节组织生产和经营环节的人力资源，实现组织内部各种内部资源的有效配置；另一方面，由于产品结构和技术结构的变化，组织对人力资源的素质要求不断提高，因此组织经常会出现劳动力素质（技能）结构方面的供求失衡的现象，若供不应求且素质较高的劳动者可以得到较高薪酬，而对于供过于求且素质较低的员工给予较低薪酬的话，就能引导员工学习和组织所需要的知识和技能，提高自身的素质，从而使劳动力素质结构合理化。因此，薪酬可以从供求双方来调节劳动力的素质结构，实现供求相对平衡。

3）塑造和强化组织文化

如上所述，薪酬会对组织员工的工作行为和态度产生很强的引导作用。因此，合理的富有激励性的薪酬制度会有助于组织塑造良好的组织文化，或者对已经存在的组织文化起到积极的强化作用。但是，如果组织的薪酬政策与组织文化价值观存在冲突，那么，它就会对组织文化和组织的价值观产生消极影响，甚至会导致原有的组织文化土崩瓦解。比如，组织推行的是以个人绩效为基础的计件工资制,则会在组织内起到强化个人主义的作用,使员工崇尚独立、注重彼此之间的相互竞争,合作精神就会比较差,从而形成一种个人主义的文化;反之,如果薪酬的计算和发放主要以小组或团队为单位,则会强化员工的合作精神和团队意识,使得整个组织更具有凝聚力,从而形成一种团队文化。事实上,许多组织的文化变革往往都伴随着薪酬制度和薪酬政策的变革,甚至是以薪酬制度和薪酬政策的变革为先导的。

4) 支持组织变革

随着经济全球化的趋势愈演愈烈,变革已成为组织经营过程中的一种常态。为了适应这种状况,组织一方面要重新设计战略、再造流程、重建组织结构;另一方面,它还需要变革组织文化,建设团队,更好地满足客户的需求,使组织变得更加灵活,对市场和客户的反应更为迅速。而这一切都离不开薪酬,因为薪酬可以通过作用于个人、工作团队和组织整体来创造出与变革相适应的内部和外部氛围,从而有效推动组织变革。首先,组织的薪酬制度和薪酬政策与重大组织变革之间存在着内在的联系。据统计,在组织流程再造的努力中,50%~70%的计划都未能达到预期的目的,其中的一个重要原因就是再造后的流程与组织的薪酬体系之间缺乏一致性。其次,作为一种强有力的激励工具和沟通手段,薪酬如果能够得到有效运用,它就能够起到沟通和强化新的价值观和行为、支持对结果负责的精神作用,同时它还直接成为为新绩效目标的实现提供报酬的工具。这样,薪酬就会有利于强化员工对变革的接受和认可程度。从这个意义上说,薪酬更多的是对目前以及将来的一种投资,而不仅仅是一种成本。

比如,一些高校如果要进行改革,以改变过去那种重科研、轻教学的状况,在薪酬方面就需要提高课酬,并奖励那些上课口碑好的教师。

5) 控制经营成本

由于组织所支付的薪酬水平高低会直接影响到组织在劳动力市场上的竞争能力,因此,组织必须保持一种相对较高的薪酬水平,这对于组织吸引和保留员工来说无疑是有利的;但是,较高的薪酬水平又会对组织控制生产成本产生压力,从而影响组织在产品市场上的竞争力。因此,一方面,组织为了获得和保留组织经营过程中不可或缺的人力资源不得不付出一定的代价;另一方面,出于产品或服务市场上的竞争压力,组织又不能不注意控制薪酬支出。事实上,虽然劳动力成本在不同行业中和不同组织的经营成本中所占比重不同,但是对于任何组织来说,薪酬成本都是一项不容忽视的成本支出。通常情况下,薪酬总额在大多数组织的总成本中要占到40%~90%的比重。因此,通过有效的薪酬管理,将钱花在刀刃上,有助于控制经营成本。

2. 薪酬管理对员工的作用

1) 保障作用

保障作用是薪酬的基本分配作用。劳动者在劳动过程中脑力和体力的消耗、劳动力的代际延续、抚养家庭子女等都要借助于薪酬的补偿来实现,只有劳动者得到保障的、稳定的收入,才能安心工作,增加对组织的信任感和归属感。在市场经济条件下,薪酬收入是绝大多数劳动者的主要收入来源,它对于劳动者及其家庭的生活所起到的保障作用是其他任何收入来源都无法替代的。当然,薪酬对于员工的保障并不仅仅体现在它要满足员工在吃、穿、用、住、行等方面的基本生存需要,同时还体现在它要满足员工在娱乐、教育、自我开发等方面的发展需要。总之,员工薪酬水平的高低对于员工及其家庭的生存状态和生活方式所产生的影响是很大的。这就要求用人单位合理确定员工的薪酬水平,以保障员工的基本生活。在我国,为了更好地发挥薪酬的保障作用,维护劳动者取得劳动报酬的合法权益,保障劳动者个人及其家庭成员的基本生活,根据《劳动法》和国务院有关规定,原劳动和社会保障部于2003年12月颁布了《最低工资规定》(劳动和社会保障部令第21号)。

2) 激励作用

从心理学角度看,薪酬是劳动者个人与组织之间的一种心理契约,这种契约通过员工对薪酬状况的感知而影响员工的工作行为、工作态度和工作效率,即产生激励作用。根据马斯洛的需求层次理论,员工的需求从低层次向高层次递进,当低层次需求得到满足以后,通常会产生更高层次的需求,并且员工的薪酬往往是多层次并存的。在党的十九大报告中,习近平总书记指出,随着中国特色社会主义进入新时代,我国社会主要矛盾已经转化为人民日益增长的美好生活需要和不平衡不充分的发展之间的矛盾。而人民美好生活需要非常广泛,它不仅包括物质文化需要这些客观"硬需要"的全部内容,还包括其衍生的获得感、幸福感、安全感和尊严、权利等具有主观色彩的"软需要"。因此,在薪酬管理方面,组织不仅要重视经济性薪酬的设计,更要重视非经济性薪酬的设计,要给予员工更多的成长和发展机会、参与决策的机会以及工作自主性等,以尽可能从组织的角度满足员工对美好生活的需要。

3) 信号作用

员工把薪酬系统看成是组织对某种活动或行为的重要信号,如组织的分配政策显示学历高,工资就高,就会使员工去继续学习,提高学历。如组织报酬以服务时间长短为基础,则可以培养忠诚度并在一定程度上降低离职率。如组织奖励给为组织带来收益的创新行为,则会鼓励员工的创新、营造创新文化。另外,组织根据岗位的重要性不同而给予不同的报酬水平,表明组织重视不同岗位的价值等。任何一种报酬政策都会给员工提供信号,促使他们向有利于自己的方向努力。

员工所获得的薪酬水平高低除了其所具有的保障作用外,还具有社会信号的作用,人们可以根据这种信号来判断特定员工的家庭、朋友、职业、受教育程度、生活状况甚至宗教信仰以及政治取向等。一个组织员工的薪酬水平的高低往往也代表了员工在组织内部的地位和层次,从而成为识别员工的个人价值的一种信号。因此,员工对这种信号的关注实际上反映了员工对自身在社会以及组织内部的价值关注,从这方面来说,薪酬的社会信号作用也是不容忽视的。

(二) 薪酬管理的基本要求

薪酬管理的基本要求主要有三个,一是公平性,二是有效性,三是合法性。

1. 公平性

公平性是指员工对于组织薪酬管理体系的公平性、公正性的看法或感知。公平是薪酬管理系统的基础,只有在员工认为薪酬系统是公平的前提下,才可能产生认同感和满意度。因此,公平性原则是企业实施薪酬管理时应遵循的基本原则。亚当斯的公平理论是公平性原则重要的理论基础。公平性包括三个层次的含义。

(1) 外部公平性。在不同企业中,类似职位或者员工的薪酬应当基本相同。为了保证外部公平性,企业在薪酬管理的过程中,必须借助薪酬调查了解其他企业的薪酬水平,并以此为依据,建立具有竞争性的薪酬体系。

(2) 内部公平性。在同一企业中,不同职位或者员工的薪酬应当与各自对企业的贡献成正比。为了保证内部公平性，企业在薪酬管理的过程中，必须对所有职位进行评价，并根据职位评价的结果确定每一职位的薪酬。

（3）个体公平性。在同企业中，相同或类似职位上的员工，薪酬应当与其能力、贡献成正比。为了保证个体公平性，企业在薪酬管理的过程中，必须考虑员工的能力与绩效，确保给员工提供与其能力、绩效相当的薪酬。

应当注意的是，公平原则与平均原则本质上是有区别的，前者是按劳分配，体现了劳动的差异性，因而薪酬应当是有差异的；后者则强调绝对的平均，忽视了劳动的差别性，追求员工之间的平均报酬。

2. 有效性

有效性是指薪酬管理系统在多大程度上能够帮助组织实现预定的经营目标。这种经营目标不仅包括销售额、净利润、利润增长率等财务指标，还包括客户满意度、员工满意度等定性指标。

3. 合法性

合法性是指组织的薪酬管理体系和过程是否符合国家的相关法律规定，这是薪酬管理应遵循的最基本原则。从保障劳动者的合法权益、维护社会稳定和经济健康发展的角度，各个国家都会相应地制定出一系列法律法规，对企业的薪酬体系施加约束力和影响力。例如我国《劳动法》第四十八条规定："国家实行最低工资保障制度。最低工资的具体标准由省、自治区、直辖市人民政府规定，报国务院备案。用人单位支付劳动者的工资不得低于当地最低工资标准。"

第二节　薪酬管理的重要决策

一、薪酬体系决策

本章的第一节已经指出，薪酬包括基本薪酬、奖金、津贴、股票计划、福利等。薪酬体系决策的主要任务就是要确定组织决定员工基本薪酬的基础是什么。目前，国际上通行的薪酬体系主要有三种，即职位薪酬体系、技能薪酬体系和能力薪酬体系。对于后两种薪酬体系，有的教材认为技能是能力的一种，故将二者统称为能力薪酬体系。但更多的教材认为技能和能力存在差别，前者偏重操作和肢体动作，后者偏重思考和大脑活动，故将其分开阐述。在这里，我们也将其分开阐述。

（一）职位薪酬体系

1. 职位薪酬体系的内涵和特点

职位薪酬体系是指组织根据职位评价结果确定每个职位的相对价值和薪酬等级，通过市场薪酬调查确定每个等级的薪酬区间的一种薪酬制度。这种薪酬体系是以职位或工作为基础，是根据职位或工作的性质及其对组织的价值来决定某种职位或工作的薪资水平。其理论依据是职位价值在一定程度上等同于任职者的价值，职位价值越大，任职者的价值越大，薪酬水平越高。即使这种体系存在着一定的不足,但其比较直观、简单易行,适用范围较广的这种优点十分明显,因此,在我国的许多企业和大部分工作岗位还是比较实用的。尤其是比较适合组织内部工作内容和工作方式比较稳定的职位,如职能人员和一般操作人员等。

2. 职位薪酬体系的优缺点

职位薪酬体系具有以下两个优点。

(1) 有利于按职位系列进行薪酬管理,操作比较简单,管理成本较低。

(2) 职位晋升与基本薪酬增加之间的关联性有利于激发员工通过提升自身素质和工作绩效以谋求职位晋升的动力。

职位薪酬体系存在以下两个缺点。

(1) 当员工晋升无望时,也就没有机会获得大幅度的加薪,积极性易受挫。

(2) 职位以及与职位相关联的薪酬相对稳定,这不利于组织对多变的外部经营环境做出迅速反应,也不利于及时激励员工。

3. 职位薪酬体系的操作流程

为了有效地设计并实施职位薪酬体系,首先需要进行职位工作分析,即界定各职位的工作职责和任职资格要求;其次是进行职位评价,确定各个职位相对的价值大小;继而进行薪酬调查,结合调查结果和职位评价,建立薪酬曲线;最后根据薪酬曲线来确定薪酬。

(二) 技能薪酬体系

1. 技能薪酬体系的内涵和特点

技能薪酬体系是指组织根据员工所掌握的工作相关技能的深度和广度确定其薪酬等级,通过市场薪酬调查确定每个等级的薪酬区间的一种薪酬制度。可见,技能薪酬体系主要是将员工的技能与基本薪酬紧密联系在一起,员工所具备的技能高,其基本薪酬就高,反之亦然。这种薪资制度通常适用于所从事的工作比较具体而且能够被界定出来的操作人员、技术人员以及办公室工作人员。

2. 技能薪酬体系的优缺点

技能薪酬体系具有如下优点。

(1) 有利于促使员工进行持续性学习以提高自身技能水平。技能薪酬体系向员工传递的是关注自身发展和不断提高技能的信息,有利于促使员工进行持续性学习以提高自身技能水平,提高员工的灵活性和多功能性,从而有利于员工和组织适应市场上快速的技术变革。

(2) 有利于鼓励优秀专业人才安心本职工作。技能薪酬体系有助于达到较高技能水平的员工实现对组织更为全面的理解,从而在一定程度上鼓励优秀专业人才安心本职工作,而不是去谋求报酬很高但是并不擅长的管理职位。

(3) 在员工配置方面为组织提供了更大的灵活性,有助于减少与组织结构、职位体系相关的组织变革和流程重组的阻力,从而提高了组织的灵活性和适应性。

技能薪酬体系存在如下缺点。

(1) 比职位薪酬体系的设计和管理更为复杂,管理工作难度较大。

(2) 对于处于中间状态的员工的技能水平,在评定时有可能会出现一些争议,通常需要周期性更新技能评估体系,重新鉴定员工的技能。

(3) 要求组织在培训方面付出更多的投资,结果很有可能会出现成本超额增长,而组织可能会因此而无法获得必要的利润,因此对成本控制的要求较高。

3. 技能薪酬体系的划分

通常将技能薪酬体系划分为以下两种。

(1) 深度技能薪酬体系。即通过在一个范围较为明确的具有一定专业性的技术或专业领域中不断积累而形成的专业知识、技能和经验。这种深度技能的培养往往是沿着某一专业化的职业发展通道不断上行的一个过程。

(2) 广度技能薪酬体系。广度技能往往要求员工在从事工作时,需要运用其上游、下游或者是同级职位上所要求的多种一般性技能。它往往要求任职者不仅学会在自己的职位范围内需要完成的各种任务,而且还要掌握本职位之外的其他职位所需要完成的那些一般性工作任务。

4. 技能薪酬体系的设计流程

首先,建立技能薪酬体系设计小组,其组成成员为专家、人力资源部、员工等。其次,进行工作任务分析和工作任务难度重要性评价。再次,进行技能等级的界定与定价。最后,进行员工技能的分析、培训与认证。

(三) 能力薪酬体系

1. 能力薪酬体系的内涵和特点

能力薪酬体系是指组织根据员工所具备的胜任能力状况确定其薪酬等级,通过市场薪酬水平调查确定每个等级的薪酬区间的一种薪酬制度。可见,能力薪酬体系主要是将员工的胜任能力与基本薪酬紧密联系在一起,员工胜任能力越强,其基本薪酬就越高,反之亦然。

2. 能力薪酬体系的优缺点

能力薪酬体系具有如下优点。

(1) 容易向员工阐述薪酬与能力之间的关系,有利于促使员工进行持续性学习以提高自身胜任能力,进而鼓励员工对自身的发展负责。

(2) 有助于促使员工承担更多、更广泛的责任,而不仅是职位说明书中涉及的责任。

(3) 有利于提高组织的灵活性和适应性,从而减少组织变革和流程重组的阻力。

能力薪酬体系存在如下缺点。

(1) 与能力薪酬体系配套,需要为员工提供充足的培训机会,这可能导致培训费用大增。

(2) 基于能力的薪酬体系通常需要周期性更新胜任素质模型,重新鉴定员工的胜任能力。这在能力更新呈现不断加速趋势的今天,毫无疑问会大大增加组织管理工作的难度。同时,准确评价一种能力的价值可能是困难的,这也是人力资源管理需面对的挑战。

3. 能力薪酬体系的设计要点

第一,确定哪些能力可以支持公司战略,为组织创造价值,从而应当获得报酬。因为在不同的战略导向和文化价值观氛围中以及在不同的行业中,作为组织报酬支付对象的能力组合存在差异。有时即使不同的组织所使用的能力在概念上是一样的,但是行为表现却可能完全不同。

第二,确定这些能力可以由哪些品质、特性和行为组合表现出来,即具备何种品质、特性以及行为的员工最可能是绩效优秀者。

第三,检验这些能力是否真的使得员工的绩效与众不同,只有那些真正有特色的能力和行为才被包括在内。

第四,评价员工能力,将能力与薪酬结合起来。

(四)三种薪酬体系的比较

如上所述,三种薪酬体系都各有其优缺点(见表7-1)。组织应根据自身情况选用适宜的薪酬体系,以更好地发挥其优点,规避其缺点。

表7-1 三种薪酬体系比较表

薪酬体系	职位薪酬体系	技能薪酬体系	能力薪酬体系
特点	以职位或工作为基础;职位价值越大,薪酬水平越高	以技能为基础,员工所具备的技能高,其基本薪酬就高	以胜任能力为基础,员工胜任能力越强,其基本薪酬就越高
优点	有利于薪酬管理,操作简单,管理成本低 有利于激发员工提高自身素质和绩效	鼓励员工提升技能 鼓励优秀专业人才安心本职工作 提高组织灵活性,有利于组织变革	促使员工提高自身胜任能力 有助于促使员工承担更多、更广泛的责任 有利于提高组织的灵活性和适应性
缺点	以职位晋升为加薪依据,易打击员工积极性 易僵化,不利于及时激励员工	管理工作难度较大 需要周期性更新技能评估体系,重新鉴定员工的技能 对成本控制的要求较高	需要为员工提供充足的培训机会,这可能导致培训费用大增 需要周期性更新胜任素质模型,重新鉴定员工的胜任能力

二、薪酬水平决策

薪酬水平是指组织之间的薪酬关系,即一个组织相对于竞争对手而言,其薪酬水平是偏高还是偏低。薪酬水平决策的主要任务是确定组织的平均薪酬在市场中的位置。通常,薪酬水平的定位策略主要有三种,即领先型策略、跟随型策略和滞后型策略。

(一)领先型策略

领先型策略即为员工提供高于市场平均水平的薪酬。它的优点在于能够最大限度地吸纳和留住优秀员工,提高员工素质和出勤率,同时还把员工对薪酬的不满减少至最低。采用这种薪酬策略的组织,薪酬水平在同行业的竞争对手中是处于领先地位的,企业通常规模较大,投资回报率较高,薪酬成本在企业经营总成本中所占的比率较低或者处于市场垄断地位。下面对采取此策略的这些类型的企业进行进一步分析。

首先,大型企业或投资回报率高的企业之所以能够向员工提供较高薪酬,一方面在于它们具有更多的资金和相应的实力,因而不会因为员工薪酬水平高而造成资金周转不灵;另一方面,这种做法能够提高组织吸引和保留高质量劳动力的能力,同时还可以利用较高的薪酬水平来抵消工作本身所具有的种种不利特征,比如工作压力大等。

其次,在薪酬成本在企业总成本中占到的比率较低时,薪酬支出实际上只是企业成本支出中一个相对不那么重要的项目。在这种情况下,企业很可能会很乐意通过提供高水平的薪酬来减少各种相关劳动问题的出现,从而把更多的精力投入到那些比薪酬成本控制更为重要和更有价值的事情当中去。

最后，处于市场垄断地位，一般意味着企业面临的产品或服务需求曲线是弹性较小的甚至是无弹性的，也就是说企业可以提高产品价格，而不用担心消费者会减少对自己的产品或者服务的消费。换言之，这种企业实际上可以通过提高产品价格的方式将较高的薪酬成本转嫁给消费者。

在实践中，充当薪酬领袖的企业往往都期望从自己的高成本支出中获得相应的收益。首先，较高水平的薪酬往往能够很快为企业吸引来大批可供选择的求职者，因此，高薪一方面有利于企业在较短时间内获得大量需要的人才，解决比较紧急的人员需求，另一方面还使得企业可以提高他们的招募标准，从而提高自己所能够招募到和雇佣到的员工的质量。其次，高薪提高了员工离职的机会成本，有助于改进员工的工作绩效（努力工作以防止被解雇），从而降低员工的离职率以及减少对员工的工作过程进行监督而产生的费用。

但是，领先策略也有消极影响。充当薪酬领袖的企业往往都有很大的管理压力，企业如果不能通过工作的组织与设计以及对员工的管理实现较高水平的利润，即将高投入转化为高回报，那么高薪给企业带来的就不是资本，而是一种负担了。

（二）跟随型策略

跟随型策略又称为市场匹配战略，实际上就是向员工支付与市场平均水平相一致的薪酬。采用这种策略的组织，一般是先确定自己的标杆组织（竞争对手），薪酬水平跟标杆组织相类似。其优点在于可使组织的人工成本和吸引、稳定员工的能力与竞争对手相仿，避免在竞争优势中处于劣势。事实上，这是一种应用最广泛的策略，大多数企业都是这种策略的执行者。

但一般来说，在竞争性的劳动力市场上，实施跟随型策略的企业由于没有独特的优势，它们在招聘员工时往往会通过多花时间、广泛搜寻、精挑细选的方式来招募和雇佣优质的员工。此外，采用这种薪酬策略的企业还要注意随时根据外部市场的变化调整薪酬水平，以使之与市场薪酬水平保持一致。然而，这种调整在很多情况下是存在时滞的，企业可能是在一些优秀的员工已经离职后才发现自己的薪酬水平已经落后于市场。因此，这种力图确保本企业薪酬水平与市场薪酬水平保持一致的企业必须坚持做好市场薪酬调查工作，以确切掌握市场薪酬水平到底是多少。

（三）滞后型策略

滞后型策略即支付给员工的薪酬略低于市场平均水平。采用滞后型策略的企业规模往往相对较小，大多处于竞争性的产品市场上，边际利润率比较低，成本承受能力很弱，很多这类企业属于中小型企业。受产品市场上较低的利润率所限制，没有能力为员工提供高水平的薪酬，是企业实施市场滞后型策略的一个主要原因。当然，有些时候，滞后型策略的实施者并非真的没有支付能力，而是没有支付的意愿。

显然，滞后型策略使企业招聘时较为困难，对于吸引高质量员工非常不利，并可能支付更多的员工培训费用。较低的工资率水平在短期内可能会由于信息不对称或信息流动速度较慢等原因而不为员工知晓，但是在长期中，员工早晚是会掌握这种信息的。此外，员工由于存在获取收入的紧急需要，可能会临时性地接受一些比市场水平要低的薪酬，但是一旦他们的这种需要没有那么迫切，他们就会试图寻找更为有利可图的工作单位。

尽管滞后型策略在一定时期削弱了企业吸引和保留员工的能力，但是如果这种做法是以实现成本控制目标，提高产品价格竞争力，提高未来收益作为补偿的，反而有助于提高员工对企业的忠诚,培养他们的团队意识,并进而改善绩效。如果企业能保证员工将来可以得到更高的收入(如高技术公司的持票计划),那么这种滞后型的基本薪酬和未来的较高收入结合在一起的薪酬组合不但不会影响企业的员工招募和保留能力,反而有助于增强员工的工作积极性和责任感。此外,企业还可以凭借富有挑战性的工作、理想的工作地点、良好的同事关系等其他因素相结合而使员工得到适当的弥补。

三、薪酬结构决策

薪酬结构是指同一组织内部不同职位、不同技能水平或不同能力水平员工的薪酬对比关系(薪酬等级结构),以及不同薪酬形式占薪酬总额的比例关系(薪酬内容结构)。它通过薪酬水平等级的数目、不同薪酬水平之间级差的大小决定薪酬等级和级差的标准、薪酬构成不同部分的比例(薪酬构成形式)等基本要素,反映组织内部不同职位或不同薪酬水平之间的相互关系。

(一) 薪酬等级结构

薪酬等级结构是指组织内部基本薪酬等级的数量、同一薪酬等级内部的基本薪酬变动范围以及相邻两个薪酬等级之间的交叉与重叠关系。薪酬等级结构决策通常包括薪酬政策线的制定、薪酬等级的确定、薪酬等级范围的确定和薪酬等级结构的调整四大内容。

1. 薪酬政策线的制定

薪酬政策线是指薪酬中值点所形成的趋势线,它的主要作用是确定企业薪酬的总体趋势。对大多数公司而言,基准职位定价法是常用的薪酬结构设计法,它在薪酬结构设计中同时考虑了内部一致性和外部竞争性原则。在利用基准职位定价法绘制薪酬政策线时,薪酬设计人员需要对每个职位的内部等级或评价分数(点数)与该职位的市场薪酬水平画在一幅坐标图上,通过分析来平衡它们之间的差异,这样绘制成的曲线即为薪酬政策线。

2. 薪酬等级的确定

薪酬等级的确定涉及最高等级与最低等级之间的薪酬差,组织薪酬的内部划分多少等级,相邻薪酬等级的级差等内容的决策。

在制定组织的薪酬政策线之后,需要确定最高薪酬等级与最低薪酬等级的比率,在确定这一比率时需要考虑的因素有:① 最高与最低等级工作复杂程度的差别;② 政府规定的最低工资率;③ 企业薪酬基金的支付能力和薪酬结构。

薪酬等级数目是指组织的薪酬内部包括多少个等级。一个等级包含价值相同或相似的若干职位,薪酬等级的数目应该适中。在价值最大的职位和价值最小的职位之间点数差异既定的情况下,若划分的薪酬等级太少,那些在工作热情、责任和工作环境上差别很大的员工被支付相同的薪酬标准,就会损害薪酬政策的内部公平性;若划分的薪酬等级太多,那些在本质上没有明显差别的工作就会得到不同的报酬,同样会损害薪酬政策的内部公平性。

薪酬等级级差是指薪酬等级中相邻两个等级薪酬中值之间的比率,它反映了不同等级职位由于价值差异、工作复杂程度差异等对应的不同薪酬。薪酬等级级差可以用绝对额、级差百分比或薪酬等级系数等指标来表示。以级差百分比为例,其值等于两等级薪酬中值差额除下一等级的薪酬中值,并用百分比表示。例如,第三个薪酬等级的薪酬中值为4000元,第四个薪酬等级的薪酬中值为5000元,那么第四等级与第三等级之间的级差百分比为25%。

3. 薪酬等级范围的确定

薪酬等级范围也被称为薪酬区间、薪酬等级幅度等，它实际上是指在某一薪酬等级内部允许薪酬变动的最大幅度。它是用以说明在同一薪酬等级内部，最低薪酬和最高薪酬之间的绝对差距的问题。

常用的衡量指标是薪酬变动比率，又称为区间变动比率，它是指同一薪酬等级内部的最高值与最低值之差与薪酬中值的比率。通常，薪酬变动比率保持在 20%~50% 之间较为合适。在确定薪酬变动比率时一定要谨慎，因为在薪酬水平的中值确定的情况下，薪酬变动比率的改变会在很大程度上改变某一薪酬等级区间的最高值和最低值。此外，薪酬变动比率的确定还应当考虑市场上不同类别职位的最低薪酬水平和最高薪酬水平的实际情况。

在同一薪酬结构体系中，相邻薪酬等级之间的薪酬区间可以设计成有交叉重叠和无交叉重叠两种。有交叉重叠是指除了最高薪酬等级的区间最高值和最低薪酬等级的区间最低值之外，其余各相邻薪酬等级的最高值和最低值之间往往有一段交叉和重叠的区域。无交叉重叠的设计通常分为衔接式（上一薪酬等级的薪酬区间下限与下一薪酬等级的薪酬区间上限持平）和非衔接式（上一薪酬等级的薪酬区间下限高于下一薪酬等级的薪酬区间的上限）两种。

4. 薪酬等级结构的调整

组织的薪酬等级结构确定以后，并非就一成不变了，还需要根据组织管理的其他特殊要求对薪酬结构进行局部和定期的调整。比如，受组织外部环境和内部条件变化的影响，不同职位或技能对创造组织价值的贡献会发生相应的变化。因此，需要定期诊断和调整组织的薪酬结构，调整的依据是职位价值和员工能力对组织贡献的大小。

（二）薪酬内容结构

薪酬内容结构是指不同群体员工薪酬所包含的薪酬要素以及各个要素在总体薪酬中的比例。在薪酬内容的决策方面，既要考虑外在薪酬与内在薪酬的比例，又要考虑基本薪酬、绩效工资（增薪）、激励工资、津贴、保险福利等薪酬形式各自所占的比例。不同比例组合的薪酬模式具有不同的特点和功效。比如，构成外在薪酬的基本薪酬、激励工资、津贴、社会保险福利等各种形式有其不同的特点和独特的功能，但可以从薪酬的差异性和刚性两大维度对各种薪酬形式进行衡量分类。就差异性而言，不同员工之间在激励工资（奖金、红利、股权等）和基本薪酬的水平差异明显高于津贴和保险福利；就刚性而言，基本薪酬和社会保险福利主要属组织的固定人工成本，缺乏弹性，而激励工资和部分津贴属变动人工成本，其刚性较低。

通常，为了突出薪酬设计的基本理念，可以将各种薪酬要素纳入一个统一体系，分为固定薪酬（基本工资）、与业绩联系的浮动工资（短期与长期联系）、各种福利三大块。薪酬结构中固定部分体现薪酬的保障因素，而浮动部分体现激励因素。

薪酬结构总体趋势是固定部分在整个薪酬中比例逐渐下降，与业绩联系的动态部分上升。这主要是因为市场竞争日益激烈，组织越来越强调业绩。同时，组织的员工福利支出都和基本薪酬总额挂钩，因此降低固定薪酬部分能够在一定程度上降低组织的人力支出。当然，具体比例需要与组织所处发展阶段、在同行业中相对实力排名、人力市场供求状况等因素来决定。表 7-2 列出了三种典型的薪酬内容结构的主要相关因素。

表 7-2　三种典型的薪酬内容结构

主要相关因素	高弹性薪酬结构	高稳定性薪酬结构	调和性薪酬结构
基本的固定薪酬	低	高	中间水平
业绩相关的浮动薪酬	高	低	中间水平
薪酬总量	高	通常偏低	中间水平
员工感受	员工收入波动很大,安全感偏低,工作压力大	员工收入波动很小,安全感强,工作压力不大	员工收入比较稳定,安全感中间水平,工作压力适度
业绩	通常较佳,但不稳定	业绩与薪酬不直接挂钩,业绩不佳	业绩较佳且较稳定

四、薪酬政策决策

薪酬政策决策主要涉及企业的薪酬成本与预算控制、企业的薪酬制度与薪酬规定以及员工的薪酬水平是否保密等问题。

(一) 薪酬成本与预算控制

对于任何一种经济活动来说,通过预算来进行成本控制都是一个不可或缺的重要环节。由于薪酬问题在经济上的敏感性及其对于组织财务状况的重要影响,薪酬预算也就理所当然地成为组织决策过程中的重要问题之一。它要求组织的管理者在进行薪酬决策时,必须把组织的经营绩效和财务状况、外部市场的薪酬水平和组织所面临的市场竞争压力以及员工个人绩效和生活成本变动等问题放在一起加以综合考虑。

组织在做薪酬预算前,首先对组织所处的内部环境和外部环境加以了解是十分必要的。通过这一步骤,组织可以更清楚地了解自身目前的处境、市场和竞争对手的真实状况以及所面临的机遇和挑战,同时还有利于自己制定相应的应对策略。也就是说,薪酬预算必须建立在详细了解员工、组织及环境等三方面因素的基础上。

组织在进行薪酬成本控制时,首先要界定合理的薪酬水平,因为薪酬是人工成本中的重要组成部分。控制薪酬水平,是控制投入的一个重要方面。控制薪酬成本并不是说薪酬越低越好,还是要想方设法提高劳动生产率。研究人工成本是围绕人的劳动投入、产出而展开的。劳动生产率是体现效率的指标。有人这样论断:如果增加 10% 薪酬得到增加 15% 效率,则产生 5% 利润。组织对薪酬成本的控制,注重的根本应该是增加投入所增加的效益。

(二) 薪酬制度与薪酬规定

在薪酬制度与薪酬规定方面,首先,要依据组织的战略制定科学合理的薪酬管理决策程序与机制,建立与组织战略相一致的薪酬管理体制与管控模式。其次,组织需要确定薪酬如何向那些创造最大价值的员工倾斜,确定员工因能力不同和对组织战略实现的价值贡献不同,所获得的薪酬差距应该为多大,从而通过薪酬实现对核心人才的激励,吸引和保留组织所需的核心人才。再次,组织需要确定薪酬的支付方式,如采用短期薪酬还是长期薪酬,重视奖励现在还是奖励未来等。最后,组织需要制定合理的薪酬沟通策略,在薪酬的公开与保密之间进行权衡,并选择合适的薪酬沟通管理方式。一般而言,组织的薪酬分配原则和依据应公开,员工个人的具体薪酬数额可保密。

阅读与思考 7-1：渤海钻探的薪酬体系

中国石油集团渤海钻探工程有限公司（以下简称渤海钻探）立足于薪酬分配的公平性、创新性和竞争性，坚持效率优先、注重公平、合法合规的分配原则，着力推行多劳多得、多增多得、多交多得的分配理念，深入实践岗位管理、绩效管理和薪酬管理的有机结合，按照基本收入保障要素、经营收入要素、利润要素、业绩贡献要素、政策调控激励要素、单位自控激励要素等六项工资激励保障功能定位，将工资总额划分为六个工资总额单元，构建了效率与公平统一的薪酬分配体系。

1. 基本工资

基本工资占工资总额的 40% 左右，包括岗位（技）工资、岗位性津贴、累计贡献性津贴、地区性津贴和工作保障性津贴。渤海钻探根据基本工资制度规定的工资项目、标准和所属各分公司员工总量核定，在年初下达到各分公司。

2. 经营收入工资

经营收入工资用于激励各分公司创收，占工资总额的 15% 左右，包括月度经营收入工资、年度经营收入工资和年度经营收入增量工资三部分。由渤海钻探分别按月度、年度，与经营收入完成率及实际经营收入增量挂钩考核、控制分配，多收多得、多增多得。

3. 创效奖励工资

创效奖励工资用于激励各分公司创效，占工资总额的 12% 左右。由渤海钻探集中管理，并按照《经营责任制实施办法》与分公司上缴超额利润挂钩，实施年度考核后分配，多交多得。

4. 总经理奖励工资

总经理奖励工资用于奖励在公司生产经营管理工作中成绩优异的集体或个人，占工资总额的 3% 左右。由渤海钻探集中管理，并按照《总经理奖励基金使用办法》政策规定，由公司主要领导审批发放。

5. 重点激励工资

用于对中层领导人员、技术技能骨干和基层队管理人员进行重点奖励，占工资总额的 10% 左右。包括中层领导人员绩效考核工资、技术技能津贴、基层队管理人员津贴和政策监控激励工资。其中，中层领导人员绩效考核工资由公司集中管理，并按照公司《中层领导人员绩效考核办法》进行年度考核兑现；技术技能津贴和基层队管理人员津贴，由公司根据各分公司员工岗位分布情况和统一政策、标准核定，在年初下达到各单位；政策监控激励工资由公司集中管理，并依据各分公司一线与二线人员年平均收入比例按年进行分配，鼓励工资分配向一线人员倾斜，提高一线人员整体收入水平。

6. 自控奖金

采用单位系数和岗位系数相结合的方法，核定各分公司自控奖金，作为调动各分公司主动性、积极性，强化安全生产和内部激励的专项工资，占工资总额的 20% 左右。由公司根据各分公司员工岗位分布情况和统一政策、标准核定，在年初下达到各分公司。

（资料来源：秦永和，周宝华. 效率与公平统一的薪酬体系[J]. 企业管理，2014(3)：94-97.）

思考题

（1）渤海钻探的薪酬体系有什么特点？
（2）渤海钻探的薪酬体系实现了效率与公平的统一吗，为什么？

第三节 绩 效 薪 酬

一、绩效薪酬及其实施要点

（一）绩效薪酬的概念

所谓绩效薪酬，是指员工的薪酬随着个人、团队或者组织绩效的某些衡量指标所发生的变化而变化的一种薪酬设计。也就是说，绩效薪酬是与员工的工作绩效或员工所在团队和组织的绩效直接相关的薪酬。

（二）绩效薪酬的优缺点

1. 绩效薪酬的优点

绩效薪酬通常具有以下优点：第一，由于绩效薪酬与绩效相关，而绩效通常是根据期初制定的绩效目标进行考核的结果，因此绩效薪酬能够将员工的努力集中到组织认为重要的一些目标上，从而推动组织目标的达成；第二，绩效薪酬对组织来说是一种可变成本，绩效好时需要多支付，绩效差时可以少支付，因此，它能减轻组织在固定成本开支方面的一些压力；第三，绩效薪酬可以促使员工去获得更高的绩效，从而有利于组织总体绩效水平的提高。

2. 绩效薪酬的不足之处

绩效薪酬也存在一些潜在的缺点，主要表现在以下方面：第一，绩效标准可能存在不公正之处，从而使得绩效薪酬流于形式；第二，绩效薪酬有可能引发对组织整体利益不利的员工竞争；第三，绩效薪酬在设计和执行过程中有可能增加管理层和员工之间的摩擦；第四，绩效薪酬实际上是一种工作加速器，员工收入的增加可能带来更高的绩效要求；第五，可能产生德西效应，即绩效薪酬作为一种外在报酬有时可能会削弱员工的内在动机。

从实践来看，中小学教师的绩效工资就备受诟病。据悉，国务院从 2009 年 1 月 1 日起，在义务教育学校实施绩效工资，初衷在于打破现有教师工资分配体制，引入竞争机制，对教师从师德师风、工作业绩、考勤等各个方面全面进行量化考核。但从十余年的实践来看，绩效工资在基层学校实施过程中却背离了设立初衷，因而一直为广大教师所诟病。按照现行的分配方案，绩效工资分为两部分，一部分是基础性绩效工资，另一部分是奖励性绩效工资，其中基础性绩效工资占 70%，每月打卡发放；奖励性绩效工资占 30%，每半年或一年根据教师的量化考核情况发放。但是，在实际考核中，由于绩效的好与坏往往很难进行判断，结果导致平均主义。比如，学校也不愿意教师之间工资拉开的距离太大，都会适当地保持在一定的范围内，相同级别的教师差距也就是一两百元。甚至,有的地方还出现这样的现象:一些行政管理人员往往拿的比一线教师多,一些围着领导转的所谓的红人,坐在办公室喝茶,但是学期末的绩效考核比干活的还拿的多。因此,不少教师调侃,绩效工资等于"用自己的钱奖励别人"。

（三）绩效薪酬的实施要点

由于绩效薪酬存在一些潜在的缺点,因此,要使绩效薪酬真正发挥作用,需要把握以下实施要点。

第一,与其他薪酬计划配合。绩效薪酬只是薪酬体系中的一个重要组成部分,不能取代其他薪酬计划。它需要与其他薪酬计划密切配合,以确保正常发挥作用。

第二,与组织的战略目标和文化、价值观一致。成功的绩效薪酬必须保持三个方面的一致性,即员工目标和组织目标、员工目标和组织战略规划以及员工目标和组织特性相一致。

第三,建立有效的绩效管理体系。绩效管理体系是绩效薪酬的基础,如果不能建立公平合理、准确完善的绩效评价系统,绩效奖励就成了无源之水、无本之木。

第四,绩效和奖励之间要有紧密联系。只有当员工的高绩效能够换来高报酬,员工才有动力去实现绩效的最大化。

第五,获得有效沟通战略的支持。组织要及时为员工提供做出正确决策的各种信息,并就绩效进展情况向员工提供经常性的反馈,以帮助员工达到预定的绩效目标。

第六,保持一定的动态性。组织经营目标、外部经营环境、工作方式等会不断发生变化,组织的绩效薪酬制度需要不断地修改和补充,以适应这种变化。

 阅读与思考 7-2：北京市中小学教师的绩效工资

北京青年报记者了解到,2014 年以前,北京市教师的绩效工资多为平均化,评价标准也不明确。教师的工资由基本工资和绩效工资构成。其中,基本工资根据教龄、职称等确定,绩效工资由基础性绩效工资、奖励性绩效工资、节日补贴、学年奖四部分构成。同时,各区县还可以根据实际情况,设立岗位津贴、班主任津贴、农村学校教师补贴、超课时津贴、教育教学成果奖励等项目。一些一线教师表示,一般情况下基本工资约占到实际工资的四成,绩效工资占到实际工资的六成左右。

对于现行的绩效奖励机制,不少教师表示工资仍然较低,并且没能体现"多劳多得、优绩优酬",相同级别的教师其绩效工资大致差异仅为一两百元。朝阳区一位小学班主任告诉北青报记者,她每个月的工资条上各项收入分得很细,包括全勤费、课时费、班主任费、农村校补助等项目,每个月绩效工资在 5000 元左右浮动。她认为,现今教师的工资最主要的问题是绩效分配得很均衡,工资没能因为"多劳"而"多得",即使是工作强度较大的班主任,也只有 900 元左右的班主任费,比普通教师的绩效工资多四五百块钱,甚至有时没有差别。

海淀区一位一年级的班主任也有同样的感受,她说虽然在课后班、社团活动辅导方面有绩效的体现,但这部分的奖励简直"微乎其微","我们学校教师在教学任务以外带的一切活动,都是以每小时 10 元来计费的,这种付出和收入成本,教师们基本就当是义务工作了,不怎么把它当绩效看。"

教师们除了对绩效工资平均化有所不满外,还普遍反映绩效工资评价标准"太笼统",操作随意性大。"现在绩效工资的分配标准都是参与教育教学改革、进行个性化教育之类的,这样笼统的概念,在评价过程中操作起来随意性很大。"一位有20年执教经历的中学教师说,自己每次发工资的时候,都不知道绩效工资包括几部分,也不了解绩效工资都考核什么,只是看到每次数额都差不多,所以也就没有太关注。"一般情况下,一个新的年轻教师一个月的工资能在5000元左右,基本工资大概在2000元左右,绩效工资3000元左右,基本工资占四成,绩效工资占到六成左右。"

一位中学数学教师表示,所在单位绩效工资评价中要求,要根据教师、管理、工勤技能等岗位的不同特点实行分类考核,但是具体怎么考核、考核中都包括什么内容非常笼统,教育教学质量怎么样之类的也没有细化的评价标准。所以通常如果都是班主任或者都是一个年级组的数学教师,绩效打分都是同样的,基本没有什么差别,"现在小学都不允许各种考试,教学质量的评价,一方面是学校打分,另一方面也会征求家长的意见,由于涉及教师利益问题,学校也不愿意教师之间工资拉开的距离太大,都会适当地保持在一定的范围内,相同级别的教师差距也就是一两百元。"

(资料来源:安苏,林艳.北京中小学教师绩效工资将提高[N].北京青年报,2014-08-06.)

思考题

(1) 根据上述材料,分析北京市中小学教师绩效工资实施过程中存在的问题。
(2) 北京市该如何完善中小学教师绩效工资制度?

二、绩效薪酬的分类

一般而言,我们可以从两个维度对绩效薪酬进行分类。从时间维度来看,可以将其分为短期绩效薪酬和长期绩效薪酬。从激励对象维度来看,可以将其分为个体绩效薪酬和群体绩效薪酬。

(一) 短期绩效薪酬

短期绩效薪酬具体包括以下三种形式。

一是绩效加薪,即由员工的绩效评价结果决定其基本薪酬的增加,其关键要素是加薪时间和幅度,即多长时间加一次、每次加多少。常见的绩效加薪是一年加一次,幅度在员工基本薪酬的3%~5%之间。以格力电器为例,2016年11月,格力电器首次宣布全员加薪,当时的方案是所有员工在现有月工资基础上,每人每月增发1000元。发放范围是入职满3个月的员工(特殊议薪人员除外)。该加薪计划自2016年12月起实施。2018年2月,刚过完春节,格力电器又宣布全员加薪,方案是按照人均每月加薪1000元的总额度,根据绩效、岗位给员工加薪。2019年1月,格力电器下发的内部通知显示:"经公司研究决定,自2019年元月起,根据不同岗位给予薪资调整,总共增加薪酬在10亿元以内。具体实施方案:① 技术类岗位,以专业技术等级评定结果为基础,规范薪酬体系,提高薪资;② 管理类岗位,以岗位的绩效和工作表现为基础,结合专业技术等级评定结果,提高薪资;③ 技术类岗位,以技能等级评定结果为基础,提高薪资;④ 生产与辅助类岗位,生产岗位通过调整工时单价,辅助类岗位根据绩效,提高薪资。"①

二是一次性奖金,即员工的绩效达到或超过预期时,向其发放一次性的绩效薪酬。它不会影响员工的基本薪酬,故能避免组织固定薪酬成本的增加。比如,2020年11月,亚马逊在感恩节当日发布通知,将发放超过5亿美元的一次性奖金,犒劳在疫情和节日期间仍坚守在工作岗位上的员工。亚马逊在官网表示,12月1日至12月31日在职的美国运营员工将收到300美元奖金,兼职员工将获得150美元。2020年6月,亚马逊也曾向一线员工和合作伙伴发放了5亿美元的一次性奖金。②

三是特殊绩效认可计划,即在员工远远超出工作要求、表现出特别的努力、实现了优秀的业绩或者做出了重大贡献的情况下,组织给予他们的小额一次性奖励。绩效认可计划是一种非常有效的奖励方式,然而也是一种经常被忽视的变动性报酬。它的激励作用不仅限于被奖励者,也会鼓励所有员工寻找各种机会来为企业做出意想不到的贡献。那些以奖励显著绩效闻名的企业,无论是否以预定公式的正式形式来认可绩效,都会吸引那些能够在这方面做到贡献的人加入和留在企业中,并且谨慎地承担一些风险以获得这种报酬。这种向员工灵活提供加薪奖励的方式,可以打破绩效加薪在周期与幅度方面的限制,在实践中已成为一种很好的激励员工的方法。比如,2019年11月,华为决定向应对美国打击遏制做出贡献的员工颁发"奋斗特别奖",为体现公司激励导向,根据华为董事常委会决议《关于颁发奋斗特别奖的决议》,发放对象为2019年11月1日在职的华为员工,不含2019年年中绩效为C/D、违反竞业协议、有BCG经济类违规或信息安全一级违规等特殊情况。"奋斗特别奖"发放标准基线为员工的一个月基本工资,取自2019年10月当月基本工资,并结合2019年1月1日—11月1日出勤折算系数。奖金在2019年11月底前随工资合并计税发放。③

(二)长期绩效薪酬

长期绩效薪酬包括三种形式:一是现股计划,即直接赠予股票,或按照市场价值向员工出售股权;二是期股计划,即约定在未来某一时期内以一定价格购买组织股权;三是期权计划,即提供在未来某一时期内以一定价格购买组织股权的机会。

现股计划、期股计划、期权计划,这三种方式都能使核心员工获得股权的增值收益权,其中包括分红收益、股权本身的增值收益。年度结束时,组织依据年度绩效评估,将核心员工分成不同评定等级。比如,有的组织分为四个等级:卓越贡献者、高成就者、成功者、需改进者,同时基于组织的奖励股票基数,给予相应数量股权,股权的数量取决于核心员工对组织做出的贡献和个人成长的潜力。

现股计划和期股计划都是预先购买了股权或确定了股权购买协议的奖励方式,当股权贬值时,员工需要承担相应的损失。因此,员工持有现股或签订了期股购买协议时,实际上是承担了风险。而在期权激励中,当股权贬值时,员工可以放弃期权,从而避免承担股权贬值的风险。在现股计划中,由于股权已经发生了实际的转移,因此持有股权的员工一般都具有与股票相应的表决权。

---

① 杨亮.格力电器再度全员加薪:总薪酬增约10亿,人均加薪约千元[N].南方都市报,2019-01-08.
② 吴斌.感恩节网购订单激增 亚马逊给一线员工发5亿美元一次性奖金[EB/OL].财联社:https://www.cls.cn/detail/628101
③ 温婧.华为为员工发放"奋斗特别奖"每人多发一个月工资[N].北京青年报,2019-11-11.

在期股和期权计划中,当股权尚未发生转移时,员工一般不具有与股权对应的表决权。在现股计划中,不管是奖励性授予还是购买,员工实际上都是在即期投入了资金(在奖励性授予的情况下,实际上也是以员工应得奖金的一部分购买了股权)。而期股和期权计划则是要求员工在将来的某一时期才投入资金购买。在期股和期权计划中,员工在远期支付购买股权的资金,但购买价格却参照即期价格确定,同时从即期起就享受股权的增值收益权,因此,实际上相当于员工获得了购股资金的贴息优惠。

(三) 个体绩效薪酬

个体绩效薪酬具体包括三种形式。

(1) 直接计件工资计划,即根据产量确定薪酬,产量高,薪酬奖励就高,这种形式需要管理者和工人双方共同参与。例如,规定每生产1件产品可以得到2元的工资,那么当员工生产20件产品时,就可以得到40元的工资。直接计件制适合那些生产的产品单一、变化少,易于统计的生产工人。计件制以实际的业绩计酬,计算简便,能有效激发员工的生产效率。

(2) 标准工时计划,即先确定完成任务所需的正常时间,如果效率高的工人在短时间内完成工作,仍以标准时间支付薪酬。

(3) 差额计件工资计划,即对工作效率不同的员工制定不同的工资率,通常工资效率高的员工能够获得更高的工资率。为了鼓励员工为企业多做贡献,企业更多使用的是差额计件制。差额计件制主要有泰勒计件制和梅里克计件制两种形式。

泰勒计件制的计算公式为:

$$E = N \times R_L,完成的工作量在标准的100\%以下$$
$$E = N \times R_H,完成的工作量在标准的100\%以上$$

其中,E 表示支付的薪酬;N 表示完成的产品数量;R_L 是低工资率,R_H 是高工资率,R_H 通常为 R_L 的 1.5 倍。

梅里克计件制的计算公式为:

$$E = N \times R_L,完成的工作量在标准的83\%以下$$
$$E = N \times R_M,完成的工作量在标准的83\% \sim 100\%之间,R_M = 1.1 \times R_L$$
$$E = N \times R_H,完成的工作量在标准的100\%以上,R_H = 1.2 \times R_L$$

其中,E 表示支付的薪酬;N 表示完成的产品数量;R_L 是低工资率,R_M 是居中的工资率,R_H 是高工资率。

(四) 群体绩效薪酬

群体绩效薪酬具体包括三种形式。

(1) 利润分享计划,即员工按照事先设计好的公式,分享所创造利润的百分比。利润分享计划有两个潜在的优势:一是将员工的薪酬和企业的绩效联系在一起,因此可以促使员工从企业的角度去思考问题,增强了员工的责任感;二是利润分享计划所支付的报酬不计入基本薪酬,这样有助于灵活地调整薪酬水平,在经营良好时支付较高的薪酬,在经营困难时支付较低的薪酬。

(2) 收益分享计划,即组织与员工分享因生产率提高、成本节约和质量提高而带来的收益。通常情况下,员工按照一个事先设计好的收益分享公式,根据本人所属部门的总体绩效改善状况获得奖金。

(3) 成功分享计划,即组织对超越经营单位目标的绩效进行奖励。比如,2019 年 12 月 19 日,腾讯云业务部门透露,在第三季度内实现年度收入成功突破 100 亿元,腾讯公司授予腾讯云团队及 TEG(技术工程事业群)兄弟团队"创业里程碑"激励,相关团队员工每人获奖一台 iPhone 手机。①

阅读与思考 7-3:小米散"财"聚"才"备战新十年

2020 年 9 月 4 日晚间,小米发布公告,向 3 位选定参与者奖励 1800 万股股份。与此同时,董事会根据首次公开发售后购股权计划,向对集团有贡献的人士授出共 2.18 亿份购股权,其中小米集团执行董事、新晋合伙人之一周受资获得 1 亿份购股权。

此前的 8 月 16 日,小米创始人、董事长雷军发布公开信表示:"下一个十年,重新创业,小米将实行合伙人制度和新十年创业者计划。"小米同日宣布新增 4 名合伙人,此次获得购股权的周受资正是其中之一。

公开资料显示,周受资 2015 年 7 月加入小米,在担任 CFO 期间,带领小米在港股成功上市,他还打造了小米战略投资和产业投资团队。目前,周受资担任小米集团高级副总裁、国际部总裁。在他任职期间,小米国际业务增势迅猛。根据最新发布的 2020 年半年报,小米上半年实现总收入 1032 亿元,同比增长 7.9%,包括印度、欧洲在内的国际业务增长明显。

据悉,此次授出购股权的行权价为 24.5 港元/股,意味着期权获得者如果需要依靠期权获得收益,前提条件是股价持续上行。也就是说,这批获得股份激励的高管,需要在 10 年间持续为公司创造商业价值和作出突出贡献,提升业绩,带动股价上升,才能获得双赢。

包括小米在内,通过股权激励绑定核心员工一直是互联网公司的惯例。根据小米招股书,公司从 2010 年 4 月 1 日至 2018 年 5 月 1 日,已经授出但尚未行使的购股权共计约 2.25 亿股 B 类普通股份,超过 5500 名(不含高管)、约 37.89% 的员工拿到了小米股份。其中,公司高管的购股权归属期主要为 5 至 10 年,而员工的购股权归属期为 1 至 10 年。上市后,小米仍在持续通过股份奖励等措施来进行人才激励。

小米还公告称,计划将 1800 万股股份奖励 3 名选定参与者(均为非关联承授人),奖励股份的实施时间为 2021 年 9 月 4 日至 2030 年 9 月 4 日。按照小米最近一个交易日(9 月 4 日)的收盘价 24.50 港元/股计算,1800 万股的奖励价值约 4.4 亿港元,3 位"选定参与者"平均每人将获得近 1.5 亿港元的股份奖励。公告显示,包括已公布的新增股份奖励在内,小米根据股份奖励计划已合计授出约 2.26 亿股股份。

公告明确,"选定参与者"所属的"合资格人士"为董事会或其授权代表全权酌情认为已经或将会对集团有贡献的任何个人,包括集团任何成员公司或任何联属人士的雇员、董事、高级职员、顾问、咨询人、分销商、分包商、客户、供货商、代理商、业务伙伴、合营伙伴或服务供货商等。

深入了解小米的分析人士表示,在新十年创业的大背景下,小米这一股份奖励设置与其

---

① 腾讯科技. 腾讯云三季度内实现年营收破百亿目标 员工获发新款 iPhone 奖励[EB/OL]. 腾讯网:https://new.qq.com/omn/TEC20191/TEC2019121900887700.html.

"手机×AIoT"战略升级正相呼应,在以智能手机为绝对业务核心和护城河的基础之上,小米破圈 AIoT 产业链需要更多产业链伙伴的加持,而集"硬件、软件、互联网"于一体的"铁人三项"已经不能仅仅局限于小米生态链的闭环。从近期小米牵手 TCL 集团、格力集团等战略合作来看,股份奖励计划或将成为小米合纵连横的砝码之一。

如今,小米的人才"梦之队"还在不断扩容,新加入的副总裁级高管卢伟冰、常程、杨柘、曾学忠等人,都是原金立、联想、魅族、中兴等品牌的手机业务带头人。刚刚履新的 CFO 林世伟曾供职于瑞信、摩根士丹利等机构,执行过包括阿里、拼多多在内的中概股公司的美股、港股 IPO 项目。按照小米"新十年创业者计划",小米还将选拔 100 位年轻核心干部,给予类似创业者回报,激励他们和小米共同开启重新创业历程,入选的年轻干部每位可能在 10 年内获得 1 亿至 2 亿元的丰厚回报。

散"财"聚"才",小米的股份奖励仍将持续进行。

(资料来源:温婷.小米散"财"聚"才"备战新十年[N].上海证券报,2020-09-07.)

思考题

小米授出的购股权与股份奖励在激励效果方面有何异同?

第四节 福利管理

一、员工福利的概念与种类

员工福利是指组织向员工提供的除工资、奖金之外的各种保障计划、补贴、实物以及服务。员工福利通常可以分为法定福利和补充福利两大类。

(一)法定福利

法定福利又称基本福利,是指按照国家法律法规和政策规定,组织必须向员工提供的福利项目。法定福利是组织的一项义务、责任,它不受组织性质、经济效益和支付能力的影响。法定福利主要包括五险一金和法定假期。

1. 五险一金

五险一金是指用人单位给予劳动者的几种保障性待遇的合称,包括养老保险、医疗保险、失业保险、工伤保险和生育保险,以及住房公积金。2019 年 3 月,国务院办公厅印发的《关于全面推进生育保险和职工基本医疗保险合并实施的意见》(国办发〔2019〕10 号)要求,各省(自治区、直辖市)要加强工作部署,督促指导各统筹地区加快落实,2019 年年底前实现生育保险和职工基本医疗保险合并实施。这意味着,随着生育保险和基本医疗保险的合并,人们熟悉的"五险一金"即将变为"四险一金"。

(1)养老保险。

法律规定的养老保险又称基本养老保险,它是国家和社会根据一定的法律和法规,为解决劳动者在达到国家规定的解除劳动义务的劳动年龄界限,或因年老丧失劳动能力退出劳动岗位后的基本生活而建立的一种社会保险制度。基本养老保险以保障离退休人员的基本生活为原则。它具有强制性、互济性和社会性。它的强制性体现在由国家立法并强制实行,企业和个人都必须参加而不得违背;互济性体现在养老保险费用来源,一般由国家、企业和个人三方共同负担,统一使用、支付,使企业职工得到生活保障并实现广泛的社会互济;社会性体现在养老保险影响很大,享受人多且时间较长,费用支出庞大。基本养老保险费由单位和个人按不同缴费比例共同缴纳。其中,个人按照自身工资的8%缴纳,而单位缴纳的比例各地有所不同。2019年4月,《国务院办公厅关于印发降低社会保险费率综合方案的通知》(国办发〔2019〕13号)要求,自2019年5月1日起,降低城镇职工基本养老保险(包括企业和机关事业单位基本养老保险,以下简称养老保险)单位缴费比例。各省、自治区、直辖市及新疆生产建设兵团(以下统称省)养老保险单位缴费比例高于16%的,可降至16%;目前低于16%的,要研究提出过渡办法。

(2) 医疗保险。

法律规定的医疗保险又称基本医疗保险,它是国家为了补偿劳动者因疾病风险造成的经济损失而建立的一项社会保险制度。基本医疗保险制度的建立和实施集聚了单位和社会成员的经济力量,再加上政府的资助,可以使患病的社会成员从社会获得必要的物资帮助,减轻医疗费用负担,防止患病的社会成员"因病致贫"。按照《国务院关于建立城镇职工基本医疗保险制度的决定》(国发〔1998〕44号)的规定,基本医疗保险覆盖城镇所有用人单位及其职工;所有企业、国家行政机关、事业单位和其他单位及其职工必须履行缴纳基本医疗保险费的义务。用人单位的缴费率应控制在职工工资总额的6%左右,职工缴费率一般为本人工资收入的2%。

(3) 失业保险。

失业保险是指国家通过立法强制实行的,由用人单位、职工个人缴费及国家财政补贴等渠道筹集资金建立失业保险基金,对因失业而暂时中断生活来源的劳动者提供物质帮助以保障其基本生活,并通过专业训练、职业介绍等手段为其再就业创造条件的制度。根据1999年1月国务院发布的《失业保险条例》(国务院令第258号)对失业保险费缴纳的规定,城镇企业事业单位按照本单位工资总额的2%缴纳失业保险费。城镇企业事业单位职工按照本人工资的1%缴纳失业保险费。城镇企业事业单位招用的农民合同制工人本人不缴纳失业保险费。

(4) 工伤保险。

工伤保险是指劳动者在工作中或在规定的特殊情况下,遭受意外伤害或患职业病导致暂时或永久丧失劳动能力以及死亡时,劳动者或其遗属从国家和社会获得物质帮助的一种社会保险制度。根据2003年4月国务院颁布的《工伤保险条例》(国务院令第375号)的规定,用人单位缴纳工伤保险费的数额应为本单位职工工资总额乘以单位缴费率之积,职工个人不缴纳。同时,劳动者因工负伤或职业病暂时或永久失去劳动能力以及死亡时,工伤不管什么原因,责任在个人或在企业,都享有社会保险待遇,即补偿不究过失原则。

(5) 生育保险。

生育保险是国家通过立法,在怀孕和分娩的妇女劳动者暂时中断劳动时,由国家和社会提供医疗服务、生育津贴和产假的一种社会保险制度。我国《社会保险法》第五十三条规定:"职工应当参加生育保险,由用人单位按照国家规定缴纳生育保险费,职工不缴纳生育保险费。"第五十四条规定:"用人单位已经缴纳生育保险的,其职工享受生育保险待遇;职工未就业配偶按照国家规定享受生育医疗费用待遇。所需资金从生育保险基金中支付。"上述规定说明我国生育保险的范围覆盖了所有用人单位及其职工,并且扩大到了用人单位职工的未就业配偶。但是,我国各个地区的生育保险覆盖范围也是有所区别的,具体覆盖范围以当地人力资源和社会保障局公布信息为准。

(6) 住房公积金。

住房公积金是指单位及其在职职工缴存的长期住房储金。根据1999年4月国务院颁布的《住房公积金管理条例》(国务院令第262号)的规定,国家机关、国有企业、城镇集体企业、外商投资企业、城镇私营企业及其他城镇企业、事业单位、民办非企业单位、社会团体都应该给职员存缴住房公积金。《住房公积金管理条例》第三条规定:"职工个人缴存的住房公积金和职工所在单位为职工缴存的住房公积金,属于职工个人所有。"第十八条规定:"职工和单位住房公积金的缴存比例均不得低于职工上一年度月平均工资的5%;有条件的城市,可以适当提高缴存比例。具体缴存比例由住房公积金管理委员会拟订,经本级人民政府审核后,报省、自治区、直辖市人民政府批准。"

2. 法定假期

法定假期是国家法律法规规定的劳动者应当享有的假期。我国的法定假期主要包括公休假日、法定年节假日、带薪年休假以及其他假期。

(1) 公休假日。

公休假日是劳动者工作满一个工作周之后的休息时间。我国《劳动法》第三十六条规定:"国家实行劳动者每日工作时间不超过八小时、平均每周工作时间不超过四十四小时的工时制度。"第三十八条规定:"用人单位应当保证劳动者每周至少休息一日。"第三十九条规定:"企业因生产特点不能实行本法第三十六条、第三十八条规定的,经劳动行政部门批准,可以实行其他工作和休息办法。"

(2) 法定年节假日。

法定年节假日是由国家法律、法规统一规定的用以开展纪念、庆祝活动的休息时间。法定年节假日制度是国家政治、经济、文化制度的重要反映,涉及经济社会的多个方面,涉及广大人民群众的切身利益。根据2013年《国务院关于修改〈全国年节及纪念日放假办法〉的决定》(国务院令第644号),我国现行法定年节假日标准为11天,具体为:元旦放假1天;春节放假3天;"五一"国际劳动节放假1天;"十一"国庆节放假3天;清明节、端午节、中秋节各放假1天(农历节日如遇闰月,以第一个月为休假日)。

(3) 带薪年休假。

带薪年休假是劳动者连续工作满1年后每年依法享有的保留职务和工资的一定期限连续休息的假期。我国《劳动法》第四十五条规定:"国家实行带薪年休假制度。"2007年国务院颁布《职工带薪年休假条例》(国务院令第514号),明确规定,机关、团体、企业、事业单位、民办非企业单位、有雇工的个体工商户等单位的职工连续工作1年以上的,享受带薪年休假。职工累计工作已满1年不满10年的,年休假5天;已满10年不满20年的,年休假10天;已满20年的,年休假15天。国家法定休假日、休息日不计入年休假的假期。2008年《机关事业单位工作人员带薪年休假实施办法》和《企业职工带薪年休假实施办法》公布实施。至此,我国全面建立起了适用于各类用人单位的带薪年休假制度。带薪年休假制度的实行,使职工得到更好的休息,这有利于劳动者的身体健康,也有利于劳动者在经过充分的休息后以更充沛的精力投入生产和工作。

(4) 其他假期。

在我国,职工依法享有的其他假期主要有探亲假、婚丧假、产假和陪产假等。1981年国务院发布《国务院关于职工探亲待遇的规定》,规定了国家机关、人民团体和全民所有制企业、事业单位的职工探亲假标准。根据规定,职工工作满1年,与配偶不住在一起,又不能在公休假日团聚的,可以享受探望配偶的假期待遇(每年1次,假期30天),与父亲、母亲都不能住在一起,又不能在公休假日团聚的,可以享受探望父母的假期待遇(未婚职工每年1次,假期20天;已婚职工每4年1次,假期20天)。同时,单位应根据需要给予路程假。探亲假期包括公休假日和法定节日在内。

按照1980年颁布的《国家劳动总局、财政部关于国营企业职工请婚丧假和路程假问题的通知》规定,职工本人结婚或职工的直系亲属(父母、配偶和子女)死亡时,可以根据具体情况,由单位酌情给予1~3天的婚丧假。另外可根据路程远近,给予路程假。

2012年国务院颁布的《女职工劳动保护特别规定》(国务院令第619号)第七条规定:"女职工生育享受98天产假,其中产前可以休假15天;难产的,增加产假15天;生育多胞胎的,每多生育1个婴儿,可增加产假15天。女职工怀孕未满4个月流产的,享受15天产假;怀孕满4个月流产的,享受42天产假。"

陪产假是指依法登记结婚的夫妻,女方在享受产假期间,男方享受的一定期限的看护、照料对方的假期。虽然我国的《劳动法》等相关法律法规并未对陪产假做出明确的规定,但各省、自治区、直辖市的《人口与计划生育条例》均明确规定了本地的陪产假(部分地区称为护理假)的期限。其中,最短的陪产假有7天,最长的则有1个月之久,多数地区的陪产假为15天。

(二) 补充福利

补充福利是指在国家法定福利之外,组织自定的福利项目。补充福利项目的多少、标准的高低,在很大程度上受到组织经济效益和支付能力的影响。补充福利的项目五花八门,主要可以分为以下几个类别。

1. 补充社会保险

补充社会保险是指国家相关法规、政策的规范和指导下,以用人单位为直接责任主体建立的一种具有政策性、团体福利性的社会化保障制度,是员工福利的重要内容之一。补充社会保险的基本目的是吸引人才、保留人才、培养人才和激励人才,最终目标是增强组织竞争力,实现组织的利益最大化。目前,我国用人单位的补充社会保险主要有补充养老保险和补充医疗保险。2009年6月2日,财政部和国家税务总局发布的《关于补充养老保险费补充医疗保险费有关企业所得税政策问题的通知》(财税〔2009〕27号)明确规定:"自2008年1月1日起,企业根据国家有关政策规定,为在本企业任职或者受雇的全体员工支付的补充养老保险费、补充医疗保险费,分别在不超过职工工资总额5%标准内的部分,在计算应纳税所得额时准予扣除;超过的部分,不予扣除。"

(1) 补充养老保险。

补充养老保险是用人单位在国家统一制订的基本养老保险之外,根据自身的经济实力,在履行了缴纳基本养老保险费义务之后,专门为本单位职工建立的附加保险。补充养老保险在我国多层次的养老保险体系中处于第二层次,是用人单位对国家为企业职工实行基本养老保险的补充和完善。在机关事业单位中,补充养老保险又称职业年金;在企业中,补充养老保险又称企业年金。一般而言,受支付能力的限制,很多单位只为部分职工缴纳补充养老保险。比如,据媒体披露,新华人寿曾为包括前总裁孙兵在内的公司 47 名高管购买了一份补充养老保险,按照保险协议,孙兵可以在退休后每月领取 9 万元的天价养老金,堪称史上最丰厚的国企老总退休福利。①

(2) 补充医疗保险。

补充医疗保险是相对于基本医疗保险而言的,包括企业补充医疗保险、商业医疗保险、社会互助和社区医疗保险等多种形式,是基本医疗保险的有力补充,也是多层次医疗保障体系的重要组成部分。与基本医疗保险不同,补充医疗保险不是通过国家立法强制实施的,而是由用人单位和个人自愿参加的。在单位和职工参加统一的基本医疗保险后,单位或个人根据需求和可能原则,可以适当增加医疗保险项目,以提高保险保障水平。

2. 住房福利

住房福利是指用人单位为了解决员工的基本住房需要而提供的一种福利,具体包括福利房、周转房、购房补贴、租房补贴、无息购房贷款等。比如,2017 年年末,董明珠曾在媒体面前公开承诺,格力将给 8 万员工每人一套两房一厅的房子,只要员工在格力工作到退休,就能拥有房子的产权。2018 年年初,华为宣布为在东莞工作的员工建 3 万套福利房,只卖市场价 30%,每平 8500 元。再比如,京东、腾讯、阿里巴巴等企业都给员工提供无息购房贷款。

3. 生活福利

生活福利包括儿童看护帮助、老人护理服务以及饮食服务等。儿童看护帮助可以根据公司介入程度的不同划分为多种形式。企业参与程度最低的一种儿童看护帮助是,企业向员工提供或帮助员工查找儿童看护服务的成本和质量方面的一些信息。在儿童看护帮助方面,参与程度较高的企业向那些已经购买了儿童看护服务的员工提供补贴。在最高的企业参与层次上,企业直接向员工提供工作场所中的儿童看护服务。多项调查显示,提供儿童看护帮助的企业,员工的缺勤现象大大减少,生产率也会有一定程度的上升。

随着人口平均年龄的提高,企业和个人越来越关心老年人的护理问题。与儿童看护帮助有些类似,老年护理服务的目的是帮助员工照顾不能完全自理的年迈的父母。从企业的角度来说,老年护理福利之所以如此重要,其原因与儿童看护福利一样:帮助员工照顾他们年迈的家人会提高员工的工作绩效。组织提供的老年护理福利主要包括:弹性工作时间、长期保健保险项目以及公司资助的老年人看护中心等。由于我国长期实施独生子女政策,很多作为独生子女的员工都将面对抚养以及护理老人的压力,企业针对这种情况研究制定相关的福利政策是非常有必要的,在吸引和留住员工方面会产生积极的效果。

很多企业为员工提供某种形式的饮食服务,让员工以较低的价格购买膳食、快餐或者饮料。在公司内部,这些饮食设施通常是非营利性的,有的企业甚至以低于成本的价格提供饮食服务。这种做法对员工的好处是显而易见的。对企业来讲,则意味着员工不需要花费很长的就餐时间。即使不提供全部就餐设施的企业,往往也会提供饮水或自动售货机服务以方便员工。那些不提供饮食服务的组织可能就要为其不完善的工作设施支付补偿性的差别工资,或

---

① 任鑫志.金融业上市公司高管天价年薪何时休[N].京华时报,2011-05-11.

者提供饮食补助。比如,谷歌公司不仅为员工提供完全免费的早中晚餐,而且在办公场所为员工准备了各种方便取用而且完全免费的饮料和饼干等食品。

4. 健康福利

员工日常需要的健康福利通常是法律规定的养老、生育、工伤保险所不能提供的。大多数情况下,健康福利包括为员工提供健身场所和器械以及为员工举办健康讲座等,比如在工作场所建造的运动场或者由组织出资成立的足球队、篮球队等,这些设施一方面为员工提供了社交的机会,另一方面也有助于员工进行体育锻炼。

5. 其他福利

对于那些要求比较高、压力比较大的工作来说,有些企业还提供有助于员工缓解压力的福利。比如,让员工享受一次周末旅游、一顿美餐或者任何他们乐于参加的活动,作为对他们工作的褒奖。

阅读与思考 7-4:镇海股份推出年息 1.5% 员工购房贷款

房价高企的背景下,企业留人的方式已经不限于传统的股权激励,为员工提供低息甚至免息的购房贷款成为诸多上市公司的"抢人法宝"。2020 年 10 月 21 日晚间,镇海股份(603637)发布公告,将使用合计不超过 1000 万元自有资金为员工在宁波大市六区首次购房提供借款支持,每名员工借款金额不超过 30 万元,借款年化利率为 1.5%。

一、年化利率 1.5%

根据员工购房管理办法,镇海股份将设立总额度为 1000 万元的"员工住房基金",为员工在宁波大市六区购买首套自住商业住房提供首付款支持,员工的最长偿还期限为 5 年。较为抢眼的是贷款服务的年息,仅为 1.5%,尚不足 5 年期商业银行贷款利率的三分之一。目前银行 1 年期 LPR 利率为 3.85%。

证券时报·e 公司记者关注到,公司为享受上述福利的员工在学历、入职年限等方面做出了一系列限制条件。首先必须是与镇海股份签署正式劳动合同的员工,且入职满 3 年及以上;其次学历需在全日制大专及以上;再次,已获得股权激励的员工原则上不享受购房贷款。每名员工仅能享受一次购房借款,借款上限为 30 万元。在购买的房产方面,管理办法也框出了范围。只有在宁波市购买首套房、建筑面积在 100 平方米及以下,且落户在员工本人或夫妻双方名下,才能享受购房贷款福利。

其实,为员工提供低息住房借款并不是镇海股份唯一的激励措施。2018 年,公司曾推出限制性股票激励计划,以 7.662 元/股向 93 名激励对象授予 113.1 万股限制性股票,并于 2019 年 3 月以 7.88 元/股完成 13 万股预留限制性股票的授予工作。

截至 2019 年末,镇海股份员工总人数为 346 人。数据显示,2019 年度公司人均创收为 298.56 万元,同比增长 60%;人均创利 16.62 万元,同比微增 5%;人均薪酬为 31.4 万元,同比增长 22.7%。

二、多家公司发布购房福利

值得一提的是,镇海股份推出的购房福利在 A 股并非新鲜事。早在 2008 年,海得控制

(002184)便为员工提供最高限额10万元的购房借款福利;随后的十几年中,又有科远股份、焦点科技、南方轴承、大华股份等企业加入购房福利发放大军。梳理发现,多数公司采取了免息模式,部分公司以低息出借;在额度方面,单个员工的借款限额多数在50万元以下。

2020年以来,推出员工购房贷款福利的上市公司也不在少数。据不完全统计,今年已有十余家上市公司发布相关计划,其中包括思源电气、盈趣科技、富瀚微、海能实业、方直科技等。

业内人士表示,相比于覆盖范围较小的股权激励,低息或免息借款给员工买房是面向普通员工的福利,有利于构建常态化的激励机制,保障公司健康发展。

(资料来源:叶玲珍.镇海股份推出年息1.5%员工购房贷款[N].证券时报,2020-10-22.)

思考题

(1) 与其他福利相比,购房福利有何特点?
(2) 为什么越来越多的公司向员工推出购房福利?

二、员工福利的特点与作用

(一) 员工福利的特点

1. 均等性

员工福利的均等性是指员工福利享受不与个人绩效挂钩,即履行了劳动义务的本企业员工,均有享受企业各种福利的平等权利,都能共同享受本单位分配的福利补贴和举办的各种福利事业。这在一定程度上起着平衡劳动者收入差距的作用。

2. 补充性

员工福利是员工工资收入的补充,用以满足员工生活的需要,它在工资的基础上起到了一种保障和提高的作用。

3. 集体性

员工福利的集体性即员工福利主要形式是兴办集体福利事业,员工主要是通过集体消费或共同使用公共物品等方式分享职工福利,比如员工食堂、员工俱乐部。因此,集体性也是员工福利的一个重要特征。

(二) 员工福利的作用

在企业薪酬体系中,工资、奖金(激励薪酬)和福利是三个不可或缺的组成部分,它们各自发挥不同的作用。工资具有基本的保障功能,奖金具有明显而直接的激励作用,福利的激励作用则是间接而隐约的,但作用极其巨大而深远。随着员工工作生活质量的不断提高,人们对福利的要求也越来越高,因为相对于工资、奖金满足员工单方面需求以外,福利具有满足员工多方面、多层次需要的作用,无论对于企业还是员工都有着十分重要的作用。

1. 员工福利对企业的作用

(1) 改善企业形象,提高企业经济效益。

企业通过提供各种福利和保险,可以获得政府的信任和支持以及社会的声望,例如,责任感、以人为本、关心员工等,从而改善企业形象。同时良好的员工福利使员工得到了更多的实惠,员工则以更高的工作绩效回报企业,以提高企业的经济效益。

(2) 增强企业在劳动力市场上的竞争力,吸引并留住优秀人才。

在开放的市场竞争环境中,良好的员工福利有时比高工资更能吸引员工。在企业内如要想留住和吸引优秀员工,员工福利无疑是一个重要的因素,因为良好的员工福利有助于提高员工的满意度,强化员工的忠诚度。

(3) 享受优惠税收政策,提高企业成本支出的有效性。

在许多国家,员工福利计划所受到的税收待遇往往要比货币薪酬所受到的税收待遇优惠,比如免税或是税收递延。这就意味着,在员工身上所花出去的同等价值的福利比在货币薪酬上所支出的同等价值的货币能够产生更大的潜在价值。

2. 员工福利对员工的作用

(1) 税收的优惠。

福利不仅对企业来说存在税收优惠,对员工来说也同样如此。以福利形式所获得的有些收入是无需缴纳个人所得税的,即使需要缴税,也不是现期的,而是要等到员工退休以后再缴纳。

(2) 集体购买的优惠或规模经济效益。

员工福利中的许多内容是员工工作或生活所必需的,即员工自己也要花钱去购买的,而在许多商品和服务的购买方面,集体购买更具有较多的优势,能够得到一定优惠,体现出规模经济效益。

(3) 满足员工的多样化需要。

不同的员工,甚至同一个员工在其职业生涯的不同阶段,其需求偏好都是不同的。那些追求稳定和安全感的员工会对福利比较感兴趣。现在很多企业都在实行弹性福利计划,通过让员工选择不同的福利套餐来满足员工各个方面的需要。

三、员工福利的规划与管理

(一) 确定员工福利规划的目标

员工福利规划应建立特定的目标,而且该目标应该考虑组织的规模、组织所处的地区环境、组织的盈利能力及行业竞争对手的情况等。最重要的是,要和组织经营战略相一致,以及考虑组织的目标与薪酬战略等。既要考虑员工的眼前需要与长远需要,还要能调动大部分员工的积极性,吸引优秀人才,并将其成本控制在组织可能的范围之内。一般而言,员工福利规划应达到以下目标:

① 传递薪酬理念,支撑企业目标达成;
② 契合员工需求,提高福利有效性;
③ 控制福利成本,防止福利费用的恶性膨胀;
④ 便于福利管理,为福利的调整提供依据与路径。

(二) 明确员工福利规划的内容

1. 福利保障对象的确定

确定福利保障对象即确定哪些员工能享受组织的福利,如福利计划是否包括兼职人员、退休人员等,以及福利计划是否根据某些标准来确定其保障的对象。一般而言,为了降低福利成本,组织不必向所有的职工都提供一样的福利,而是根据某种标准,加以区别对待。这些标准大致包括：

① 以工龄为标准，员工福利与工龄挂钩，规定在组织服务达到一定年限的员工才有资格享受某种福利；

② 以员工对组织的贡献为标准，对组织贡献大的员工可以享受较高的福利待遇；

③ 以在职与不在职为标准，在职员工享受的一些福利，如作为福利发放的一些实物、业余教育、带薪休假等，离退休人员不能享受；

④ 以每周工作时间为标准，全日工享受的福利，半日工与临时工不能享受。

2. 福利在薪酬中比重的确定

薪酬总额确定以后，组织就要全面考虑货币化薪酬和福利各自所占的比重，既要避免取消福利即在其薪酬体系中不考虑福利的倾向，又要避免福利无限膨胀的倾向。按照1993年7月施行的旧《企业财务通则》及10个行业财务制度规定，职工福利费按企业职工工资总额的14％提取。虽然新修订的《企业财务通则》于2007年实施后，不再强制企业按照工资总额14％计提职工福利费，但大部分企业仍按此比例计提。因为《中华人民共和国企业所得税法实施条例》（2019年4月23日修订版）第四十条规定："企业发生的职工福利费支出，不超过工资薪金总额14％的部分，准予扣除。"按照规定，应付福利费14％的计量基数是"应付薪水总额"。同时，员工福利费的开支范围包括：① 职工医药费；② 职工的生活困难补贴，是指对生活困难的工人事实上支付的定期补贴和临时性补贴，包括因公或非因工负伤、残废需要的生活补贴；③ 职工及其供养直系亲属的死亡待遇；④ 集体福利的补贴，包括职工浴室、理发室、洗衣房、哺乳室、托儿所等集体福利设施支出与收入相抵后的差额的补贴，以及未设托儿所的托儿费补贴和发给职工的修理费等；⑤ 其他福利待遇，主要是指上下班交通补贴、计划生育补贴、住院伙食费等方面的福利费开支。

3. 福利类型及水平的确定

在进行福利决策时，必须了解其他单位所提供的福利种类及福利水平。因为福利本身就是一种薪酬，只不过是一种间接薪酬罢了，因此必须对外具有竞争力，对内具有吸引力。通过了解其他单位所采取的福利实践的状况，以及总福利成本的多少，组织可以了解到自己的薪酬成本达到一个什么样的水平是合理的，计算出本单位的福利成本，并与员工的偏好结合起来。福利水平的核算，主要涉及以下一些方面：① 通过销售额人工费率或附加价值劳动分配率以及薪酬结构计算出组织最高可能支出的福利总费用；② 与外部福利水平进行比较，尤其是与竞争对手的福利水平进行比较；③ 作出主要福利项目的预算；④ 估算出每一个员工福利项目的费用；⑤ 制定书面的职工福利方案计划。

4. 员工福利选择的自由度

组织制定福利计划通常有两种方式，一种是按一定标准统一向员工提供福利，不给员工选择的自由，这种方式的好处是管理简单，管理成本较低，缺点是不能满足员工个性化的需要，向员工提供统一的标准福利显然不能适应所有员工的需要。因此，越来越多的单位开始实行比较灵活的福利计划，即弹性福利计划。在弹性福利计划中，员工可以在多种福利项目中根据自己的需要进行选择，这种方式的优点是使员工对福利的满意度、对工作的满意度、对工资的满意度都增加了，并对缺勤率、离职率的降低和组织绩效的提高都有积极的意义，缺点是管理过程复杂，管理成本较高，并且随着员工对福利项目的自由选择，会在一定程度上冲击员工的团队合作精神,此时,组织必须把握好员工选择福利自由的"度"。

（三）员工福利的规划与实施

1. 了解法律法规

原则上,只要是国家法律和政策规定的福利,组织必须提供。但问题是:员工往往不把这种法定的福利看作企业为其提供的福利,这就意味着组织提供的法定的福利往往得不到任何回报,组织虽然付出很多,但在员工眼里是理所当然。在这方面,组织除了要依法建立法定福利外,还要与员工做好沟通,让员工意识到组织所承担的福利成本。

2. 进行福利调查

为什么给予了员工福利而员工没有"感觉"？很重要的一点就是提供给员工的福利没有满足员工的需求。所以,在设计或改革福利计划前,需要对组织现有的福利项目与员工的需要、偏好进行比较分析。可以设计调查问卷,让员工对组织可能提供的福利项目进行排序,以调查员工需要的福利是什么？员工福利需求的群体差异分布状况如何？应该提供什么水平的福利？选择什么样的提供方式？关于外部竞争性,还需要了解其他组织向员工提供了什么福利项目？通过什么形式提供的？效果如何？可以通过政府相关机构以及行业协会或者咨询公司所主持的福利调查找到相关福利数据资料,必要时还可进行专门的福利调查或结合薪酬做调查。

3. 进行福利预算

同其他收入一样,福利也具有刚性特征,一旦实施就不能简单收回,所以要由财务部门配合人力资源管理部门进行福利成本预算,目的就是要合理控制福利成本。一般来讲,福利项目的成本越高,接受福利成本的机会就越大。而且要注意,某些福利项目在目前看来可以接受,但还要注意其发展的增长状况。通过财务可以销售或利润估算出最高的、可能支出的总福利费用和年福利成本占工资总额的百分比,确定主要福利项目的成本和年度福利成本,进而制定出相应的福利项目成本计划。同时在实施中也要注意福利项目的掌管、福利基金的财务和使用状况等。

我国福利资金主要来源于:① 国家为各单位提供的与职工基本生活有关的非生产性建设投资费用;② 企业单位的"职工福利基金"和国家机关、事业单位按规定获得的"职工福利费";③ 工会经费中用于职工福利的费用;④ 各单位举办的职工福利设施的收入等。

4. 制定福利计划

从内部激励效力而言,组织应该明确哪些员工是福利的主要受益对象,是全体员工还是部分员工？哪些员工的需要应该得到优先满足？员工是统一享受还是有差别地享受福利？如何满足员工的需求？现在普遍的做法是把中高层经理管理人员同其他普通员工的福利区别对待,或对核心技术人才同企业人员的福利分门类设计等。从目前企业的福利状况来看,福利更多的是作为一种激励手段,而能否达到内部激励作用应该是福利计划设计时着重考虑的。

提供什么样的福利和为谁提供何种福利都需要与组织战略、组织文化和人力资源特征相结合,选择有助于组织目标实现和与组织财务状况及管理能力相匹配的福利类型和福利水准。

5. 福利计划的实施

当确定了提供什么样的福利和为谁提供福利后,紧接着就是福利的实施。这时需要做好福利组合和福利沟通工作。

员工需要是一方面,福利可行是另一方面。确定员工福利类型和员工福利组合,人力资源管理部门要会同工会、职工代表以及财务等相关部门共同工作,审核员工福利申请。福利同货币薪酬一样,也具有刚性,一旦确定就难以取消或降低标准,否则会失信于民,打击员工的工作积极性。所以,要慎重选取福利项目和设计福利计划,尽量保持福利计划的稳定性和持续性。然后结合内外部信息,进一步评价福利项目的适用性及其成本,最终选定福利项目。

在福利计划设计和管理的过程中要做好福利沟通工作。福利沟通比直接薪酬沟通要困难一些,一方面,福利不像薪酬直接与工作挂钩,员工一般不能及时地直观感觉到。另一方面,福利计划本身专业性很强,一些如保险领域的专业术语和复杂计划让员工难以明白,所以有必要设计一种完善的模式,采取有计划的、持续的方式与员工进行福利信息的沟通。

(四)员工福利的监控与调整

当然,福利会随组织外部和内部的情况的变化而发生变化,组织应密切关注相关法律政策,自觉检查福利计划的合法性;关注外部市场的薪酬、福利变化状况,了解相关福利服务价格的变化,注意内部员工福利需求的变化等,及时调整福利计划。

福利领域的情况变化很快,企业必须紧紧跟随企业内外环境的变化,对福利系统进行监控,及时做出调整。

① 有关福利的法律经常会发生变化,企业需要关注这些法律规定,检查自己是否符合某些法律法规的规定,一方面,避免自己在不知不觉的情况下违反国家的法律法规;另一方面,企业还可以以法律法规为依据,寻求有利于自己的福利提供方式。

② 员工的需要和偏好也会随着员工队伍构成的不断变化以及员工自身职业生涯的发展阶段而不断发生变化,因此,员工福利需求的调查应该是一项持续不断的工作,不能一劳永逸。

③ 与外部市场的直接薪酬状况变化相似,对其他企业的福利实践了解也是企业在劳动力市场上取得竞争优势的一种重要手段。

④ 对企业而言,外部组织提供的福利成本(如保险公司提出的保险价格)所发生的变化会对本企业产生影响。

因此,企业外部市场环境、竞争对手的变化、企业发展阶段的不同、企业经济实力的变化、内外劳动力的变化等因素,都要求企业及时调整薪酬福利系统,调整福利项目或力度,使其更好地为企业战略目标服务。

阅读与思考7-5:N公司的福利政策遭到冷遇

N公司是某跨国公司的中国分公司,在全国有多家分支机构,该公司的发展势头很好。该分支机构的负责人张总经理为了稳稳地把握住中国市场,开始想办法稳定分公司的核心员工。各个分支机构的高级管理人员都是通过内部提升选拔上来的,经过多年的摸爬滚打,已经都是能够独当一面的行家里手。张总经理注意到国内的同行开始用高薪挖人才,他闻到这种战斗的火药味已经飘到了自己面前,意识到稳定人才队伍是当务之急。张总经理不缺经费,缺的是做事方法。

近一段时间以来,张总经理就开始琢磨着启动人才战略的切入点。他的目标是在将员工的工资普遍调高的同时,还要对核心员工实行针对性的福利政策。经过调查核实后,张总经理发现这些核心员工大多是刚刚30岁出头的年轻人,这个年龄一般都是与房子和车子联系在一起的,于是张总经理开始着手从这两个方面做文章,构建激励员工的福利政策。

张总经理经过与其他的领导讨论,决定将每位核心管理者的工资按照级别上浮24000元左右,级别较高的员工上涨幅度较大。在此基础上张总经理决定给每位核心员工配一辆价值18万元的轿车,公司负责一半价款,分五年按月打到员工的存折中。随后张总经理又推出了大手笔,就是给核心员工发放购房补贴。公司规定按120平方米为计算基础,核心员工支付首付款以外的款项,按二十年分期付款计算,公司为核心员工承担月供的60%,公司会将购房补贴按月打入员工的账户中。但是房屋的产权在员工退休前归公司,在员工办理退休手续的时候,一并将房屋产权归还员工。

"个性化"补贴政策是张总经理的得意之作,因为这项政策的出台是需要足够的资金支撑的。在推出之后,张总经理本来认为可以引起轰动效应,但事情并不像他想象得那样。于是张总经理开始宣布新政策暂停,并对不同城市的公司员工进行调查,通过广泛搜集意见,张总经理大致弄清楚了原因。人们对张总经理提出的提高福利待遇政策非常欢迎,但认为应该结合不同城市的实际考虑问题,因为在不同城市中生活,生活成本是有差别的,用绝对数的方式涨工资,对于生活成本较低的城市而言是好事,但生活成本高的城市的员工就觉得有失公允。在配备轿车这件事情上,大家更是有不同看法,很多人已经有了轿车,再配备一辆轿车就没有必要,还让人们花钱去买车,很多人就不愿意。同时也并不是所有人都喜欢用车的,有些人对车不感兴趣,所以给其配车还不如给其补贴一笔现金。大家对房子的反应是比较强烈的,表面上看公司为员工提供了很多的补贴,但这都是以需要员工不离开N公司和始终是N公司的核心员工为前提的。在以后二十年的分期付款中世事难料,公司的发展前景也会受到很多因素的困扰。如果公司的未来发展前景不是很好,员工如果选择离开N公司,就相当于40%月供为公司做了补贴,这种情况下就不是公司补贴员工而是倒过来了。员工之间的竞争如此激烈,今天还是核心员工的人,明天也许就不再是核心员工了,如果员工的身份发生了这方面的变化,这些员工曾经享受的待遇将如何处理?

张总经理推出的为大家"多分钱"的政策表面上看很诱人,但仔细分析一下,其中还有很多方面需要细化。张总经理本来要给大家带来一个"欢心",但是政策刚刚推出后就让大家有了很多的"担心"。每个员工都不愿意用实在的付出换取一个"莫须有"的补贴。张总经理的政策草草收兵之后,大家的心情并没有平复下来。人们开始感觉到张总经理在福利政策上有些感情用事。一些还没有成为核心员工的普通员工开始选择"投胎"到其他的制度相对成熟的公司中就职,核心员工对未来的公司政策开始担心起来,担心张总经理会出台类似的政策,让自己从口袋中掏钱买担心。张总经理的办公室开始收到各类有关福利调整政策的"匿名信",大家仁者见仁,智者见智,张总经理吃不好饭、睡不好觉,变得头昏脑涨起来。

(资料来源:孟祥林."N公司激励性福利补贴政策遭到冷遇"一案的启示[J].上海商学院学报,2014,15(3):73-79.)

(1) N公司的福利政策存在哪些问题?为何会出现这些问题?
(2) N公司应如何改进其福利政策?

本章小结

薪酬是指组织因员工向其提供劳动而支付给员工的各种形式的报酬,具体包括基本薪酬、奖金、津贴、股票计划、福利等。薪酬管理是指组织根据所有员工的贡献来确定他们应当得到的报酬总额、报酬结构和报酬形式的过程。薪酬管理对组织来说,能够改善经营业绩、有效配置资源、塑造和强化组织文化、支持组织变革、控制经营成本。对员工来说,薪酬管理的作用主要有保障作用、激励作用和信号作用。薪酬管理的基本要求主要有三个,一是公平性,二是有效性,三是合法性。

薪酬管理中有四个重要决策,即薪酬体系决策、薪酬水平决策、薪酬结构决策和薪酬政策决策。其中,薪酬体系决策的主要任务就是要确定组织决定员工基本薪酬的基础是什么;薪酬水平决策的主要任务是确定组织的平均薪酬在市场中的位置;薪酬结构包括薪酬等级结构和薪酬内容结构;薪酬政策决策主要涉及企业的薪酬成本与预算控制、企业的薪酬制度与薪酬规定以及员工的薪酬水平是否保密等问题。

绩效薪酬是指员工的薪酬随着个人、团队或者组织绩效的某些衡量指标所发生的变化而变化的一种薪酬设计。一般而言,我们可以从两个维度对绩效薪酬进行分类。其一,从时间维度来看,可以将其分为短期绩效薪酬和长期绩效薪酬。其二,从激励对象维度来看,可以将其分为个体绩效薪酬和群体绩效薪酬。

员工福利是指组织向员工提供的除工资、奖金之外的各种保障计划、补贴、实物以及服务。员工福利通常可以分为法定福利和补充福利两大类。其中,法定福利主要包括五险一金和法定假期。补充福利的项目五花八门,主要可以分为以下几个类别。一是补充社会保险,二是住房福利,三是生活福利,四是健康福利,五是其他福利。员工福利的特点主要有三个,一是均等性,二是补充性,三是集体性。员工福利对于组织和员工都有着十分重要的作用。因此,组织应重视对员工福利进行规划和管理。

关键概念

1. 薪酬
2. 薪酬管理
3. 职位薪酬体系
4. 技能薪酬体系
5. 能力薪酬体系
6. 薪酬水平
7. 薪酬结构
8. 绩效薪酬
9. 员工福利
10. 法定福利

复习思考题

1. 薪酬管理对组织和员工分别有什么样的作用?
2. 薪酬管理的基本要求是什么?

3. 职位薪酬体系、技能薪酬体系和能力薪酬体系的优缺点分别是什么?
4. 企业应如何制定薪酬结构决策?
5. 绩效薪酬的优缺点分别是什么?
6. 员工福利具有什么样的特点?组织应如何对员工福利进行规划和管理?

 案例分析

美华公司的薪酬改革

美华公司(企业名称为化名)是集食品生产与连锁零售为一体的企业,拥有数十家零售门店。2015年以来,美华公司的营业收入虽然一直呈增长态势,但人均营业收入却逐年下降,利润越来越薄。"究竟是哪些环节出了问题?"总经理召集公司20多位高管开会查找原因。

生产总监指出:"公司员工数量四年来增加了一倍,但食品生产有季节性特点,旺季时生产人员加班加点还嫌人手不足,淡季时又不能让员工回家,导致人浮于事,管人成为最大的难题。"

门店销售总监指出:"愿意从事门店零售业的年轻人越来越少,公司用工主要招聘年长的女性从业者,平均年龄超过45岁,导致员工队伍后继乏人。"

人力资源总监表示:"随着社保入税政策实施和最低工资标准上调,企业用工成本逐年增加。一方面,公司许多岗位工作量不饱和,普遍存在人浮于事现象;另一方面,几乎所有部门都反映人手不够。"

原本是查找公司经营方面问题的会议,大家的发言却不约而同地指向人效问题。听完大家的发言,总经理沉思片刻后说:"公司员工人数不少,效率却没有体现出来,归根结底是人没有用好,即人效不高。我们要将经营思维用在人员管理上,既然调整产品结构可以提升销售业绩,调整用工结构也一定可以降低用工成本并提升工作效率,那就让改革从选择合适的人开始!"

通过盘点人才、灵活用工、优化结构、科学排班、整合岗位、一专多能、重组部门、缩减层级等一系列改革,美华公司员工人数减少,利润大幅增长。但与此同时,公司销售增长乏力,原因是销售人员流失严重,更替频繁。

导致销售人员流失的主要原因:一是销售人员收入完全依靠提成,缺乏归属感和安全感;二是美华公司员工薪酬偏低于行业平均水平,难以招聘到优秀人才。

为吸引、留住人才,激发企业内部活力,美华公司启动了首次薪酬制度改革。一是将生产人员薪资结构由10项(岗位工资、基本工资、管理工资、临时补助、技术绩效、现场绩效、特殊奖励、岗位补助、工龄工资、全勤奖)简化为4项(月度薪酬、法律规定津补贴、年终奖、福利),使之更简洁、清晰。二是提高销售人员固定薪资比例,固浮比由3∶7调整为6∶4,增强了销售人员对公司的认同感和归属感,也提升了公司吸引优秀销售人才的竞争力。三是上调员工薪资标准,重点给九宫格定位为明星员工、核心骨干和中坚力量的员工加薪,员工薪资平均涨幅达10%。薪酬改革有效调动了员工队伍特别是销售团队的积极性,公司当年即超额完成了销售目标任务。

一系列改革举措,使得美华公司处变不惊,迅速摆脱困境,实现了高质量发展:2019年,公司营业收入突破6亿元,同比增长20%;实现利润5000多万元,同比增长30%;员工总数由

1780人减少到1620人,人均营业收入达37万元。

(资料来源:陈媛.高人效带来高绩效[J].企业管理,2020(8):81-83.)

思考题:
美华公司的薪酬改革为何能够成功?

第八章 培训与开发

学习目标

通过本章学习,熟悉员工培训的概念、作用与原则,员工培训管理的过程模型,员工开发的概念与作用,员工、领导和组织在员工开发中的职责分担,掌握员工培训与开发的主要方法等知识点。

引导案例:京东的员工培训

移动互联网时代,互联网思维是必须要有的。互联网思维的三个点,其实就是痛点、尖叫点、引爆点。痛点指的是用户思维能力,你对用户有没有读懂;尖叫点指的是产品思维的能力,你能不能够做出令人尖叫的产品,像微信就是这样的产品;引爆点需要有市场思维能力,也就是你的产品和服务能不能够引爆,让粉丝誓死追随。互联网思维催生了种种堪称简单粗暴的方式,却往往能直击用户内心深处。

京东在内部调研时发现,公司专业级人才中,有50%的人职业梦想是成为管理者。问到为什么要成为管理者,回答通常是:"成为管理者,才有更多的话语权。"再问:你们愿意做审批吗?愿意开各种会议吗?"不愿意,我就想让别人听我的。"这就是痛点。于是,京东决定围绕两点来做员工培训:给他们更大的舞台和更多展现的机会;让领导和员工都认识他,让他说话有人听。

京东围绕这块做了两个令人尖叫的产品,一个叫京东 TALK,一个叫京东 TV。京东 TALK 就是模仿美国的演讲秀模式,一个铺着红地毯的舞台和两块显示屏,一块显示倒计时(共 18 分钟),还有一个用来放 PPT。而这个舞台只允许专业人士上来,管理者一律免来。京东第一次请了一个曾经是研究无人机的博士程序员,他讲了自己的工作,叫"虚拟试衣"。讲完这个程序之后,他立刻就火了,很短时间内就成了公司的名人。

在设计领导力培训时,京东发现公司缺干部,管理者又抽不出时间上课。怎么使产品令人尖叫——不花时间又能达到效果?京东发现有一个一对一的情景测试很有用。以往是小组测试,很多人都可以滥竽充数。而这个要一对一面试、考试,谁都逃不过去的"以考代培"的培训方式,的确很具挑战性。而怎么让大家接受这个方式,引爆他们的热情?考试谁都不喜欢,但京东在培训中灌输了一个观点:管理者是磨出来的。而能够过关,说明你是一个好的管理者。

对于京东内部近 5 万的蓝领员工(配送员近两万名,其余是仓储、分拣、客服等),这些一线员工的痛点到底在哪儿？京东调研后发现了四大痛点。第一个是学历低，大部分人都是高中学历，流失率高；第二个是没有空调，他们的工作环境、学习环境较差；第三个是没有时间，工作压力大；第四个是没有茶歇，基层员工看到总部培训中有茶歇、有服装，而自己什么都没有。

据此，京东尝试用开放大学的模式，让他们变成大专和本科学历，有机会鲤鱼跳龙门；进行硬件设施改善，在每个仓库配一个教室，改善学习环境；开发微信产品，让他们在手机上随时能进行碎片化的学习；统一标配，总部和一线员工同样标准，每天课程配备人均8元的茶歇。

引爆点的产品主要有两个：第一个叫"我和东哥做校友"，第二个叫"我在京东上大学"。"我在京东上大学"是一个平台性的产品，京东跟北航等几所大学合作，开设了电商本科和大专的学历教育，鼓励学员自费来学。京东在动员会上特意强调：很多人借钱结婚，借钱买房，甚至借钱生娃，能不能借钱读一个本科，让自己鲤鱼跳龙门？现在，已有400多名员工报名。而京东的激励方式，与校方谈好了折扣价，员工两年半后拿到了学历，会给他奖励，如果学习期间晋升了一级，减免1/3学费，晋升两级减免1/2学费，晋升三级整个课程全免费。用这样的产品，去激励大家靠自我的动力来学习。

（资料来源：马成功，庄文静.京东怎样培训6万员工？[J].中外管理，2014(8)：86-88.）

思考题：
京东是如何运用互联网思维做好员工培训工作的？

第一节　员工培训

一、员工培训的概念、作用与原则

（一）概念

员工培训是指组织出于自身发展的需要，采用各种方式帮助员工掌握与工作相关的知识和技能，促使其形成良好的工作态度和习惯的过程。员工培训的基本目的是使员工不断地更新知识、开拓技能，并改进员工的工作动机、态度和行为，从而促进组织效率的提高和组织目标的实现。员工培训实质上是一种系统化的智力投资，是创造智力资本的重要途径。组织投入人力、物力对员工进行培训，使得员工素质提高，人力资本升值，进而改善组织绩效，获得投资收益。

（二）作用

1. 增强员工与组织的匹配性

组织的长远发展不只是依靠设备先进、产品优质、技术领先，它更依赖于与组织相匹配的高素质员工。这样的员工对于组织的管理和运营有着重要影响，是组织长期生存并得以发展的根本。而员工培训不仅能够帮助员工获得在组织中发展所需的知识和技能，还能够帮助员工树立起与组织相匹配的价值观念，从而提高其整体素质，增强其与组织的匹配性。

2. 提高员工工作绩效

培训不仅向员工传授完成本职工作所需的基本知识，如对组织结构、经营目标和运营策略的了解，掌握工作的程序、技术和标准，而且通过向员工传授更为广泛的技能，包括解决问题的技能、沟通的技能、团队合作的技能等来提高员工的工作绩效。

3. 提高员工心理满足感和安全感

培训对提高员工心理满足感和安全感有积极的影响。经过培训，员工不仅在知识和技能方面有所提高，自信心增强，而且能够感受到组织对他们的关心和重视，从而获得心理满足感和安全感。

4. 建立优秀的组织文化

在培训过程中，通过向员工阐述组织倡导的价值观和行为，描述组织的愿景，并进行深入探讨和交流，可以使组织价值观和组织愿景深入每一个员工心中。同时，通过组织各层次员工在培训活动中的互动，促进各层次员工的交流与沟通，可以进一步增强组织的凝聚力，形成相互融洽、不断进取的高度统一、高度认可的组织文化。

5. 塑造良好的组织形象

培训不但可以在内部形成优秀的组织文化，而且可以在外部为组织塑造良好的形象。组织建立起的科学系统的培训体系将给予社会公众一个成熟、稳健、不断进取的形象。那些优秀企业之所以能够吸引大量的优秀人才，一个关键因素就是它们能为员工提供大量的培训机会，从而在人们心中树立起了长期发展的形象。

（三）基本原则

1. 理论联系实际、学以致用

员工培训要坚持针对性和实践性，以工作的实际需要为出发点，与职位的特点紧密结合，与培训对象的年龄、知识结构紧密结合。

2. 全员培训与重点提高相结合

有计划有步骤地对在职的各级各类人员进行培训，提高全员素质。同时，应重点培训一批技术骨干、管理骨干，特别是中高层管理人员。

3. 因材施教

针对每个人员的实际技能、岗位和个人发展意愿等开展员工培训工作，培训方式和方法切合个人的性格特点和学习能力。

4. 讲求实效

效果和质量是员工培训成功与否的关键，为此必须制定全面周密的培训计划和采用先进科学的培训方法和手段。

5. 重视激励

将员工培训与任职、晋升、奖惩、工资福利等结合起来，让受训者受到某种程度的鼓励，同时管理者应当多关心受训者的学习、工作和生活。

二、员工培训管理的过程模型

（一）员工培训管理体系的特点

员工培训对组织的重要性是不言而喻的，但培训成本也是组织经营中不得不慎重考虑的问题。培训工作的精心设计可以达到事半功倍的效果，而缺少规划的培训则会让很多组织觉得培训工作没有成效、没有意义。要想有效完成培训工作,应建立起组织的员工培训管理体系。而判断培训管理体系是否有效的判断标准是该培训体系是否能够增加组织竞争力,实现组织战略目标。有效的员工培训管理体系应当具备以下特征。

1. 以组织战略为导向

组织培训体系是根源于组织的发展战略、人力资源战略体系之下的,只有根据组织战略规划,结合人力资源发展战略,才能量身定做出符合自己持续发展的高效培训体系。

2. 着眼于组织核心需求

有效的培训体系不是"头疼医头,脚疼医脚"的"救火工程",而是深入发掘组织的核心需求,根据组织的战略发展目标预测对于人力资本的需求,提前为组织需求做好人才的培养和储备。

3. 多层次、全方位

员工培训说到底是一种成人教育,有效的培训体系应考虑员工教育的特殊性,针对不同的课程采用不同的训练技法,针对具体的条件采用多种培训方式,针对具体个人能力和发展计划制定不同的训练计划。在效益最大化的前提下,多渠道、多层次的构建培训体系,达到全员参与、共同分享培训成果的效果,使得培训方法和内容适合被培训者。

4. 充分考虑员工自我发展的需要

按照马斯洛的需求层次论,人的需要是多方面的,而最高需要是自我发展和自我实现。按照自身的需求接受教育培训,是对自我发展需求的肯定和满足。培训工作的最终目的是为组织的发展战略服务,同时也要与员工个人职业生涯发展相结合,实现员工素质与组织经营战略的匹配。这个体系将员工个人发展纳入组织发展的轨道,让员工在服务组织推动组织战略目标实现的同时,也能按照明确的职业发展目标,通过参加相应层次的培训,实现个人的发展,获取个人成就。另外,激烈的人才市场竞争也使员工认识到,不断提高自己的技能和能力才是其在社会中立足的根本。有效的培训体系应当肯定这一需要的正当性,并给予合理的引导。

(二)员工培训系统模型

组织应将员工培训视为一项系统工程,即采用一种系统的方法,使培训活动符合组织的目标,让其中的每一环节都能实现员工个人、工作及组织三方面的优化。

图8-1所示的员工培训系统模型展示了一个由五个环节构成的循环过程。从该图可以看出,培训工作由一系列连贯的、有内在逻辑的步骤组成。培训不仅是一项阶段性的工作,而且是一个循环往复的过程。在这个过程中,培训需求分析是其首要环节。

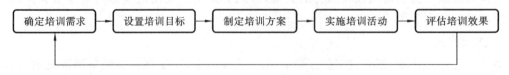

图8-1 员工培训系统模型

1. 确定培训需求

培训需求的确定是通过进行组织分析、任务分析以及人员分析来实现的。

首先,组织分析是在组织层面展开的。它包括两个方面的内容:一是对组织未来的发展战略与方向进行分析,以确定组织今后的培训重点和培训方向。二是对组织的整体绩效做出评价,找出存在的问题并分析问题产生的原因,以确定组织目前的培训重点。通过组织分析,可以确定在组织层面需要进行什么样的培训。

其次,任务分析的主要对象是组织内的各个职位。通过任务分析要确定各个职位的工作任务,各项工作任务要达到的标准,以及成功完成这些任务所必需的知识、技能、能力以及其他因素。可以看出,任务分析其实就是职位分析,只是它比职位分析更为详细。任务分析最主要的目的就是用于确定新员工的培训需求,这里的新员工不仅指组织新近招聘录用的员工,还包括那些到新的职位任职的员工,从完成职位工作任务的角度来看,二者并没有什么区别,不同的只是后者对组织的基本情况更为了解。此外,任务分析的结果也界定了在个人层面进行培训时培训内容的范围,这是设计培训课程的重要依据。

在进行任务分析时,一般要按照以下四个步骤来进行。

(1) 选择有效的方法,列出一个职位所要履行的工作任务的初步清单。

(2) 对所列出的任务清单进行确认,这需要对以下几个问题做出回答:任务的执行频率如何?完成每项任务所花费的时间是多少?成功完成这些任务的重要性和意义是什么?学会这些任务的难度有多大?

(3) 对每项任务需要达到的标准做出准确的界定,尽量用可以量化的标准来表述,例如"每小时生产20个"。

(4) 确定完成每项工作任务的 KSAO。其中,K(knowledge)指知识,S(skill)指技能,A(ability)指能力,即完成工作所需的脑力和体力的综合,O(others)指其他方面的因素,包括员工的个性、兴趣和态度等。

最后,人员分析是针对员工进行的。人员分析包括三个方面的内容:一是对员工个人的绩效做出评价,找出存在的问题并分析问题产生的原因,以确定解决当前问题的培训需求;二是根据员工的职位变动计划,将员工现有的状况与未来职位的要求进行比较,以确定解决将来问题的培训需求;三是针对员工的培训准备进行分析,以确保员工有接受培训的意愿并具备基本的技能。通过人员分析,能够确定出组织中哪些人员需要接受培训以及需要接受什么样的培训。

2. 设置培训目标

培训目标是指培训活动所要达到的目的,从受训者角度进行理解就是指在培训活动结束后应该掌握什么内容。培训目标的制定不仅对培训活动具有指导意义,而且是培训评估的一个重要依据。

在设置具体的培训目标时,应当包括以下三个构成要素。

(1) 内容要素,即组织期望员工做什么事情。

(2) 标准要素,即组织期望员工以什么样的标准来做这件事情。

(3) 条件要素,即在什么条件下要达到这样的标准。

例如,在对商店售货员进行的顾客服务培训中,培训目标应当这样设置:"培训结束之后,员工应当能够在不求助他人或者不借助资料的情况下(条件要素),在半分钟到一分钟之内(标准要素),向顾客解释清楚产品的主要特点(内容要素)。"

3. 制定培训方案

培训方案主要包含以下内容。① 培训对象,指哪些员工需要接受培训。② 培训内容,指应该进行什么样的培训。③ 培训讲师(培训讲师的来源一般有两个渠道,内部渠道和外部渠道),一般而言,通用性的培训可以从外部选择培训讲师,专业性的培训则要从内部选择培训讲师。④ 培训时间,指培训在什么时间进行。一般而言,培训时间的确定要考虑两个方面的因素:培训需求和受训人员。培训时间确定得科学合理,一方面可以保证培训及时地满足培训需求;另一方面也有助于受训人员安心地接受培训,从而保证培训效果。例如组织准备引进新设备,那么合理的培训时间应当确定在设备引进之前,这样员工就可以及时地使用新设备;如果等引进之后再对员工进行培训,就会造成设备有一段时间要闲置。再比如,当员工的工作任务比较繁忙时,除非培训需求非常紧急,最好不要安排培训。如果培训是连续性的,还要制定出培训的时间表。培训时间确定之后,应及时发布通知,确保每一个受训人员知道在什么时间要进行培训,这样他们就可以提前做好准备,以免时间上发生冲突,影响培训的实施。⑤ 培训的地点和设施,培训的地点就是指培训要在什么地方进行。培训地点的选择最主要的是要考虑培训的方式,例如采取授课法,应当在教室进行;采取讨论法,应当在会议室进行;而采取游戏法则应当选择有活动空间的地方。此外,培训地点的选择还应当考虑培训人数、培训成本等因素。此外,在培训方案中,还应当清楚地列出培训所需的设备,例如座椅、音响、投影仪、屏幕、白板、文具等。⑥ 培训的方式方法和费用,关于培训的方法的选择,我们在后面的内容中有具体说明,在此不再赘述。由于培训都是需要费用的,因此在培训方案中还需要编制出培训的预算,这里的培训费用一般只计算直接发生的费用,例如培训地点的场租、培训的教材费、培训讲师的授课费、培训的设备费等。

4. 实施培训活动

针对不同的培训项目,会有不同的具体实施工作。但一般而言,授课类的培训项目的实施都包括如下几个步骤的工作:第一步,接待培训师,不管是组织内部的培训师还是外部的培训师,在授课的当日最好都能够提前做好准备,这样可以使授课过程更加从容。第二步,由工作人员做好签到表,请参加培训的员工签字,一方面更好地管理培训,另一方面为以后的培训效果评估收集信息。第三步,由工作人员向学员简要介绍培训师和培训项目,帮助大家从整体上把握培训,有助于增强培训效果。第四步,发放相关材料,也可以提前让员工自行准备培训材料。第五步,培训师开始授课。第六步,在培训课程快要结束的时候向学员发放并回收问卷,用作培训效果评估的依据。第七步,一系列的收尾工作,主要包括向培训师支付培训费用、教室打扫、设备整理、培训资料归类整理等。培训工作人员在培训过程中要随时准备处理各种应急突发状况,并且要做好课间的服务工作等,耐心解答学员的各种疑问。

对于室外培训项目,如户外拓展之类,具体的实施步骤与室内培训项目有一定的差别。如首先要统一安排员工抵达拓展目的地,然后详细介绍拓展项目和活动的地区范围,更重要的是要详细告知员工安全注意事项,以防出现意外事故;在开始实施户外活动或比赛时,确保参与者按要求进行活动;在学员活动过程中,要有工作人员随时对学员的行为进行监控和保护;活动结束后,由参与者进行感受描述,总结启发和感悟,并与所有学员进行沟通和交流;最后,护送学员安全返回。

总之,培训过程的实施是针对不同的培训项目而言的,不同的项目,工作人员有不同的工作内容和工作流程。

5. 评估培训效果

培训的评估包括两个方面的主要内容:一是培训评估的标准;二是培训评估的方法。

1)培训评估的标准

培训评估的标准是指要从哪些方面来对培训进行评估,也可以说是培训评估的内容。这方面最有代表性的观点是四层次评估模型,这一模型将培训评估的标准分为四个层次的内容。

①反应层,指受训人员对培训的印象,是否对培训满意。②学习层,指受训人员对培训内容的掌握程度,他们在接受培训以后知识和技能的掌握是否有所提高以及有多大程度的提高,这更多的是停留在认知层面上。③行为层,指受训人员在接受培训以后工作行为的变化,也可以看作对学习成果的运用,在工作中是否改进了以前的行为,是否运用了培训的内容。④结果层,指受训人员或者组织绩效的改善,经过培训,员工和组织的绩效是否得到了改善和提高。

2) 培训评估的方法

培训评估的方法很多,在进行具体的评估时应当根据评估的内容来选择合适的方法,这样才能保证评估的效果。进行反应层的评估时,可以采取问卷调查法、面谈法、座谈法等方式。在进行学习层的评估时,可以采取考试法、演讲法、讨论法、角色扮演法、演示法等方式。对行为层和结果层的评估,更多的是要采取评价的方法。

阅读与思考 8-1：周黑鸭的娱乐培训

湖北周黑鸭食品有限公司(以下简称周黑鸭)致力于打造年轻、有活力的品牌文化,公司在北京、上海等地设立8家全资子公司,建立3个产业基地,建构了"公司＋农户＋基地"的经营模式。然而,随着公司快速成长,产品结构越来越完善,员工队伍结构和素质不能适应公司快速成长的矛盾日益凸显,主要表现在：第一,公司人员年龄结构年轻化趋势十分明显；第二,人员数量增加迅猛,新员工所占比重持续保持高位状态；第三,学历结构偏低,缺乏现代企业发展必需的专业技术和管理人员。

休闲卤制品工作过程和工作内容简单,员工进入门槛低,公司采取专设及创新的营销策略,建立发展一套专以年轻客户为对象、与不同休闲活动相联系的娱乐营销策略；采取企校联盟、社会合作、内部培养相结合的方式,建立自己的企业大学——周黑鸭商学院,致力于为企业打造一个人才培育、卓越管理、文化传播的智力平台,创新培训方式和培训手段。

一、"会"娱乐才能更快乐："娱乐"培训

周黑鸭商学院自成立之初就建立了"会娱乐"型管理人才的岗位胜任力评价模型,发展管理岗位胜任培训。通过对企业战略的价值创造模式、业务增长策略和所处发展阶段三维度分析,结合工作任务和岗位分析,确定公司管理岗位胜任力评价标准；通过"会娱乐"管理素质测评,确定培训对象和培训内容,建立培训课程体系,有针对性地设计培训方式和方法；选择合作高校、中介培训机构和企业内部培训师资,对公司管理者进行全面培训,最终实现管理岗位的能岗匹配、企业与员工共同发展及建设企业核心竞争力的战略培训目标。

作为连锁经营的休闲食品、餐饮企业,门店店长或餐厅经理承担着每一家店的业务运营,传递连锁经营企业的品牌文化和价值观。基于店长的特殊地位和作用,以及公司员工构成特点,借鉴麦当劳汉堡大学的员工培训发展体系,周黑鸭商学院构建了门店店长的"会娱乐,更快乐"胜任素质模型,有针对性地开展培训需求调查,设计"精英店长"核心课程体系,通过聘请高校教师理论授课、案例分享,中介培训机构参观考察、行业对标、案例分享、管理游戏,以及公司内部培训师带徒在岗培训、好质量好服务大赛、实习实训等多种方式,提高门店店长"会娱乐,更快乐"的管理能力和水平。

经过5年的建设与发展,周黑鸭商学院围绕以内部为主、外部补充的思路,以周黑鸭大讲堂、外训、外出拓展等多种形式授课,初步形成了学员能力、职位、学历和人文需求相匹配,涵盖专业知识、职业技能、工商管理、人文素质等方面的多元化课程体系;与武汉各大高校、资深培训机构建立了深入的合作关系,获取充足的教育资源;商学院专业的课程设计、学时安排和师资选择,为企业发展、品牌打造不断输出新思维、新视野和新对策。

二、重过程更重结果:"娱乐"培训的绩效评估

很多企业只重视课堂培训效果,而忽视员工的潜能开发和培训后的行为改变;另一些企业培训缺乏针对性、有效性和系统性,培训实施过程中缺乏完善的制度支撑。

将培训作为个人发展甚至是职位晋升的一种激励手段,将更有助于培训的有效进行,实现培训与战略、绩效、激励的协同发展。基于此,周黑鸭商学院在培训绩效评估上,一开始就定位在以企业战略目标为导向,构建基于"战略—绩效"的企业管理培训体系,实现企业战略目标与管理者管理技能提升和管理潜力开发的有机统一,并以此为基点构建公司培训绩效评估体系。

在该体系中,企业作为培训的发动者和组织者,通过分解企业战略和绩效目标形成岗位胜任力,在此基础上开发相应的培训课程体系;管理者作为培训的主体,通过自身发展的需要,对个体能力素质进行有效测评后,在课程体系中选择相应的培训课程。由企业制定相应的制度保证和激励手段以支持培训的有效实施,在最后通过绩效考核实施反馈机制,一方面,通过反馈机制修正和完善企业战略和绩效目标,以支持下一阶段的培训计划;另一方面,参照高等教育教学机制,将选课记录和反馈结果作为管理者职位晋升及个人发展的依据,让培训真正发挥其战略绩效导向,不断支持企业管理水平的可持续发展和管理者个体的职业生涯的实现。

公司培训绩效评估从战略绩效导向和人文关怀目标出发,关注战略导向和岗位胜任的"娱乐"培训的过程展示和绩效表现,强调要从培训的过程组织和实施上合理选择和确定评估层次,选择评估方法,有针对性地对培训项目进行全面有效的效果评估。首先关注培训规划、需求分析、课程体系设计开发以及组织实施,公司员工在商学院培训中获得的培训内容、培训方式、所用资源以及培训中所获得的知识和技能的反馈信息,是否已经保证实现这一目标,这是培训绩效评估的首要任务。因此,在公司培训绩效评估管理制度和实施办法中,周黑鸭首先将公司的"会娱乐"培训根据培训内容、性质、主体和目标进行科学分类,明确界定各类别的领域属性特征,然后针对性地设计和选择各培训类别的评估层级。在培训结束时,向学员发放满意度调查表,收集学员对培训的感受,问题主要包括:对讲师培训技巧、课程内容设计、教材挑选及质量、课程组织的评价;以及工作中是否能够用到所培训的知识和技能等。

基于此,周黑鸭商学院设计了"娱乐"培训绩效评估的指标体系,其中行为和业绩改变最重要,采用工作日写实的方式进行评估,同时辅以其他方法,通过写实将行为时间记录下来可分析出行为上的差异,后期的统计分析可得出投入产出情况,继而就能知道业绩上的改变。通过3年以后不同参照对象的工作日写实数据,进行统计分析,得出培训的实际效果。另外在形象改变这一要素上也提出了素质测评的方法,比如对管理者领导力,采用领导力素质测评。后面三个相对次要的因素依然用相关工具来测量,更全面地对培训效果进行评估。对于知识改变程度采用传统的笔试方式,简单易行且成本低,又比较实用;形象上的改变通过观察法;满意度依然通过满意度调查问卷的形式来评估。周黑鸭商学院提出的工具主要是在传统的满意度测评与笔试的基础上加上工作日写实以及素质测评。

素质测评可以通过对比培训人员与未培训人员,或者对比同一个人在培训前后的不同来

评估。第一,同样运用传统的观察法;第二,用专业的素质测评工具。如对管理人员进行了领导力的培训,那么就可以通过领导力素质测评来考核该人员的培训效果;若是对门店人员进行了礼仪培训,就可用形象测评来考核培训效果。

写实的主要目的在于了解培训过的人员与未培训过的人员在工作效率上的不同,从基本的行为上出发,分析培训效果。通过工作日写实,可以掌握公司现有人员的工作效率与工作效能情况,为岗位人员的优化提供第一手的资料素材,在此基础上,还可以进一步将公司的企业战略、经营策略、岗位职责与工作写实的内容进行对比,进而判断现有工作与企业发展战略和经营策略的匹配度。

(资料来源:李永周,李小霞,李静芝.周黑鸭的娱乐培训[J].企业管理,2017(7):72-74.)

周黑鸭的娱乐培训有哪些地方值得其他企业借鉴?

三、员工培训的主要方法

(一) 讲授法

讲授法是由培训师面向一批受训者进行面对面授课的培训方法。它是一种最普通的培训方法,效率高,易于实行。在实施讲授法进行员工培训时,应注意如下内容。

1. 讲授法的影响因素

(1) 培训者。

讲授法最重要的影响因素是培训者。培训者的个体经验是造成讲授法与其他培训方法相区别的重要因素。培训者的经验通常比员工多。培训者们通常应和员工保持一些距离,但不应和员工完全分隔开。

(2) 员工。

总的看来,讲授法能适应员工的某些个性,但不适应所有个性,在这一点上它与其他方法并没有什么区别。优秀的培训者经常提醒自己要意识到这一点,没有两个员工能完全相同,每个员工都有自己的学习目的、学习能力、学习背景和学习后将要进入的环境,没有一项技术对他们能产生同样效果。

(3) 内容。

讲授法能给员工提供一种基本的概念框架,为以后的学习经验做好准备,起到一种概述或定向的作用。讲授法并非仅仅是简单的讲述,下述这些情况:研讨或放电影之前,做些详细的说明;游戏或角色扮演之后,讲授一些背景或做些总结等都是常见的。

(4) 环境。

环境包括教室、空气、光线、音响设备、班级规模等物质环境,也包括学风、对员工之间以及员工与培训者之间的地位和关系的感觉、员工和培训者的习惯等人文环境。

2. 常见讲授法的类型

(1) 灌输式讲授。

灌输式讲授指讲授过程中的信息输入完全来自培训者,员工只是接受信息。这种方式的员工参与程度最低。没有反馈,员工也没有任何义务去主动参与。

（2）启发式讲授。

在启发式讲授中培训者首先提供一些新信息和结论,然后提出一些问题,以考察员工是否掌握了新信息和结论。

（3）发现式讲授。

发现式讲授是指员工在培训者的指导下进行学习,并试图作出自己的结论,培训者只提供员工无法得到的某些事实,员工要尽可能多地得出新发现,员工要独立探求新结论与其他新事物。

（4）开放式讲授。

在开放式讲授活动中,员工们首先就活动目标及测评标准达成一致。培训者将员工确定的目标进行任务分解,并设计一定的活动,分头完成这些任务,最终取得员工们所预料的效果。

（二）讲座法

讲座法有一些优点,它可以快速简单地向较大的受训群体传递知识,如销售人员学习一种新产品的特点。可以用文字材料来代替讲座,但是需要花费更多的制作成本,而且也无法像讲座那样,可以随时鼓励即时提问。

这里有一些关于讲座的有用的指导原则：

（1）给听众信号,以帮助他们跟上你的思路。例如,如果你要讲一系列问题,不妨这样开始,"有四个理由可以说明为什么销售报告非常重要,首先……其次……"。

（2）不要开始就犯错误。不要以不相干的笑话或者故事,比如"我真的不知道为什么今天我被邀请到这里来"这类话开始你的演讲。

（3）让你的结论尽可能简洁明了。

（三）程序教学

程序教学是一种使用程序教材并以个人自学形式进行的教学。程序教学主要由教学机器的发明人普莱西首创,对程序教学贡献最大的当属行为主义心理学家 F. 斯金纳——美国著名的教育心理学家,然而他通过动物实验建立了操作行为主义的学习理论,并据此提出了程序教学论及其教学模式。其程序教学原则可分积极反应原则、小步子原则、即时反馈原则等,其程序教学模式可分经典型直线式程序、优越型衍枝式程序和莫菲尔德程序。但是培训者要实施程序教学必须借助于程序式的教材或者进行机器教学。

（四）视听化培训

视听化培训技术包括电影、幻灯片、视频会议、录音磁带、录像带等,其中录像带很有效,并且被广泛使用。例如,福特汽车公司在经销商培训会议中使用录像带模拟问题,把面对顾客投诉的各种反应作为案例。

视听化设备相比传统的讲授,虽然花费的成本更高,但是也有很多优点,也更有趣味。除此之外,考虑在以下场合中使用视听化设备。

（1）需要说明按照时间的先后顺序做事,如修理传真机。视听设备的暂停、即时重放,或者是快进慢进功能在这里都很有用。

（2）需要向受训者讲述一般讲座难以说明的事情,如参观工厂或者心脏外科手术。

（3）当整个组织的所有人员都需要培训时,让培训者到每个地方去讲授成本太高。

（五）案例法

案例是指用一定视听媒介，如文字、录音、录像等，所描述的客观存在的真实情景。它作为一种研究工具广泛用于社会科学、军事和医学等调研工作中。自20世纪20年代起，哈佛商学院首先把案例用于管理教学，称为案例教学法。"案例"一词源于英语case，在一定情况下指某一例子，但用于教学与培训时则指某种情景。在中国把它译作案例，但这种译法容易造成误导，让人误以为案例便是在教学和培训中举实例。

案例用于培训时具有三个基本特点：首先，其内容应是真实的，不允许虚构。为了保密，有关的人名、单位名、地名可以改用假名，称为掩饰，但基本情节不得虚构。有关数字可以乘以某掩饰系数加以放大或缩小，但相互间的比例不能改变。其次，案例中应包含一定的管理问题，否则便无学习与研究价值。最后，案例必须有明确的教学或开发目的，它的编写与使用都是为某些既定的教学或开发服务的。

（六）角色扮演法

角色扮演法以心理剧为基础，而心理剧是由奥地利精神病医生莫列诺1900年发明的。有许多学者写过关于角色扮演法的文章。目前，角色扮演法作为一种很好的培训方法应用广泛。角色扮演是一种情景模拟活动。情景模拟就是根据被试者可能担任的职务，编制一套与该职务实际情况相似的测试项目，将被试者安排在模拟的、逼真的工作环境中，要求被试者处理各种可能出现的问题，用多种方法来测评其心理素质、潜在能力。也就是说，在一个模拟的工作环境中，要求参加者扮演某种角色，借助角色的演练来理解角色的内容，模拟处理工作事务，从而提高处理各种问题的能力。

（七）计算机辅助培训

计算机辅助培训是指借助计算机设备和在计算机上安装的相关应用软件，由计算机向受训者提出问题或要求，受训者通过键盘、触控屏幕或语音指令进行互动问答，再由计算机进行答案分析并提供反馈的一种培训方式。

（八）在职培训

在职培训又称工作现场培训，是人力资本投资的重要形式。在职培训是对已具有一定教育背景并已在工作岗位上从事有酬劳动的各类人员进行的再教育活动，也称职工教育，是对组织内部具有劳动关系的劳动者所进行的提高教育。我国在职培训的形式基本上采用在岗业余培训和离岗专门培训两种方式进行。在岗业余培训一般采用岗位培训、各种短期培训班、系列讲座、各类培训中心以及电大、业大、夜大、函大和自考等形式。离岗专门培训的具体形式通常有各类职业中学和职工大学，或委托大专院校、科研机构进行代培等形式。

该培训分以下四个步骤。

第一，准备。由指导人解释该项工作的意义以及与其他工作的关系，使受训者做好充分的思想准备。

第二，示范。指导人亲自示范，边讲授边操作，指出关键的程序、窍门和必须注意的事项。

第三，练习。在指导人的督导下，按照设计好的练习程序，从易到难做实践练习，其中有难度的地方由指导者多次穿插示范，使受训者逐步掌握操作全过程。

第四，操作。让受训者完全独立操作，指导人作定期检查，并耐心答疑，发现异常时及时予以指导。它比较适合基层管理人员及工作人员的培训。

（九）拓展训练法

拓展训练的原意是一艘小船离开安全的港湾,勇敢地踏上探险的旅程去迎接挑战。拓展训练源于英国,开始是用来训练年轻海员在海上的生存能力和船触礁后的生存技巧的。由于在第二次世界大战中,大西洋商务船队经常遭到德军袭击,许多缺乏经验的年轻海员在炮火中丧生,于是汉斯等人创办了阿伯德威海上学校,通过强化的、富有冒险精神的和刺激性的专门训练锻炼年轻海员的意志和体魄。二战结束后,这种训练不再局限于海员,学生、军人、工商业人员等各行各业的人群都可以成为受训者。同时,训练目标由单纯的体能训练、生存训练扩展到人格训练、管理训练等方面。

拓展训练法也称冒险性学习法,是利用户外活动来开发团队协作和领导技能的一种培训方法。拓展训练较适合开发与团队有效性相关的一些技能,如加强团队成员的自我意识、提高解决问题的能力、冲突管理能力和风险承担能力等。拓展训练一般通过一些户外的、耗费大量体力的、高难度的、具有挑战性的体育活动来实现,例如攀岩、徒步负重跑、信任跳、沙盘演练等,通常还会把参与者分为不同的小组,让他们进行比赛。这种培训方法主要是让参与者在这种高难度的活动中,学会相互合作、相互信任,同时也更加了解彼此,从而有助于未来团队工作顺利、有效的开展。需要注意的是,拓展训练由于从事的大都是一些具有挑战性的体育活动,而且在室外举行,存在很多危险因素,所以进行拓展训练时一定要注意安全因素。应由专业的户外拓展机构或工作人员全程给予保护,同时也能够使拓展训练的效果最大化。

（十）团队培训法

团队培训法是培训员工的重要方法之一。要顺利实施团队法培训员工,就应该做到以下几点。

1. 控制团队规模

将团队人数控制为3～7人。多于7人会导致没完没了的争论或一些人退出,而少于3人则无法开展工作。

2. 选出团队负责人

随机选出团队负责人,以避免长时间协商。保证想发言的人有机会发言,避免不想发言的人不得不发言。

3. 解决实际问题

团队培训要集中解决一些具体的实际问题。在解决问题的过程中让参加者领悟沟通和协作的重要性。

4. 保持培训新鲜感

让每个团队提出不同的观点。这就需要在开始时让每个团队去做不同的工作,如果让几个团队对同一问题作出反馈,会很枯燥,面对最后发言的团队而言也就吃亏了。

5. 给予团队正确反馈

安排一定的时间,让每个团队介绍工作,给予鼓励性回馈。要让团队成员感到其工作被承认是很重要的,不然,以后的工作就可能粗心去做了。

6. 让团队做有意义的培训

如果安排员工做一些无聊的事情,必然会降低员工的培训兴趣,甚至厌恶培训。安排讨论的题目可以是一些可议性较大的题目,并对争论作出反馈。

7. 组建互补型团队

团队的每个成员最好有不同的性格、不同的知识技能和不同的经历。组建由不同的类型员工组成的互补型团队能够提高工作效率,同时也有利于增强团队的吸引力和凝聚力。

阅读与思考 8-2:华为公司后备人才培训实践

人力资源业务伙伴(HRBP)模式体现了现代企业对传统人力资源管理人员深入业务、转换角色并提升自身价值的需要。华为公司是世界通信行业的领军者,也是国内最早提出 HRBP 思路的公司。2013 年 11 月,任正非在"华为大学教育学院工作汇报会上的讲话"中明确指出,"项目管理是公司管理进步的基础细胞,要把项目管理作为华为公司最重要的一种管理往前推","华为大学要辅导公司选拔干部,主张短训赋能,以项目管理为基础,输出能担当并愿意担当的人才"。于是,项目 HRBP 应运而生。2014 年,华为大学基于公司战略先后推出了 C8 项目管理资源池培训班和 HRBP 赋能班,项目 HRBP 将后备人才培养工作推进到具体实施阶段。

一、自主学习阶段

公司 HRBP 后备队伍主要来自新入职员工和内部转岗人员。学员可借助公司现有的 E-learning 平台自主完成基础知识和"应知应会"的学习。在培训开始之前,公司为新上岗项目提供了详细的自主学习路径,包括四方面内容:HRBP 角色认知与岗位要求、华为人力资源管理理念与政策、人力资源专业基础知识、常用工具方法与优秀实践案例。

二、赋能培训阶段

新上岗 HRBP 在完成课前学习与相关考试后,开始正式进入华为大学的"训战"培养环节。"训"阶段由华为大学负责,学员需要在华为大学先后完成三个培训班次的学习:企业文化培训班、HRBP 赋能班、C8 项目管理资源池培训班。

(1)企业文化培训班。新上岗 HRBP 若是公司内部员工,可以选择性旁听企业文化培训的部分课程;若为新入职员工,则必须全程参与 4 天的新员工企业文化培训。学习内容主要包括:任正非讲话之《致新员工书》、华为公司的介绍、华为的核心价值观、人力资源政策和制度、职业责任与商业行为准则、新人新路等。此外,在课间和晚自习期间,班主任还会组织学员开展团队建设与团队体验活动,例如团队晨练、户外拓展游戏、室内模拟沟通游戏等。在此过程中,新上岗 HRBP 不仅需要学习和理解企业文化与核心价值观,还要思考未来如何将公司的核心价值观进一步传递到一线项目团队中去,有效承担核心价值观传承者的角色,做一个好"政委"。

(2)HRBP 赋能班。HRBP 赋能班的目标是使学员了解 HRBP 在项目中的定位和角色,掌握项目的基础知识,明确项目的关键动作和关键技能,快速融入项目,发挥 HRBP 在项目管理中的专业价值。

为保证培训效果,邀请来自公司项目一线具有成功经验的资深 HRBP 专家担任课程讲师。在为期 10 天的培训过程中,学员第 1 天学习项目管理基础知识,接下来的 8 天将围绕

HRBP 在项目中的角色职责和关键动作的不同主题进行研讨,选取项目一线典型案例,还原实战场景。研讨主题具体包括:HRBP 角色认知、项目组组建与运作、项目人才供应管理、项目成员绩效评价、项目奖金生成与分配、非物质激励、项目人力资源管理诊断和解决方案等。最后 1 天,每位学员结合前面学习的内容,围绕"如何快速融入项目"主题进行总结汇报。

(3) C8 项目管理资源池培训班。该培训班的学员汇集了技术、质量、供应链、财务、合同法务、项目控制等与交付项目管理有关的八个角色成员,称为项目管理"八大员"。C8 项目管理资源池以提升项目经营能力为主,旨在建立八大员协同意识,了解各流程中的协同点与协同方法。

HRBP 在赋能班结束后进入模拟演练阶段。华为大学整合不同部门的人员与项目资源,使其以"第九大员"的身份加入 C8 项目资源池培训中。在接下来的 10 天中,培训内容依据交付项目流程划分为分析规划阶段、建立项目阶段、实施阶段和移交关闭阶段。HRBP 和其他成员一起,真正模拟参与了端到端的整个交付项目的管理全过程。除课堂模拟、仿真演练和讨论案例外,培训班更加注重学员自己的实战体会及案例总结与分享,10 天中有 5 天晚上是学员的案例分享时间,学员在实际工作中碰到的难题可以拿到班上讨论,群策群力。培训结束后,学员一方面系统学习了项目管理的全流程,另一方面建立了跨职能角色的沟通与协助意识,真正做到学以致用。

三、在岗实战阶段

三项培训完成后,新上岗 HRBP 将奔赴一线,从模拟训练场进入项目实战训练营。在项目的初始阶段,学员需同所在项目组的项目经理一起制定实践计划,之后开始为期 6 个月的在岗实战。这期间,学员需要全程参与 1~2 个主要项目。HRBP 不仅需要持续提升自身能力,而且肩负着将所学知识应用于项目实践,传播给项目团队同事,真正为项目创造价值的责任。完成这 6 个月的实战后,项目组将统一安排学员进行出营答辩,完成训战成绩评定和任职资格认证,出营后正式定岗,进入公司在全球各地的项目或海外地区部和代表处,整个项目 HRBP 的培养工作至此结束。

(资料来源:葛明磊. 项目 HRBP 后备人才培养的探索性研究——以华为公司为例[J]. 中国人力资源开发,2015(18):11-19.)

思考题

(1)华为公司在后备人才训练方面有哪些特点?
(2)华为公司的后备人才培训有哪些地方值得其他公司借鉴?

第二节 员工开发

一、员工开发的概念与作用

(一)概念

员工开发是指组织依据员工需求及自身发展要求对员工的潜能进行开发,并对其职业发展进行系统设计与规划的过程。在人力资源管理中,虽然培训和开发是经常在一起使用的两个概念,但二者既有联系又有区别。其中,培训的主要目的是帮助员工更好地完成当前的工作,它关注的是满足当前工作的需要;而开发的着眼点是帮助员工做好满足未来工作需要的准备,它更多地关注组织和员工的未来发展需要。不过,在现实中,培训和开发这两个概念无论是在形式还是内容和手段上,均存在一定的交叉和重叠。而且,在当今时代,很多组织的培训工作也越来越强调战略性,培训与开发的界限也就变得越来越模糊。

(二) 作用

1. 促进员工职业发展

员工开发不仅着眼于开发员工的潜能,还对其职业发展进行系统设计与规划。而开发员工的潜能可以使员工变得更加灵活,从而胜任组织内更多的工作岗位,并获得更多的职业发展机会。组织对员工职业发展的系统设计与规划,可以促使员工为了追求更有吸引力的岗位而采取有针对性的行动,这样更可能取得职业的成功。

2. 提高员工的忠诚度

在新时代背景下,人们的物质条件相对丰富,员工对个人能力的发挥以及职业发展的重视程度更高,也更看重个人价值的实现。而员工开发可以通过开发员工的潜能,促进员工职业发展,进而满足员工的这种需要。因此,员工开发可以提高员工的忠诚度,降低员工流失的风险。

3. 增强组织对环境的适应性

在当今社会,市场的不断开拓、科技的不断进步、社会价值观念的变化以及新的思维方式的不断出现,使得外部环境对于组织来说充满了机会和挑战。组织必须能够适应这种环境,而这就依赖高素质的员工队伍。员工开发可以提高员工素质,使其对外界环境保持警觉和敏锐反应,这样组织就能够在环境变化之前做好准备和应对措施,以适应变化了的环境。

二、员工开发的主要方法

(一) 正规教育法

正规教育法是指专门为本组织内部的员工设计出各种在职和脱岗教育计划,其中包括参加由咨询公司和相关大学提供的各种短期课程、高级工商管理硕士培训课程(EMBA),或者要求受训者通过到学校上课的形式来完成相关的大学课程等。在这些教育计划中可能包括专家讲座、专题研讨、管理游戏、实战模拟、拓展训练等多种培训和教育方式。尽管各个层级的员工都可以被包括在一种或者多种开发活动之中,但是在实践中,针对管理人员的教育开发活动仍然属于绝大多数。在管理人员开发方面,目前主要存在的重要趋势是:第一,越来越多的组织和大学都在通过远程学习的方式来实现对高层管理人员的教育;第二,组织以及相关教育课程的提供者(如商学院等)都在努力创建一些短期的客户化定制课程,以满足特定受众的需要,提高开发活动的针对性;第三,很多组织会在咨询公司或大学提供的正规教育课程之外补充其他形式的开发活动。

在实践中,许多组织甚至还建立了自己的培训开发中心:为组织内部的学员提供详尽、合适的培训与开发计划。比如,摩托罗拉、IBM、通用电气等一些国际著名公司以及我国的华为技术有限公司、平安保险公司等都建立了自己的培训开发中心。此外,发达国家在政府部门中也建立了自己的领导力开发中心。又如,通用电气公司的领导力开发中心就实施一种高级管理人员开发计划,该计划主要针对的是那些具有高潜质的资深专业人员和高级经营管理人员,重点传授战略思考能力、领导力、跨职能整合能力、全球竞争能力以及赢得客户满意的能力等方面的内容,其中主要包括管理人员开发、全球化经营管理以及高级管理人员开发等相关课程。

(二) 评价法

评价法是指通过收集被评价员工的行为、沟通风格和技能等相关信息,运用一定技术对其人格特点、行为、技能等进行评价与反馈的一种方法。在评价过程中,员工本人、同事、上级以及客户都有可能成为相关信息的来源。这种方法可以帮助组织发现尚未担任管理职务的员工所具备的管理潜能,衡量现有管理人员的优点和不足,从而挖掘出具有晋升潜力的管理者。出于开发目的对员工进行评价时,组织可以采用人格类型测试、评价中心、360°反馈法等具体评价方法。

1. 人格类型测试

人格是指一个人比较稳定的心理活动特点的总和,它是一个人能否施展才能、有效完成工作的基础,某人的人格缺陷会使其所拥有的才能和能力大打折扣。人格可以包括性格、兴趣、爱好、气质、价值观等。人格是由多方面内容组成的,因此,我们不能希望通过一次测试或一种测试,就把人的所有人格都了解清楚,而是分别进行测试了解,以准确、全面地了解一个人的整体人格。在招聘中可通过人格测验,了解一个人人格的某一方面,再结合其他指标来考虑他适合担任哪些工作。人格类型测试是根据人格理论,运用针对人格特点的标准化测量工具,从特定的几个方面对测试者的行为独特性和倾向性等特征进行考察,进而确定其人格类型的一种方法。最常用的方法有问卷法和投射技术。问卷法由许多涉及个人心理特征的问题组成,进一步分出多个维度或分量表,反映不同人格特征。常用人格问卷有艾森克人格问卷(EPQ)、明尼苏达多项人格测验(MMPI)和卡特尔16因素人格测验(16PF)。投射技术包括几种具体方法,如罗夏克墨迹测验、逆境对话测验、语句完成测验等。

2. 评价中心

严格来讲,评价中心是一种程序而不是一种具体的方法,是组织选拔管理人员的一项人事评价过程,不是空间场所、地点。它由多个评价人员针对特定的目的与标准,使用多种主客观人事评价方法,对被评价者的各种能力进行评价,为组织选拔、提升、鉴别、发展和训练个人服务。评价中心的最大特点是注重情景模拟,在一次评价中心中包含多个情景模拟测验,可以说评价中心既源于情景模拟,但又不同于简单情景模拟,是多种测评方法的有机结合。评价中心具有较高的信度和效度,得出的结论质量较高,但与其他测评方法比较,评价中心需投入较大的人力、物力,且时间较长,操作难度大,对测试者的要求很高。

现代人才测评理论认为,人的行为和工作绩效都是在一定的环境中产生和形成的。对人的行为、能力、绩效等素质特征的观察与评价,不能脱离一定的环境。所以,要想准确地测评一个人的素质,应将其纳入一定的环境系统中,观察、分析、评定被试者的行为表现以及工作绩效,从而考察其全面素质。基于这种理论,人们逐步形成和发展了评价中心这种现代人才测评的新方法。评价中心测评法将各种不同的素质测评方法相互结合,通过创设一种逼真的模拟管理系统和工作场景,将被试者纳入该环境系统中,使其完成该系统环境下对应的各种工作。在这个过程中,主试者采用多种测评技术和方法,观察和分析被试者在模拟的各种情景压力下的心理、行为、表现以及工作绩效,以测评被试者的管理能力和潜能等素质。评价中心最主要的特点之一就是它的情景模拟性,所以又被称为情景模拟测评。

3. 360°反馈法

360°反馈法往往与绩效评价联系在一起。很多组织都会在每年年底要求对每一位员工进行绩效评价工作。在这一过程中,每一位管理者通常都要接受上级、下级、同级甚至客户对自己做出的评价,有时,一些普通员工也会得到其中若干不同来源的评价,这些评价的结果最终会反馈给被评价者,使他们能够了解自己当前的绩效水平与组织的期望之间存在多大的差距,造成绩效差异的原因何在,然后制定改善绩效的下一步行动计划。在这个过程中,组织必须对管理者进行培训,使他们掌握提供绩效反馈的方法和艺术。

360°反馈法的优点是,它能够从不同的角度收集与被评价者的绩效有关的信息,使被评价者可以将自我评价结果与他人对自己的评价结果进行比较,并且基于自己得到的行为和技能评价结果,与组织内部和外部的客户进行更为正式的沟通。360°反馈法也存在一些缺点:首先,它要花费较多的时间;其次,有些管理人员可能会发现并进而惩罚那些对自己作出不利评价的人(尤其是他们的直接下属);最后,还需要有一位协调者或指导者来帮助大家解释所得到的评价结果。

总之,无论使用何种评价方法,为了实现对员工进行开发的目的,组织都必须与员工广泛分享通过评价所获得的相关信息,同时还需要向员工提供关于如何纠正技能不足以及如何运用这些评价信息的建议,比如参加某种培训课程。员工在这些信息和建议的基础上,还应当制订行动计划,以开展自我改善行动。

(三)工作实践体验法

工作实践体验法是指通过让员工在实际工作中遇到各种关系、问题、需求、任务等进而对其潜能进行开发的一种方法。将工作实践体验法运用于员工开发的主要途径有工作轮换、工作扩大化、临时派遣等。工作轮换、工作扩大化在前文均有介绍,在此只介绍临时派遣这一员工开发途径。

作为员工开发方法之一的临时派遣主要包括以下两种情况。

一是组织允许某位员工到另外一个组织中从事一段时间的全日制工作。在我国,这种情况更多地出现在组织对年轻干部的培养过程中,被称为干部挂职锻炼。党的十九大报告指出:大力发现储备年轻干部,注重在基层一线和困难艰苦的地方培养锻炼年轻干部,源源不断选拔使用经过实践考验的优秀年轻干部。虽然迄今为止,干部挂职锻炼制度还没有完全定型,但是从中央到地方,各级党政机关和各类社会组织已经把它作为一项重要的惯例性任务、一项"准制度"在实施。挂职的形式包括上挂、下挂、平挂、外挂等。有研究指出,当前干部挂职形式的发展变化大致呈现五个特点:第一,从单向挂职到双向挂职,即上级机关和基层单位互派干部挂职;第二,从一年期挂职到两年期挂职,期限在延长;第三,从单一挂职到挂职和任职结合,形式多样化,中央组织部从2008年开始,每年选派一批年富力强、精力充沛、德才兼优的中央机关司局级干部到地方直接任职,让他们全身心投入到地方改革与发展中,这种"没有退路、釜底抽薪"的办法,对于激励干部成长、干部奋进起到了很好的正向效应;第四,从单一的党政干部上下挂职到党政干部、国有企业、事业单位干部相互挂职,有力推动了各类干部横向交流;第五,虚实结合,据了解,各地对挂职干部的职务安排,既有虚职也有实职,其中,下挂干部实职居多,上挂干部虚职居多,值得一提的是,近年来这种挂职形式还发展到国际互挂,也称为外挂。

比如2003年9月1日,38岁的韩国公务员李东浩到安徽省亳州市挂职。此前,亳州市计划委员会的干部张冠军也走出国门,赴韩国挂职锻炼。从实践来看,数以万计挂职锻炼的干部,融入各自挂职单位的建设、改革与发展中,经受了锻炼和考验,综合素质得到了全面提升。经过挂职锻炼的干部,职务得到提升的占有相当大的比例。以重庆市为例,1997年以来通过博士服务团活动,陆续引进123名博士挂职,有23名博士自愿留在重庆,其中19人先后走上副厅级以上领导岗位。①

二是组织允许员工利用技术休假的方式去更新或开发新的技能。这种休假有助于员工在摆脱日常工作压力的情况下获取各种新技能,在此期间,员工还能享受组织的薪酬福利待遇。这种开发方式在发达国家的高校中比较常见,由哈佛大学于1880年首创。据1989年出版的《牛津英语词典》称:在1880年,哈佛学院的校长艾利奥特批准工作七年以上的教师可以休假,休假期间享有半薪。这项制度后来被证实在提升教师教学水平、促进科研创新能力、提高教师队伍士气、缓解教师职业倦怠等方面有明显功效。

(四)开发性人际关系建设法

组织还可以通过让员工与富有经验的资深员工进行频繁的沟通和交流的方式,来开发他们的技能以及增加与组织及其客户有关的知识。两种主要的开发性人际关系建设法的类型是导师指导计划与教练辅导计划。

1. 导师指导计划

这里的所谓导师,是指能够帮助组织对经验不足的员工进行开发的经验较多、生产率较高的资深员工。导师指导计划通常用于帮助新员工在组织中尽快实现社会化,更好地将培训中所学到的知识和技能转化到实际工作中。此外,在管理人员的培养和开发计划中,也经常会用到导师指导计划,即为那些具备晋升潜力的低层次管理者安排一位资深管理者担任他们的导师,以帮助他们获得晋升到更高管理职位所需的知识、技能和经验。在大多数时候,这种导师指导关系都是由于指导者和被指导者双方之间具有共同的兴趣或价值观才形成的,往往不是正式的。但是,现在越来越多的组织在力图将这种指导关系正式化,即通过正式的计划将已经取得一定职业成功的资深员工与缺乏经验的员工结合在一起。

2. 教练辅导计划

在导师指导计划中,导师未必是与被指导者具有直接工作关系的人,很多时候可能是跨管理层级的,他们在日常工作中可能并没有直接的联系。在教练辅导计划中,教练与被指导者之间存在非常紧密的工作关系,这里的教练就是指与员工一起工作,激励并帮助他们开发技能,并且不断提供强化和反馈的某位同事或管理者。这种教练主要扮演三个方面的角色:首先,要对员工提供一对一的辅导,频繁地向他们提供反馈。其次,要帮助员工学会自己学习。比如,帮助他们找到能够协助他们解决相关问题的专家,指导员工如何从他人那里获得反馈等。最后,还要为员工提供一些单凭个人无法获得的资源,比如培训课程、工作实践体验的机会等。由于员工的直接上级往往是与员工的关系最为密切的资深员工,因此,很多时候,员工的直接上级可以在绩效管理的框架内,通过制定绩效计划、提供指导监督、进行绩效考核以及提供绩效反馈等绩效管理循环,成为下属真正的教练。

---

① 吴德贵.干部挂职带来的官场效应[J].人民论坛,2016(18):52-54.

阅读与思考 8-3：N 集团导师辅导制度推行前后

N 集团行政总裁高天一筹莫展地望着人力资源部提交的上年度年终总结报告，"两年以内招聘的新员工流失率为 18.3%"，新员工流失率偏高。而 N 集团之前一直以员工的稳定性高而为业内企业所称道。忽然，一个他在清华大学读 EMBA 时听到的词跳进他的脑海——导师制。一贯以雷厉风行著称的高天迅速抄起手边的电话，拨通了集团人力资源部的电话。

一、借力"导师制"

高天与人力资源部各部门主管一起召开了简短的会议，会上讨论并认可了推行导师制的可行性。大家一致希望以导师制引入为契机，推动新员工认同企业文化，提高员工凝聚力，并为企业培养一批既懂技术又懂管理的队伍。会后，负责人才招聘、员工培训和员工开发等部门的主管分头行动，制定企业导师制规程和具体操作方案。几经修改完善，形成了非常详细的导师辅导制度以及相应操作规程。

同年 6 月起，导师辅导制度在人力资源部的推动下正式开始在集团本部实施。实施对象主要为应届毕业入职的新员工。公司遴选导师 276 名。导师辅导制度试行之初，得到新员工的广泛认可。但是，公司的老员工特别是那些被遴选为导师的员工似乎没什么热情，参与度也不高，影响了导师辅导制度实际效果的发挥。在新员工的问卷调查中，很多新员工反映：导师们不太热心，不同导师在对新员工的指导方式、指导内容等方面相去甚远；有些导师甚至只是拿人力资源部给付的导师津贴，并没有承担起指导的义务。

为了提高导师辅导制度的实施效果和导师的指导技能，集团先后组织大型导师培训班 5 个班次，培训内容涉及导师制度解析、企业文化、导师指导技能、管理沟通技巧、职业生涯规划、团队建设以及拓展训练等方面。集团人力资源部通过召开导师座谈会和新员工代表座谈会、重点部门和关键员工访谈以及导师指导情况问卷调查等方式，对导师辅导制的实施效果进行跟踪和反馈，并在年底进行了系统的总结，制定了下一阶段的推行计划。N 集团公司的导师辅导制度推行一个周期之后初见成效。

二、新的烦恼

然而，问题似乎并没有最终解决。随着导师辅导制度在公司全面推行，一系列问题接踵而来。

在人力资源部对被指导员工的问卷调查中发现，不少新员工认为导师辅导制度是"形式大于内容"，有接近 20% 的学员对导师的指导效果感到失望。一位学员在开放式问卷中写道："我们部门的导师就是我们的上级，本部门 6 个新学员都由他一个人指导。部门领导平时工作很忙，分给我们每个人的指导时间太有限，效果也不明显！"还有一部分学员在选择导师以及与导师沟通上存在各种各样的困难。另外，有个别学员对导师的能力、性格甚至人品有所质疑。人力资源部员工发展小组在离职员工的座谈会上发现了一些新问题。一位接受导师辅导却在第二年离职的员工表达了自己对职业前景的不满情绪——他本来抱着很高的期望参与导师辅导制，却没有获得预期的职位晋升，因此愤然离职，另谋高就。另一位员工辞职的动机耐人寻味——他的导师被另一个公司重金挖走，这位忠实的弟子决定追随其导师。

人力资源部对导师的访谈所呈现的问题更为多样化。某部门的负责人在座谈会上明确表示,有的新员工在选择导师的过程中有着明显的目的性和功利性,不是真正想要通过导师辅导提升自己的专业技能,而是申请职位级别高的领导作为导师,以获取未来职业晋升的捷径。另一位导师遇到的问题更是让人哭笑不得,他的一位新入职学员不厌其烦地"骚扰"他,很多时候只是问一些非常简单的基础性知识,而这些知识原本都应该学过或者可以在书本上查到。实际上,为数不少的导师向人力资源部表达了对导师辅导制的失望,对很大一部分新员工的表现给出较低的评价。张杰把重点访谈与问卷调查中所发现的各类问题整理汇报给集团行政总裁高天,顿时让他陷入沉思……

(资料来源:苏敬勤,朱方伟,王淑娟.中国第二届 MBA 管理案例评选百优案例集锦(第3辑)[M].北京:科学出版社,2012.)

思考题

(1)本案例中 N 集团推行导师辅导制度在导向性和具体操作规程中存在哪些问题?

(2)如何看待导师辅导制度对于员工个人成长和职业规划的作用?

三、员工开发中的职责分担

员工、领导和组织在开发员工潜能,设计和规划员工职业发展中都承担着重要职责。

(一)员工的职责

员工必须对自己的潜能开发和职业发展负全责,这是一个不能推卸给领导或组织的任务。一般而言,个体会积极追求能发挥他们兴趣、才智、价值和技能的职位、工作和职业,选择可以应付未来多种职业需求的职位、工作和职业。对员工个人而言,开发过程意味着发现并开发自己的潜能,并将职业的机会和威胁与个人的优势和劣势相匹配。在这个过程中,员工需要评估自己的兴趣、技能和价值,找出与自己相匹配的职业信息和资源,建立目标和职业规划并与领导沟通,积极利用组织中的开发机会等。

从具体的策略来说,员工可以问问自己在工作中想要寻求什么,现在的工作在多大程度上能实现自己所需,摆脱那些高耗能、低效果的责任;增强自己的关系网络,比如,通过在工作时加入一个多功能团队,与行为榜样讨论自己的职业目标,与那些拥有吸引自己的工作的人们就有关信息进行面谈,成为一个非营利组织的会员,使自己能和新朋友实现互动。如果对自己的职业和所服务的组织满意,但对工作的组织结构不满意,那就重塑一下工作。比如,在业余时间工作,灵活选择工作时间,或远距离工作,减少最不喜欢的工作职能,寻求一项"拓展任务"来做一些挑战性的工作。

同时,有研究表明,拥有一个指导者——关注自身职业成长并能为自己释疑解惑的资深人士——得到与职业相关的指导和帮助,可以极大地提高开发的满意度和成功率。这也表明组织对员工开发的重要作用,比如,鼓励和奖励年长的经理充当指导者。但是,寻找指导者并与之保持富有成效的关系最终还是员工的责任。相关建议如下。

(1)选择一个合适的、潜在的指导者。这个指导者应该能客观地提供好的职业建议,所以,对自己并不负直接监督责任的人可能是最佳选择。许多人会寻找比他们直接上级高一两级的人,甚至是另一公司的人。

(2) 如果被拒绝了,不要惊讶。并不是每个人都愿意承担这个费时且专业的义务的,所以,当自己被第一、第二个选择人拒绝时,不要感到惊讶。

(3) 制定日程安排。将此安排带到相关事项和议题的指导会议上讨论。

(4) 尊重指导者的时间,对会上讨论的工作问题要有选择性——指导者并不是你个人的管理咨询顾问。而且,指导关系不应该掺杂个人因素。

(二) 领导的职责

作为员工的直接上级,领导有责任去开发员工的工作潜能,帮助员工在组织中获得良好的职业发展。具体来说,领导需要引导员工提高自我开发的责任心,向员工提供及时的绩效反馈,提供开发的任务和技能,参加员工潜能开发和职业发展的讨论,支持员工的潜能开发和职业发展规划等。

在具体策略方面,第一,领导可以将一些现在还在自己工作范围内的工作方案写作任务交给员工。这不是因为领导不会写,而是要让员工上升到领导的岗位上来思考问题。领导只提出"面"上的要求,训练员工写。不要要求员工写到"多深",不要一次性否定他。当员工上交工作方案时,领导要善于发现他思维中最积极的因素,同时将自我已定工作方案中的要点与他比较,告诉他:你相当不错。在某些方面与领导想到一块了,在某些地方还为领导着想,领导没想到的,你能够想出来。在此基础上,再引导他如何深化思维,再告诉他:人的思维内容就来自工作实践,如自己原工作方案中的一些工作要点就在于平常的工作实践。这样经常性的训练,员工就潜移默化明白了如何深化思维了。

第二,将上级要落实的工作执行案交给员工来写。如《6S现场管理工作法执行案》,领导只需将5W3H要素告诉员工,由员工写,不要责备员工写不好,领导可以在员工写完后的草稿上再修正提高。而且,让员工来写这些执行案,其实是让员工用自己的脑子去理解上级所提出的工作法或工作标准等的意义、价值,再在这个基础上开发自我的脑力智慧。上级工作案一般只能是大纲,具体到达执行层还有很多的细节与步骤。而员工本身工作在第一线,他们写执行案,会动脑子去总结、去发现,本来很简单的写作任务,若引导得法,员工不仅会写出非常优秀的执行案,还会在更高的层级认识自我工作的价值与意义。

第三,部门会议让员工发言。一定要求员工说几句,能说几点就几点。领导要告诉所有员工,会议发言是责任也是权力。特别是那些不爱发言的员工更要鼓动他发言。每次发言完再问他还有什么想说的。能多说尽量让他们多说。所有发言都要求记录下来,包括别人的发言。会后要求所有的员工整理发言记录。这样可以训练员工的归纳能力与分析问题的能力。逐步提高会议发言记录整理水平要求。如先期只是流水式记录,一段时间训练后再提高到将会议发言归纳为几个要点。再过一段时间再提要求:要写出不同意见员工的理由是什么,你有什么看法。写会议记录,不仅能够训练员工记忆力,还能训练员工对问题自主思考的能力。

第四,部门工作出现问题了,要求员工写分析报告。为什么会出现这个问题?应该如何预防同样的问题再发生?当然员工水平有高低,自然有的写得很好,有的非常差。所有员工交卷了,领导就将认为最好的那一份交给其他员工去抄。不要小看这个训练法。当员工去抄同事的问题分析报告时,他的脑袋会随着书面文字去"走",坚持这样做,时间久了,领导就会发现,原来很差的员工在分析问题的能力上会有相当大的进步。

第五,领导与客户面谈工作时,让一些员工坐在一边听。事后,训练员工商务谈判过程分析。还要问他自己有没有说不到位的地方或说错的地方?这是比较高级的训练。业务助手通过这样的训练,能在短时间内跟上经理人。

第六,在领导出差办公务时,将一些工作临时授权给助手,训练他安排工作的能力,同时要求他进行报告。别以为报告会浪费领导与员工的时间。这个时间成本的付出是为了开发员工动脑的能力。

此外,面对现实探索未来,不仅是领导的事,也是员工的事,领导要善于引导员工从现实出发思维未来。具体方法很多,比如,给员工一个市场调查课题:调查一下某市场,是否存在产品开发的可能与价值?去与某客户洽谈,是否可以与我们合作?写一份工作建议,组建新的项目开发队伍。这些探索思维与实践存在很大的难度,有的领导因为员工怕难度而放弃训练,结果因迁就员工,员工失去了成长训练的机会,领导自身也得不到发展。

(三) 组织的职责

在员工开发过程中,组织的职责主要是沟通任务、政策和程序,向员工提供开发机会,提供职业信息和多样的职业选择等。具体来说,组织的员工开发责任在一定程度上取决于员工在组织中工作时间的长短。在入职前,实际工作预览可以帮助未来的员工更精确地确定工作是否真的适合他们,工作的需求是否很好地与工作候选人的技能和兴趣相吻合。尤其对于刚刚毕业的大学生,第一份工作对于建立信心和选择未来职业都非常关键:提供充满挑战的第一份工作(而不是让新员工做那种他们坏不了事的工作),并且提供一个经验丰富、能帮助新员工学习规则的指导者,都非常重要。一些人把这个叫作预防现实冲击,即当一个新员工的高期望和热情遭遇无聊的、不具挑战性工作的现实时所发生的一种现象。

在员工工作了一段时间后,组织可以逐步地用一种积极的方式为员工开发做点事情。职业倾向性评估是一个重要的步骤,通过这种方法,领导不仅要去考核员工,而且还要将此员工的优势和劣势与切实可行的职业路径以及需要的开发工作相结合。同样,提供定期的、有计划的工作轮换可以帮助员工清晰地了解他们擅长做什么和未来哪种职业变动最合适。

组织也可以提供指导机会。这种指导可以是正式的或非正式的。非正式的指导是指,比如,中高层领导志愿帮助缺乏经验的员工,给予他们职业建议,帮助他们控制政策缺陷。其他的非正式方法,比如,增加各种员工互动、网络工作的机会等同样有效。组织也可以有正式的指导计划,比如,可以将员工与潜在的指导者进行配对。许多组织还提供指导去帮助指导者和员工更好地理解他们各自的责任。

此外,组织参与员工开发的主动性方案主要包括如下的创新计划[①]:

(1) 为每个员工提供个人预算。员工可以使用这个预算去学习职业选择,进行个人开发。

(2) 提供联机的职业中心。这可能包括一个联机或脱机的存放职业开发资料、职业研讨、相关专题主题研讨(如时间管理)的图书馆,以向个人提供职业指导。

(3) 鼓励角色转换。为了更好地理解职业的优势和劣势,可以让员工在不同的职位上进行短时间的工作。

(4) 建立一个"合作学校"。安排有关职业及职业开发的课程,可以与当地的大学或咨询

---

① 加里·德斯勒,曾湘泉. 人力资源管理[M]. 10版. 中国版. 北京:中国人民大学出版社,2007:333-334.

机构联手。

(5) 帮助组建"职业成功团队"。这些团队由小规模的员工组成,来自相同的或不同的部门。他们定期会面,对相应不同的工作进行沟通。

(6) 提供职业教练。例如,Allmerica 金融集团聘用了 20 位职业开发教练去帮助它的 850 人的信息技术机构。这个指导计划是一项更广泛的组织变动计划中的一部分,此项计划是为了集中信息技术和创建小型的信息技术团队。教练帮助单个的 IT 员工确定他们的职业开发需求,以及为满足开发需求去获得培训、专业开发和网络工作的机会。职业教练通常还关注职业咨询和开发建议。比如,他们可能与单个员工面对面,帮助他们使用职业评价工具,确定他们的培训和开发选择。

(7) 提供职业规划研讨。职业规划研讨是一项被计划的学习活动,在此活动中,参加者被要求积极参与,按详细目录完成职业规划训练,并参加职业技能实践会议。一项典型的研讨包括三个主要内容:自我评估、环境评估和目标设置、行动计划。

本章小结

员工培训是指组织出于自身发展的需要,采用各种方式帮助员工掌握与工作相关的知识和技能,促使其形成良好的工作态度和习惯的过程。它有利于增强员工与组织的匹配性,提高员工工作绩效,提高员工心理满足感和安全感,建立优秀的组织文化,塑造良好的组织形象。员工培训应坚持理论联系实际、学以致用,全员培训与重点提高相结合,因材施教,讲求实效以及重视激励等基本原则。

有效的员工培训管理体系应以组织战略为导向,着眼于组织核心需求,多层次、全方位,充分考虑员工自我发展的需要。员工培训系统模型由确定培训需求、设置培训目标、制定培训方案、实施培训活动和评估培训效果这五个步骤组成,它是一个循环往复的过程。员工培训的主要方法有讲授法、讲座法、程序教学、视听化培训、案例法、角色扮演法、计算机辅助培训、在职培训、拓展训练法、团队培训法等。

员工开发是指组织依据员工需求及自身发展要求对员工的潜能进行开发,并对其职业发展进行系统设计与规划的过程。它有利于促进员工职业发展,提高员工的忠诚度,增强组织对环境的适应性。员工开发的主要方法有正规教育法、评价法、工作实践体验法、开发性人际关系建设法等。

员工、领导和组织在开发员工潜能,设计和规划员工职业发展中都承担着重要职责。在员工开发过程中,员工需要评估自己的兴趣、技能和价值,找出与自己相匹配的职业信息和资源,建立目标和职业规划并与领导沟通,积极利用组织中的开发机会等;领导需要引导员工提高自我开发的责任心,向员工提供及时的绩效反馈,提供开发的任务和技能,参加员工潜能开发和职业发展的讨论,支持员工的潜能开发和职业发展规划等;组织需要沟通任务、政策和程序,向员工提供开发机会,提供职业信息和多样的职业选择等。

关键概念

1. 员工培训
2. 员工开发

复习思考题

1. 员工培训有哪些作用?
2. 有效的员工培训管理体系应具备哪些特征?
3. 员工培训系统模型由哪五个步骤构成?
4. 员工培训和开发的方法主要有哪些?
5. 员工、领导和组织在员工开发过程中分别承担什么样的职责?

案例分析

华为公司的管理者培养模式

2014年,华为公司销售额达460亿美元,实现超过15%的增长。2015年初,华为轮值CEO胡厚崑发表了新年贺词,提出未来将是一个全联接的世界,"做全联接世界的使能者,是华为在这个最好时代的最佳角色。"然而,华为高层领导清晰地认识到,组织管理能力是满足未来使命和业务增长需要的关键要素。任正非早就指出,"我们正面临历史赋予的巨大的使命,但是我们缺乏大量经过正规训练、经过考验的干部。华为现在的塔山,就是后备干部的培养。""公司在发展过程中到处都缺干部,干部培养不起来,那我们就可能守不住阵地,可能要败退。"

对资料进行分析后我们发现,华为管理者的成长大致遵循"'士兵'(基层员工)——'英雄'(骨干员工)——'班长'(基层管理者)——'将军'(中高层管理者)"的职业发展路径。也就是说,华为管理者的培养过程可以划分为以下三个阶段。

一、基层历练阶段:"将军是打出来的"

对于华为的基层员工,任正非强调"要在自己很狭窄的范围内,干一行、爱一行、专一行,而不再鼓励他们从这个岗位跳到另一个岗位"。"士兵"要在本职岗位上不断提高业务水平和绩效产出,当然,公司也允许基层员工在很小的一个面上有弹性地流动和晋升。那么,基层员工如何实现晋升?

与其他企业的做法不同,华为对于干部只强调选拔,不主张培养和任命。公司的干部不是培养出来的,而是选拔出来的,干部需要通过实际工作证明自己的能力。正如任总在2013年EMT办公例会的讲话中称:"苗子是自己窜出土面上来的,不是我拿着锄头刨到地下找到这个苗子。认可你,然后给你机会,但能不能往上走在于你自己。机会是靠自己创造的,不是别人给你安排的。"

选拔的标准是什么?基层经验与成功的实践,"猛将必发于卒伍,宰相必取于州郡。""每个人都应该从最基层的项目开始做起,将来才会长大,如果通过某些渠道直接走到高层领导来的,最大的缺点就是不知道基础具体的操作,很容易脱离实际。"因此,将军必须从实践中产生,而且是从成功的实践中产生。公司的组织建设也与军队的组织建设类似,先上战场,再建组织,"扛着炸药包打下两个山头你就当连长,没有什么服气不服气。"

二、训战结合阶段:干部的"之"字形成长

"证明是不是好种子,要看实践,实践好了再给他机会,循环做大项目,将来再担负更大的重任,十年下来就是将军了。人力资源管理部和华为大学要加强对种子的管理,种子到各地去干几年以后,不要沉淀下来了,把他忘记了,优秀种子回炉以后,可以往上将上校上走。"有管潜力的人才通过基层实践选拔出来后,将进入培训与实战相结合的阶段,此时公司会提供跨部门跨区域的岗位轮换和相应的赋能培训。"自古以来,英雄都是班长以下的战士。那么英雄将来的出路是什么呢?要善于学习,扩大视野,提升自己的能力"。人力资源部和片联负责选拔优秀的管理型人才进行循环轮换。此阶段也加入组织层面的赋能培训任务,由华为大学承担。

1. 循环轮换

在训战结合中对于"战"的部分,华为学习美国航空母舰舰长的培养机制,关注干部的"之"字形成长。"直线"成长起来的干部缺少担负全面发展和协调性强的事务的实践历练。"过去我们的干部都是'直线'形成长,对于横向的业务什么都不明白,所以,现在我们要加快干部的'之'字形发展。""之"字形成长意味着岗位循环与轮换。华为基本法规定:"没有周边工作经验的人,不能担任部门主管。没有基层工作经验的人,不能担任科以上干部。"各部门将负责帮助新流动进来的人员尽快融入和成长。循环流动的人员到了新部门,也要通过学习去适应新环境和新工作。

任正非同时也强调干部的循环流动是根据业务需要,不是为了流动而流动。"比如搞概算、合同场景,只需要少部分人跨全球使用,但要求多数人能跨区域使用。为了培养一支有实践能力的队伍,我们才流动。我们只会给可能上航母当舰长的人进行循环流动;其他职员不需要海外经验,也不需要流动。职员族固定下来,干一行、爱一行、专一行。所以不是为了干部成长去流动,而是你成长了,就给你流动机会。"

2. 赋能培训

训战结合阶段中"训"的部分主要由华为大学承担,华为大学通过短训赋能输出"能担当并愿意担当的人才。"为此,华为大学教育学院基于"管事"和"管人"两个角度专门开发了相关培训项目——后备干部项目管理与经营短训项目(简称青训班)和一线管理者培训项目(first-line manager leadership program,简称FLMP)。

项目管理是华为公司管理的基本细胞,被视为是公司最重要的一种管理。任正非说过,"美军从士兵升到将军有一个资格条件,要曾做过班长。将来华为干部资格要求一定要是成功的项目经理,有成功的项目实践经验。""项目管理做不好的干部,去管理代表处和地区部就是昏君。"因此,华为以项目管理为主线去培养后备干部。以拉通端到端项目管理和经营为主要培训目标的"青训班",其覆盖人群是将来要成为一线干部的后备人才,旨在为公司未来以项目为中心的科学管理奠定基础。青训班项目并不仅仅包括课程讲授,而是一个包括自学、课堂、实战等环节的系统赋能项目。

对于一个志在未来成为"将军"的华为人来说,仅靠业务侧项目管理赋能是不够的。一名合格的基层管理者,不仅会"管事",还要会"管人"。随着公司业务发展,新任干部持续上岗,如何使他们尽快完成"转身"并帮助他们持续提升管理能力呢?华为大学教育学院推出了专门为基层管理者设计的FLMP项目,旨在帮助学员完成从骨干(个人贡献者)到管理者的转身,并"点燃每个基层管理者的内心之火"。作为基层管理者的"班长",承上启下,在公司责任重大。正如FLMP项目负责人在2014年华为大学项目荣誉奖评选宣讲会上讲到:"点燃这1.5万基层管理者的内心之火,就意味着通过他们可以点燃所有一线员工!"同青训班类似,FLMP也是一个集学习研讨、在岗实践、述职答辩与综合验收于一体的系统性赋能项目。

三、理论收敛阶段:理念、文化与哲学的"发酵"

在华为,从基层到高层培养是不断收敛的,会逐步挑选出越来越优秀的人员。"在金字塔尖这层人,最主要是抓住方向。"走过训战阶段进入高阶后,干部若想成长为真正的将军,进一步成为战略领袖和思想领袖,就要使"自己的视野宽广一些、思想活跃一些,要从'术'上的先进,跨越到'道'上的领路,进而在商业、技术模式上进行创造。"为此,华为要求高层干部要学习公司文件,领会高层智慧精华。"我们公司很多高级干部根本不学习公司文件,他们是凭着自己的经验在干活,这样的干部是一定会被淘汰掉的。"

为帮助中高级干部实现"术"向"道"的转变,公司规定每位高级干部都必须参与华为大学的干部高级管理研讨项目,简称高研班,堪称华为的"抗大"。高研班的主要目标不仅是让学员理解并应用干部管理的政策、制度和管理方法工具,更重要的是组织学员研讨公司核心战略和管理理念,传递公司管理哲学和核心价值观。和一般企业大学的做法不同,华大的高研班向每位参训学员收取20000元的学费,学费由学员个人承担,目的是让每位参训干部增强自主学习的意识,而且不经过高研班培训的干部不予提拔。

据华为大学相关人员介绍,"华为公司核心管理理念及管理方法源于华为的核心价值观,承载了华为二十多年管理实践中的成功经验和失败教训,是干部保持正确的管理方向、带领团队成功的基础和前提。干部参加高级管理研讨班,旨在促进干部对公司核心管理理念和管理方法的深入理解和综合运用,同时通过高层亲自授课和考察,识别可能进入公司关键管理岗位的优秀干部苗子。"目前,每年走过"高级管理研讨班"的学员有1000多人。

(资料来源:葛明磊,张译丹."将军"是如何产生的?——华为公司管理者培养的案例研究[J].中国人力资源开发,2015(11):21-27.)

思考题:
(1) 华为公司的管理者培养模式具有哪些特征?
(2) 华为公司的管理者培养模式有哪些地方值得其他公司借鉴?

第九章 员工关系管理

学习目标

通过本章学习,熟悉员工关系的内涵与特点、员工关系管理的概念与内容、员工关系的职能与角色定位等知识点,掌握影响员工关系管理的因素、员工关系的建立与维护、员工关系的终止与离职管理以及员工安全与健康管理等理论知识。

 引导案例:任正非致歉离职员工

近年来,以"狼性文化"著称的华为画风突变,变得温情脉脉起来。2017 年 9 月 6 日,华为掌门人任正非点名曾经的一名员工,呼唤他回归华为,并且将该邮件分发给全体员工。

具体来说,这封邮件就是任正非在反思华为为什么没有能留下那些优秀的员工。但让人惊讶的是,这次任正非还在邮件中转发了华为内部论坛名为《寻找加西亚》的帖子,内容十分动情:"周公恐惧流言日,更何况我们不是周公。是公司错了,不是你的问题。回来吧,我们的英雄。"

这个"加西亚",就是一个普通的程序员,叫作孔令贤。从邮件中看,曾被破格提拔 3 级的他,正是因为被破格提拔 3 级这件事,"有了令人窒息的压力",便只好"带着诚意离开了华为"。

让华为承认错误,这真是破天荒。不过,因为被破格提拔,所以离开华为,这个逻辑似乎不太对。但结合此前任正非发出的另一封内部邮件,这就很好理解了。这封名为《要坚持真实,华为才能更充实》的邮件显示,华为一员工因说真话,被直接晋升两级。他还能根据其自愿选择工作岗位及地点,并由无线网络产品线总裁邓泰华保护其不受打击报复。此事一出,华为员工在内部论坛上议论纷纷,有的甚至调侃,"这是一条升职之道""升官发财的好机会,讲真话,多举报"……

任正非专门发邮件鼓励员工讲真话,这实际上也表明,如今华为的企业文化令人担忧。华为作为一家创立 30 余年、员工超过 17 万人的公司,大公司该有的大公司病——形式主义、山头主义、管理臃肿、上下信息不畅——其实一个也没少。

那么,像"重视职位、轻视人才"这样的大企业病怎么解决呢?还真不好解决。任正非发了这两封内部邮件,对内而言,他这是发出了华为内部要调整风气的信号。对外呢,这两封内邮发出来给所有人看,意图是很明显的,就是宣传而已。

事实上,在这两封内邮之前,任正非还在9月4日发了一个名为《任总在冰岛与四位兄弟咖啡细语》,大意就是说去冰岛跟年轻员工们谈心,跟他们交流人生经验,比如说,年轻人要舍得花钱,年轻人不要宅,要改变生活方式,融入上层社会,这样才能拿大合同。

这封"亲民"的内邮被泄露出来,自然也是形象展示了。在招聘季,塑造一个良好的企业形象至关重要。那么,为什么要连着泄露三封内邮呢?这是因为华为要改善企业形象的需求太迫切了。

对于应聘者而言,相比BAT这些大厂,华为一向不是首选。虽然工资不低,但加班厉害,性价比不算高。加之2017年年初曝出的"华为要求清理34岁以上的员工"的传闻,华为的吸引力就进一步降低了。虽然华为官方回应这纯属谣言,但任正非的一篇讲话内容又增加了大家的疑虑。当时任正非表示:"华为是没有钱的,大家不奋斗就垮了,不可能为不奋斗者支付什么。30多岁年轻力壮,不努力,光想躺在床上数钱,可能吗?"这从侧面印证了华为正在裁员的事实。

近几年的财报显示,华为的增长已触及瓶颈,增幅下降,利润率下降。去年的净利润率只有7%,处于5年来最低水平。对未来不看好,裁员也是自然而然的事。当然了,与其说是34岁以上就要被裁员,还不如说是今年的末位淘汰制度执行得更加严格些。

对于"冗员",即便不裁员,华为还有其他的办法。2016年10月华为让2000名高级研发人员和专家出征海外,这显然是针对那些上了年纪、拖家带口、还拿着高薪的员工。不想去海外的人,结局是显而易见的。

对于华为而言,把"性价比"低的老员工清理掉,这无可厚非,生意终归是生意。但在外界看来,这样直截了当的行为就不太友好了,毕竟很多人还是持"以公司为家"这样的传统思想。任正非致歉离职员工,也是为了安抚这些人。

(资料来源:王月.任正非致歉离职员工,这话究竟是说给谁听的?[N].电脑报,2017-09-18.)

思考题:
(1) 任正非为何如此重视公司内部员工关系的处理?
(2) 组织应如何加强内部员工关系管理?

第一节 员工关系管理概述

员工是组织的财富。员工的工作绩效、忠诚度等是影响组织工作效率和质量的主要因素,直接影响组织的生存与发展。目前越来越多的组织认识到员工是组织中的"第一资源",将员工作为"最重要的客户"对待,由此产生的一系列管理活动称为"员工关系管理"。

一、员工关系概述

要学习"员工关系管理"的相关知识,我们需要先了解"员工关系"的相关知识。员工关系一词由西方人力资源管理中的劳资关系发展而来。19世纪后期,由于工业的发展,劳动者与资本家的矛盾日益凸显,这种矛盾给组织的正常发展带来了极为不利的影响,劳资关系开始受到人们的重视。后来随着管理理论的发展、对人性本质认识的深入,以及劳动法律体系的建立和完善,人们对组织内部关系的关注不再局限于劳资关系,还强调加强内部沟通,提高员工参与度,注重组织内部和谐与合作等方面,这就使组织中的关系演变成了既包括劳资关系,又包括员工与管理者,员工与员工之间等关系的更为广泛的员工关系。

(一)员工关系的内涵

员工关系又称雇员关系、职工关系或劳工关系,经常与"雇佣关系""产业关系""劳动关系"等概念混合使用,且有广义和狭义之分。广义上,员工关系是指组织中由于雇佣行为而产生的关系,是人力资源管理中的一个特定领域。它具有两层含义,一是从法律层面双方因签订雇佣契约而产生的权利义务关系,亦即彼此之间的法律关系,二是在社会层面双方所确定的彼此间的人际、情感甚至道义等关系,亦即双方权利义务不成文的传统习惯及默契等伦理关系。狭义上,员工关系是指组织或管理者与内部员工之间的关系。要准确理解员工关系的内涵,应将其与雇佣关系、劳动关系等概念加以区别。雇佣关系是一种最传统的称谓,一般是指在私有制企业中的劳动关系,所体现的是雇主与雇佣工人之间的关系,既包括劳动者个人与雇主的关系,也包括工会与雇主团体的关系,具有某种对抗性。劳动关系则是指在实现劳动过程中劳动者与用人单位之间的社会劳动关系。

(二)员工关系的主体

员工关系的主体是指员工关系的参加者或当事人,包括参与员工关系的双方。其中一方是员工以及以工会为主要表现形式的员工团体;另一方是组织管理方以及雇主协会组织,广义上还包括政府。具体包括:① 员工。指用人单位中本身不具有基本经营决策权并且从属于这种决策权的工作者。② 员工团体。指因共同利益和目标而组成的员工组织。③ 管理方。指享有法律赋予的组织所有权且在用人单位中具有主要经营决策权的人或团体。④ 雇主协会。指管理方团体的主要形式,不直接介入员工与管理方的关系,而是通过集体谈判或政治、选举立法活动的影响间接影响组织中的员工关系。⑤ 政府。政府一方面运用法规或政策手段规范组织管理者或雇主组织的行为,另一方面对组织劳动者或工会组织的活动进行宏观调控、协调和监督。

(三)员工关系的特点

目前,员工关系已经成为很多组织主动倡导的重点,在管理实践中,体现着以下对立而又统一的相互依存特性。

第一,个别性与集体性。即个别员工关系和集体员工关系,其中个别员工关系是指个别员工与管理方之间的关系,其表现为个别员工在从属的地位上提供职业性劳动,而管理方给付报酬。集体员工关系是指员工团体(工会)为维持或提高员工劳动条件与管理方之间形成的互动关系。

第二,平等性和不平等性。双方法律地位平等,但劳动者需要接受用人单位的管理和监督。平等性体现在员工可以平等地要求用人单位维持或提高劳动条件,用人单位也可以平等地决定是否接受劳动者提供的劳动,要求其尽义务。不平等性主要表现为劳动者以提供职业劳动换取报酬,在组织中处于从属地位,劳动中需要接受管理方的管理和监督。

第三,对等性与非对等性。双方的权利义务具有对等性与非对等性。对等性体现在一方没有履行某一义务时,另一方可以免除另一相对义务的履行。如员工提供劳动与管理方支付报酬的义务。非对等性则是指一方即使没有履行某一义务时,另一方也不能免除履行另一义务。如员工提供劳动与管理方的照顾义务;员工的忠实义务与雇主的报酬给付;员工的忠实义务与雇主的照顾义务。

第四,经济性、法律性与社会性。员工关系是一种经济关系,员工通过提供劳动获取一定的报酬和福利,满足个人生活需要;也是一种法律关系,员工与组织之间就提供劳动的权利、义务达成协议,具有法律约束力,体现一定强制性权利、义务;它还是一种社会关系,员工通过劳动而获得尊严、体面、成就感等,体现一定的社会评价与社会认知。

(四)员工关系的运行

员工关系是社会关系大系统中的一个子系统,是人类最本质的关系。用系统的观点来看员工关系,它不仅是组织与员工之间一对一的双边关系,也是一个复杂的动态系统。员工关系系统的运行是指它的组织构成、权利分配、关系处理及作用发挥的过程和方式。一般有以下两种基本形式。

1. 合作

合作是指组织与员工双方在很大程度上遵守一套规章制度,这些制度与规则既包括广义的国家法律,也包括双方共同订立的集体协议或劳动合同。合作的根源主要体现在以下三个方面。

第一,被迫。员工迫于各方压力不得不与组织合作,包括惧怕失去工作的风险,期望通过合作来加强工作的稳定性以获得提升的机会。

第二,获得理解和支持。这建立在双方信任的基础上,双方通过所建立的心理契约以获得对方情感上的理解和支持,从而转化为合作的行为。

第三,获得满足。如果员工对工作具有较高的满意度,感到工作本身是快乐的,那么即使他们感到工作有压力、工作超负荷或对工作缺乏指挥权,他们仍然会乐于工作,即员工在工作上获得了满足感和成就感。

2. 冲突

冲突即双方由于在目标、利益和期望等方面出现了分歧而产生的相互抵制、相互排斥的行为。冲突的根源主要体现在以下四个方面。

其一,异化劳动的合法化。员工并不为自己工作,他们在法律上不拥有生产资料、产成品和生产收益,也不能控制生产过程,从法律上造成了劳动者与生产特征的分离。

其二,客观利益差异。市场经济根本的原则就是市场主体追求利润的最大化。也就是说,市场主体对利润的追求和员工对薪酬福利的要求是员工关系深层次冲突的根本原因。

其三,员工关系的性质。在一个崇尚个人自由和民主的社会,劳动者不愿意处于从属地位,但员工事实上很难参与到组织管理当中。

其四,劳动合同的性质。如果劳动合同订立得不规范,当事方对条款不理解,或理解不同,在劳动合同的履行中就会产生冲突。

当双方出现冲突时,组织管理方所采取的表现形式有:① 关闭工作场所。管理方拒绝劳动者进入工作场所参加工作。具体表现为,管理方将劳动者解雇,或停发其工资,或停止其职务等,迫使劳动者就范。② 黑名单。管理者通过调查将不安分的员工,即那些有可能在员工关系冲突中起带头作用的劳动者登记下来,并暗中在本行业中扩散,结果造成了黑名单上的劳动者被解雇后在同行业很难找到工作。③ 排工。指管理方对某些劳动者采取排斥的态度或拒绝录用。这主要是针对那些参加工会的劳动者。

劳动者一方所采取的表现形式有：① 罢工。一类是出于政治目的的政治罢工，另一类是以获得工资的增加或劳动条件的改善为目的的经济罢工。在现代员工关系管理中，一般都是经济罢工。② 怠工。在工作中故意怠惰和缓慢地工作，或浪费组织的原材料，或破坏组织的机器设备和劳动工具，来迫使管理方提高自己的工资或改善劳动条件。③ 抵制。比如，劳动者不买自己单位的产品，还鼓动社会中的其他人也不买自己单位的产品，从而迫使管理者接受劳动者一方的条件。

二、员工关系管理的概念与内容

（一）概念

员工关系管理广义上是指在组织人力资源体系中，各级管理人员，特别是人力资源职能管理人员，通过拟订和实施各项人力资源政策和管理行为，以及其他的管理沟通手段调节组织和员工、员工与员工之间的相互联系和影响，从而实现组织的目标并确保为员工、社会增值。狭义上是指组织和员工的沟通管理，这种沟通更多采用柔性的、激励性的、非强制的手段，从而提高员工满意度，支持组织其他管理目标的实现。其主要职责是：协调员工与管理者、员工与员工之间的关系，引导建立积极向上的工作环境。

（二）内容

员工关系管理的最高目标，是做到"让员工没有后顾之忧地将所有精力放在工作之上"。在这一目标之下，有很多具体工作可以展开，可以涉及员工的衣、食、住、行等各个方面，都可以有员工关系管理发挥的空间。从广义上看，员工关系管理的内容涉及了组织文化和人力资源管理体系的构建，包括组织愿景和价值体系的确立，内部沟通渠道的建设和应用，组织结构的设计和调整，人力资源政策的制定和实施等方面。所有涉及组织与员工、员工与员工之间的联系和影响方面，都是员工关系管理体系的内容。从狭义的概念上看，即从人力资源管理部门的管理职能看，员工关系管理主要有劳动关系管理、员工纪律管理、员工人际关系管理、沟通管理、员工绩效管理、员工状态管理、组织文化管理、服务与支持、员工关系培训等内容。

① 劳动关系管理：劳动争议处理，员工上岗、离岗面谈及手续办理，处理员工申诉、人事纠纷和意外事件。

② 员工纪律管理：引导员工遵守公司的各项规章制度、劳动纪律，提高员工的组织纪律性，维持组织内部良好秩序。在某种程度上能起到规范约束员工行为的作用。

③ 员工人际关系管理：引导员工建立良好的工作关系，创建利于员工建立正式人际关系的环境。

④ 沟通管理：保证沟通渠道的畅通，引导组织与员工之间进行及时的双向沟通，完善员工建议制度。

⑤ 员工绩效管理：制定科学的考评标准和体系，执行合理的考评程序，考评工作既能真实反映员工的工作成绩，又能促进员工工作积极性的发挥。

⑥ 员工状态管理：组织开展员工心态、满意度调查，谣言、怠工的预防、监测及处理，解决员工关心的问题。

⑦ 企业组织文化管理：建设积极有效、健康向上的组织文化，引导员工价值观，维护组织

的良好形象。

⑧ 服务与支持：为员工提供有关国家法律法规、组织政策、个人身心等方面的咨询服务，协助员工平衡工作与生活的关系。

⑨ 员工关系管理培训：组织员工进行人际交往、沟通技巧等方面的培训。

此外，员工关系管理还包括工作场所的安全和健康、员工援助计划（EAPS）、工会关系的融洽、危机处理等内容。

三、员工关系管理的职能与角色定位

（一）员工关系管理的职能定位

作为人力资源管理的一项基本职能，员工关系管理贯穿于人力资源管理的各项职能工作。

1. 人力资源吸纳中的员工关系管理

人力资源吸纳主要是指新员工的引进与组织社会化过程。在这一环节中，员工关系管理的主要工作是劳动关系的建立、新员工价值观的培育以及试用期管理等。

（1）建立劳动关系。员工招聘与甄选结束后，组织通过与新员工订立书面的劳动合同，建立正式的劳动关系，这是员工关系管理的法律前提，主要是为了防范相关的风险等。

（2）试用期管理。试用期是企业与新录用的劳动者在劳动合同中约定的相互考察和了解的特定时间。在试用期，企业需要设定具体的录用条件，并根据这些条件对试用员工进行考察，与不符合企业期望的员工及时解除劳动合同。

（3）组织社会化。新员工进入组织后，要真正实现从组织外成员向组织内成员的身份转化，需要在组织实施的社会化策略下，结合自身的主动社会化行为，建立起与组织相适应的角色认同和社会认同。在这个过程中，组织需要通过对新员工进行组织文化的宣导和价值观的灌输，帮助他们更快地融入团队和组织。

2. 人力资源开发中的员工关系管理

人力资源开发主要是通过员工培训和职业生涯开发促进员工个人的发展，实现员工和组织的共同成长，主要包括多层次的培训和开发体系，从岗位技能培训、产品和服务知识培训、管理培训、职业素质开发、企业文化培训到构建学习型组织。通过培训和职业生涯开发，最大限度地激发员工的工作动机、发展潜能，增强员工的归属感，强化员工的心理契约。

3. 人力资源使用中的员工关系管理

人力资源使用主要是借助职位评价、绩效管理、薪酬管理、岗位轮换与升降、纪律与安全管理等方式，尽力发挥员工积极性，提升员工绩效。这些环节职能多、内容广，涉及的问题也比较敏感，容易产生人际关系紧张和员工抱怨等现象。其中，职位评价中的员工参与问题，绩效管理中的结果反馈问题，薪酬管理中的程序公平、人际公平问题，岗位轮换与升降中的员工接受度和适应性问题，以及职业健康与安全问题等都是员工关系管理中的重点。因此，加强这些环节的员工关系管理，可以更好地防范可能出现的矛盾和冲突，提高员工满意度，改善管理效能。

4. 人力资源退出中的员工关系管理

人力资源退出既包括退出组织（解雇、辞职），也包括退出岗位（降职、调岗、退休等）。由于人力资源只进不出会造成滞胀，严重影响组织有效运行。因此，组织需要根据发展战略的需要，持续实现人岗匹配、能力与绩效匹配、绩效与薪酬匹配，以定期的绩效考核结果为依据，对那些达不到要求的员工依据程度的不同采取降职、调岗、离职培训、解雇和退休等人力资源退出管理方式,以确保组织人力资源团队的精干、高效和富有活力。人力资源退出中的员工关系管理较为复杂,争议和冲突时有发生。因此,组织需要在遵守法律、法规的基础上,建立科学合理的人力资源退出机制,严格按照法律规定进行操作,并注意和劳动管理部门做好沟通。

（二）员工关系管理中的角色分工

成功的员工关系管理,并不仅仅由员工自身和人力资源专员参与,而是需要与所有相关人员共同努力完成。一般而言,员工关系管理需要高层管理者、员工关系管理者、直线经理、员工及员工组织这五个角色的沟通和参与。

（1）高层管理者的角色。在员工关系管理中,高层管理者主要承担战略决策支持、政策制定和行为表率的职责。

（2）员工关系管理者的角色。作为职能人员,员工关系管理者在员工关系管理中扮演着核心角色,主要承担的角色是:员工关系的分析与监控、对直线经理的专业培训、就劳资冲突和员工投诉提出建议、向直线经理介绍沟通技巧,以及设计员工关系促进计划等。

（3）直线经理的角色。直线经理是员工关系管理中的实施者和直接维护者,所承担的角色主要包括:和谐员工关系的维护、相关法律遵从和执行、参与劳资谈判和协商、保持有效沟通,以及实施员工关系促进计划等。

（4）员工的角色。员工是员工关系的主体之一,他们既是管理和服务的对象,也是主要参与者和自我管理者。员工的自我管理更是现代员工关系中的一个重要特征。

（5）员工组织的角色。值得关注的是工会及职代会等员工组织在员工关系管理中的角色界定。鉴于员工关系与劳动关系之间有性质上的区别,也有许多具体内容上的交叉,因此对于员工组织而言,作为员工利益的代表,应该在员工关系管理中扮演合作者和员工利益维护者的角色。所谓合作者的角色,包括帮助企业和管理者协调好企业、管理者与员工之间的关系,推动各种有利于员工关系发展的计划和方案等;所谓员工利益维护者的角色,是指当企业方出现无视或忽视员工利益保护,或不利于员工关系协调的政策、制度和行为时,工会和职代会等员工组织应该站在员工一方,督促、协助和采取措施,处理好在员工关系管理中各种可能出现的矛盾与冲突。

（三）员工关系管理者的角色与行为

要成为一名成功的员工关系管理者,需要扮演好人力资源管理专家、员工服务者和变革推动者这三大角色(见表9-1)。

表 9-1　员工关系管理者的角色、行为与工作成果

角　色	行　为	工作成果
人力资源管理专家	运用法规、专业知识和技能研究开发组织人力资源产品和服务,对组织中的员工关系及相关方面进行诊断,为组织人力资源管理问题的解决提供咨询和建议	提升员工满意度;提升人力资源开发与管理的有效性
员工服务者	与员工沟通,及时了解员工需求,为员工提供支持	增强员工忠诚度
变革推动者	参与变革与创新、组织变革(并购与重组、组织裁员、业务流程再造等)过程中的人力资源管理实践	提高员工对组织变革的适应能力,妥善处理组织变革过程中的各种人力资源问题,推动组织变革进程

资料来源:徐恒熹.员工关系管理[M].北京:中国劳动社会保障出版社,2007:7.

首先，作为人力资源管理专家，员工关系管理者掌握着组织最宝贵的资源，对组织所有人才信息了如指掌，应该全面把握员工满意度状况，开发适合组织健康发展的人力资源产品和服务，对组织中的员工关系问题具有高度的敏感性，并能提出解决问题的咨询建议。

其次，作为员工服务者，员工关系管理者要深入员工当中去，保持与员工的深入沟通，及时了解他们的需求，为他们排忧解难，为他们在组织中的健康发展提供各方面的支持。

最后，作为变革推动者，员工关系管理者需要了解实际情况，能够根据变革的要求，提高员工的变革适应能力，激发员工积极参与变革与创新的意愿，提出稳妥、可操作的变革措施，进而推动组织变革与创新。

四、员工关系管理的影响因素

（一）外部环境

影响员工关系管理的因素大致可分为内部因素和外部因素。其中外部因素是指存在于组织边界之外，不受组织控制的，并影响组织员工关系管理活动及其发展的各种因素的总和。我们可以将这些环境因素归纳为五个方面：经济环境、技术环境、政策环境、法律和制度环境以及社会文化环境。

1. 经济环境

所谓经济环境，一般包括宏观经济状况，如经济增长速度和失业率，也包括更多的微观经济状况，如在某一特定产品市场上组织所要面对的竞争程度。经济环境影响员工关系的例子很多。比如，作为经济外部环境因素的失业率如果很高，就会减少劳动者凭其技术和能力获得工作的能力，即减弱他们在劳动力市场上的竞争力，从而影响其对工作的预期。再比如，在同行业工资普遍上升的情况下，组织可能就会面临更大的员工要求增加工资的压力。经济环境能够改变员工关系主体双方的力量的对比，一方面，劳动力市场的变化直接影响双方的劳动力市场力量的消长；另一方面，要素市场的变化通过影响组织的生产函数和员工的消费函数来改变双方的成本收益，从而带来各种关系的力量的变化。不同的组织会因为对未来预期的不同而制定不同的人力资源政策。在经济周期的影响下，组织内部员工关系也会随着经济的起落而调整。一般来说，经济处于繁荣阶段，员工的力量就会强些，管理方会做更多让步；经济处于低谷阶段，管理方让步的空间很小，员工的力量相对较弱，在谈判冲突中处于较为不利的地位。

2. 技术环境

技术环境的内容包括产品生产的工序和方式，以及采用这些工序和方式所必需的资本密度的程度、产品和工序是否容易受到新技术的影响、工作是否复杂和需要高水平的知识和技能的员工。如果组织的产品易受新技术影响（比如IT产业），或者组织是资本密集型的，那么员工不服从管理会给管理方带来更多的成本，因而员工岗位的力量就会增强。相反，那些不易受新技术影响或者低资本密度的行业，员工岗位的力量就弱些。同样，技术环境的变化也会改变劳动力市场上不同技术种类工人的供求状况。例如，近年来随着我国IT产业的兴起，计算机、人工智能等网络方面的创新型人才需求量成倍增加，这类人才的劳动力市场的力量上升，因而在员工关系中的优势更大些。

3. 政策环境

政策环境是指政府的各种政策方针，包括货币政策和财政政策、关于就业的政策、教育和培训的政策以及其他政策。例如,作为政策环境的政府教育和培训政策,能够提高劳动力的素质和技术水平,最终影响由组织提供的工作种类,以及工资和工作条件。在诸多政策环境中,就业政策对于劳动力市场以及就业组织中的员工关系的影响最为直接。它往往通过对供求状况的调整来改变双方劳动力市场的力量,以经济激励和惩罚措施来改变双方在组织内部关系中的力量。货币政策和财政政策也会通过宏观经济环境来影响各营利组织的劳动关系。另外,这两种政策还可以通过影响资本的价格,改变资本和劳动的价格比率来影响组织的雇佣决策和组织的员工关系。教育和培训政策主要作用于人力资本投资的供求,改变劳动者的知识技术结构,从而改变不同种类的劳动力市场供求和组织的资本/劳动比重。因此,教育和培训政策对于员工关系具有更加长期的影响。

4. 法律和制度环境

法律和制度环境是指规范员工关系双方行为的法律和其他力量的机制,法律和制度是政府调整员工关系的最基本形式。这些机制规定了双方的权利义务,并具有相对的稳定性。比如,我国《劳动法》规定了集体谈判中双方的权利义务、劳动者的最低工资、健康和安全保护等。法律要求用人单位承认工会,并同工会进行集体谈判,这一规定作为法律制度外部环境,提高了工会有效代表其会员的能力,进而影响了工会会员的工资和工作条件。市场经济国家在规范员工关系、保护劳动者权益方面,制定了比较完善的法律体系。

5. 社会文化环境

社会文化环境由各国、各地区甚至各工种的主流传统习惯、价值观、信仰等组成。如果社会文化外部环境表现为笃信工会的重要性和积极作用,那么,政府和组织就会通过制定政策,提高工会的密度、扩大工会的影响力。文化的影响是潜在、不易察觉的,它是通过社会舆论和媒介来产生影响,对于违反社会文化规则的个人和组织,虽然惩罚不像法律那样具有强制性,但其作用却不可低估。

(二) 内部环境

影响员工关系管理的因素除了外部环境之外,还有很多内部环境因素,即组织经营管理边界内的,由硬件设施和软件因素共同组成的组织经营场所和管理运行系统等。主要包括组织结构、工作环境、经营战略、管理者和管理方式、组织文化和组织规章制度等。

1. 组织结构

组织结构是指对于人员和工作任务进行分工、协调与合作的制度性安排。它可以划分为官僚组织结构、扁平化组织结构和工作团队式组织结构这几个类型,不同类型组织结构下的员工关系管理模式有所差异。

2. 工作环境

组织内部的工作环境是指员工工作时所处的物理环境,包括个体、人际和组织三个层次。其中,个体层次是指对工作直接发生作用的环境条件,如办公室或车间的大小、照明、通风、噪声等;人际层次是指工作空间对交谈的便利程度和工作空间的象征性作用(指工作空间反映使用者在地位、身份上的特征)及工作区域的布局特点等;组织层次是指建筑的内部结构和外部布局,工作单元(如车间)的远近、包围程度等。有关研究表明:工作环境越好,员工满意度就越高。

3. 经营战略

组织生产经营战略是指组织在生产运营当中针对组织自身的特点和目标等制定的战略，一般可划分为低成本战略、差异化战略和集中化战略。由于所采取的竞争战略的不同，导致组织在人力资本上的投入也会有所差异。例如，一家企业决定采取低成本的竞争战略，那该企业在处理员工关系管理方面的费用会大大减少，而将更多的精力集中到节约企业成本以获取高于行业平均水平的利润上。而如果一家企业决定采取差异化竞争战略，试图通过在产品和服务上形成战略特色以占领同类产品更多的细分市场，就必须加大对企业人力资本的投入，吸引创新人才的加入，并同员工建立良好持久的关系。

4. 管理者和管理方式

就组织管理者来说，组织中各个层次的管理人员，他们既是组织生产经营的决策者，也是管理方式的制定和执行者。管理方式关系到员工与组织之间的合作关系、员工参与管理的程度和方式、员工对组织的信任和忠诚以及组织对员工的支持等，而这些又反过来影响员工的工作能力、态度和行为等。

5. 组织文化和组织规章制度

组织文化和组织规章制度是指组织在长期经营管理实践中形成的，并通过组织各种活动所表现出来的共同理想、价值观念和行为准则等。它可以作为组织内部群体认识问题、解决问题和调节矛盾的典型和特有方式。组织文化在员工关系管理中具有强烈的凝集力和感召功能，它能使组织成员自觉地调控自己的行为，为实现组织的总目标贡献自己的力量。

五、员工关系管理应注意的问题

长期的实践告诉我们，良好的员工关系管理不仅可以帮助组织赢得人才、留住人才，而且可以使组织管理和业务运作效率大幅提升。在实践中，员工关系管理应特别注意以下三点。

1. 员工是员工关系管理的起点

共同的组织愿景和价值观是员工关系管理的基础。组织所有利益相关者的利益都是通过共同愿景的实现来达成的。员工关系管理的起点是员工认同组织的愿景和价值观，没有共同的愿景，缺乏共同的信念，就没有利益相关的前提。但凡优秀的组织，都是通过确立共同的愿景，来整合包括人力资源在内的各类资源，牵引整个组织的不断发展和壮大，牵引成员通过组织目标的实现，实现个体的目标。组织的价值观是组织的伦理基准，是组织员工对事物共同的判定标准和共同的行为准则，是组织规范的基础。有了共同的价值观，对某种行为或结果，组织成员都能够站在组织的立场做出一致的评价。这种一致的价值观既是组织特色，也是组织成员相互区分的思想和行为标志。因此，共同的组织愿景和价值观，是建设和完善组织员工关系管理体系的前提和基础。

2. 利益关系是员工关系管理的根本

组织要满足多种不同利益群体的需求，但组织创立和存在的核心目标在于追求经济价值，而不是为了单纯满足员工个体利益需求。进一步说，由于市场竞争的约束，使得满足员工个体利益需求成为组织抵御市场竞争、达成其核心目标的手段。因此组织的目标和其所处的竞争环境，是处理员工关系的根本出发点。研究表明，虽然现代企业在某些方面体现了共同利益体的某些特征，并在管理实践中广泛采用了构建共同体的许多手段，但现代企业组织的根本性质并没有改变,经济利益关系仍然是企业与员工最根本的关系,利益关系是企业处理员工关系的最大约束。

3. 心理契约是员工关系管理的核心内容

20世纪70年代,美国心理学家施恩提出了心理契约的概念。虽然心理契约不是有形的,但却发挥着有形契约的作用。组织清楚地了解每个员工的需求和发展愿望,并尽量予以满足。而员工也为组织的发展全力奉献,因为他们相信组织能满足他们的需求与愿望。心理契约的内涵与意义在于员工心理状态与其相应行为之间的决定关系,而员工的行为质量直接决定了其工作绩效。心理契约的主体是员工在组织中的心理状态,其基本衡量指标是工作满意度、工作参与和组织承诺。由于员工之间的差异性,其心理契约的要求也有所不同。在以上三个指标中,工作满意度最为基本和重要,在一定程度上对另外两个有决定作用,特别是在企业这样的以经济活动为主的组织中,心理契约管理的目的就是通过人力资源管理实现员工的工作满意度,进而实现员工对企业的强烈归属感和对工作的高度投入。

阅读与思考9-1:"非我品牌不得入内"认同感可否如此建立

2017年春节后,比亚迪公司发布内部通知,要求所有非比亚迪的车都不准开进比亚迪园区的生活区和厂区,否则相关员工的升职加薪将受到影响;停在园区内的非比亚迪品牌车辆也会被移出。

比亚迪回应称,此举是因为比亚迪各园区停车空间有限,车位数量不多,与出入园区的燃油车数量极不匹配,造成园区内停车不便、交通拥堵,车辆乱停乱放的情况也时常发生,极大影响了正常通行,引起员工抱怨和来访客户的不满。

舆论对比亚迪的这一做法褒贬不一。有赞同者认为,车停公司是个福利,当然要倾向给认同公司产品的员工,这无可厚非。有反对者则将比亚迪的这一做法与农历年前格力公司要求春节后全体员工需使用格力手机的做法联系起来,认为都是通过强制手段要求员工使用自家的产品。

其实,这两种观点都值得商榷。比亚迪的做法是否完全站得住脚,是令人存疑的。给员工提供车位,是属于特殊人群的福利,还是属于必要的工作条件?或许还应从公司的规章制度或劳动合同中寻找答案。不同的属性或许决定了公司在这一问题上的话语权的不同。如果没有规定或约定,公司是否能够单方变更原来的做法,仅将车位提供给用自家品牌车辆的员工?这也是容易引起争议的法律问题。

但这些与格力手机事件涉及的法律问题显然不同。当然,这些现象也并不仅仅涉及法律问题。比亚迪的说法和行为,显然是有漏洞的:交通拥堵、车辆乱停乱放难道都是非比亚迪车辆造成的吗?为什么只拿这类车辆"开刀"?连生活区都不能进,难道员工连把车开回家都不行了?尤其是把开什么车和加薪升职联系起来,显然就更加不是在简单地进行物业管理了。也正因为这些难以说通的逻辑,会让人将之与格力手机事件联系起来。在这一点上,比亚迪也很容易在员工关系上面临困扰。

员工关系管理的底线是通过各种措施规范员工行为,引导员工遵章守纪,达到岗位要求和基本工作标准,更进一步是培育员工的敬业尽责态度,达成能力、行为与态度的职业化。能够使大部分员工实现这一点,已经是人力资源管理的极大成功了。而要使所有员工对自家的品牌产生"眼里容不下别人"的认同感,这是一种道德上的高要求,不是加薪升职等简单的好处就能换来的,更不是在"我的地盘"上驱逐其他品牌产品能够换来的。如果在管理中也站在这种道德制高点上,就会出现种种不当行为,比如以明里暗里强制、胁迫等方式让劳动者在就业权和经济利益之间做出选择,从而呈现出一种员工爱企如家、视自家产品为尊的表象。

结果就是,越是要求员工高度认同企业,越会让外界质疑其内部关系上的疏离和员工情感上的背离。在这一点上,或许比亚迪面临的风险更大。

(节选自:孟晓蕊.判断制度高下 总有一杆"秤"[N].中国劳动保障报,2017-04-28.)

思考题

请结合材料,从员工关系管理的角度对比亚迪的做法进行分析。

第二节　员工关系的建立与维护

一、员工关系的建立

员工关系的建立是组织进行员工关系管理的首要环节。这种关系取决于不同的社会环境以及组织对员工的基本看法。组织既可以将员工看作需要通过资源投入才能够形成的一笔财富(即真正的人力资源),也可以将员工看成是实现最小化支出的一种管理手段。组织员工关系的和谐与否会对组织的发展潜力产生强烈的影响,一般而言,组织与员工建立的是劳动关系和劳务关系。

(一)劳动关系和劳务关系

劳动关系是指劳动者与用人单位依法签订劳动合同而在劳动者与用人单位之间产生的法律关系。劳动者接受用人单位的管理,从事用人单位安排的工作,成为用人单位的成员,从用人单位领取劳动报酬和受劳动保护。

劳务关系是劳动者与用工者根据口头或书面约定,由劳动者向用工者提供一次性的或者是特定的劳动服务,用工者依约向劳动者支付劳务报酬的一种有偿服务的法律关系。劳务关系是由两个或两个以上的平等主体,通过劳务合同建立的一种民事权利义务关系。该合同可以是书面形式,也可以是口头形式和其他形式。

劳动关系和劳务关系是两个不同的概念范畴,两者之间的区别如表 9-2 所示。

表 9-2　劳动关系与劳务关系的区别

不　同　点	劳　动　关　系	劳　务　关　系
主体	法人与自然人	法人(或自然人)与自然人

续表

不 同 点	劳 动 关 系	劳 务 关 系
关系	领导与被领导	平等主体
劳动支配权与劳动风险责任	用人单位所有 用人单位承担	劳动者所有 劳动者承担
报酬性质与支付	按劳分配 按月支付	双方协商 一次性或阶段性
服务对象数量	一家（除非全日制用工）	可多家
适用的法律、机构	《劳动法》和《劳动合同法》 劳动争议仲裁委员会	《民法通则》和《合同法》 人民法院

第一，主体不同。劳动关系的主体是确定的，即一方是用人单位，另一方必然是劳动者。而劳务关系的主体是不确定的，可能是两个平等主体，也可能是两个以上的平等主体；可能是法人之间的关系，也可能是自然人之间的关系，还可能是法人与自然人之间的关系。

第二，关系不同。劳动关系两个主体之间不仅存在财产关系，即经济关系，还存在着人身关系，即行政隶属关系。劳务关系两个主体之间只存在经济关系，即劳动者提供劳务服务，用人单位支付劳务报酬，彼此之间不存在行政隶属关系。

第三，劳动主体的待遇不同。劳动关系中的劳动者除获得工资报酬外，还有保险、福利待遇等；而劳务关系中的自然人，一般只获得劳动报酬。

第四，适用的法律不同。劳动关系适用《劳动法》和《劳动合同法》，而劳务关系则适用《民法通则》和《合同法》。

第五，合同的法定形式不同。劳动关系用劳动合同来确立，其法定形式是书面的。而劳务关系须用劳务合同来确立，其法定形式除书面的以外，还可以是口头和其他形式。

（二）建立良好员工关系的措施

1. 招聘合适的人

为组织招聘、配备合适的员工是避免员工关系问题的有效途径。采取的措施包括良好的面试和实际工作预演等，这需要人力资源部门花费一定的时间将组织的政策、工作程序以及员工与组织的法律义务告知新员工。此外，在决定谁是合适的人选时，不能完全依据经验与学历，还要考虑其个性、态度、沟通技能以及其他与组织相匹配的行为特性。比如，在招聘或提拔管理者时，需要候选人具备较强的人际沟通技能，如果管理者沟通技能与职位不相匹配，以后很有可能会产生冲突和其下属的工作绩效较低的问题。

2. 提高组织管理的有效性

组织要通过建立制度而不是通过人治来建立积极正向的员工关系，从而避免在管理中的随意性。管理者则要不断地与员工进行沟通进而使组织制度能够得到员工的支持，并且需要一以贯之地加以强化。同时，管理者要注意管理方法的实施和运用管理技巧。当前在处理员工关系的管理实践中，民主化管理和授权是最有效的激励方法，因为当个人被信任的时候，就会迸发出更多的工作热情和创意。因此管理者应通过运用多种管理方法和管理技巧，使员工参与组织的管理和决策，提高他们的责任意识。此外，管理者还需要对自己的时间进行管理。

因为拙劣的时间管理的后果是工作过程和程序不能按部就班地进行,这可能导致内部员工和外部顾客的不满。不管是员工还是顾客都非常重视自己的时间,如果时间不能被很好地利用,他们可能觉得管理者在浪费自己的时间,最终导致优秀员工和外部顾客的流失。

3. 适当开展有利于建立良好员工关系的活动

组织要积极开展合理化建议征集、意见征求和思想调查等活动,畅通员工合理诉求的通道,进一步加强管理者同员工之间的联系。设定各专业发展通道,认真分析员工在晋职升迁、个人提升等方面的愿望和需求,搭建员工素质提升平台和成长通道,帮助员工人尽其才、才尽其用,实现个人价值。

4. 注重员工身心健康与合法权益的维护

组织要大力推行平等协商用工制度和签订劳动合同制度。在达成共识的基础上,签好劳动合同将员工的利益稳定化,避免和防止自发的无序的劳动冲突,从整体上保证员工的合法利益不受到侵害。同时,加强群众性的劳动监督和检查。定期或不定期组织员工代表对组织的劳动法律法规执行情况、劳动保护规章制度落实情况、集体合同执行情况进行检查与督促,督促行政纠正违章现象,排除各类隐患,保护职工的身心健康,以促进和推动组织员工关系的进步与和谐。

5. 营造相互尊重,公平合理的组织文化和价值观

共同的价值观是组织文化的核心和灵魂,培育和提升员工对组织核心价值观的认知度是组织员工关系管理的中心任务。在强化组织发展意识、提升组织价值的同时,更要重视员工个人价值的实现与增值。如果员工不能够与组织共同发展,就会感觉个人的价值没有实现,组织的凝聚力就会下降,最终影响员工主观能动性发挥。

6. 建立员工帮助计划

员工帮助计划(EAP)又称员工帮助项目或员工援助项目,是指组织为帮助员工及其家属解决职业心理健康问题,由组织出资为员工设置的一套系统的服务项目,是心理卫生服务的一种。员工帮助计划的目的在于透过系统的需求发掘渠道,协助员工解决其生活及工作问题。如工作适应、感情问题、法律诉讼等,帮助员工排除障碍,提高适应力,最终提升组织生产力。组织应当向员工提供有关员工帮助计划方面的信息并鼓励在其需要的时候接受服务,这项计划应当与其他任何计划(比如医疗计划)一样受到组织的重视。例如台积电制订的EAP(员工帮助计划)目标是追求物质和心灵并重,努力营造工作与生活融合的舒适环境。

二、员工关系的维护

在21世纪,组织的竞争归根到底是人才的竞争,人才竞争力是构成组织核心竞争力的最核心部分。因此,如何维护员工关系以减少组织人才的流失成为组织人力资源管理最重要的内容之一。

(一)影响员工关系的因素

1. 沟通因素

不断进行的双向沟通将会增进员工关系,减少冲突,增加员工对组织的信任。良好的沟通将确保员工的信念与组织的现实相关联。反之,如果组织沟通渠道不畅,缺乏必要的反馈,将会引起很多矛盾,进而导致员工工作热情和积极性下降,最终影响组织的工作效率。如员工不

信任管理者,上行沟通将会受到阻碍;管理者不信任员工,下行沟通将会受到影响。

2. 冲突因素

冲突是由于工作群体或个人试图满足自身需要而使另一群体或个人受到挫折时所产生的社会心理现象。组织内部冲突表现为由于双方的观点、需要、欲望、利益和要求的不相容而引起的激烈争斗,既可以发生在个人与个人之间,也可以发生在群体与群体之间。如上下权力层次间的冲突,同一权力层次各部门之间的冲突,职能部门和一线班组之间的冲突等。组织必须解决冲突,从而避免不适当的压力对员工关系管理产生负面影响。

3. 公平的奖惩制度

组织是否公平地对待所有员工是影响员工关系的关键因素。公平可以简单地认为在相同的情况下,对所有的员工都一视同仁,不存在厚此薄彼,但这并不意味较高的绩效不应当得到较高的报酬。对员工来说,公平也同样意味着获得公平的工资和福利。

4. 管理者的管理理念和动机

管理者的管理理念和动机会影响员工对组织的信念,进而影响员工关系。如果员工不支持或不理解管理者的管理理念,他们会对管理者的动机产生疑问,这将使员工产生压力,进而影响员工的工作绩效,同时也影响员工对组织的信念。在员工关系中,信念比现实更重要,员工将根据他们对组织的信念履行工作职责。员工的信念及其不确定性将会影响工作绩效。另外,重视和关心与工作问题有关的员工情感是建立员工关系的重要部分之一。

5. 管理者对员工不明确的期望

管理者对员工不明确的期望将增加员工的压力,进而影响员工关系。员工需要知道管理者对他们的期望是什么,据此明确自我目标。知道管理者的期望将极大地减少员工的工作压力。

(二)维护员工关系的措施

1. 确保良好的沟通

研究表明:建立自由沟通、和睦友好的气氛,可为组织实现管理目标提供精神支柱和思想动力。一般来讲,成员沟通交往机会越多、信息沟通状况越好的组织,其员工关系也更为融洽。比如日本许多优秀的企业(如丰田、松下等公司)在建立和维护积极正向的员工关系方面做得非常出色,他们最主要的经验就是沟通,特别是双向沟通。双向沟通是指信息发生者和接受者的方向与地位不断更换,信息发出后会立即得到反馈,其最大的优点在于能达到真正意义上有效的人际沟通,即可从多方面来对事物做出准确的判断,同时可增进彼此的了解、加深彼此的感情,特别是有助于管理者了解员工的思想以及心理状态。沟通的内容不仅包括事实,也包括思想和感受,以达到无形中加深双方理解和信赖的效果。因此,沟通不仅是信息传递的重要手段,还是建立良好员工关系的主要方法。组织中沟通的形式一般有以下几种。

(1)新员工导向培训。新员工导向培训即岗前培训,主要向新员工介绍组织的规章制度、文化以及组织的业务和员工。这种沟通有助于减少新员工刚进入组织的不安感和焦虑,帮助员工快速熟悉组织环境、开展工作,从而减少最初的离职率。

(2)会议。此沟通方式在组织中是非常普遍的,它有利于快速地传播信息。但当被用来进行员工之间信息交换的时候,会议往往不是一个好的方式,特别是当员工的贡献可能产生争论的时候。

(3)内部刊物。这种方式可能是一个主要的沟通工具,但不是唯一的工具,而且可能不是最重要的一种沟通手段,因为组织内部刊物不能替代面对面的口头交流。

(4)员工反馈。比如定期的员工态度调查和反馈可以作为一种沟通工具,用来预测可能导致绩效问题的员工不满感。如果要征求员工的反馈,那么员工需要知道反馈意见如何被采纳,他们需要明白整个过程,知道他们的反馈意见是否在组织决策中扮演重要作用。

(5)员工座谈会。每月定期由人力资源部组织,选定一个员工比较关心的主题,控制进程,在座谈过程中要注意不能偏离主题,避免人身攻击,气氛最好是活跃轻松、畅所欲言的。

(6)离职面谈。事实上,离职面谈是发现员工真实感受的最好方式,如果能够合理的利用离职面谈,就能为管理者识别组织问题提供依据,从而在需要的时候采取合适的管理方式。如果离职面谈的结果没有及时得到反馈,那么离职面谈就毫无意义,也就不能达到期望的效果。

2. 有效化解冲突

很多管理者由于工作繁忙而没有时间去思考解决冲突的最好办法,因而,当冲突产生时他们往往只能被动的做出反应而不会思考产生问题的原因。冲突影响组织的绩效以及目标的达成,管理者需要专心思考化解冲突的办法和如何防止冲突的产生。

3. 公平对待和尊重员工

组织在制定员工奖酬制度时一定要公平对待和尊重每一位员工,组织应当精心设计报酬形式,因为任何形式的报酬或奖励都对员工有吸引力。事实上,组织有许多方法可以奖酬员工,其中一种方法是通过建立正式的奖酬制度来确保员工受到奖励。如果奖酬制度能够公平地执行,那么员工就会感觉自己受到了公平的对待,从而提高工作的积极性,同时还要注意奖励计划不应当只针对某些员工而把其他人排除在外,否则员工会很容易地发现组织的偏袒。

4. 树立正确的管理理念

以前那种将管理职务当官职来看,将员工当作工具,封建家长式的作风应当被抛弃。取而代之的是,尊重员工的个人价值,理解员工的具体需求,给予员工人文关怀,适应劳动力市场的供求机制,依据双向选择的原则,合理地设计和实行新的员工管理体制。

5. 清晰表达对员工的期望

组织需要通过制定政策规则和完善工作程序,从而使每一个员工知道管理者对他们的期望。管理者需要清楚员工的优势和劣势所在,从而根据员工是否能够完成任务为标准来进行工作分配。同时,为了增强员工在工作上的成就感和满足感,必须使他们感觉到他们的工作对组织来说是非常重要的。如果员工认为他们的贡献在某种程度上是独一无二的、特别的或具有创造性的,那么员工可能会更加积极地工作,并且逐渐成为组织比较重要的资产。

 阅读与思考9-2:"美国工厂"失灵 通用汽车4.8万人大罢工

在纪录片《美国工厂》的镜头里,曹德旺成功瓦解了工会的努力,但在镜头之外,被美国制造业传统裹挟的通用汽车,却没能幸免。4.8万人大罢工,通用汽车时隔12年后再次感受到了被工会支配的恐惧。在福利和盈利之间,特朗普那句"让美国制造业回流"的口号小心翼翼地寻求着平衡。只不过,在全球化的浪潮之下,特朗普再怎么关紧大门,也难保住铁锈带上的铁饭碗。

一、劳工谈判破裂

通用汽车和全美汽车工人联合会（UAW）最终还是没能谈拢。当地时间2019年9月15日，在底特律举行的UAW会议上，约200名厂级工会领袖一致投票赞成罢工，意味着UAW将于当地时间16日凌晨起，组织通用汽车公司在全美的约4.8万名员工罢工。这将是通用自2007年以来首次出现全国罢工，从规模来看，这也将是全美12年来最大的一次罢工。

根据UAW副主席特里·迪茨的说法，在经过数月的谈判之后，在工资、医疗保险、临时雇员、工作保障和利润分享等问题上，UAW和通用汽车之间的分歧仍然很大，通用汽车几乎没有做出任何让步，因此，"罢工是工会最后的手段，也是必要的"。

不过，通用汽车则称已给出了诸多实质性方案。增加70亿美元的工厂投资，直接增加5400个新职位，提供更高的利润分成，"全国领先"的健康福利及每人8000美元的合同改签补偿，是通用汽车给出的诚意，并表示"令人失望的是，美国汽车工人联合会领导层仍选择罢工"。

《洛杉矶时报》称，通用汽车正致力于削减成本，以应对美国汽车行业预期出现的放缓迹象。通用汽车2019年二季度财报显示，当期净收入为361亿美元，净利润为24亿美元，同比增长1.6%。通用方面坦言，较稳健的业绩表现主要在于北美市场的销量表现和卓有成效的成本控制。

而此次罢工有可能让通用汽车为盈利作出的努力付之东流。密歇根智库"汽车研究中心"负责工业、劳工与经济的副主席克丽丝丁·齐切克认为，若因罢工导致北美生产线停产，通用汽车将面临每天4亿美元的损失。此外，由于供应链的整合，通用汽车在加拿大与墨西哥的工厂也会被波及。

二、难缠的UAW

通用汽车被UAW缠住了，对于同样在美国开厂的曹德旺而言，UAW也曾令自己焦头烂额。2019年8月21日，由美国前总统奥巴马出品、"玻璃大王"曹德旺出镜的纪录片《美国工厂》上映，主角正是2008年通用汽车关闭的俄亥俄州代顿工厂，而这座工厂在6年后，由曹德旺的福耀玻璃接手。

薪酬问题、工作条件、带薪休假，福耀玻璃厂一进入，便遇到了UAW的种种阻碍，但曹德旺态度强硬。"如果工会成立的话，我就工厂关了，我就不做了。因为那个（工会）没有希望，通用怎么倒掉的？通用就是死在工会上面。"纪录片上映后，曹德旺在接受媒体采访时直言。

诞生于1935年的UAW，曾被认为是"全球最具战斗力的工会"。伴随着美国汽车业的飞速扩张，UAW在1936年到1950年间迅速发展，巅峰时期成员总数达到了150万人，本质是为汽车工人们谋福利争权益的组织，入会的工人要将工资的一部分作为会费上交，据悉，在2007年，会费比例为5%。

UAW的确为美国的汽车工人争取了诸多福利。以通用汽车为例，美国密歇根州汽车研究中心提供的数据显示，通用汽车工人的时薪（包括福利在内）为70~78美元，比丰田和本田等日企美国工厂的人力成本高出近30美元。美国科尔尼管理咨询公司的数据显示，通用每辆车上分担的员工医疗保险成本为1500美元，大众为418美元，丰田为97美元。但这是UAW与汽车企业多次斗争的结果，通用汽车员工上一次举行大罢工还是在2007年，彼时，参与人数达到7.3万人；再上一次罢工是在1998年，持续了54天，通用汽车损失了约20亿美元。

三、制造业回流难在哪

为员工争取福利是好事，但过高的人力导致美国汽车业成本高企、竞争力减退，也让

UAW成为众矢之的。"美国的工会制度已经不适合制造业发展了,可以说,美国制造业的衰败就是这样引起的。"曹德旺直言。

2019年9月的最新数据显示,美国2019年8月的制造业指数仅为49.1,不仅低于2019年7月的51.2,并且低于经济学家们此前的预测。其中,新订单指数跌至7年多以来的低位,生产指数同样创下2015年年底以来的新低。

在接受北京商报记者采访时,中国社会科学院美国研究所副研究员魏南枝认为,美国制造业的外移,跟工会没有直接关系。"实际上,美国工人参加工会的比例要比欧洲低很多,并且美国工会的能力相对欧洲比较低。工会可能有自己的一些问题,比如个别工会存在一些工会'贵族',利用身份获得好处等,但其实话语权还是掌握在资本家手中,所以也有污名化工会形象的情况出现,导致工会在美国历史上的形象不太好。"魏南枝说道。

在魏南枝看来,美国制造业回流的障碍不在于工会的强大,而在于全球化的浪潮、产业链的转移、科技生产力的进步等。二战后,美国的制造业转移到欧洲,如今已经转移到亚太地区。就像美国政府要求苹果回到国内设厂时苹果的回应,想回也回不来了。

"我们将重新夺回我们作为制造业国家的传统!"制造业的逐步衰弱是美国铁锈带形成的主因,也是特朗普得以入主白宫的间接原因,在喊出这样的口号后,特朗普的确提出了包括税改在内的一系列措施。

不过,魏南枝坦言,不是特朗普想让制造业回去就能直接回去的,税改背后,受益的还是资本家,现在税收方面已没有太多可以发挥的空间了。要想让美国制造业再次崛起,需要足够的设备、工人和工程师,但现在美国的问题在于缺乏人才基础和制造业基础。即使回移至美国,美国工厂也会逐步用机器代替人工。在《美国工厂》的结尾,投票胜过工会之后,工人们心满意足地回家,新总裁则指着无人的生产线,说到"这里很快就要全机械化生产,我们会把这些工人全都裁掉"。

(资料来源:陶凤,汤艺甜."美国工厂"失灵 通用汽车4.8万人大罢工[N]. 北京商报,2019-09-17.)

通用汽车员工罢工的根源是什么?应如何解决好此次罢工事件?

第三节 员工关系的终止与离职管理

一、员工关系的终止

员工关系的终止即劳动关系的终止,是指劳动主体双方结束权利义务关系,一般表现为劳动合同终止与劳动合同解除两种情形。

（一）劳动合同终止

劳动合同终止是指劳动合同的法律效力依法被消灭，亦即劳动合同所确立的劳动关系由于一定法律事实的出现而终结，劳动者与用人单位之间原有的权利和义务不复存在。我国《劳动法》规定了劳动合同终止的两种情况。

一是劳动合同期限届满，劳动合同宣告终止。劳动合同期满是劳动合同终止的最主要形式，适用于固定期限的劳动合同和以完成一定工作任务为期限的劳动合同。一旦约定的期限届满或工作任务完成，劳动合同通常都自然终止。但在一些特殊情况下，劳动合同到期也不能与劳动者终止。依据劳动合同法、工伤保险条例、工会法等的相关规定，用人单位与劳动者劳动合同期满，不能终止劳动合同的情形有以下几种。

（1）女职工在孕期、产期和哺乳期内，劳动合同期限届满时，劳动合同的期限应自动延续至孕期、产期和哺乳期满为止。

（2）劳动者患病或者非因工负伤，在规定的医疗期内的，劳动合同的期限应自动延续至医疗期满为止。

（3）从事接触职业病危害作业的劳动者未进行离岗前职业健康检查，或者疑似职业病病人在诊断或者医学观察期间的劳动合同期满时，劳动合同的期限应自动延续至职业健康检查、诊断或观察期结束，劳动者的职业健康检查费用，疑似职业病病人在诊断、医学观察期间的费用均由用人单位承担。

（4）在本单位患职业病或者因工负伤并被确认丧失或者部分丧失劳动能力的，劳动合同期满时，是否能终止劳动合同，需要视伤残等级，区别对待。根据《工伤保险条例》规定：① 如果职工因工致残，被鉴定为一级至四级伤残的，保留劳动关系，退出工作岗位，这时候用人单位不能因劳动合同期满而与其终止劳动关系。② 如果职工因工致残被鉴定为五级、六级伤残的，则保留与用人单位的劳动关系，由用人单位安排适当工作；难以安排工作的，由用人单位按月发给伤残津贴，经工伤职工本人提出，该职工可以与用人单位解除或者终止劳动关系。③ 如果职工因工致残被鉴定为七级至十级伤残的，劳动合同期满时，即可终止。

（5）在本单位连续工作满十五年，且距法定退休年龄不足五年的。该种情形下，已经满足签订无固定期限劳动合同的情形（连续工作满十年就可以签订），所以不能以劳动合同到期为由终止劳动合同。

（6）以下情形，劳动者提出或者同意续订、订立劳动合同的，除劳动者提出订立固定期限劳动合同外，应当订立无固定期限劳动合同：① 合同期满时劳动者已在该用人单位连续工作满十年；② 用人单位初次实行劳动合同制度或者国有企业改制重新订立劳动合同时，劳动者在该用人单位连续工作满十年且距法定退休年龄不足十年的；③ 连续订立二次固定期限劳动合同的，但是劳动者不存在《劳动合同法》第39条规定的用人单位可以依据过错解除的情形，《劳动合同法》第40条规定的医疗期满不能从事原工作，也不能从事用人单位另行安排的工作；不能胜任工作，经培训或者调岗仍不能胜任工作的情形。

（7）职工一方协商代表在其履行协商代表职责期间劳动合同期满的，劳动合同期限自动延长至完成履行协商代表职责之时，除出现下列情形之一的，用人单位不得与其解除劳动合同：① 严重违反劳动纪律或用人单位依法制定的规章制度的；② 严重失职、营私舞弊，对用人单位利益造成重大损害的；③ 被依法追究刑事责任的。

（8）基层工会专职主席、副主席或者委员自任职之日起，其劳动合同期限自动延长，延长期限相当于其任职期间。

二是法定情形出现,劳动合同也宣告终止。这种情况既适用于有固定期限和完成一定的工作为期限的劳动合同,也适用于无固定期限的劳动合同,劳动合同的这种终止属于法定终止。法定情形主要有以下8种情况。

(1) 劳动者开始依法享受基本养老保险待遇。由于退出劳动力市场的劳动者的基本生活已经通过养老保险制度得到保障,劳动者不再具备劳动合同意义上的主体资格,因此劳动合同自然终止。只要劳动者依法享受了基本养老保险待遇,劳动合同即行终止。

(2) 劳动者达到法定退休年龄的(即使未办理养老保险),劳动合同终止。出现此种情形,用人单位应当及时办理劳动合同终止手续。如需继续留用劳动者,双方可以签订劳务协议,对劳务关系、劳务费、留用时间、劳动保护等予以明确约定。

(3) 劳动者死亡、被人民法院宣告死亡或者宣告失踪、死亡,意味着劳动者作为自然人从主体上的消灭。宣告死亡,是公民下落不明达到法定期限,经利害关系人申请,由人民法院宣告该公民死亡的民事法律制度。宣告失踪,是公民下落不明满法定期限,经利害关系人申请,由法院宣告其失踪并对其财产实行代管的法律制度。当劳动者死亡、因下落不明被人民法院宣告失踪或者宣告死亡后,作为民事主体和劳动关系当事人,无法再享受权利和承担义务,自然也不能继续履行劳动合同,劳动合同当然终止。

(4) 用人单位被依法宣告破产、被吊销营业执照、责令关闭、撤销。按照《民法通则》《公司法》以及《企业破产法》的规定,在劳动合同履行过程中,企业被依法宣告破产、被吊销营业执照、责令关闭或被撤销,意味着企业的法人资格已被剥夺,表明此时企业已无法按照劳动合同履行其权利和义务,只能终止劳动合同。

(5) 用人单位决定提前解散。根据《公司法》规定,因公司章程规定的解散事由出现、股东会或者股东大会决议等原因,用人单位提前解散的,其法人资格便不复存在,必须终止一切经营和与经营业务有关的活动,原有的债权债务关系包括与劳动者的劳动合同关系,也随主体资格的消亡而消灭。

(6) 自用工之日起一个月内,经用人单位书面通知后,劳动者不与用人单位订立书面劳动合同的,用人单位应当书面通知劳动者终止劳动关系。

(7) 用人单位自用工之日起超过一个月不满一年未与劳动者订立书面劳动合同,有证据证明是劳动者不与用人单位订立书面劳动合同的,用人单位应当书面通知劳动者终止劳动关系。

(8) 法律、行政法规规定的其他情形终止。法律规定不可能包含现实生活中出现的所有现象,因此,《劳动合同法》将这一规定作为兜底条款。

(二) 劳动合同解除

劳动合同解除,是指在劳动合同有效成立以后,当解除的条件具备时,因当事一方或双方的意思表示,提前终止劳动关系的法律行为。劳动合同的解除方式可分为协议解除和单方解除。

1. 协议解除

协议解除即劳动合同经双方协商一致而解除。据《劳动法》规定,用人单位与劳动者协商一致,可以解除劳动合同。双方协商解除劳动合同应具备以下条件:一是双方自愿;二是平等协商;三是不得损害任何一方的利益;四是双方达成解除劳动合同的书面协议。

2. 单方解除

单方解除即享有单方解除权的一方以单方意思表示解除劳动合同。其中,用人单位单方解除劳动合同有以下三种情况。

一是随时解除,即因劳动者的过失,用人单位单方解除劳动合同。根据《劳动法》第25条规定,当劳动者符合下列情形之一的,用人单位可以直接解除劳动合同,不需向劳动者预告,也不需支付劳动者经济补偿:① 试用不合格,即在试用期间被证明不符合录用条件的;② 严重违纪,即严重违反劳动纪律或组织规章制度的;③ 给用人单位造成损害,即严重失职,营私舞弊,对组织利益造成重大损害的;④ 劳动者被依法追究刑事责任的。

二是预告解除。根据《劳动法》第26条规定,当劳动者符合下列情形之一的,用人单位也可以解除劳动合同,但要提前30天以书面形式预告劳动者本人并依法支付劳动者经济补偿:① 劳动者患病或非因公负伤,医疗期满后,不能从事原工作也不能从事由用人单位另行安排工作的;② 劳动者不能胜任工作,经过培训或调整岗位,仍不能胜任工作的;③ 劳动合同订立时所依据的客观情况发生重大变化,致使原合同无法履行,经当事人双方协商不能就变更合同达成此协议的。

三是经济性裁员。根据《劳动法》第27条规定,用人单位濒临破产进行法定整顿期间或者生产经营状况发生严重困难,确需裁减人员的,应当提前30日向工会或者全体员工说明情况,听取工会或者职工的意见,经向劳动行政部门报告后,可以裁减人员。也就是说,用人单位还可以通过裁员的形式解除劳动合同。

劳动者单方解除劳动合同有以下两种情况。

一是预告解除。根据《劳动法》第31条规定,劳动者解除劳动合同,应当提前30天以书面形式通知用人单位。也就是说,劳动者无须说明任何法定事由,只需提前30天告知用人单位,即可向用人单位提出办理解除劳动合同的手续,用人单位应予办理。同时,为了防止劳动者滥用这一权利而损害用人单位的利益,《劳动法》第102条规定,劳动者违反本法规定的条件解除劳动合同或者违反劳动合同中约定的保密事项,对用人单位造成经济损失的,应当依法承担赔偿责任。

二是随时解除。根据《劳动法》第32条规定,有下列情形之一的,劳动者可以随时通知用人单位解除劳动合同:① 在试用期内的;② 用人单位以暴力、威胁或者非法限制人身自由的手段强迫劳动的;③ 用人单位未按照劳动合同约定支付劳动报酬或者提供劳动条件的。

二、离职管理

随着环境变化与观念的更新,员工离职越来越频繁,如何看待和处理与离职员工关系,已成为组织人力资源管理的新课题。理论和实践经验均表明,一支对组织满意和忠诚的员工队伍对于提升客户满意度和投资者满意度都具有重要的意义。也就是说,在员工保留率与客户保留率以及投资者保留率之间确实存在密切的联系。因此,组织既要善于留住核心或绩效优秀的员工,同时也必须有能力和意愿去解雇那些绩效不佳甚至对组织绩效或其他利益产生不利影响的员工。同时,员工离职对组织会造成很多影响,一旦离职的事实发生,双方也都应以开阔的胸襟坦然面对,共同找出问题症结。即使组织与员工双方无法再继续共事下去,也不应有伤害对方的情形发生。由于离职者的心态多半是对组织产生不满,一旦离开后可能会有诋毁组织的情形发生,对于组织形象会有很大的影响,因此做好离职管理可以预防很多不利于组织的行为发生。

(一) 离职与离职管理

离职是指员工离开原职务或原组织的一种行为。此处的离职主要指后者。根据员工离职原因的不同,可将离职分为被动离职和主动离职。如果员工离职是由组织方面提出的,则这种离职就属于被动离职,包括解雇与非自愿流出两种形态。通常情况下,这类离职涉及的员工本人往往希望能够继续留在组织中。被动离职可能是由于员工严重违纪或多次绩效考核不合格且无法改进而被组织解雇,也可能是组织因经济不景气等而阶段性地解雇一些员工。

如果离职的要求是由员工方面提出的,而组织却希望员工能够继续留在组织中,则这种离职便属于主动离职,它包括辞职和自然离职两种形态。其中,如果员工想到其他组织中从事另一份工作,很可能就会辞职;如果员工因达到法定退休年龄而离职,便属于自然离职。在当今社会,就业自由化、择业自主化大潮涌动,主动离职已成为劳动力自由流动之常态。而与显性的"主动离职"相伴而生的,则是隐性的"精神离职"。所谓精神离职,就是人们常说的出勤不出力、人在心不在、有力不愿使、事不关己高高挂起等现象。① 如果说"说走就走"的"主动离职",张扬着"我的职业我做主"的自我选择,"欲走不走"的"精神离职",则隐藏着"当一天和尚撞一天钟"的自我沉沦。精神离职作为组织中一种负面的、影响组织发展的因素不可小觑,若不及时予以纠正、引导化解,必将形成附在组织健康发展上的"病瘤",成为组织发展的负累。

总之,任何一个组织都试图避免发生员工被动离职的情况,同时希望将主动离职尤其是那些绩效优秀员工主动离职的情况减到最少,也希望杜绝员工"精神离职"这种隐蔽现象的发生。这是因为,无论是主动离职,还是被动离职,抑或是"精神离职",都会给组织造成很大的损失。比如,替换离职员工的成本和费用可能会非常高,这不仅是因为招募和甄选新员工需要花费一定的时间,而且新员工需要花一定的时间来学习完成岗位工作和团队协作方面的技能。然而,随着市场经济的不断发展,当今社会的人才竞争日益激烈,人才流动日趋频繁,员工离职已成为组织不得不面对的一种现象。而组织对员工离职过程的管理称为离职管理。

(二) 离职管理的流程

为规范组织离职管理,维护正常的员工流动秩序,组织需要完善离职程序,做好离职员工的交接工作。一般而言,离职的程序为:员工填写离职单、离职面谈、核准离职申请业务交接、办公用品及组织财产的移交、监督移交、人员退保、离职生效、资料存档以及离职员工的后续管理(见图 9-1)。

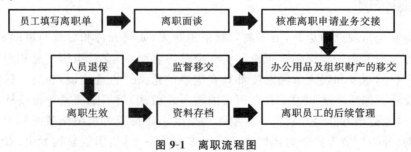

图 9-1 离职流程图

---

① 李华江. 有感于"精神离职"[N]. 人民邮电, 2013-08-07.

（三）离职面谈

无论组织如何努力，可能都无法完全避免员工离职的结果。在部分员工不可避免地离开组织的时候，组织如果能够做好离职面谈工作，还能够为组织以后留住员工提供一个收集信息的机会。在离职面谈过程中，即将离职的员工会与其直接上级或者人力资源专家讨论自己离职的原因，因此代表组织参加面谈的人员应该以开放性和概括性的问题作为提问的切入点，给员工提供一个表达的机会，让他们说出导致他们对工作不满意的原因，以便将来有针对性地加以改善，防止更多的员工出于同样的原因离职。

1. 离职面谈的参加人员

一般来讲，离职面谈的参加人员主要包含三类人员：员工本人、人力资源经理、员工的直接主管。

2. 离职面谈的准备工作

离职面谈前需要做好准备工作，具体包括：准备充裕的时间、准备离职者的个人资料、准备离职者的离职申请、准备离职者以往的考核记录。

3. 离职面谈的注意事项

（1）面谈不应该草草结束，因为面谈的目的是尽量得知为什么员工要离职，然后针对这些原因进行改进，防止流失更多员工。

（2）面谈地点应该具有隐私性，而且谈话不会被打断。面谈的目的是同离职员工进行深层次的交流，所以找一个双方有利于沟通的地点，让离职员工可以无拘无束地谈论。

（3）安排足够时间供离职员工畅所欲言，并适时保持沉默，让离职员工有时间可以思考。面谈时不要只是按照事先列出的问题逐项发问，而要积极地倾听，如果有不清楚的地方，要仔细询问。

（4）让离职员工感受到组织的真诚。如果他觉得离职面谈只是在例行公事，那么就不会得到有价值的回馈。另外，不要让离职员工觉得组织想要他编造一些美好故事；更不要让面谈成为揭人疮疤的地方。

（5）面谈应以开放性的问题为主，让员工能够依照个人经验回答，避免提那些太笼统或具引导性的问题。

（四）离职原因分析

面谈结束之后，应将面谈记录汇总，针对内容分析整理出员工离职的真正原因，并且提出改善建议以防范类似事件再度发生。

（1）首先要根据组织的情况，做好基础性的数据收集工作，这是进行离职原因分析的关键之处，否则该项工作很可能无法取得准确结果。其次将离职原因及相关影响因素列出，形成可以收集数据的"员工流失关键要素"表，并根据本单位的人力资源工作可达到的情况，找到自己可以分析的"员工流失关键要素"。

（2）在根据数据进行离职原因分析时，可以通过计算机建模并进行线性回归分析来保证其科学性，这也说明了要深入研究人力资源管理，就必须进行多学科的结合。

（3）离职原因分析要与公司其他管理工作和人力资源其他方面的工作结合起来分析，比如绩效管理、职类管理、部门职责、工作任务、职业发展渠道、薪酬等。

（五）善待离职者

在管理实践中，大部分组织仍局限于传统的人力资源管理流程，更喜欢将注意力与激励手段倾注在现有和潜在员工身上，却忽视了组织的离职员工。美国《财富》杂志曾研究发现：一个员工离职以后，从招聘新员工到顺利入职，光是替换成本就高达离职员工薪水的1.5倍，而如果离开的是管理人员则代价更高。随着组织内"目标理念"的兴起，组织间的人员流动变得前所未有的容易，但吸引优秀员工却日益困难，故加强离职员工管理，善待离职者逐渐成为人力资源管理的重点。这是因为离职员工不但能继续为组织创造财富，而且在树立组织形象、宣扬组织理念上也能发挥积极作用。因此通过加强、改善离职员工的管理来提高人力资源管理整体绩效，是现代组织人力资源经理面临的重要课题。在这方面麦肯锡公司提供了有效的实践范例，麦肯锡公司有个旧雇员关系管理，把旧雇员当作毕业生，并建立旧雇员数据库，这是一个人性化的管理。因为它是基于把离职员工当作自己的朋友看待。当然在商品社会，没有利益的事情，大多数人不会干，人力资源部门提出这样的方案，老板也不会接受。实际上这也是一个潜在合作伙伴、客户、人才的管理问题。

阅读与思考9-3：北大纵横聪明对待离职员工

在北大纵横管理咨询公司的内部有一份很特殊的人事档案。其中不但包括了每个员工在此工作期间的相关资料，而且，在员工离开北大纵横之后，该人事档案依然会被保留。

"员工的去向、所做的工作、联系方式包括手机号码等一旦发生变化，我们都会对他的档案在24小时以内做出更改。"北大纵横管理咨询公司的陈江解释他们这样做的目的是：在他们离职后，我们还要与员工保持联系和交往，我们将其依然视为公司的一笔财富。

"人们在职业生涯的某个时刻会因为各式各样的理由离开我们。比如'我想去一家小公司干干'或者'我想住在郊区'等。如果他们是优秀的，如果他们为了学习新事物而离去，那么，竭力留住他们是不值得的。但我们努力保持大家的关系，因为他们中许多人将决定回来。而且回头的员工将成为我们最忠心的员工，他们回来后会令人难以置信地投入。"这是美国的一位管理专家所信奉的准则。

"在我们接触的公司之中，做得好的公司一般会规定在每个员工离职前必须做一次面谈，主要是提出自己对公司的看法和离职的原因。有不少企业领导者和员工的关系是'人一走，茶就凉'，坚决不再重新录用曾离开公司的人。"做了多年企业咨询的陈江分析其他企业的做法，也提出了北大纵横对于这个敏感问题的态度。"在北大纵横，不管是进入我们公司多年的老员工，还是那些刚进来几天就发现不适应提出要走的人，在他们提出离开时，我们一般都会挽留，但同时也会尊重他们的选择。对于离职的原因和公司的看法我们会通过谈话进行了解。更重要的是我们还十分关心他们今后的发展和去向，甚至我们会帮助他们寻找一些更适合的单位。"陈江解释说，从另一个角度讲，离开公司的员工里，有很多是非常优秀、有能力的人。和这些员工保持交往，会为公司带来新的资源。

在北大纵横有这样一份统计数据：从2000年至今共有80人离职，其中有20～30人是属于刚到企业就发现不能适应而提出离职的。在每年北大纵横举办的一些活动中，都会邀请这些员工前来参加。每次来的人数至少有四五十人。

"有的人认为如果让那些所谓的'叛徒'回来，或者还与他们保持长期的交往，无法面对留下来的那些人。而我的经验告诉我，事实恰恰相反，这么做是对现有人员的尊重，让他们感觉到温暖和信任。而且对于企业文化的建立和企业品牌的建立有着非常大的影响。"陈江强调了这一观点。

对于所有备受人才流失困扰的企业来说，管理者往往殚精竭虑甚至不择手段以求留住优秀的员工。而如今，面对越来越激烈的商业竞争，很多企业摒弃了"终生员工"的概念，更愿意和员工保持"终生交往"，以崭新的态度来看待人才流失和留住的问题，他们不但不竭力阻止优秀人才走出公司的大门，甚至还"鼓励"人才的离开。

"人员流失并非坏事"。贝恩公司（Bain & Company）国际顾问公司全球执行董事44岁的汤姆·蒂尔尼说："我们吸引了最优秀、最聪明的人，而这些人是最难留住的。我们的工作是创造有价值的事业使他们多停留一天、一个月或一年。但认为你能最终困住人才的想法是愚蠢的。应该在他们离职之后继续与他们保持联系，把他们变成拥护者、客户或者商业伙伴如何呢？"

在国内，同样也不乏这样的例子。一家国有老制药厂的人才机制中很重要的一条是"鼓励人才流动"战略。该厂负责人出语惊人："我们出钱鼓励科技人员流动！"实施来去自由的人才战略，除工资浮动、给住房、发生活安置费用等优惠条件外，特别强调，大中专学生和科技人员来去自由，若要走，企业决不强留，同时鼓励考研攻博，读书期间还发500～1500元不等的生活费；若出国留学，费用照样由厂里负担。

鼓励人才流动的机制非但没有造成大量人才流失，恰恰相反，其人才反而越留越多。对于其中的奥妙，该企业的负责人一语道破天机："受过厂里培养出去的科技人员对企业有一种感情情结，这种感情情结会使他们留下终生不褪的心理烙印，他们会以各种方式报效厂里。"

（资料来源：杜爽."终生交往"让人才流而不失 员工离职，人走茶不凉[J].科学咨询，2003(11):30-31.）

北大纵横是如何做到离职员工"流而不失"的？

第四节 员工安全与健康管理

一、员工安全与健康管理的重要性

在过去的管理实践中，员工的安全与健康总是同传统工业生产相联系。但随着经济和社会的快速发展，许多新兴产业包括计算机以及计算机外围设备制造等领域也存在较大数量的工伤事故或职业病发生。而且，由于员工长时间在封闭的空间中办公，以及充满压力的工作环境，也容易引发很多安全与健康问题。而员工的安全与身心健康，直接关系到组织的正常运行。因为如果组织对员工的人身安全和健康都不认真对待,员工的工作满意度和组织承诺度一定不会太高。一旦他们在其他组织中能够找到更好的工作机会,主动离职的可能性会极大。这些情况表明,组织必须对工作场所的安全与健康问题(包括到工作场所外面去工作的员工的安全与健康问题)给予高度重视。组织需要加强对员工的健康投资,这样才能帮助员工提高身体素质,增强身体免疫力,提高员工工作热情与积极性,并让员工能感受到更多来自组织的关怀,从而与组织建立起良好的感情关系,这对日后继续开展工作将带来极大帮助。反之,如果组织不重视员工的健康管理工作,员工身体很可能出现亚健康问题,或者是因工作而患病等,那么势必就会影响到组织的可持续发展。因此,在维护员工的安全与健康方面投入必要的时间和经费是组织员工关系管理中一个非常重要的方面,它对于吸引和留住员工,实现组织的可持续发展具有重要的价值。

同时,保证员工在工作场所的安全与健康也是组织应当对员工承担的最基本的法律责任,不能尽到这种保护责任的组织可能会面临严厉的处罚。比如,我国《劳动法》第6章专门对"劳动安全卫生"进行了详细规定,第7章又对"女职工和未成年工特殊保护"进行了详细规定。

我国在2001年10月出台了《职业病防治法》,此后分别在2011年12月、2016年7月、2017年11月和2018年12月进行了四次修正。该法所称职业病,是指企业、事业单位和个体经济组织等用人单位的劳动者在职业活动中,因接触粉尘、放射性物质和其他有毒、有害因素而引起的疾病。该法第4条规定,"劳动者依法享有职业卫生保护的权利。用人单位应当为劳动者创造符合国家职业卫生标准和卫生要求的工作环境和条件,并采取措施保障劳动者获得职业卫生保护。工会组织依法对职业病防治工作进行监督,维护劳动者的合法权益。用人单位制定或者修改有关职业病防治的规章制度,应当听取工会组织的意见。"同时,该法第6章对用人单位违反该法的法律责任进行了明确规定。

2016年12月,国务院办公厅印发的《国家职业病防治规划(2016—2020年)》指出,要坚持正确的卫生与健康工作方针,强化政府监管职责,督促用人单位落实主体责任,提升职业病防治工作水平,鼓励全社会广泛参与,有效预防和控制职业病危害,切实保障劳动者职业健康权益,促进经济社会持续健康发展,为建设健康中国奠定重要基础。

2019年10月,全国爱卫办、国家卫生健康委、工业和信息化部、生态环境部、全国总工会、共青团中央、全国妇联联合出台《关于推进健康企业建设的通知》(全爱卫办发〔2019〕3号),提出要"通过不断完善企业管理制度,有效改善企业环境,提升健康管理和服务水平,打造企业健康文化,满足企业员工健康需求,实现企业建设与人的健康协调发展"。

2019年12月,我国出台的《基本医疗卫生与健康促进法》第七十九条规定:"用人单位应当为职工创造有益于健康的环境和条件,严格执行劳动安全卫生等相关规定,积极组织职工开展健身活动,保护职工健康。国家鼓励用人单位开展职工健康指导工作。国家提倡用人单位为职工定期开展健康检查。法律、法规对健康检查有规定的,依照其规定。"

可见,员工安全与健康管理是员工关系管理的重要内容之一。做好员工的安全与健康管理,不仅是组织可持续发展的需要,也是组织遵守国家法律法规的一个最基本要求。

二、常见的员工安全与健康问题

(一)常见的员工安全问题

1. 常见的员工不安全行为

常见的员工不安全行为主要包括:① 操作错误、忽视安全、忽视警告;未经许可开动、关停、移动机器,开、关机器时未给信号,开关未锁紧,造成意外转动、通电或漏电等,忘记关闭设备,忽视警告标记、警告信号,操作错误,奔跑作业,机器超速运转,手伸进冲压模,工件坚固不牢,用压缩空气吹铁屑。② 造成安全装置失效:安全装置被拆除、堵塞,作用失效,因调整的错误造成安全装置失效。③ 使用不安全设备:临时使用不牢固的设施,使用无安全装置的设备。④ 手代替工具操作:用手代替手动工具,用手清除切屑,不用夹具固定,用手拿工件进行机加工,物品存放不当。⑤ 冒险进入危险场所:冒险进入涵洞、接近漏料处、危化品房、基建工地。⑥ 攀、坐不安全位置:在起吊物下作业、停留,机器运转时加油、修理、调整、焊接、清扫等,有分散注意力的行为。⑦ 未穿戴劳保用品:在必须使用个人防护用品用具的作业场所忽视其作用。⑧ 不安全装束:在有旋转零件的设备旁作业穿过于肥大的服装,操纵带有旋转部件的设备时戴手套,女员工的长发不盘起来操作辊压机。

2. 常见的职业性伤害事故

常见的职业性伤害事故主要有以下几种:① 物体打击,常见于高空作业,起重吊装、拆装,设备带故障运行,压力容器爆炸等;② 机械伤害,指强大机械动能所致伤害,这类机械多指皮带机、车床、搅拌机等;③ 高处坠落,常见于蹬踏物突然断裂或滑脱,高空作业移动位置时踏空、失衡,安全设施不健全;④ 车辆伤害,包括行驶中引起的撞车、倾覆所致伤害,行驶中上下车、扒车等造成的事故,行驶中碰撞建筑物、堆积物引起建筑物倒塌、物体散落引起的人身伤害;⑤ 电击伤害,指人体接触到不同电位的两点时,由于电位差在人体内形成电流所致伤害,常见于电气线路、设备检修安装不符合安全要求,非电工擅自处理电气故障,移动过高、过长金属物体触及高压线,工具、设备漏电;⑥ 操作事故伤害,常见于压力容器操作时碎片、冲击波、有毒介质、可燃介质的燃烧和二次爆炸造成的伤害,瓦斯爆炸后产生的高温、高压和引发的冒顶、坍塌,以及一氧化碳中毒等。

(二) 常见的员工健康问题

1. 职业病

职业病是指企业、事业单位和个体经济组织等用人单位的劳动者在职业活动中,因接触粉尘、放射性物质和其他有毒、有害因素而引起的疾病。常见的职业病包括肺尘、职业中毒、职业性肿瘤、职业性放射性疾病、职业性皮肤病、职业性传染病等。

2. 心理问题

员工在工作中遭遇的心理问题,大多是压力所致,使人产生压力的因素被称为应激源。应激源可划分为个体特征、工作因素、非工作因素三类,其中,工作因素主要包括工作环境、人际关系、角色特征和组织特征。

(1) 个体特征。员工的人格特质会影响他们承受压力的能力,最常用的人格标签就是 A 型人格和 B 型人格。A 型人格的人具有较强的时间紧迫感和竞争驱动力,难以接受和享受空闲,而与之相反的便是 B 型人格,B 型人格的人不会有时间紧迫感和焦虑感。因此,A 型人格比 B 型人格的人更容易感知到压力。

(2) 工作因素。工作因素是引发员工压力的主要来源,主要有以下几方面的内容。

① 工作环境:主要指照明、噪声、卫生、污染、空间等物理环境。拥挤的空间、过度的噪声、浑浊的空气、无法正常工作的设备等都会增加员工的压力。

② 人际关系:主要指上下级之间、同事之间以及与客户之间的关系。随着劳动力差异化

的加剧和对团队合作的依赖,人际关系日益成为当今社会一个不容忽视的应激源。

③ 角色特征:主要包括角色冲突、角色模糊和角色过载。角色冲突是指难以满足的工作期望,角色模糊是指员工未能理解组织对于自己的期待且无法确定自己需要做什么,角色过载是指员工被期望在规定的时间内做更多的事情。这些因素均可导致压力的产生。

④ 组织特征:主要指组织战略、组织结构、组织文化、个体地位等。显而易见,无论是裁员、机构调整,还是缺乏以人为本的组织文化,抑或官僚式的组织结构,都会使人产生压力。

(3) 非工作因素。比如家庭关系、居住环境和条件、社会阶层、经济条件等都会间接地影响员工的心理状态。

此外,员工还可能在工作场所遭遇暴力,这里所指的暴力不仅包括打架伤人,还包括一系列的暴力行为。轻微的如口头威胁、争执、恐吓、骚扰、逼迫等,严重的如推搡、打耳光、打架乃至恶性攻击甚至杀人。

三、员工安全与健康管理措施

(一) 员工不安全行为的管理措施

基层单位是组织员工不安全行为管理的责任主体,要发挥最大潜能为员工创造良好的工作环境,消灭不安全行为发生的诱因和土壤,为员工提供自觉规范作业的条件,从根本上杜绝不安全行为的发生。

1. 强化车间、班组现场管理,提高员工自觉遏制不安全行为的积极性

首先,对员工不安全行为实行分级考核管理。各基层单位发现的不安全行为,自行按照相关办法考核处理;安全管理中心各部门检查发现的不安全行为,由中心按照相关办法考核处理;单位检查发现的不安全行为,由单位按照相关办法进行考核处理。对基层单位及车间、班组已经查处的不安全行为当事人不再进行责任追究,其不安全行为也不纳入中心、单位绩效和评先树优等考核。

其次,各基层单位要明确各级管理人员在不安全行为管控中的责任,并落实到人。当出现不安全行为时,不但要对当事人进行处罚,同时要追究管理者的连带责任。确保跟班到位,不安全行为管控责任落实到位。

再次,各单位要注重员工现场实操技能培训,充分发挥班组长和老师傅一对一的"传、帮、带"作用。在特殊时期、特殊时段、特殊任务下,加强对新员工的管理监督,以防止由于突击生产和侥幸心理导致不安全行为的发生。

最后,持续开展班组的危险源辨识和风险评估工作。班前会必须针对上一班反馈的信息和本班的工作任务进行作业安全风险分析,有重点地落实安全措施;交接班要与现场危险源辨识和隐患排查处理相结合,杜绝上班时不能认真负责干好本职工作,急于早下班而手忙脚乱、无序操作等不安全行为发生;作业中,要培育员工养成"五思而行"(① 本人做此项工作有哪些风险? 不知道不去做;② 本人是否具备做此项工作的技能? 不具备不去做;③ 做本项工作所处的环境是否安全? 不安全不去做;④ 做本项工作是否有适当的工具? 不恰当不去做;⑤ 做本项工作是否已佩戴了合适的个人防护用品? 不合适不去做)的习惯,从根本上杜绝员工不安全行为。

2. 加强职业培训,提高员工自身安全生产意识和技能

组织要加强对员工的思想教育,提高员工安全意识;加大作业规程及相关业务知识培训力度,提高员工业务技能,使员工胜任本职工作,避免无意违章现象发生。

具体来说,一方面,要做好"不安全行为认定标准"的告知和培训工作,让员工知道哪些是不安全行为、其风险等级如何、会造成什么后果等,以进行自我行为约束。

另一方面,要建立完善的培训系统,配备充足的培训资源,创新培训手段,建立培训考核机制,确保培训工作取得实效。① 配齐培训教材。针对不同培训对象配备相应培训教材。如新员工培训、安全常识培训、本安体系基础知识和专业技能培训教材等,可分类别、分专业进行编制或收集。② 充实师资力量。选拔建立讲师队伍,形成相对固定的专业化培训团队负责安全培训工作,开展常态化、系统性的安全培训。③ 抓好质量关。针对不同的岗位开展不同内容的培训,改变目前"培训只是把全部内容念一遍,考试只是发下试卷抄一遍"的现象。④ 实施严格考核。严格开展培训后的考核工作,考核题目要有针对性,与培训内容高度统一,避免使用通用类考试题,使考试流于形式。如建立考试题库供分类随机抽取,实行教考分离等。⑤ 丰富培训方法。如传统面授、视频会议、网络系统、模块化、图像化、实操化培训等。⑥ 做好培训考核。对培训工作的开展情况及效果进行考核,推动"三级"培训的良性运行。

3. 加强设备管理,提高设备设施的安全可靠性

组织要按照安全风险预控的要求,从设计、设备配套过程中严格把关,增加科技含量,提高设备的安全可靠度。具体来说,一要加强设备检修、维护,提高设备完好率。对存在缺陷的在用设备、设施要建立台账,有计划地开展使用中消缺和大、小修时消缺,为员工规范作业提供硬件保障。二要对风险高的设备和工艺,开展针对性的小改小革、流程改造、科技创新及安全产品替代等活动,降低操作风险。比如,开展自主创新性改革活动、借鉴其他单位亮点工程等。

4. 改善作业环境,为安全生产提供良好的空间保障

组织要努力为员工创造便捷的作业环境和空间,使员工在安全的环境中作业。如按规定距离设置皮带过桥、安全出口保持畅通等。要从粉尘和噪声治理、安全防护、噪声照明和人机工程学等方面落实持续改进的具体目标和措施,并按计划执行。

5. 改进管理方法,全方位遏制员工不安全行为的发生

第一,各基层单位要有效开展不安全行为管理分析,分析高发不安全行为的类型、人群、时段等,制定针对性的管控措施,明确重点管控对象。同时,要积极探索不安全行为发生的客观因素和主观原因,从"人""机""环""管"查找管理漏洞和缺陷,不断强化管控方案。

第二,各职能部门要从定编定员、设备及备件配置、工程设计等方面做好支持和服务工作,为基层单位的安全生产创造条件。

第三,基层单位要查找由于设备缺陷、作业空间受限、检修或作业时设施不完善、防护用品不齐备等因素引发不安全行为的作业活动,从管理上进行消缺和改进,消除"不违章不能干"的错误观念。

第四,安全管理部门要把员工不安全行为管理纳入业务保安职责,定期对中心不安全行为人员数据库中的行为表现进行分析,查找各级人员在不安全行为治理工作中的不足,进行有针对性的改进。

第五,经营部门要建立全中心特种作业人员数据库,动态掌握各单位特种作业人员持证情况,做到办证、证件复审、换证超前安排,确保符合法定要求。

第六,各基层单位要大力推行标准化作业流程,合理、均衡布置工作任务,做到人岗匹配,防止抢时间、赶进度而发生不安全行为。同时,要配备完好、有效的安全防护用品和工器具,把好最后一道防线。

6. 做好事故管理,坚决杜绝类似事故的再次发生

对于在工作场所出现的各项事故,首先需要找出事故原因,然后进一步研究表面原因下隐藏的更深层次的原因。比如,一位员工因为地板上有油而滑倒,显然,地上的油是此次事故的直接原因,而间接原因可能是机器因缺乏维护而漏油、工作场所过于拥挤、地板没有清洁干净、安全意识薄弱、培训不够等。而完整准确的事故记录不仅有助于发现事故原因,还能帮助分析组织整体的安全健康状况以及安全方案的有效性。

(二)维护员工身体健康的措施

第一,对工作场所进行检查。定期对工作场所进行检查是保护员工身体健康的重要措施之一。根据《职业病防治法》,产生职业病危害的用人单位的设立除应当符合法律、行政法规规定的设立条件外,其工作场所还应当符合下列职业卫生要求:

① 职业病危害因素的强度或者浓度符合国家职业卫生标准;
② 有与职业病危害防护相适应的设施;
③ 生产布局合理,符合有害与无害作业分开的原则;
④ 有配套的更衣间、洗浴间、孕妇休息间等卫生设施;
⑤ 设备、工具、用具等设施符合保护劳动者生理、心理健康的要求;
⑥ 法律、行政法规和国务院卫生行政部门关于保护劳动者健康的其他要求。

第二,倡导健康的工作方式。积极传播职业健康的先进理念和文化,国家机关、学校、医疗卫生机构、国有企业等单位的员工应率先树立健康形象,争做"健康达人"。

第三,树立健康意识。鼓励职工积极参加职业健康培训,学习和掌握与职业健康相关的各项制度、标准,了解工作场所存在的危害因素,掌握职业病危害防护知识、岗位操作规程、个人防护用品的正确佩戴和使用方法。

第四,强化法律意识。遵守职业病防治法律、法规、规章,接触职业病危害的劳动者,应定期参加职业健康检查;罹患职业病的劳动者,应及时诊断、治疗,保护自己的合法权益。

(三)维护员工心理健康的措施

1. 营造有利于员工心理健康的良好环境

组织要设立心理咨询工作室,配置心理咨询师,开通24小时心理咨询热线,解决员工的心理困惑。要优化人际环境,形成公开公平、上下互信、平等相处、团结友爱的融洽氛围;要发扬民主,尊重员工的民主权利,让员工有畅所欲言的机会、渠道和场所。

2. 加强普及心理健康知识

组织要建立员工心理健康档案,聘请相关心理专家定期举办心理健康知识讲座,购买发放员工心理健康书籍。通过建立员工心理健康档案,架起组织与员工沟通的桥梁,提高人力资源管理和开发的个性化水平。

3. 做好员工的压力管理

联合国在一份报告中称,工作压力已经成为"21世纪的流感"。国外机构调查资料显示,员工由于巨大的心理压力而缺勤,不同程度地出现工作恐惧症,40%的员工跳槽或转行都是由于长期承受巨大的心理压力。工作压力不仅关系到员工的身心健康,而且对员工个人发展和组织绩效有着巨大影响。① 因此,如何对压力进行有效的控制和管理已成为任何组织和个人不可回避的问题。人们在大量研究和实践的基础上,总结出了很多压力管理的方法。澳大利亚学者史蒂文·麦克沙思和美国学者玛丽·安冯·格里诺将压力管理战略概括为消除压力源(应激源)、远离压力源、改变对压力的认知、控制压力的后果、寻求社会支持五个方面。

(1) 消除压力源。消除压力源是缓解员工压力的最根本方法。消除压力源是指组织在工作环境、工作安排、组织结构的设计上尽可能符合劳动工效学和安全心理学等相关学科的要求,符合安全健康管理体系的要求,并倡导以人为本的组织文化以及和谐的人际关系,以满足员工的心理要求,提高其自主性和责任感,促进其职业意识。从劳动者个人角度而言,应该不断提高自己的整体素质,满足工作环境对自身日益严格的要求。

(2) 远离压力源。消除压力源是一种十分理想化的解决方式,在实际工作中通常难以全部实现。在这种情况下,组织可以考虑将劳动者调离现任岗位,调换至更适合的岗位,以便避开压力源,或在工作中安排短暂的休息甚至短期休假,使劳动者暂时脱离压力源。如果这样仍然无法使劳动者从压力中解脱出来,恐怕劳动者需要考虑辞掉这份工作,永久离开这些压力源。

(3) 改变对压力的认知。组织需要帮助员工认识到压力是普遍存在的,只是每个人处理压力的方式有所区别,员工需要调整好心态,以积极乐观的心态去看待压力。

(4) 控制压力的后果。缓解压力最常见、最简单的方法就是进行体育锻炼。长期的体育锻炼可以降低人的呼吸频率、心率、血压,减少胃酸和肌肉紧张程度,从而缓解压力造成的生理反应。健康的生活方式(比如饮食均衡和良好的睡眠习惯)也有助于减轻压力反应。此外,一些放松、冥想或催眠训练也是缓解身心压力的有效方法。

(5) 寻求社会支持。同事和领导的支持会对员工的心理和生理产生较为有利的影响。社会支持主要表现为情感支持、信息支持、尊重和认可。

阅读与思考 9-4: 华为设首席员工健康与安全官

你可能对 CEO、COO、CFO 等了如指掌,但恐怕是第一次听说"首席员工健康与安全官"。

从 2008 年下半年开始,华为员工发现,邮箱里会不时收到副总裁纪平的邮件,她在邮件里提醒大家注意安全(哪怕是交通安全),要注意劳逸结合、注意身体健康。纪平之前是华为的 CFO,她现在新增头衔是"首席员工健康与安全官"。

就在几乎所有人都将"狼性"作为华为企业文化的第一大关键词时,华为也逐渐在企业文化中加入更多"温情"。华为在其发布的《2008 华为社会责任报告》中指出,2008 年首次设立首席员工健康与安全官,目的是进一步完善员工保障与职业健康计划。

据华为内部人士介绍,在首席员工健康与安全官之下,华为还专门成立了健康指导中心,规范员工餐饮、饮水、办公等健康标准和疾病预防工作,提供健康与心理咨询。

其实,关于华为员工的工作状态问题,一度引起社会上的极大关注。2006 年,华为员工胡

---

① 徐金印.企业应重视员工的心理健康[N].中国旅游报,2014-07-30.

新宇的猝死,让华为的"床垫文化"(有些员工为了方便加班,在办公桌下放置一张床垫)备受质疑,之后每当有华为员工发生交通事故以及各种意外(如法航飞机失事遇难者中就有一名华为员工),都会引起社会对华为员工的工作环境和工作压力的关注和拷问。

据华为公布的数字,华为2008年员工总数是8.75万,其中有43%从事研发,因此,华为员工中的年轻工程师占了相当大的部分。

"华为成长的道路上一直面临以小搏大、虎口夺食的压力,到今天都是如此。一路上都在充当鲨鱼堆里的'鲇鱼'角色,公司压力以及员工压力可想而知。"一位华为员工评价说。

在设立首席员工健康与安全官之前,华为总裁任正非曾在公司内部多个场合发表演讲,帮助员工解决各种精神压力和思想困惑。比如在参加华为优秀党员座谈会时,他就以自身为例,说自己在1999年到2007年间曾经有很痛苦、很抑郁的经历,但最终通过多与外界交流、多交朋友等方式把自己解放了出来。

"华为公司总的来说是个内部很宽容的公司,不像社会上想象的那样。有些误解的人,主要是不了解我们,我也是可以理解的。"任正非说。

根据华为的数据,2008年华为仅为员工各种福利保障支出就达到14.4亿元。2008年华为还发布了健康报告,依据2008年度员工体检结果,总结了华为员工高发的病症,并详细介绍了这些疾病的诱因、危害以及如何预防及治疗。

据CBN记者了解,华为设立首席员工健康与安全官在大企业中尚属首例。这方面比较超前的公司是IBM,但其目前仅有资深健康保健顾问一职,并有专门的团队负责员工健康问题,但在级别和权限上,华为显然略胜一筹。

(资料来源:马晓芳.华为改良狼性企业文化:设首席员工健康与安全官[N].第一财经日报,2009-06-18.)

华为设首席员工健康与安全官一职对其他企业有何启示?

本章小结

员工关系广义上是指组织中由于雇佣行为而产生的关系,狭义上是指企业或管理者与内部员工之间的关系。员工关系管理广义上是指在组织人力资源体系中,各级管理人员,特别是人力资源职能管理人员,通过拟订和实施各项人力资源政策和管理行为,以及其他的管理沟通手段调节企业和员工、员工与员工之间的相互联系和影响,从而实现组织的目标并确保为员工、社会增值。狭义上是指企业和员工的沟通管理,这种沟通更多采用柔性的、激励性的、非强制的手段,从而提高员工满意度,支持组织其他管理目标的实现。

作为人力资源管理的一项基本职能,员工关系管理贯穿于人力资源管理的各项职能工作。一般而言,员工关系管理需要高层管理者、员工关系管理者、直线经理、员工及员工组织这五个角色的沟通和参与。要成为一名成功的员工关系管理者,需要扮演好人力资源管理专家、员工服务者和变革推动者这三大角色。

影响员工关系管理的因素大致可分为内部因素和外部因素。其中,外部因素包括经济环境、技术环境、政策环境、法律和制度环境以及社会文化环境,内部因素主要包括组织结构、工作环境、经营战略、管理者和管理方式、组织文化和组织规章制度。在实践中,员工关系管理应特别注意三点:员工是员工关系管理的起点;利益关系是员工关系管理的根本;心理契约是员工关系管理的核心内容。

员工关系的建立是组织进行员工关系管理的首要环节。一般而言,组织与员工建立的是劳动关系和劳务关系。组织不仅需要建立良好的员工关系,还需要分析影响员工关系的因素,从而有针对性地做好员工关系的维护工作。当员工关系处于终止的时候,一般表现为劳动合同终止与劳动合同解除两种情形。为发挥离职员工的余热,组织要做好离职管理工作,处理好与离职员工之间的关系。

员工安全与健康管理是员工关系管理的重要内容之一。做好员工的安全与健康管理,不仅是组织可持续发展的需要,也是组织遵守国家法律法规的一个最基本要求。因此,组织需要针对常见的员工安全与健康问题,采取有效措施做好员工安全与健康管理工作。

关键概念

1. 员工关系
2. 员工关系管理
3. 劳动合同终止
4. 劳动合同解除
5. 离职管理

复习思考题

1. 员工关系具有哪些特点?它是怎样运行的?
2. 影响员工关系管理的内外环境因素有哪些?
3. 劳动关系和劳务关系有何区别?
4. 怎样做好离职人员的面谈工作?
5. 组织可以采取哪些措施以维护员工身心健康?

案例分析

"天价"离职赔偿能留住人才吗?

山西忻州师范学院向女博士索要"天价"离职补偿费一案有了新进展,当事女博士透露,"这两天校方终于同意执行仲裁裁决,按程序办理我的离职,赔偿费用再另谈"。至此,这起离职纠纷已经耗了差不多一年时间,双方分歧最大的赔偿费用问题,仍没有得到解决。

据报道,这名女博士是在2019年9月提出离职的,由于她尚在服务期中,学校以违反服务协议为由,将其告上法庭,向其索要51万元离职补偿费。当事女博士认为自己需要支付的离职赔偿金额应该是84612元。2020年5月法院开庭审理,仲裁要求学校为女教师办理劳动人事关系转移手续。学校表示接受这一仲裁,同时发起新的赔偿费仲裁,提出的赔偿费为42万元。

此案有两个变化:校方不再把离职补偿费与离职手续捆绑,同时调低了离职赔偿费。而调低后的离职补偿费也远高于女博士愿意承担的离职补偿费,堪称"天价"。校方对此的解释是"学校为培养贾某青进行了大量投入"。

违反服务协议,违约一方要承担赔偿责任,这无可厚非。但是,确定赔偿金额必须基于双方的权责,要依法依规。学校之所以坚持主张索要"天价"离职赔偿,主要目的恐怕是以此打消获得博士学位的青年教师想跳槽离职的念头。

我国《劳动合同法》第二十二条规定,"用人单位为劳动者提供专项培训费用,对其进行专业技术培训的,可以与该劳动者订立协议,约定服务期。劳动者违反服务期约定的,应当按照约定向用人单位支付违约金。违约金的数额不得超过用人单位提供的培训费用。用人单位要求劳动者支付的违约金不得超过服务期尚未履行部分所应分摊的培训费用"。

因此,即便女博士在读完博士后就提出离职,学校所能索要的违约金,只能是为其读博士所提供的培训费用。按照校方提供的数据,最多是"读博期间学校为其支付的工资、生活补贴等共计13.0504万元"。至于校方称还为培养她进行了大量投入,不清楚这指的是哪些投入?学校为人才提供必要的工作环境以及一定的科研经费资助,这当然属于投入,但这是学校的基本职责,而且教师在学校工作也是有产出的。

如果校方有这种离职补偿逻辑,那恰恰反映出学校的人才观有问题。我国很多地方本科院校近年来特别重视招聘有博士学位的新教师以及鼓励在职教师攻读博士学位,表面上看,这是重视提高教师队伍素质,但不少高校的真实用意是提高有博士学位教师比例,因为这是当前评价高校师资建设的重要指标。

地方本科院校要办出特色和高质量,需要有明确的办学定位。我国的地方本科院校,应以进行职业教育、培养职业技术人才与应用型人才为办学定位,但是,相当数量的地方本科院校并没有自身清晰的办学定位,而是追求成为学术型大学。这种办学定位就会体现在对教师的考核、评价中,一些青年教师,对学校这种不接地气,上不上下不下的办学颇为不满,所以就选择离开。学校当然会很不高兴,因为校方觉得自己成了青年教师成长的跳板,帮其他高校培养了人才,自己一无所获。

"强扭的瓜不甜",学校与其在"天价"赔偿费上折腾,不如认真反思为何留不住青年人才。学校应该给人才创造真正能施展才华的舞台,营造良好的教育与学术环境,做到以事业留人。

(资料来源:冰启. 以"天价"离职赔偿留住人才是个馊主意[N]. 北京青年报,2020-08-24.)

思考题:

(1)山西忻州师范学院的做法是否恰当?为什么?

(2)地方本科院校该如何留住人才?

第十章 跨文化人力资源管理

> **学习目标**
>
> 通过本章学习,了解跨文化人力资源管理的概念与特征,熟悉跨文化对人力资源管理的影响,跨文化人力资源管理的主要模式,以及外派人员的招聘与甄选、绩效管理、薪酬管理、培训与开发等基本知识,掌握跨文化整合的内容、模式和基本步骤。

引导案例:中国银行的外派人员管理

中国银行成立于1912年2月,1918年在香港开设了第一家海外分行,开始了其海外经营的历史。1929年,中国银行在伦敦设立分行,后来相继在世界各大金融中心开设了分支机构,在全球初步形成了比较健全的机构网络,是中国国际化和多元化程度最高的银行。据中国银行2020年年度报告显示,截至2020年年末,中国银行共拥有559家海外分支机构,覆盖全球61个国家和地区,包括25个"一带一路"相关国家,成为在全球和"一带一路"布局最广的中资银行。截至2016年年末,中国银行海外机构共有员工2.3万人,其中,外派人员1200人,当地员工占比约95%。

外派员工在中国银行海外员工中占比虽然不高,但是由于外派员工一般都是管理人员或专业技术骨干,因此抓好外派人员管理对于做好海外人力资源管理十分重要。为了稳定外派人才队伍,增强外派工作的吸引力,中国银行主要从"派得出、留得住、干得好,归国后的职业生涯"四方面实施外派人员的管理政策。

首先,"派得出",就是要想方设法增加外派人员的供给。中国银行主要从"选拔制度和员工技能培训"两方面着手。在选拔制度方面,第一,由过去单纯通过组织推荐外派员工的做法,改变为允许员工个人直接向人力资源部门申请进入外派人才库,不断扩大外派后备人才队伍规模。据中国银行人事部被访者描述:"在实际工作中,出于本单位工作考虑,或者分行绩效考虑,一些境内分行和总行的部门领导,通常会采取各种软性办法,阻碍属下优秀员工外派。一些有意向外派员工就没进入后备人才队伍。为改变这种情况,增加了员工个人申请加入外派人才库的政策。"第二,另一项选拔政策是发达地区海外机构缺人,将优先从艰苦欠发达地区外派人员中选拔。"在选拔外派人员时,很多员工只愿意外派到欧美发达国家,而不愿意到艰苦欠发达地区工作。为解决这个问题,我们要逐步形成一种机制,即员工初次外派,先到艰苦欠发达地区去,干几年以后再转派到发达地区,发达地区海外机构缺人,优先从艰苦欠发达地区外派人员中选拔。"

在员工技能培训方面,实施了外派前的业务拓展培训政策。目前,相比境内业务,海外机构业务规模小,分工不细,外派员工职责范围相对较宽。为拓宽外派人员的业务面,提高业务能力,他们会被安排到相关业务部门或机构实习。

其次,"留得住",就是要使外派员工能安心留在当地工作。中国银行实施的相关人力资源管理政策主要包括:第一,对艰苦欠发达地区外派人员,在薪酬待遇和职业发展方面实施倾斜政策。第二,对外派员工放宽假期时限,增加探亲次数,鼓励配偶随任,支持随任未成年子女教育等。例如,为鼓励配偶随任,规定对配偶放弃工作随任的,可给予一定补贴;配偶到当地打算就业,参加相关就业培训的,可报销一定费用;未成年子女到当地接受教育,也可给予一定补贴;允许海外机构为家属购买医疗和人身安全保险。第三,由总行提供统一的安全和健康保障计划,保证外派员工在发生意外或生病时能得到及时帮助;鼓励艰苦地区的海外机构采取适当方式,保障员工的饮食卫生安全。

再次,"干得好",就是要使外派员工充分发挥作用,干好事业。中国银行主要从培训和职业发展两方面实施。一是通过培训保证外派员工适应工作,例如,"在外派之前,我们会通过各种形式的培训,让员工对东道国的政治、经济、社会文化等情况有所了解,熟悉海外机构的经营管理情况和总行的海外业务发展战略,使他们尽快适应外派工作。"把境内行优秀人才派往海外短期工作,通常是3个月到一年,提高他们的语言能力、文化适应能力和国际业务能力。二是通过职业发展通道刺激员工积极性,"表现优秀的中层管理人员,可以选拔进入海外机构的管理层"。

最后,"归国后的职业生涯"。相关政策包括采取海外一体化职级对应、放宽职数限制、定期回国述职和提前安排好外派调回人员的岗位等措施。正如被访者所言,"中行打破过去海内外职级不挂钩的情况,建立了海内外一体化的职级对应关系,规定外派人员调回后参加境内行职位聘任,职级一般不降低"。

(资料来源:冯娇娇,程延园,王甫希.员工的外派动机及国际人力资源管理政策匹配性——以中国银行为例[J].中国人力资源开发,2017(4):101-110.)

思考题:
中国银行的外派人员管理政策有哪些优点和不足?应如何完善?

第一节 跨文化人力资源管理概述

随着我国经济发展和对外开放的扩大,越来越多的中国企业走出国门,成为跨国企业。2017年11月,国家发改委公布的《中国对外投资报告》显示,截至2016年末,中国对外直接投资分布在全球190个国家和地区,境内投资者设立对外投资企业3.72万家,覆盖全球超过80%的国家和地区,境外企业资产总额达5万亿美元。① 2017年3月,商务部部长钟山在十二

---

① 利用外资和境外投资司.国家发展改革委发表《中国对外投资报告》[EB/OL].国家发改委官网:https://www.ndrc.gov.cn/fzggw/jgsj/wzs/sjjdt/201711/t20171130_1037695.html

届全国人大五次会议记者会上表示,根据初步估算,2016年中国境外企业聘用外方员工150万人。① 而不同的国家存在着不同的文化,跨国公司必须面对这种文化差异带来的文化冲突和融合问题。在此背景下,跨文化人力资源管理成为越来越多中国企业关注的重要议题。

一、跨文化人力资源管理的概念与特征

(一)跨文化人力资源管理的概念

跨文化人力资源管理即跨文化企业的人力资源管理。跨文化人力资源管理就是跨国企业开展的以实现公司战略目标、提高员工工作绩效和工作生活质量为目的,对来自不同文化背景下的人力资源进行获取、保持、评价、发展和调整等一系列管理的过程。② 跨文化人力资源管理的难度往往更高,因为它涉及人力资源管理活动、国家和员工类型三个维度的互动组合。

首先,跨文化人力资源管理活动主要是指人力资源的获取、分配和利用。

其次,国家包括母国(公司总部所在国家)、东道国(公司所在地国家)和其他国。

最后,员工类型可以分为母国员工、东道国员工和其他国员工。

从管理范围来看,人力资源管理需要在全球范围内活动,包括语言沟通培训、人员甄选、国际员工的培训与保留、文化冲突与融合、员工的薪酬管理、员工的激励等。而从人员配置来看,跨文化企业的人员配置主要分为管理者和普通员工,根据来源又分为东道国员工,即来自公司所在地国家的员工;母国员工,即来自公司总部所在国家的员工;其他国员工,即来自除东道国和母国之外国家的员工。不同国家和地域之间有着不同的文化特色,跨文化企业的员工也因接触的文化和教育不同,行为、思维以及对问题的处理方式上也不同,因此,跨文化企业在进行人力资源管理的时候,如何寻找不同文化之间的一个平衡点,进行跨文化整合就显得极为重要。

(二)跨文化人力资源管理的特征

跨国企业不仅是跨国体、跨民族、跨政体,更是跨文化经营,与传统的人力资源管理相比,跨文化人力资源管理会受到多种文化类型的影响,它具有以下特点。

1. 跨文化人力资源管理的范围更宽

跨文化人力资源管理活动是在两个或两个以上有着文化差异的国家实施的,除了母国,还涉及东道国或其他国。同时,跨文化人力资源管理不仅涉及母国员工,而且还涉及东道国员工和其他国员工,有关的人力资源管理活动也相应地从母国扩大到东道国和其他国,如对东道国和其他国员工的招聘和培训、对外派人员的激励以及对三种来源员工的薪酬管理等。因此,跨文化人力资源管理范围更宽。

2. 跨文化人力资源管理的风险更大

随着跨国企业海外经营业务的不断增长,需要进行外派的员工数量也不断增加。而选派管理人员或技术人员到海外分公司工作,是一项成本高、风险大的任务。据Selection Research International, Inc. 咨询公司估计,一项失败的外派任职的直接损失在25万~50万美元之间。而摩托罗拉公司估计的数字更高,一名中层职员的外派失败每年造成的损失为7.5万

---

① 于佳欣,韩洁.商务部部长:中国境外企业已聘用外方员工150万人[EB/OL].中国政府网.http://www.gov.cn/xinwen/2017-03/11/content_5176453.htm

② 彭剑锋.战略人力资源管理理论、实践与前沿[M].北京:中国人民大学出版社,2014:723.

美元,而 3 年期任职的损失为 60 万～125 万美元。① 摩托罗拉公司对讲机事业部负责外派任职的经理 Linda Kuna 指出,任职失败损失的不仅仅是钱,外派经理选错,就有可能破坏跟东道国的关系,这不仅会丢失业务机会,而且会损害那些原本可能不应该外派职员的职业通道。②同时,跨文化人力资源管理需要解决在跨文化条件下所产生的各种矛盾和冲突,以促进人力资源的产出效益,这无疑增大了跨文化人力资源管理的风险性。

3. 对跨文化人力资源管理者的要求更高

跨文化人力资源管理者需要承担更多的职能工作。比如,对东道国员工进行培训,使其理解公司的政策、制度,认同公司的文化;关心外派员工的生活,为其提供语言方面的翻译、培训服务等。因此,跨文化人力资源管理者必须具备更广阔的视野、更高的素质、更丰富的专业知识。比如,跨文化人力资源管理者需要熟悉东道国在人力资源管理方面的实践和相关法律知识,了解东道国的风土人情和工作习惯,并具备足够强的跨文化沟通能力等。

二、跨文化对人力资源管理的影响

(一)文化差异的衡量指标

荷兰心理学家霍夫斯泰德通过对大量调查数据的分析,提出了著名的文化维度理论。该理论从五个维度分析了各国的文化差异,这五个维度分别为权力距离、不确定性规避、个人主义/集体主义、男性化/女性化和长期导向/短期导向。

1. 权力距离

权力距离是指人们对组织中权力分配不平等情况的接受程度。权力距离有大小之分,它的大小可以用指数 PDI(power distance index)来表示。一般而言,东方文化影响下的权力距离指数较高,人们对不平等现象通常的反应是漠然视之或忍受。中国、马来西亚、菲律宾等属于高权力距离国家。而西方文化影响下产生的权力距离指数较低,"权利意识"深入人心使得他们对权力分配的不平等现象具有强烈的反抗精神。美国、英国、丹麦等属于低权力距离国家。

2. 不确定性规避

不确定性规避指的是人们感受到的不确定性和模糊情景的威胁程度。不确定性规避有高低之分,它的高低可以通过不确定性规避指数来表示。不同民族、国家或地区,不确定性规避的程度是不一样的。高不确定性规避的国家有日本、希腊、葡萄牙、比利时等,低不确定性规避的国家有中国、美国、爱尔兰等。相对而言,在不确定性规避程度高的社会当中,人们普遍有一种高度的紧迫感和进取心,因而易形成一种努力工作的内心冲动。而在不确定性规避程度低的社会当中,人们则普遍有一种安全感,倾向于放松的生活态度和鼓励冒险的倾向。

不确定性规避倾向会影响一个组织对活动结构化需要的程度,也就是影响到一个组织对风险的态度。高不确定性规避的组织倾向于建立更多的工作条例、流程或规范以应付不确定性,管理也更多以工作和任务指向为主,管理者决策多为程序化决策。低不确定性规避的组织较少强调控制、工作条例和流程的规范化,标准化程度相对较低。

3. 个人主义/集体主义

个人主义/集体主义是指人们对个人目标与集体目标相对重要程度的判断。重视个人主

---

① 石伟.组织文化[M].上海:复旦大学出版社,2004:280-282.
② 郝济军.浅谈企业国际化中的跨文化管理[J].经济问题,2007(6):58-59.

义的文化倾向于强调个人目标,认为正是由于个人对自我目标和利益的不断追求才最终推动了社会的前进,所以在社会事务中应首先考虑个人的目标和利益。在个人主义文化下,人们非常松散地结成社会关系网。美国、澳大利亚、英国等属于典型的个人主义文化国家。

重视集体主义的文化倾向于强调集体目标,要求个人目标和利益服从于集体目标和利益,认为个人是集体中的一员,离开集体,个人几乎无所作为或者作用很小,所以社会中的每一个人必须重视合作和集体的力量,任何事情必须多为他人考虑,要珍视友谊和家庭。在集体主义文化下,人们会形成一种紧密的社会结构。中国、新加坡、韩国等属于典型的集体主义文化国家。

4. 男性化/女性化

男性化/女性化是指某一社会代表男性的品质如竞争性、独断性更多,还是代表女性的品质如谦虚、关爱他人更多,以及对男性和女性职能的界定。在男性化倾向的社会中,两性的社会性别角色差别清楚,男人应表现得自信、坚强、注重物质成就,女人应表现得谦逊、温柔、关注生活质量;在女性化倾向的社会中,两性的社会性别角色互相重叠,男人与女人都表现得谦逊、恭顺、关注生活质量。此外,男性化社会推崇行为坚决以及获取财富;女性化文化珍视人际关系,关心他人,以及看重工作与家庭的平衡。斯堪的纳维亚国家具有女性化文化;日本则存在显著的男性化文化;中国、美国的男性化文化要相对温和一些。

5. 长期导向/短期导向

长期导向/短期导向是指人们对延迟其物质、情感、社会需求的满足所能接受的程度。长期导向的文化关注未来,崇尚节俭和储备,看重坚持、恒心与毅力,追求长期稳定。在长期导向的社会,人们做任何事均留有余地,会考虑自身的行为将会如何影响后代。中国和日本都是典型的具有长期导向文化的国家。

短期导向的文化关注过去与现在,乐于接受变化,重视承诺但不阻碍变化,强调尊重传统和履行社会责任。在短期导向的社会,人们注重眼前的利益,只对过去和现在做评估,要求立见功效,不容拖延,可谓急功近利。美国和德国都是典型的具有短期导向文化的国家。

(二) 跨文化对人力资源管理的影响

对跨国企业来说,跨文化情境对人力资源管理的影响是全方位、全系统、全过程的,具体来说包括以下几个方面。

1. 人力资源管理理念

人力资源管理在很大程度上受一个国家环境和文化的影响,这种影响首先体现在人力资源管理理念上。所谓人力资源管理理念,是指企业对人力资源管理的更深层次的认识和定义。优秀的企业在人力资源管理理念上均有独到之处,比如华为的"以奋斗者为本",苹果的"技术至上"。

企业人力资源管理理念差异的背后反映的是不同国家和地区企业经营理念的差异性、管理理念的差异性和用人理念的差异性。比如,中美两国企业人力资源管理理念的差异性比较如表10-1所示。[①]

[①] 赵曙明.中、美、欧企业人力资源管理差异与中国本土企业人力资源管理应用研究[J].管理学报,2012,9(3):380-387.

表 10-1　中美两国企业人力资源管理理念的差异性比较

类　别	中国企业	美国企业
经营理念差异性	社会利益至上:中国企业特别是国有企业的初衷是为社会服务,服从党和国家政策;企业人力资源管理强调服务于企业业务,属于支撑性部门	股东利益至上:企业经营是通过为客户创造价值以实现股东价值最大化;人力资源管理部门是通过整合组织人力资源以实现股东价值最大化
管理理念差异性	效果:通过管理实现企业战略目标,追求管理对绩效的贡献;企业人力资源管理强调其对绩效的直接作用	效率:管理是依赖于经验的以绩效为基础的专业职能,目标在于增进生产效率;人力资源管理部门探索如何发挥最大效率
用人理念差异性	择人任事:企业管理过程中因人设岗,使得价值和能力得到体现,人尽其才,才尽其用;企业人力资源管理强调择人,即选择正确的人做正确的事	能力任事:管理过程中因事设岗,强调结合岗位要求选择合适人员;企业人力资源管理强调对所选人员胜任力的考察,依据胜任标准赋予相应的权利和责任

2. 人力资源规划

在不同的文化情境中,人力资源规划的地位和作用也不一样。在中国文化情境下,人力资源部门作为企业的支持部门,主要起到服务整个企业的作用,人力资源规划要服从企业整体安排,具有依赖性、不确定性。在美国情境下,注重人力资源规划与企业总体战略的结合,人力资源部门可以参与企业整体战略规划,从业人员专业性强,对企业未来所需员工数和市场的员工供给数进行预测。

3. 甄选和录用

在不同国家、地区、民族间,因生活习惯、经营方式的差异,企业在人力资源甄选和录用方面也会有所不同。例如,在关系型社会中,强调人们的资历和私人关系,选拔人才会综合考虑资历关系和被选拔者的能力;企业人力资源管理部门选拔人才除招聘外,还通过专家和员工推荐选拔人才。美国企业喜欢标准化流程,从福特的T型车到苹果手机,都是标准化的产品;企业人员的甄选和录用通过标准的人力资源招聘流程实现。

4. 培训与开发

人力资源培训与开发涉及培训方式、培训媒介、培训需求分析、培训项目、培训效果评估、职业生涯发展等内容。在集体主义、男性化导向和长期导向的文化背景下,员工对于培训和职业发展往往都是被动的,通常服从企业的安排,抛开个人的兴趣爱好;企业根据长远目标对员工进行培训,为他们规划职业生涯,期待他们能够服从企业管理。在个人主义、女性化导向和短期导向的文化情境中,培训的内容和方法可能因人而异,注重发挥个人的特殊才能;企业希望通过员工培训产生立竿见影的效果,在尽可能短的时间内挖掘员工潜能,实现企业目标。

5. 薪酬管理

文化因素也会影响到企业的薪酬管理政策。例如,在集体主义导向和长期导向的文化中,薪酬体系的建立通常以学历和资历为基础,员工更注重工作保障,对当前薪酬的重视程度次于个人和组织的长期目标。在个人主义导向和短期导向的文化中,薪酬体系的建立往往以能力和业绩为基础,强调奖励员工当前的业绩,员工期望立即获得与自身能力和业绩挂钩的薪酬。

6. 绩效管理

文化因素对绩效管理的影响更为广泛。比如,中国传统社会强调个体的品德修养,讲求

"知行合一";企业人力资源管理考核过程中较为关注个体的品德,其次才是个体的能力绩效;美国社会奉行实用主义,强调个体的工作绩效,而不会过多关注个体工作之外的行为;企业人力资源考核的过程中绩效几乎是唯一的考核标准。同时,在高权力距离的社会中,主管拥有比较大的权力和较高的社会地位,往往直接给员工安排工作任务,并设定绩效目标,在绩效考评时更加注重来自上级的反馈,而不注重来自下级的反馈;在低权力距离的社会中,员工通常可以和主管共同制订绩效目标,在绩效考评时员工能够比较平等地参与对上级和同事的绩效评估。在不确定性规避程度高的社会中,在绩效考评中往往重视资历和忠诚度;在不确定性规避程度低的社会中,在绩效考评中主要看个人表现。在个人主义倾向的社会中,主要针对员工个人的工作绩效进行评价,评价体系是正式的、公开的;在集体主义倾向的社会中,对集体的考评要重要于对个人的考评,评价体系倾向于非正式化和隐秘化。在男性主义的社会中,考评受性别影响;在女性主义的社会中,考评注重人际关系的维护。在长期导向的文化中,评价工作业绩的同时还评价工作态度和忠诚度;在短期导向的文化中,只评价近期的工作业绩。

三、跨文化人力资源管理的主要模式

跨文化人力资源管理模式是跨国企业人力资源管理的基本战略方向,影响跨文化人力资源管理模式的选择因素有很多,如何发挥中西方各自的优势,了解选择正确的符合国情的管理模式十分重要。从各国跨国企业的管理实践来看,跨文化人力资源管理主要有三种基本模式:民族中心模式、多元中心模式和全球中心模式。

(一)民族中心模式

民族中心模式也称母国中心模式,它坚持原国籍观念,奉行原国籍的价值标准、知识与管理风格。主要特征包括:子公司决策权小,其中高层管理岗位都由母公司员工担任,而东道国员工只能占据较低层次的和辅助性岗位,母公司向子公司传达命令和意见,母公司以自己的标准评判子公司的工作绩效。

采取民族中心模式具有以下优点:① 母公司对子公司拥有较大控制权,便于母公司决策在子公司的贯彻执行;② 东道国员工职位低,素质要求不高,容易在当地招聘到合适的员工;③ 子公司采用母公司的管理模式和规章制度,不需要对母公司外派人员进行额外的培训,可以节省时间与费用。

采取民族中心模式具有以下缺点:① 东道国与母国存在文化差异,将母公司的管理模式照搬至子公司中易造成文化冲突;② 东道国员工的职业生涯发展受到较大限制,工作积极性不高;③ 子公司缺乏自主权,外派人员没有足够的发展空间,难以吸引优秀人才到海外任职。

(二)多元中心模式

多元中心模式也称东道国中心模式,认为当地人更熟悉当地情况和要求,主张入乡随俗。主要特性包括:子公司与母公司之间信息交流少,子公司的决策权掌握在子公司手中,子公司大部分管理人员由东道国当地人员担任,子公司的总裁由母国管理者担任,母公司的决策权仅限于子公司早期投资和高级管理人员派遣。比如,据华为在其官方网站发布的《2019年可持续发展报告》披露,作为一家国际化公司,华为一直以积极的态度推动海外员工本地化进程。

2019年，华为在海外聘用的员工总数超过3.7万人，海外员工平均本地化率约67%。

采取多元中心模式具有以下优点：① 子公司拥有决策权，便于及时根据东道国当地的市场情况来做出决策；② 东道国的员工熟知当地文化和法律制度，能更好地与东道国政府打交道，进而提高经营效率；③ 东道国员工职业发展空间大，工作积极性高。

采取多元中心模式具有以下缺点：① 母公司对子公司控制力较弱，可能会产生利益冲突；② 子公司高层管理人员多数仍为母公司外派人员担任，东道国员工的职业发展仍然有限；③ 对东道国员工素质要求较高，不容易招聘到合适的员工。

（三）全球中心模式

全球中心模式主张在选择海外子公司的管理模式时，根据实际情况制定合适的管理模式，认为应不分民族和国籍，按照能力挑选合适的管理者。主要特性包括：在人员选拔方面重视能力，倾向于在全球范围内挑选优秀员工；在绩效和薪酬方面，倾向于用员工对整个公司的贡献大小来衡量员工绩效，采用全球相似的薪酬制度，只根据地域差异进行细微调整。例如高露洁棕榄公司，它已国际化经营了50多年，公司外派人员的60%来自美国之外的国家，在四名最新首席执行官中，有两名不是美国人。

采取全球中心模式具有以下优点：① 子公司在全球范围内挑选人才，甄选范围广，更易招聘优秀人才；② 相较于其他两类模式更具有灵活性，取长补短，更好地适应东道国的文化和要求，更准确快速地做出针对性决策。

采取全球中心模式具有以下缺点：① 不同国家文化和法律之间的差异，使得子公司在采用全球中心模式中具有一定的政治风险；② 子公司会更加复杂，对人才要求较高，短时间内很难在全球范围内找到相匹配的人才；③ 来自不同国家的员工来到子公司需要一定的适应，人员更加复杂，更需要进行培训，管理难度和费用大大增加。

阅读与思考10-1：中美"新冠疫情"治理模式比较

面对"新冠疫情"，中美两国的两种治理模式背后体现出不同的政治文化因素。

一、"大、小政府"之辨

从政治体制而言，美国主张"小政府"。一个相对独立于政府的、比较成熟的"公民社会"被认为是美国国家治理的重要基础。此次疫情，美国政府再次扮演了"弱者"。政府不但反应迟缓，而且联邦政府与州政府协调不力。分散的权力体制造成医疗资源分配困难、应对方式缺乏一致等一系列问题。应对病毒依靠公共卫生机构，应对谣言靠社交媒体平台自律和民众媒介素养。疫情之下，美国政府难获民众信任，抗疫大旗尽是破绽。

中国的政治文化传统倾向于政府更多地介入社会管理和经济生活等方方面面，"全能型政府"就像老百姓的"大保姆"。改革进入攻坚阶段，中国政府不断提高执政能力和执政水平，由"大"变"强"。疫情发生以来，党中央将疫情防控作为头等大事来抓，习近平总书记亲自指挥、亲自部署，坚持把人民生命安全和身体健康放在第一位，领导全党全军全国各族人民打好疫情防控的人民战争、总体战、阻击战。包括社交媒体在内的党政军医及宣传、各行各业、各条战线坚持全国一盘棋。在疫情和危机面前，中国的"大政府"和"强政府"功不可没。

二、"集体""个人"之争

从文化差异而言,中国文化秉承集体主义传统。主张个人从属于社会,个人利益应当服从集团、民族和国家利益,一切言论和行动符合人民群众的集体利益。

集体主义是社会主义的核心价值理念,一直为中国社会的主导舆论所强调,"舍小家为大家"的集体主义精神在中国已经深入人心。在抗击疫情当中,中国人民始终坚信这是一场人民战争。既强调共产党人作为领导阶层的责任之心、使命之心、担当之心、作为之心、仁爱之心,也强调广泛动员群众、组织群众、凝聚群众。当时不顾个人安危,逆行奔赴武汉的既有党员干部也有普通群众。当社交媒体上出现不实谣言和信息时,广大群众积极响应号召,不信谣不传谣,有效地阻断了信息疫情的蔓延。每个个体都在抗疫中默默作出自己的贡献。

而在美国,个人主义根深蒂固,信奉追求自己的幸福是每个人的道德责任,本人最能准确掌握自己的基本情况和价值偏好,是自己最合适的道德代理人。国家和社会被要求设计一种"政治-法律"型的制度框架对其加以确认和保护。新冠疫情在美国暴发,危急之下,个人主义盛行的美国在短时间内难以达成共识。有关是否佩戴口罩、是否保持社交距离、是否暂停集体活动、是否采取封城措施等的讨论,无论是在主流媒体、政府传播还是社交媒体上,都呈现多种信息良莠不齐、杂乱无章、民众难以取舍的局面。民众对政府缺乏信任,公共卫生机构虽然有相对较高的信任度,但毕竟所能调动的资源有限,与政府之间的沟通协调不畅,致使内耗严重,难以形成合力。

三、"喉舌""自由"之别

从新闻体系而言,言论自由在美国被奉为圭臬。尤其是在社交媒体上,缺乏传统专业媒体机构的把关人,各类信息几乎不受约束。有关疫情的负面、不实消息肆意蔓延,夹杂着选举政治的杂音,不但干扰正确权威信息的传播,而且误导甚至分裂民众,对抗击疫情造成了严重阻碍。即使在信息疫情蔓延,严重干扰抗疫的背景下,美国政府也无法采取有效行动治理社交媒体上的谣言,特朗普总统本人甚至成为一些谣言的源头。目前来看,仅仅依靠社交媒体自律和民众媒介素养的提高是"远水救不了近火"。社交媒体时代尤其是公共危机期间,"言论自由"的旗号对社会的有效治理形成严重挑战。

中国强调"新闻事业是党和人民的喉舌",担负着反映舆论、引导舆论的重要任务。党的传统就是运用报纸、广播、电视等宣传工具,宣传党的路线、方针、政策,教育人民,反映人民的呼声,弘扬正气,揭露消极腐败现象,动员组织广大群众投身社会主义建设事业。新媒体环境下,也要形成网上网下同心圆,使全体人民在理想信念、价值理念、道德观念上紧紧团结在一起,让正能量更强劲、主旋律更高昂。社交媒体与主流媒体融合,发布权威信息、开展政民互动、监控舆情风险。各类政务新媒体借助社交媒体平台及时发布讯息、与民互动沟通、提供"指尖"服务,为抗疫胜利保驾护航。新冠疫情成为"党和人民的喉舌"新闻理论在社交媒体时代的试金石。

(资料来源:冯悦,李科,王翔.中美"信息疫情"治理模式比较[N].国际商报,2020-06-30.)

思考题

除了"集体""个人"之争外,还有哪些文化因素导致了中美"新冠疫情"治理结果迥异?

第二节 外派人员的人力资源管理

对于跨国企业来说，外派人员的人力资源管理是企业管理的重要内容。外派人员是指由母公司选派到东道国工作的母国公民或第三国公民，也包括在母公司工作的外国公民，其中以在东道国工作的母国公民为主。根据国家商务部的统计数据，2019年，我国对外劳务合作派出各类劳务人员48.7万人，其中承包工程项下派出21.1万人，劳务合作项下派出27.6万人；2019年末我国在外各类劳务人员共计99.2万人。[①]

一、外派人员的招聘与甄选

一项外派任命可能有三个后果：失败、边际成功、成功。其中，外派失败是指外派人员没有完成自己的任期就提前归国；边际成功是指外派人员虽然完成了自己的任期，但工作效率却不令人满意，没有取得预期的回报；成功则是指外派人员圆满地完成了自己的任期，达到了预期的目标，并在归国后能够成功地将自己的海外工作经验应用于今后的工作中。毫无疑问，外派成功是跨国企业追求的目标。而要实现该目标，首先需要了解影响人员外派的主要因素，以做好外派人员的招聘与甄选工作。

（一）影响人员外派的主要因素

影响跨国企业使用外派人员的因素主要包括几个方面。

1. 企业国际化阶段

在企业的不同国际化阶段，文化对跨文化人力资源管理会有不同程度的影响，因此企业在跨国经营时会根据不同阶段采取不同的人员配置和外派策略。

跨国企业在国际化经营的初级阶段，一般采取跨文化人力资源管理的民族中心模式。母公司能在初级阶段更好地获得子公司的决策权，达到良好的执行反馈，培养优秀人才。当东道国的员工技术和管理水平没有达到跨国企业的要求时，母公司更倾向于使用母国人员作为外派人员来承担子公司的重要管理工作。但大量使用外派人员费用高昂，人员安置难度大，风险高，跨国企业也应更多地使用东道国当地的人才，降低外派成本，树立良好企业形象，与东道国互利共赢，更加融入东道国当地的社会。

2. 跨文化人力资源管理模式

跨文化人力资源管理模式有民族中心模式、多元中心模式和全球中心模式，不同的实际情况可以采取不同的模式。民族中心模式重视和坚持原国籍观念，奉行原国籍的价值标准、知识与管理风格，遵循母公司的管理方法，子公司的高层管理者大多也由母国外派人员担任。采用多元中心模式的公司，子公司的管理中高层则大多由东道国公民出任。采用全球中心模式的公司，管理者的担任则更注重能力，不分国籍和民族。这三种跨文化人力资源管理模式的选择与国际化进程相联系。

[①] 中国对外承包工程商会劳务合作部.2019年中国对外劳务合作行业发展述评[J].国际工程与劳务，2020(4):40-45.

3. 各国文化因素

不同国家的文化会影响跨国企业对跨文化人力资源管理的模式的选择。例如,日本公司倾向于采用民族中心模式,美国公司倾向于多元中心模式,欧洲公司介于两者之间。

4. 东道国的相关政策

东道国自身的政治法律文化会影响跨国企业的人力资源政策。例如,许多发展中国家要求跨国企业培训当地员工。当跨国企业的人力资源政策与东道国政策相冲突时,容易造成企业与政府关系紧张,东道国公民产生抵触情绪。

5. 外派的成本

跨国企业进行外派需要考虑外派人员的培训费用、安置费用、高薪收入等高昂的成本。当跨国企业外派失败且失败率高时,企业将面临巨大的压力,外派失败后企业的直接成本(如薪资、培训费、差旅费等)增加,造成的间接成本无法估量,如丢失市场份额、损害企业在海外的形象、损害企业与海外客户和政府的关系等。

(二) 外派人员的选拔标准

与国内人员甄选相同,对外派人员的甄选需要制订相对应的甄选标准。与国内人员甄选标准不同的是,对外派人员的甄选要求更高,不仅要求外派人员要掌握优秀的专业知识和技术,更要具有国际化沟通交际能力,拥有基础的语言沟通技能和心理素质。对于具体的外派人员的选拔标准,不同的研究者给出了不同的标准。

Baker,James C.(1971)认为应从三方面来对外派人员进行选拔:一是根据经理人在国内的业绩和经验,一般认为在国内取得良好绩效的管理者在国外会表现得相对出色。二是通过心理测试。三是技术和行为的因素,其中作者提出了三个最重要的衡量外派人员选择的因素:首先是管理者的独立性和在有限资源条件下达到目标的能力;然后是其诚挚、正直的品性以及正义感;最后是管理者承担海外工作须具备的技术知识。通常认为,技术因素较好衡量,并且更为可信[①]。

Tung(1982)将外派任命分为四种类型:首席执行官、功能性领导、问题解决者和技工。Tung 发现,针对不同类型的外派任命,应使用不同的选拔和招聘标准。

John B. Cullen 提出了选拔与招聘的五个标准,分别为工作因素、交际能力、国际动机、家庭状况及语言技巧。在招聘选拔过程中,跨国企业会广泛使用面谈、标准化测试、评估中心、简历、工作试用、推荐等方法,其中面谈是最广泛使用并被认为是最有效的方法。

MichaelHarveya,Milorad M. Novicevicb,Timothy Kiessling(2002)提出了一个具有应用性的多元 IQ 选拔量表。他们将 IQ 分为三大类:分析性智力、实践性智力、创造性智力。

彭剑锋(2014)综合已有文献指出,虽然不同的外派环境对外派人员的要求各不相同,但以下五种要素对于外派人员的选拔来说缺一不可:专业知识和技能、跨文化沟通交际的能力、良好的个性、必要的语言技能、家庭的支持。

综合现有的跨文化人力资源管理文献可知,共有 16 项与外派成功相关的选拔标准。这些标准又可以归纳为以下四类:一是专业技能,包括行政管理技能、国内经营知识、国内管理才能、专业技术知识;二是社交技能,包括文化移情、情绪稳定、灵活性、跨文化沟通能力、通晓外

---

① 邓路.跨国公司外派人员的选拔标准[J].现代商业,2008(17):130-131.

语、非民族中心意识;三是家庭状况,包括家庭成员的适应能力、稳定的家庭关系、家庭成员的支持;四是个人动机,包括坚信海外任职有利于职业发展、对国外工作充满兴趣、对东道国文化充满兴趣。

二、外派人员的绩效管理

外派人员的绩效评估,是指跨国企业对照工作目标或绩效标准,采用科学合理的评估方法,评定外派人员的工作目标完成情况、工作职责履行程度、个人发展情况等方面,并将上述评定结果进行管理应用的过程。外派人员绩效评估能够更有效地提高组织效率和改进工作,使外派人员更好地完成任务,获得更多的职业发展机会。

对于外派人员的绩效评估,往往存在几个方面的问题。一方面,对于外派人员的绩效评估,当地管理者应该参与评价,但各国的文化差异有可能会扭曲评价事实,对外派人员有主观上的偏差。另一方面,母国总部的经理由于与外派人员相隔较远,无法准确了解外派人员的真实情况,也无法对外派人员进行有效的评价。另外,如果通过如利润和市场份额等客观标准对外派人员进行绩效评估,当地发生的一些不可抗事件都可能会影响外派人员的绩效。

针对外派人员的绩效评估问题,管理者可以把握不同外派工作的难度和水平,制订不同的绩效考评标准;加大当地管理人员的评估权重,避免国内管理人员的随意考评。

(一) 外派人员的绩效评估系统

与国内企业对员工的绩效评估一样,跨国企业对外派人员的绩效评估也包含了设定评估标准、实施绩效评估以及评估结果的反馈等一系列过程。绩效评估的结果决定了对外派人员的薪酬、奖励以及随后的培训及发展计划。

1. 绩效评估标准

跨国企业为外派人员制订的绩效评估标准一般可以分为硬指标、软指标和情景指标三类。所谓硬指标是指客观的、定量的、可以直接测量的标准,比如投资回报率、市场份额等。软指标是指以关系或品质为基础的标准,比如领导风格或处理人际关系技巧等。情景指标是指那些与周围环境密切相关的绩效标准。

一般来说,仅仅依靠财务数据等硬性指标来评价外派管理人员的绩效是不够的,因为这不足以反映外派人员是如何取得这些工作成果,以及获得这些成果的行为有什么特点,这时就需要用软指标来弥补硬指标的不足。但是软指标很难量化,比如说对外派人员领导技能等方面的评价就可能比较主观。另外,由于文化环境的变换和冲突,这种评估也比较复杂,因此就需要用情景指标来辅助考察环境对外派人员绩效的影响。总之,在使用由硬指标、软指标和情景指标组成的评价指标体系进行外派人员的绩效评估时,必须注意各种指标的长处和短处。尽量扬长避短,以确保对外派人员的绩效评估客观公正。

2. 实施绩效评估的人

对外派人员的绩效评估一般由分公司的总经理、该员工的直接东道国主管或总公司的管理人员进行,这要视该员工的职位性质及层次高低而定。总的来说,由东道国管理人员对外派人员进行绩效评估的优点是,东道国的管理人员对外派人员的绩效状况比较了解,而且能够考虑造成这些绩效的环境因素。但是从另一个方面来说,他们与这些外派员工之间存在文化上的隔阂,同时,他们也很难从整个跨国企业的角度来考察员工的绩效,这些因素都会妨碍东道国管理人员对外派员工进行有效的绩效评估。

对于外派人员来说,由于未来职业生涯的发展有赖于每一次绩效评估的结果,因此,有些人宁愿由母公司的管理人员来评估其工作绩效,但是母公司的管理人员在远离分公司的总部工作,对外派人员的日常工作情况和特点并不了解,绩效评估的精确性会受到影响。

值得注意的是,如果分公司的经理是母公司员工或第三国员工,那么,他们有可能会在制定决策或执行战略时,只注重分公司短期的利益,甚至会因此不惜损害分公司的长期利益,因为只有分公司短期的经营绩效会影响到对他们的绩效评估。作为外派人员的绩效评估者,必须充分考虑到这些因素。

3. 绩效评估的反馈

有效的绩效管理系统中,一个重要的组成部分是绩效评估结果的定期反馈。这些反馈对于员工不断改进和提高工作绩效有重要意义,同时也是激励员工努力工作的有效手段。对于那些外派人员来说,如果评估是由身处母国总公司的管理人员进行的,那么适宜的、定期的反馈就尤其必要。

(二) 影响外派人员工作绩效高低的因素

跨国企业在对外派人员进行绩效评估时,除了采用适宜的绩效指标体系,安排合适的人员实施考评,并将评估结果及时反馈给被评估者以外,还必须重视下列因素所产生的对外派人员绩效的影响,以确保绩效评估公正顺利地进行。

1. 工作任务

对外派人员来说,最困难的一点是工作任务的要求是在母国制订的,但他们又必须在另外一个国家执行这些任务。两个国家在文化习俗上的差异,可能会使外派人员在执行这些工作任务时,遇到很多在母公司制订任务要求时所无法预料的麻烦。比如,外派人员的东道国主管或同事会向他们传递如何做好工作的期望,这种期望与总部对外派人员的要求之间可能存在跨文化的冲突。如果外派人员的工作绩效最终由母公司评估,那么,当他试图按照东道国的工作习惯调整其工作行为时,必然会影响到母公司对他的绩效评估。尤其是当外派人员理解了东道国的文化,并且意识到根据总公司的工作任务要求来行使职权,只能导致低效的管理时,这种影响便尤其明显。

工作任务对外派人员绩效评估的影响还体现在:由于外派人员在分公司的工作任务主要是行使管理职能,而这往往无法独立完成。如果跨国企业把对任务的完成情况作为绩效评估的重要标准,那么对外派人员来说,非常重要的一点就是与东道国的同事全面合作才是保证任务顺利完成的关键。因此,对这些外派人员绩效的考评必须以东道国的环境为前提。

在绩效考评中,还有一点必须考虑的是外派人员所从事的工作与他(她)在国内所从事的工作有无相似性。有些任务要求个人只能在特定的框架中完成,而某些类型的任务却要求跳出这些框架,更有创意地完成。某些跨国企业在外派人员方面失败的原因就在于简单地认定一个在国内公司现存的结构(比如营销体系)中绩效突出的员工,一定也能在海外分公司建立一套新的框架,并取得良好的绩效。

2. 总部的支持

外派人员的工作任命不同于国内的工作调动,因为这将涉及员工本人及其家庭成员在一个完全陌生的环境中工作和生活。在适应海外截然不同的工作环境、生活环境的过程中,来自公司总部的支持对外派人员的绩效是至关重要的。从另一个方面来说,如果外派人员感觉母公司没有提供原先承诺的支持,比如不能兑现协助其家人寻找工作,帮助其孩子接受适当的教育等承诺,那么,该员工对组织的忠诚度和责任感无疑会下降,进而影响其工作绩效。

3. 东道国环境

东道国的环境对于外派人员的管理工作影响很大。东道国截然不同的社会、法律、经济及技术环境,都是影响外派人员绩效的因素。因此,对他们的绩效评估应该以分公司的具体工作情况为前提。分公司的经营方式对于外派人员的工作绩效也有很大影响。一般来说,在全资子公司的工作开展相对要比在合资企业容易。在合资企业,跨文化冲突是常有的事,对于外派人员来说,既要服从母公司的安排,又要考虑东道国合资方的意见,因此,困难是难免的。

4. 文化适应

文化适应的过程对于外派人员的工作绩效也有很大影响。如果外派人员与其家庭在适应新环境上存在麻烦的话,必然会影响外派人员的绩效。

外派人员在海外分公司的文化调整过程一般分为以下几个阶段。第一阶段,开始于员工首次听到任命时的心理反应——激动、焦虑、对未知的恐惧、冒险的感觉等。这种高涨的情绪将一直伴随外派人员上任到新的工作岗位。然后,随着新工作环境所带来的不适应,尤其是日常生活的不习惯,外派人员的情绪开始低落,这是第二阶段的开始。这一阶段,外派人员对环境的评价都是消极的。这是一段关键时期,在这一阶段,个人如何调整自己的心态来适应新环境,对于外派人员今后工作的成败有着重要的影响作用。一旦度过了这段时期,随着外派人员对新环境的要求日益熟悉,他们的心情开始好转,这是第三阶段。随后他们开始调整自己以适应新环境,这是第四阶段的开始。

5. 外派人员的人格特征

研究表明,人格中的外倾性、宜人性和情绪稳定性与外派者的离职负相关,责任心与外派者的工作绩效正相关。

三、外派人员的薪酬管理

外派人员的薪酬反映了个体和组织之间的一种交换关系,即外派人员提供劳动力和知识来交换组织所提供的直接和间接的货币收入。企业有必要维持整个公司的薪酬水平和政策,企业需要考虑当地的市场状况、生活成本等来制定外派人员的薪酬。如果企业不考虑,则会带来更多的麻烦。例如,2019年6月,咨询公司美世(Mercer)发布的年度"生活成本调查"报告显示,全球外派人员生活成本排名前十的城市依次为香港、东京、新加坡、首尔、苏黎世、上海、阿什哈巴德(土库曼斯坦首都)、北京、纽约和深圳。因此,如果要将员工外派到这些城市工作,就需要支付更高的薪酬。

有些国家(如日本)的生活成本比其他国家(如印尼)高得多,如果企业忽略生活成本所带来的影响,很难将管理人员外派到生活成本高的国家或地区工作。

外派人员薪酬的制定方法如下。

1. 传统方法——平衡表

平衡表是一种反映经济过程数量关系的表格。平衡表最早应用于美国石油公司的外派人员。通过平衡表的方式能将外派人员的收入与母国收入相联系,并且尽力平衡外派人员在母国和东道国之间的购买力,避免外派人员因接受海外任职而在经济上受损。

2. 一笔总付模式

一笔总付模式通常是将按照原平衡表典型模式支付的各项津贴和福利汇总后与基本薪酬、激励性报酬一起按月发放。这种模式的优点在于公司和外派人员之间更容易形成高度信任。

3. 自助模式

公司提供菜单式的薪酬项目,供外派人员根据自己的情况和偏好进行自由选择,并且可根据各国的征税情况而做出相应的调整。

4. 当地化模式

在此模式下,外派人员能够得到与东道国员工平等的待遇,既可节约薪酬成本,也克服了传统模式的不足,但这也会导致外派人员争相要求被派往待遇优厚的地方,而不愿去被认为待遇缺乏吸引力的国家或地区,会阻碍人员的流动性。

5. 当地化附加模式

跨国企业除了向外派人员提供与东道国员工同样的薪酬水平,还会额外支付补贴和奖励作为对外派人员额外生活开支的补偿以及对外派人员给公司创造价值的认可。

6. 谈判模式

谈判模式是指公司和外派人员就薪酬水平通过沟通和协商达成一致协议的薪酬支付方式。

7. 全球支付法

全球支付法采用全球范围内的工作评价和业绩考核方法,目的在于评价工作对跨国企业的价值并公平地给国际员工支付报酬。

四、外派人员的培训与开发

在外派人员的培训与开发方面,需要做好外派前培训、到任后培训、归国前培训和归国后培训工作。其中,在外派前,需要对外派人员进行语言培训、跨文化沟通技能培训以及东道国文化、风俗习惯和气候的适应性培训,以帮助外派人员熟悉东道国,减少外派后可能发生的文化冲突。到任后,应指定一名当地员工作为外派人员适应性培训的导师,以帮助外派人员更好地适应新的工作环境。在归国前,需要通过培训帮助外派人员缓解对归国后工作压力和人际关系的焦虑。在归国后,应通过各种手段给外派人员提供一个缓冲期,帮助他们尽快适应国内的工作和生活。

跨文化培训是指设计正式的项目,让拥有一种文化的人和拥有另一种文化的人进行更有效的交流互动,或者是和拥有不同文化的人进行更有效的交流互动。对外派人员的培训主要是跨文化培训。表10-2介绍了几种主要的外派人员培训方式。[①]

根据高嘉勇、吴丹所述,事实法是指向受训者提供有关东道国国家概况知识的跨文化培训方式,其目的是提高受训者的跨文化认知水平;分析法是指由专家与受训者通过分析影像资料或书面材料,一起对文化差异引发的冲突事件进行分析,以提高受训者认知文化差异和接受异文化行为的能力的培训方式。分析法主要包括文化同化、案例研究、敏感性培训等方法;体验法是指通过培训者与受训者的互动或受训者的亲身实地体验,来培养受训者的跨文化认知技

---

① 高嘉勇,吴丹.西方跨文化培训设计研究评介[J].外国经济与管理,2007(10):39-46.

表 10-2　外派人员培训方式

跨文化培训方式		描述	优缺点
事实法	讲座 区域学习	强调认知目标,主要包括具体文化细节讲授和文化传统教育	优点:材料容易准备,简单、方便;针对性强,直接介绍目的国的文化;成本低 缺点:缺少真实的海外生活体验;不便于受训者自我检查跨文化交际行为
分析法	文化同化法 案例研究 文化比较培训	强调认知领域,主要由一系列描述跨文化交际冲突的关键事件和案例组成	优点:方便,受训者可以自学;成本低 缺点:受训者学到的知识在现实生活中大多会失效;受训者的跨文化交际行为难以得到改善
	敏感性培训	强调情感目标,通过学习文化和交流来提高对文化差异的敏感性,包括小组培训和角色扮演	优点:在加强受训者对不同文化环境的适应性和文化意识方面效果较好 缺点:缺少概念性结构框架;难以很好地培养受训者的行为能力和洞察力;没有强调学习方法
体验法	体验式培训 实地观摩 文化模拟 角色扮演 实地体验 互动式学习	强调情感目标,通过模拟或实地体验来掌握具体的文化细节	优点:以受训者为中心;以解决具体问题为中心;培训初期很有效 缺点:难以提高受训者适应真实环境的能力;侧重于环境,忽略了政治、人际关系等其他因素
	行为修正	受训者进行观察和实践,并不断练习,以掌握某种示范行为	优点:针对习惯性行为的培训很有效 缺点:成本高;要求受训者不断学习

能和行为方式的方法。体验法主要包括体验式培训、文化模拟、实地观摩、行为修正和角色扮演等方法。①

研究发现,跨文化培训对个人技能的发展、跨文化处境下的适应力、在类似处境下的适应力以及在类似处境下的表现都有积极的影响。

阅读与思考 10-2:TG 公司的外派人员回任管理

　　TG 公司是位于我国中部地区的一个集铁矿山采掘、钢铁生产、加工、配送和贸易为一体的大型钢铁联合企业,主业为不锈钢和特殊钢的研究开发和生产加工,有将近 20 个钢铁品种国内市场占有率第一,并远销 30 多个国家和地区。公司从 20 世纪 90 年代中期开始与东欧一些国家开展了技术研发方面的深入合作,在亚洲、欧洲和大洋洲建立了自己的销售网络,在澳大利亚还有专门的机构负责铁矿石进口方面的商务谈判,企业的外派人员以技术研发人员和销售人员为主。

　　从 2000 年开始,公司的外派人员持续增加,现在一年中常驻的外派人员达到 1700 人左右。技术研发人员外派周期主要根据技术研发的进展情况来确定,几个月或 2~3 年不等,销

---

① 高嘉勇,吴丹.西方跨文化培训设计研究评介[J].外国经济与管理,2007(10):39-46.

售人员外派周期一般为1~2年。据公司人力资源部的统计,2000—2006年外派回任人员在归国后的一年内离职率平均高达46%,对公司的战略扩张造成了很大的负面影响。从2002年开始,当地钢铁企业在进行战略性重组中形成几个大的钢铁企业集团后,TG公司流失的大量外派回任人员加入与原公司存在竞争关系的钢铁公司,大大降低了企业自身的技术和市场竞争优势。在此背景下,TG公司开始认真思考外派人员回任失败的原因,改进管理策略,以确保外派人员回任后成为企业具有重要竞争优势的资源。

TG公司对外派回任人员存在较高流失率的状况进行深入剖析后认为,公司自身在管理方面存在的问题主要有以下几个方面。

一是外派期间缺乏有效沟通。在2003—2005年间,TG公司曾兼并了几个当地的小型钢铁企业,进行了战略性重组。与此同时,公司原有的组织结构进行了重新设计和调整,各级管理者的职务也发生了较大幅度的变动。但是,公司没有把有关组织变革的信息及时传递给正在海外工作的员工。他们归国后,对变革没有思想准备,在短时间内又很难适应这些变化,因而离职的倾向加大。此外,公司对工作周期较长的技术人才在回国度假和探亲方面的福利待遇较低,部分回国的交通费用需要自己支付,有些员工在海外工作两年都没有回国度假和探亲的机会,也为回国后离职埋下了隐患。

二是归国前缺乏适应性培训。TG公司过去在外派员工回任前基本上没有开展归国后的适应性培训。公司的人力资源部曾经对回任人员的文化适应性进行了一次测评,结果表明,被外派到欧洲和大洋洲工作的员工在工作绩效、竞争和金钱物质等方面的个体价值观倾向比较明显,这种文化倾向与公司倡导的和谐人际关系、服务和团结的理念有较大差异,导致他们归国后对母国文化的再适应程度要明显低于从亚洲其他国家回任的员工,从而造成了工作的低效甚至人员的离职。此外,由于没有开展归国前适应性培训,员工对归国过程中和归国后可能会遇到的问题缺乏心理准备,对归国后的职务安排也有较高的期望值,不利于回任后在公司稳定发展。

三是归国后缺乏职业保障性。TG公司在离职前面谈中发现,近70%的离职人员都反映他们对归国后公司给予的职务安排感到失望。公司人力资源部随之对近几年外派回任员工从事的职业情况进行了统计,结果表明,曾在海外从事销售工作的员工在回任后的一年内,46%的员工还是在原来的工作部门从事相同的职业,30%的员工平级轮换到其他工作部门,仅有24%的员工获得了职务的提升。对于曾在海外从事技术研发工作的员工,对归国后职业的满意度总体高于销售员工,但由于其他重组后的钢铁公司制定了较为优惠的政策,回任后的技术员工流失率也在30%左右。

四是归国管理政策缺乏清晰性和灵活性。过去,TG公司并没有一套成文的外派人员归国政策,只是口头承诺员工在外工作出色,回国后会得到提拔和重用。外派人员对其回任后的发展前景概念比较模糊,不能形成"外派—出色工作—能力积累—职业发展"的良性循环。对于员工结束外派任务归国后面临的一系列问题,在管理政策上缺乏灵活性,没有制定一些临时性的过渡政策,只用公司既定的人力资源管理政策来实现对归国人才管理的直接对接,从而降低了归国人才对企业的忠诚度。

(资料来源:冯小俊,韩慧.企业破解外派人员回任失败的策略——以TG公司为例[J].中国人力资源开发,2010(10):27-30.)

> **思考题**
> 针对存在的问题,TG公司应如何做好外派人员的回任管理?

第三节 跨国并购中的文化整合

对很多中国企业来说,走出国门是做大做强的必经之路,而跨国并购则是走出国门的重要途径。2010年,吉利汽车以18亿美元收购沃尔沃轿车100%的股权和相关知识产权,成功走出国门并逐渐走向高端路线;2016年,海尔以54亿美元收购通用电气(GE)家电业务相关资产,成功打开欧美中高端市场;2018年,安踏联合私募基金方源资本组成财团以64亿美元收购芬兰体育用品巨头Amer Sports,成功迈出品牌国际化的第一步;等等。然而,并非所有的跨国并购都能成功。据普华永道统计,有超过50%的中国企业海外并购都不成功;中国商务部的统计数据表明,中国企业的海外项目,只有13%处于盈利可观状态,而63%则处于非盈利或亏损状态。① 国际并购联盟的相关数据则显示,中国企业海外并购案例失败率高达70%,而其中大多是由于文化整合不善造成的。② 因此,如何做好跨国并购中的文化整合工作,是很多并购企业关注的重点问题。

一、跨文化整合的概念与内容

跨文化整合就是企业在跨国并购的过程中将相异或矛盾的文化特质在相互适应、认同后形成一种和谐、协调文化体系的过程。整合不是联合,更不是混合,而是摒弃自己文化的弱点,吸取其他文化的优点。

跨文化整合的内容主要包括四个方面:一是精神文化整合,包括价值观、企业愿景、企业目标和企业使命的整合与重塑;二是行为文化整合,员工在认同新的企业精神文化的基础上,还需在着装打扮、言谈举止等行为层面符合新企业的要求;三是物质文化整合,即企业物理环境和员工所创造的产品等构成的器物文化要符合新企业的要求;四是制度文化整合,即根据新企业的特点,在领导体制、组织结构、企业管理制度等方面进行调整或重新制定,以形成新的制度文化。

二、跨文化整合的模式

在企业跨国并购中,跨文化整合的模式主要有三种,即同化模式、融合模式、并存模式。

1. 同化模式

同化模式是指并购企业将自身文化导入被并购企业,并通过适当的方式和手段使被并购

---

① 沈伟民.熵变中的"走出去"[J].经理人,2017(3):22-24.
② 余典范.中国企业海外并购文化整合失败的案例与经验教训[J].企业文明,2013(9):27-29.

企业的员工接受和认同的一种文化整合模式。当并购企业的文化非常强大和优秀,而被并购企业的文化相对弱势和落后时,可以采用该模式。从实践来看,非强制性的同化过程会相对容易,冲突较少,而强制性的同化则会遭遇障碍,甚至失败。比如,2005 年台湾明基公司收购西门子手机业务后,凭借资本上的强势地位强制性地采用同化模式来进行文化整合,结果导致失败。为了向西门子手机业务部门灌输明基文化,明基派出了 15 人的精英团队进驻德国,各个部门均安排了来自明基的主管。这种强行剥离原文化的举动,引起了西门子员工的极大不满,使他们极度排斥此后的文化整合活动,结果使得文化整合陷入僵局,并最终导致并购的失败。[1]

2. 融合模式

融合模式是指并购双方的文化相互渗透并创新发展,形成一种包含双方优秀文化特质的新文化。也就是说,并购双方都将改变自己的部分内容,同时又从对方那里吸取一定的文化要素。当并购双方的企业文化都很优秀时,可以采用该模式。比如,2011 年海尔并购日本三洋电机,就采用了融合的文化整合模式。海尔和三洋都是各自国家的知名家电企业,企业文化都很优秀,需要相互借鉴,取长补短。因此,海尔将日本的酒文化融入管理中,运用酒文化拉近了与日本籍员工的距离;海尔也将自身关于奉献、团队合作、个人创新的文化带到日本,在日本生根。通过一系列的措施,海尔与三洋的文化整合取得了成功。[2]

3. 并存模式

并存模式是指并购双方原有的企业文化基本没有变化,各自文化维持平行共存状态的一种文化整合模式。在该模式下,并购方并不将自身文化强加于被并购方,而是允许被并购方通过保留其所有的文化要素和实践以维持自身特色和独立性。对被并购企业来说,并存模式可能是最容易接受的一种跨文化整合模式。当并购双方的企业文化差异很大时,该模式较为适合。比如,2012 年万达并购美国第二大电影院线 AMC100% 股权,就采用了并存的文化整合模式。万达作为中国优秀的民营企业,强调员工的集体意识,而 AMC 作为美国第二大电影院线,注重员工的个性和个人成就。鉴于万达和 AMC 巨大的文化差异,万达在收购 AMC 后,充分尊重 AMC 原有的企业文化和管理模式,给予其独立的发展空间。为了展示对 AMC 管理层的信任,万达只派了一个联络员到 AMC,并规定管理层可以分享 AMC10% 的利润。这种并存的文化整合模式,避免了文化冲突,增进彼此之间的信任,使得 AMC 很快步入稳定的发展轨道。并购后不到两年,AMC 扭亏为盈。2013 年 12 月,AMC 在美国退市 9 年后重获上市公司地位。[3]

三、跨文化整合的基本步骤

根据彭剑锋(2014)的观点[4],跨文化整合包括以下八个步骤。

第一步:文化分析。文化背景决定着人们的价值观念、思维方式和行为准则。因此,在开展跨文化整合时,首先应对企业中存在的不同文化背景进行分析,找出不同文化的特质,以便

---

[1] 唐炎钊,唐蓉.中国企业跨国并购文化整合模式多案例研究[J].管理案例研究与评论,2010(3):225-235.
[2] 刘青.企业跨国并购文化整合研究——以海尔跨国并购为例[J].特区经济,2019(2):152-154.
[3] 王冰凝.AMC 成功上市 6 倍以上超额认购[N].华夏时报,2013-12-19.
[4] 彭剑锋.战略人力资源管理:理论、实践与前沿[M].北京:中国人民大学出版社,2014,761-763.

在管理中采取有针对性的措施,减少文化冲突和矛盾,促进文化融合。

第二步:文化特质对管理各项职能的影响分析。文化特质决定着管理者的价值观体系,进而决定其经营理念和管理模式。而经营理念和管理模式会在管理的各项职能中体现出来。同时,不同文化背景的员工对待各项管理职能活动的态度也各不相同。因此,通过分析不同文化特质对管理各项职能的影响,可以有针对性地减少管理者在行使这些职能时可能引发的文化冲突,从而为企业寻找有效的跨文化整合策略打下坚实的基础。

第三步:找出双方文化中的共同点(交叉点)作为文化整合的基础。跨文化沟通能够顺利进行的前提是双方能够在某些方面存在共同点。由于企业的终极目的都是盈利,不同企业的经营理念和管理模式也必然存在一些相同之处。找出双方的这些相同之处,将其作为跨文化沟通和文化整合的基点。

第四步:调查不同文化背景的员工对外来文化的容忍度。不同文化背景的员工对不同文化维度的容忍或排斥程度不同。只有了解了员工对外来文化的容忍度,管理者才能有针对性地制定各项管理规范,以避免文化冲突的产生。

第五步:根据企业特点决定跨文化整合模式。影响文化整合模式的因素很多,最重要的是文化特质的差异大小和文化特质所代表的管理模式高效与否。管理者应根据企业的实际情况来选择最适合的跨文化整合模式。

第六步:确定跨文化整合的目标。企业要根据双方文化的共同点以及对对方文化的容忍度,确定以哪一种文化特质所代表的经营理念和管理模式为主。

第七步:将经营理念和管理模式融入企业管理的各项职能。文化整合后的企业经营理念不仅要从制度上成为企业运作的准则,还应通过各种激励、约束手段,使之内化为员工的价值观念和行为准则。因此,在确定了双方都能接受的经营理念和管理模式后,还应将其贯彻到企业管理的各项职能和管理方法中,以检验其是否有利于减少跨文化冲突和矛盾,能否提高企业的管理效率。

第八步:构建反馈系统。反馈系统的构建能够让管理者及时了解到企业所采用的管理模式的不足和各方的意见,从而进行修正和完善,以达到减少文化冲突和矛盾,促进文化融合的目标。

 阅读与思考 10-3:联想并购 IBM 个人电脑事业部后的文化整合

2004 年 12 月 8 日,联想集团有限公司宣布将协议收购 IBM 个人电脑事业部(PCD),希望借此成为一家拥有全球知名品牌、丰富产品组合和领先研发能力的大型跨国企业。美国交易委员会于 2005 年 3 月批准了外商投资,整个并购过程于 2005 年 5 月 1 日完成,交易总额为 12.5 亿美元(联想向 IBM 支付 6.5 亿美元现金,以及价值 6 亿美元的联想集团普通股)。

并购完成后,联想聘请麦肯锡、高盛作为收购顾问和财务顾问,对联想和 IBM 的战略和文化进行文化适应性分析,在一定程度上避免了并购决策的盲目性,但新联想的跨文化整合仍存在种种问题。

一、跨文化管理存在的障碍

1. 有效沟通障碍

联想收购 IBM-PC 事业部之后的跨文化管理中面临的第一个问题便是有效沟通障碍。新联想的有效沟通障碍体现为两个方面。第一，中美两国员工母语不同。这直接造成了两国员工在沟通上的语言障碍。尽管联想有很多优秀的员工能够熟练使用英语交流、办公，并且联想专门聘请英语教师对相关人员进行培训，但是毕竟与讲英语作为母语的美国员工之间存在差距。口头、书面沟通中的一些翻译偏差就容易造成各种歧义、误会。第二，中美两国员工语境不同。联想中国员工具有高语境文化，而原 IBM-PC 部的美籍员工则来自低语境文化环境的美国。语境文化差异导致两国员工存在沟通障碍。

2. 海外被并购企业对中国企业文化认同度低

中国企业在开展海外并购的过程中，仍然被并购企业的投资者、员工、当地海外媒体用怀疑的眼光来审视。价格低的产品和低效率的管理往往还是中国企业在海外的形象。在这样的印象下，被并购企业的普通员工担心自己会被裁撤，管理人员忧虑自己会被中国经理人替代，投资者则格外关注自己的回报能否得到保障。由于国外对中国企业文化的认同度低，同时像 IBM 这样有着悠久历史和成熟管理模式的企业，往往会对自身的文化认同度很高，排斥外来企业文化。Buono & Bowditch(1985) 等人也指出，并购后由于每个员工群体都会认为自己的文化优于对方，并且希望合并后的公司文化与自己原有的公司文化更近些。这种情况下，如果联想将自身的文化强加给 IBM-PC 部门，会使双方在业务及组织上的整合都受到阻碍。这要求联想应该用国家化的文化视野，使自己的文化更具包容性、开放性，在现有文化扬弃的基础上共同发展出新的文化来。

二、双重文化差异

跨国并购不仅存在并购双方自身的文化差异，而且还存在并购双方所在国之间的文化差异，即所谓的双重文化冲突(Calori et al.，1994)。联想与 IBM 的文化冲突，既有美国文化(西方文化)与中国文化(东方文化)的冲突，又有联想文化与 IBM 文化的冲突。

1. 中美文化差异

根据 Hofstede(1980,1991) 提出的文化维度理论，从以下五个方面来考察中美文化差异。第一，个体主义与集体主义维度。美国人在个体主义上得分最高，排名世界第一；而有中华文化背景的群体(如新加坡、中国香港、中国台湾)在个体主义上得分则很低。第二，权力距离维度。美国接受程度较低，表现为人与人之间较为平等；中国接受程度较高，表现为社会等级分明、权力距离大。联想中国员工倾向于远离权力中心，对上级管理者有敬畏心理；IBM 的员工则更多地提出质疑，上级也会采用协商的管理风格。第三，不确定性回避维度。中美文化背景下人们忍受模糊和不确定性的威胁程度不同。具有美国文化背景的 IBM 员工更敢于冒风险，并且希望管理者给出精确的要求描述；中国文化背景下的联想员工则对上级模糊的指令没有怨言，更多靠自己的悟性。第四，事业成功与生活质量维度。美国与中国相比更注重家庭和生活质量，中国更注重事业成功。这导致 IBM 的美籍员工不愿在下班时间工作或者在节假日加班；而联想的中国员工则会为了薪酬、晋升而欣然加班加点工作。第五，长期导向和短期导向维度。中国在长期导向上面的得分远远高于美国。美籍员工更关注季度和年度利润成果，管理者对员工的绩效评估中注重利润，由此导致 IBM 具有短期导向；而联想的思维和行动都是长期导向的。

2. 联想与IBM文化差异

(1) 联想企业文化。

回顾联想走过的20多年发展历程，其企业文化的变迁可大致分为五个阶段。第一，初创阶段(1984—1987年)：这个时期的企业文化主要表现为，创业者们通过研究员站柜台和制定联想天条等方式，探索企业管理。联想提出了看结果不看过程，看功劳不看苦劳的效益观；质量是生命，用户是上帝的市场观；信誉比金子还贵的道德观。第二，起步阶段(1988—1993年)：这个阶段联想实施以集权为主的大船结构管理模式，实行规范化管理，倡导以求实进取为核心的大船文化。后来开始尝试实行事业部制度，逐渐形成集权和分权相结合的舰队模式。第三，助跑阶段(1994—1996年)：联想提出走贸、工、技的产业发展道路，总结出管理三要素(建班子、定战略、带队伍)的管理理念。第四，起跳阶段(1997—2000年)：为了适应互联网大潮和企业集团化发展的需要，联想提出了建设平等、信任、欣赏、亲情的亲情文化。第五，转型阶段(2001年至今)：联想的誓师大会上，杨元庆等联想新一代领导团队从柳传志等老一代创业者手中接过权杖，标志着联想向高科技和服务转变，积极备战多元化和国际化，提出了服务顾客、精准求实、诚信共享、创业创新的核心价值观。

(2) IBM企业文化。

IBM的企业文化可以以郭士纳为分水岭划分为传统文化与新生文化两个阶段。

第一，传统文化：在创立初期及发展阶段，沃森父子打造了著名的"IBM三原则"：尊重个人、服务至上、追求完美。首先是尊重个人。IBM深知公司最重要的资产不是金钱而是员工，因此在IBM的管理中处处体现着尊重员工的理念，比如公司的办公室桌上没有任何头衔字样，停车场没有为管理者预留的位置等。其次是服务至上。马斯·沃森曾提出要使IBM的服务成为全球第一，具体体现为及时解决顾客问题，投诉咨询电话由公司付费等。最后是追求完美。IBM对自身的运营管理要求极为苛刻，不论是生产产品、提供服务，还是运营管理，都追求尽善尽美。虽然绝对的完美不可能达到，但目标决不能放低。

第二，新生文化：IBM从20世纪80年代后经营状况每况愈下。到1993年，因为机构臃肿和孤立封闭的企业文化，IBM变得举步维艰，亏损高达160亿美元。新任掌门人郭士纳上任后领导了IBM企业文化的变革。在2001年的年度报告中，对新文化的特点做了详尽的描述，可以总结为以下几点：绩效导向的评价、顾客导向的经营、团队合作的精神、快速行动的作风、力争取胜的激情。

(3) 联想与IBM文化差异。

联想集团和IBM的文化存在较大差异。在企业历史上，联想的发展历史比IBM要短近80年；在业务范围上，联想的业务主要以亚太地区为主，而作为国际化大公司的IBM则在全球约60个国家都拥有PC分支机构；在企业目标上，联想致力于成为高科技国际化大公司，而IBM早已是IT领域的蓝色巨人；在核心价值观上，联想在"裁员风波"之后，其以人为本的管理理念备受质疑，而IBM则强调对员工的尊重和激励，设计更完美的绩效激励制度；在管理风格上，联想带有更为浓重的中国文化色彩，突出权力距离和科层制管理，而IBM的管理风格则更加民主；在员工对本企业文化的认同度上，联想作为一家新兴的IT企业，远没有IBM员工对本企业的文化认同度高。

(资料来源：裴学成，杨叶倩.跨国并购中的文化整合——以联想并购IBM个人电脑事业部为例[J].中国市场，2013(3)：67-74.)

思考题

（1）联想并购 IBM 个人电脑事业部后，面临哪些文化整合障碍？
（2）新联想该如何进行跨文化整合？

本章小结

跨文化人力资源管理是指跨国企业开展的以实现企业战略目标、提高员工工作绩效和工作生活质量为目的，对来自不同文化背景下的人力资源进行获取、保持、评价、发展和调整等一系列管理的过程。与传统的人力资源管理相比，跨文化人力资源管理的范围更宽、风险更大，因而企业对跨文化人力资源管理者的要求更高。

荷兰心理学家霍夫斯泰德提出的文化维度理论从五个维度分析了各国的文化差异，这五个维度分别为权力距离、不确定性规避、个人主义/集体主义、男性化/女性化和长期导向/短期导向。对跨国企业来说，跨文化情境对企业的人力资源管理理念、人力资源规划、甄选和录用、培训与开发、薪酬管理、绩效管理等均具有重要影响。跨文化人力资源管理的基本模式主要有民族中心模式、多元中心模式和全球中心模式这三种。

外派人员是指由母公司选派到东道国工作的母国公民或第三国公民，也包括在母公司工作的外国公民，其中以在东道国工作的母国公民为主。对于跨国企业来说，一项外派任命可能有三个后果：失败、边际成功、成功。毫无疑问，外派成功是跨国企业追求的目标。跨国企业应从招聘与甄选、绩效管理、薪酬管理以及培训与开发这四个方面着手，做好外派人员的人力资源管理，以实现外派成功这一目标。

跨文化整合就是企业在跨国并购的过程中将相异或矛盾的文化特质在相互适应、认同后形成一种和谐、协调文化体系的过程。跨文化整合的内容主要包括精神文化整合、行为文化整合、物质文化整合和制度文化整合这四个方面。跨文化整合的模式主要有同化模式、融合模式和并存模式这三种。跨文化整合包括以下八个步骤：文化分析；文化特质对管理各项职能的影响分析；找出双方文化中的共同点（交叉点）作为文化整合的基础；调查不同文化背景的员工对外来文化的容忍度；根据企业特点决定跨文化整合模式；确定跨文化整合的目标；将经营理念和管理模式融入企业管理的各项职能；构建反馈系统。

关键概念

1. 跨文化人力资源管理
2. 文化维度理论
3. 外派人员
4. 跨文化整合

复习思考题

1. 与传统的人力资源管理相比，跨文化人力资源管理具有哪些特征？
2. 跨文化人力资源管理的基本模式主要有哪些？

3. 跨国企业应如何实现外派成功这一目标？
4. 跨文化整合的内容主要有哪些？
5. 跨文化整合的模式主要有哪些？

 案例分析

阿里巴巴的跨文化人力资源管理

阿里巴巴于 1999 年成立于杭州，目前已经成为全球电子商务的领先者，是中国最大的电子商务企业。通过旗下三个交易市场协助世界各地数以百万计的买家和供应商从事网上生意，其企业构成如下：阿里巴巴 B2B 公司（是国内领先的 B2B 电子商务公司，服务于中国和全球的中小企业，是目前全球最大的网上交易市场和商务交流社区）、淘宝网（亚太地区最大的网络零售商圈）、支付宝（国内最大的独立第三方支付平台）、全球速卖通（全球领先的消费者电子商务平台之一）、天猫（中国领先的 B2C 购物网站）、聚划算（国内知名品质团购网站）等。2014 年阿里巴巴在美国上市，并成功创造了美国历史上最大的首次 IPO 规模，被全球股民和投资者所肯定，这既是对中国电子商务在全球范围内的认可，也是阿里巴巴国际化的重要一步，美国上市加大了阿里巴巴的世界影响力，也积累了大量资金，为接下来的全面全球化奠定了基础。

阿里巴巴从成立时就昭示了其将是一个国际化的企业，其很多业务板块做的就是国际贸易的业务，像阿里巴巴国际站、全球速卖通等，此后，在拥有大量资金的情况下，阿里巴巴的国际化进程从贸易进入式开始转向投资进入式，在国际化的进程中大刀阔斧的前进。

阿里巴巴在国际化进程中还积极进行跨文化人力资源管理的探索，并初步形成了独具特色的跨文化人力资源管理体系。在金融危机前，阿里巴巴曾经尝试大规模的海外并购，但是失败了，在海外扩张过程中阿里巴巴却得到了国际化进展的经验模式，阿里巴巴在国际化进程中根据不同国家或地区建立不同语言的网站，从而形成具有本地特色的网站，这为其在以后的国际化扩张中提供了很好的模式——本地化模式，这种本地化模式实际上就是跨文化人力资源管理体系中的多元中心法，在国际情境下进行人力资源管理中着力关注文化差异。此外，阿里巴巴在很多方面均有跨文化人力资源管理活动的实践，不断打造着阿里巴巴的跨文化人力资源管理能力。

其一，阿里人最为津津乐道的就是其企业文化体系，这在阿里巴巴国际化进程中发挥了巨大的作用。在收购中国雅虎时，马云就曾经指出"有一样东西是不能讨价还价的，那就是企业文化、使命感和价值观"，这也体现出阿里巴巴在国际化进程中对文化差异的看法，即以企业文化为主导，对文化差异进行包容性的建设，企业文化和价值观成为阿里巴巴不可复制的核心武器，在其国际化并购过程中发挥了巨大的凝聚作用。此外，相对于严格的制度控制来说，企业文化的软性管理更加符合跨文化人力资源管理的准则。

其二，政委体系在国际化管理中的作用。政委体系是阿里巴巴在一线员工中保证价值观传承的利器。阿里巴巴企业的层级跨越较多、区域发展快，如何保证一线员工能够准确地传承执行企业的价值观成为一个难题，政委体系成为考核制度中的关键人物，他担负着对一线员工的监督与指导工作，也确保了阿里巴巴能够以其独特的文化和价值观传承下去。政委体系在国际化进程中也发挥着巨大的作用，由于地理位置和文化差异的影响，阿里巴巴价值观和企业文化的传承与执行成为真正的难题,政委在指导海外事业进行文化建制的同时也能够充分调动海外公司员工的士气,推动国际化的展开。

其三,文化融合。阿里巴巴在国际化进程中关注不同文化的融合,在对海外公司的文化管理上坚持文化嫁接与文化渗透的方式,在阿里巴巴公司总部文化框架下对子公司文化进行有效整合,从而形成既存在一定控制性,又有一定自主性的融合型管理文化。

其四,阿里巴巴的选才标准。在阿里巴巴,人才的招聘和选拔会遵循两点:一是基本技能与素质,二是价值观,也就是对企业文化的认同,其中后者是最为重要的考察方面,要求应聘者能够融入阿里巴巴的企业文化,并身体力行的去践行"六脉神剑"等价值观,愿意与阿里巴巴同甘共苦,共同成长。在国际化招聘和人才选拔中,这成为一个筛选国际化人才的重要标准之一,这在一定程度上解决了因民族文化差异带来的文化冲突的问题。

其五,阿里巴巴的培训体系。在阿里巴巴,培训是全公司的大事,公司强调全员皆需培训,特别是新员工的入职培训更被看作是"百年大计",培训的主要内容是价值观,其次才是销售技巧和其他技能,多样化的培训形式提升了培训效率和效果。经过培训,大部分员工会从内心认同并遵循阿里巴巴的价值观。此外,阿里巴巴还会针对高管进行专门的培训,"组织部"担任着对高管的培训任务,在培训中跨文化管理成为国际化阶段的特色内容,这为阿里巴巴提供了大量的合格的外派高管人才。

其六,绩效考核方面。2001年阿里巴巴建立了规范的现代企业管理体系,并构建了有效的绩效考核制度,其中价值观成为绩效考核的重要维度。此后,阿里巴巴绩效考核体系进行了很多变革,其中"2-7-1"法则是较为著名的,在考核中部门主管按照2-7-1原则对员工的工作表现进行评估,即20%超出期望、70%符合期望、10%低于期望。

其七,股权激励及合伙人制度。与其他上市公司不同,马云只持有阿里巴巴B2B子公司5%的股份,这体现着阿里巴巴分享财富的激励文化,在阿里巴巴,除了合理的基础收入,所有阿里人都可以通过奖励期权政策公平分享公司成长带来的财富,同时享受各子公司的股权激励计划。这在国际化管理过程中发挥了很大作用,不论是以平台为主要产品的贸易进入国际化模式,还是以资本投入为主的资金进入国际化模式,都在较大程度上激励员工以主人翁精神对阿里巴巴负责。

通过以文化和价值观宣贯为主的人力资源管理活动,阿里巴巴不断培养了一批具有较高工作积极性和主人翁精神、高度认同阿里巴巴企业文化和价值观、极具创新和工作能力的高素质人才,这为阿里巴巴在国际化进程中提供了丰富的智力支持和人力资本。

(资料来源:张婧,王丹,吴华.打造跨文化人力资源管理能力——以阿里巴巴为例[J].中国人力资源开发,2015(24):25-30.)

思考题:
阿里巴巴是如何做好跨文化人力资源管理工作的?